R로 마스터하는 머신 러닝 2/e

R로 마스터하는 머신 러닝 2/e

업무에 활용할 수 있는
선형모델에서 딥러닝까지

코리 레즈마이스터 지음

김종원 · 김태영 · 류성희 · 이호 옮김

Packt> i!i
에이콘

│ 지은이 소개 │

코리 레즈마이스터^{Cory Lesmeister}

10년 넘게 정량 분석에 관련된 일을 해왔으며, 현재 금융계에서 정량 분석 관리자로서 마케팅과 통제 모형을 만드는 일을 하고 있다. 일라이 릴리^{Eli Lilly and Company}에서 16년간 일하면서 영업과 시장 분석, 린 식스 시그마^{Lean Six Sigma}, 시장 분석, 새 제품 예측 등의 일을 했다. 미국 육군에서 복무했으며, 2009년에는 이라크 바그다드에서 2만 9,000명 규모의 이라크 원유 경찰의 전략 고문으로 일하면서 이라크가 원유 관련 산업 시설들을 안전하게 보호하는 데 필요한 장비를 공급했다. 비행기 애호가로 노스다코타 대학^{University of North Dakoda}에서 항공 관리학으로 학사 학위를 받았고, 상용 헬리콥터 자격증을 갖고 있다.

기술 감수자 소개

더그 오티즈 Doug Ortiz

프리랜서로 일하는 기술 자문가로서 산업용 시스템을 설계하고, 개발, 통합하는 일들을 해왔다. 자문을 받은 회사들은 마이크로소프트 BI 스택Microsoft BI Stack, 하둡Hadoop, NoSQL 데이터베이스, 셰어포인트SharePoint 같은 기존 기술과 새로운 기술을 융합해 그동안 별로 활용하지 않던 데이터를 재발견하고 재사용할 수 있었다.

일러스트리스Illustris, LLC의 창업자며, 이메일 주소는 dougortiz@illustris.org다.

주요 경력은 다음과 같다.

- 다양한 플랫폼과 제품 통합
- 회사들이 투자를 통해 획득한 기존 데이터들의 가치를 알고 더 깊이 이해함으로써 데이터에서 유용한 정보를 얻도록 도움
- 독자적이고 선진적인 기법을 이용한 프로젝트 설계 및 개선

취미로 요가와 스쿠버 다이빙을 즐긴다.

미로슬라브 코페스키^{Miroslav Kopecky}

2002년 선 마이크로시스템즈^{Sun Microsystems}에 입사해 자바 가상 머신^{Java Virtual Machine, JVM}에 관련된 일을 했다. 분산 시스템^{distributed system}, 병행 실행^{concurrency}, 병렬 처리^{parallel computing} 환경의 신봉자다. 가장 좋아하는 취미 활동은 자동화 시스템을 만드는 것이다. 자바를 이용한 사물 인터넷^{IoT} 및 로봇 공학 프레임워크인 오픈소스 프로젝트 Robo4J의 공동 저자며 핵심 개발자다.

현재는 enmacc.de에서 시니어 소프트웨어 개발자로 일하며, 온라인상에서 에너지를 거래하는 환경을 만들고 있다.

이 책을 감수하는 동안 많은 지원을 해준 아내, 타냐(Tanja)와 가족에게 감사한다.

| 옮긴이 소개 |

김종원(nvil@outlook.kr)

한글과컴퓨터에서 윈도우용 아래아한글을 개발했으며 임베디드 JVM 개발을 시작으로 리눅스 PDA와 스마트폰용 소프트웨어를 개발했다. 엔씨소프트에서 리니지 이터널을 개발했으며 현재는 엔씨소프트에서 모바일 게임 테스트 자동화 연구를 하고 있다. 여러 컴퓨터 잡지에 글을 기고했으며 ZDNet에 〈망치와 모루〉라는 칼럼을 연재했다. 역서로는 『윈도우 7 프로그래밍』(에이콘출판, 2011)이 있다.

김태영(cuponthetop@outlook.com)

고등학교 시절 영화 월-E^{Wall-E}를 보고 AI를 전공하기로 결심했다. 미국에서 석사를 마친후 엔씨소프트에서 배운 것들을 사용해볼 기회를 호시탐탐 엿보고 있다.

류성희(crumpledspace@hotmail.com)

산업공학을 전공하고 금융관련 SI 업체에서 프로그래머로 일하다가 생태학과 환경에 관심이 생겨 농업 생태계 모델링을 공부하기 위해 유학을 갔으나 늦깎이로 통계학을 시작해현재 아이오와 대학 통계학 박사 과정에 있다. 공부는 평생 하는 것이고, 언제든 다시 시작할 수 있다고 생각한다.

이호(windblows@gmail.com)

대학교 동아리에서 컴퓨터 프로그래밍을 배워 한국에서 여러 소프트웨어 벤처에서 경력을 쌓았다. 이후 미국에 건너가 퀄컴, 엔비디아 등에서 리눅스 커널과 시스템 프로그래밍 관련 일을 했으며, 현재 뉴욕 주에 있는 헤지펀드에서 소프트웨어 엔지니어로 일하고 있다. 역서로는『리눅스 커널의 이해』(한빛미디어, 2005)가 있다.

옮긴이의 말

21세기, 소위 "빅데이터 시대"를 맞아 가장 주목을 받는 산업 분야가 정보 산업 분야라는 사실에는 이견이 없을 듯하다. 이제는 이전 시대와 비교해 데이터의 수집이 매우 쉬워졌고, 점점 더 강력하고 편리해지는 컴퓨팅 환경과 이미 개발된 다양한 분석 도구들을 이용하면, 누구나 수많은 데이터에서 의미 있는 정보를 추출, 가공해 각종 의사결정과 예측에 활용할 수 있게 됐다.

이 책은 비즈니스 현장에서 오랫동안 데이터 분석가 및 강사로 활약해온 저자의 경험이 농축돼 있어 독자를 데이터 분석의 세계로 인도하고 있다. 특히, 1장에서 CRISP-DM 모형화 기법을 소개하고, 이를 실제로 이후의 모든 장에서 순차적으로 반복해 전개하면서 독자를 자연스럽게 문제 해결 절차에 익숙해지도록 이끄는 것이 다른 교재와 구별되는 큰 장점이라 할 수 있다. 이 책을 번역하게 됐을 때, 기본적인 선형 회귀분석으로 시작해 최신 분석 기법들까지 폭넓은 활용도를 염두에 두고 균형 있게 선별된 주제를 다루고 있다는 점이 눈에 띄었다. 시작부터 끝까지, 지나치게 수학적이고 통계학적 이론은 지양하면서도 간략한 모형 소개를 통해 실용적인 측면을 강조하고, 배경이 되는 중요한 가정들과 아이디어를 빼놓지 않고 설명하고 있다. 겉보기에 현란하고 유행하는 고급 기법이 늘 좋은 것이 아니라 당면 과제에 적합하고도 간결한 모형을 잘 선택하는 것이 더욱 중요하다는 사실 또한 적절한 예제를 통해 보여주고 있다.

분석 언어로 R을 채택하고 있다는 점 또한 큰 장점으로 들 수 있다. 고전적인 머신 러닝의 대부분은 통계 모형에서 왔다고 해도 과언이 아니며, 최근 들어 독자적으로 발전했다고 하는 머신 러닝 모형도 데이터를 다루는 것은 동일한 만큼, 통계학과 여전히 밀접한 관계 속에서 개발되고 있다. R 언어가 개발 초기부터 그 핵심 사용자들이 통계 전문가로 구성돼 있다는 점은 머신 러닝을 위한 언어로서도 다른 언어에 비해 큰 장점으로 작용한다. 요즘은 대규모 데이터의 수집이 워낙 쉬워져 흔히 간과되는 부분이 있는데 결국은 데이터 자체에 대한 이해가 가장 중요하다. 본래 R 언어는 통계 분석을 위해 학계 및 교육 현장에서의 자유로운 사용과 투명한 개발을 위해 통계학자들을 중심으로 오픈소스로 공동 개발되고 무료로 배포되고 있다. 최근에는 데이터 과학자들이 R 이용자 커뮤니티에 대거 참여하고 있으며, 학계를 벗어나 다양한 산업 분야에서 대규모의 복잡한 문제 해결에 이르기까지 다양한 인터페이스 개발을 통해 활용 범위가 매우 넓어졌다. 또한 세련된 R 전용 통합 개발 환경인 RStudio의 눈부신 발전으로 인해, 매우 효율적인 데이터 사전 처리와 모형화, 프로그래밍 및 실행, 강력한 그래프 기능과 마크업 기능을 이용해 실시간으로 전문적이고도 세련되고 아름다운 프레젠테이션을 손쉽게 생성해 온·오프라인으로 공유할 수 있게 됐다.

빅데이터 시대의 큰 특징이자 문제점은, 이른바 "일단 수집하고, 질문은 차후에!Collect first, ask question later!"라고 하는 마케팅 분석의 흐름으로 요약할 수 있다. 이는 데이터 측정과 수집이 자동화돼가는 현재, 불가피한 상황이라 할 수 있는데 데이터를 잘 제어된 환경에서 측정해 모으는 것이 아니라 수집한 경로와 상관없이 이미 수집된 데이터를 상태로 정보를 추출하고 분석해 그 결과를 바탕으로 추론하려고 한다. 그래서 이 상황 자체가 일으키는 문제가 큰 도전 과제가 되고 있다. 이는 수집한 데이터에 맹목적으로 모형을 활용했을 경우에는 "쓰레기 입력, 쓰레기 출력Garbage in, garbage out"과 같은 결과를 초래할 수 있기 때문이다. 우리가 다루는 분석 도구가 강력하고 그 결과의 활용이 즉각적인 만큼, 사용하는 모형과 기법이 내놓을 결과의 해석에 대한 이해, 이른바 통계적 지식과 문제를 깊고 넓게 볼 수 있는 혜안, 균형 잡힌 판단력은 데이터로 넘치는 시대를 살아가는 분석가에게 필수적으로 요구되는 자질이다. 편향된 입력 데이터로 인한 결과의 오류가 미칠 사회적 영향이 광범위하고 심각할 수 있다는 사실 또한 잊어서는 안 되겠다.

류성희

프로그래머를 직업으로 갖는다는 것은 계속해서 새로운 것을 배우고 익혀야 한다는 것을 의미한다. 처음 프로그래밍을 배우기 시작했던 1980년 초에는 얇은 BASIC 책 한 권이 배워야 할 전부였다. 하지만 언어를 배우는 것은 시작에 불과했고, 프로그래밍은 수많은 지식과 생각의 결과를 엮는 수단에 지나지 않는다는 것을 곧 깨닫게 됐다.

학교에서 프로그래밍을 가르치던 전산실은 시험 답안지를 데이터로 만들어 채점과 점수를 기록하고 데이터를 정렬해 학생들의 성적을 출력하는 소리로 가득차곤 했다. 컴퓨터는 성적을 처리하는 기계였고, 필요한 지식은 등수를 정하기 위해 성적을 정렬하는 정렬 알고리즘이면 됐다. 하지만 세상은 빠르게 바뀌어 수십 장씩 손으로 쓰던 리포트를 워드프로세서로 입력한 후에 프린터로 출력하게 됐고, 공학용 계산기로 작성하던 실험 데이터 처리는 엑셀이 없으면 좋은 점수를 받을 수 없는 시대가 돼 버렸다.

1993년 졸업 논문의 주제를 잡은 것이 한창 학계에서 관심을 끌고 있던 신경망이었다. 요즘 머신 러닝 중에 가장 관심을 받고 있는 딥러닝의 가장 간단한 모형이라 할 수 있다. 3개 층의 단순한 모형이었지만, 이를 이용해 수요 예측을 해보자는 목표를 잡고 무작정 달려들었다. "무식하면 용감하다."라는 말이 맞다. 학습에 사용할 데이터를 도서관에서 찾아 수집하고 수십 시간씩 신경망에서 학습시켰지만, 원하는 결과는 나오지 않았다. 한 학기 통계학 수업만으로는 어떤 식으로 데이터를 처리해야 할지 알 수 없었기 때문이다. 결국 결과와 상관없을 것 같은 데이터를 넣고 빼기를 반복하면서 의미 있는 결과라고 생각되는 것이 나올 때까지 수십 개의 데이터 열과 신경망의 가중값을 만지작거렸다. 이때 데이터를 제대로 다룰 수 있는 체계적인 지식이 없다는 것을 뼈저리게 느꼈다. 프로그래밍으로 뭐든지 할 수 있다는 생각만으로 달려들었다가 무기력하게 맨땅에 머리를 들이받고 있다는 생각에 좌절감을 느끼면서 논문을 썼다.

그런데 그 실험을 한 지 20년도 넘은 시점에서 갑자기 신경망에 대한 이야기가 인터넷과 SNS에서 폭발적으로 쏟아져 나오기 시작했다. 처음에는 이미지 인식률 개선 정도여서 대수롭지 않게 생각했지만, 순식간에 적용 범위를 넓혀 이제 신경망, 아니 딥러닝이라는 이름을 갖고 머신 러닝과 같이 테크 뉴스의 일부분에 항상 자리를 차지해버렸다. 너무나도

갑작스런 복귀였고, 또 다른 두려움의 부활이었다. 통계학이나 데이터 처리에 대한 공부를 하지 않은 것은 아니지만, 머신 러닝을 공부하려고 하니 그 동안 공부했던 것은 별로 도움이 되지 않는 것 같았다. 관련 서적을 읽어봐도 이해할 수 없는 수식에 부딪혔고, 체계화된 지식 없이 데이터를 다루려 한다는 불안감이 마음 속에서 떠나지 않았다.

그런 상황에서 이 책의 번역을 하게 됐다. 지금 생각하면 내가 간절히 원했던 책이었다. 머신 러닝의 전반적인 영역을 다루면서도 깊은 수학적 접근은 거의 하지 않고 간단한 설명만으로 필요한 부분을 전달하고 있다. 통계적인 지식을 상당히 요구하긴 하지만, 그 또한 과하지 않다. 저자의 설명이 부족하거나 배경 설명이 필요하다고 생각되는 내용은 페이지 하단의 주석으로 보완했다. 번역을 하면서 흩어져 있는 지식이 하나로 연결됐고, 저자의 의도를 파악하고 오류를 잡아가면서 흐릿했던 생각이 더욱 명확해진 것을 느낄 수 있었다. 그렇게 된 것은 그만큼 이 책의 구성이 뛰어나기 때문이라 생각한다.

4명의 역자가 쓴 원고의 용어를 통일하고, 각기 다른 스타일의 글을 하나로 다듬는 과정이 쉽지 않았음을 고백한다. 한국통계학회 용어집이나 수학학회 용어집을 참고했지만, 의미에 맞는 용어를 고르는 일이 무척 어려웠다. 통일된 용어도 없고 번역된 용어도 다들 제각각이었기 때문이다. 용어 선정에 무척 고민을 많이 했음에도 어색하고 의미에 맞지 않은 용어가 있다면 전적으로 옮긴이의 잘못이다. 그런 용어가 있다면 꼭 알려주기 바란다.

졸업 논문을 쓰고 나서 1년 후에 수요 예측 결과가 궁금해 자료를 찾아본 적이 있다. 지금 생각하면 부끄럽게도 테스트해야 할 데이터조차 학습 데이터에 포함시켰기 때문에 예측한 데이터가 얼마나 정확한지 알 수 없었다. 그런데 놀랍게도 예측값이 실제 수요 데이터와 거의 일치했다. 논문을 쓸 때만 해도 터무니 없는 예측값이라 생각했던 것이 말이다. 그래서 좀 더 제대로 알았다면 더 좋았을 것이라는 생각을 계속 갖고 살아왔다. 이 책을 읽는 분들은 그런 경험은 하지 않을 것이라 확신한다.

김종원

| 차례 |

| 들어가며 |

"누구나 두 번째 기회는 있다. 하지만 잘 지켜봐라."

— 존 웨인^{John Wayne}

살다 보면 두 번째 기회가 오는 경우가 드물다. 이 책의 초판 편집을 마치고 며칠이 지나지 않았을 때 스스로에게 "이걸 왜 안 했지?", "이런 식으로 글을 썼다니, 내가 무슨 생각을 했던 거지?"라는 질문을 던졌다. 이 책을 출판한 후에 맨 처음으로 맡은 프로젝트에서는 사실 초판에서 기술한 방법들을 사용하지 않았다. 그래서 다시 기회가 주어진다면 그것들을 개정판에 꼭 넣겠다고 다짐했다.

초판 작업을 시작했을 때의 목표는 뭔가 다른 것을 만드는 것이었다. 딱딱한 주제에도 불구하고 뭔가 재미있게 읽을 만한 것을 말이다. 그동안의 독자 반응을 통해 어느 정도 원하는 것을 이룬 것 같기는 하지만 언제나 개선의 여지는 있다. 모든 사람에게 다 맞추려고 하면, 모든 사람에게 아무 의미 없는 것이 되는 법이다. "모든 것을 막으려고 하면, 아무것도 막지 못한다"라는 프레드릭^{Frederick the Great}의 말처럼 독자들이 R을 사용해 머신 러닝을 가능한 한 빨리, 힘들지 않게 익힐 수 있을 정도의 기술과 도구들을 제공하려 했을 뿐, 모든 것을 다 알려주려고 하지 않았다. 초판 내용에 추가로 사용할 수 있는 몇 가지 흥미로운 새로운 기법을 추가했을 뿐이다.

아마도 이 책이 충분한 수학적 지식을 제공하지도 않고, 이런 저런 것들을 다루지 않았다고 불평하는 사람도 있을 것이다. 하지만 그런 것을 제공하는 책은 우리 주변에 많다. 다른 곳에서 이미 다루고 있는 것을 여기서 반복해 언급할 필요는 없다고 생각한다. 이 책의 목표는 뭔가 다른 경험을 제공하는 것, 독자들이 꾸준히 집중력을 유지하면서 경쟁적인 이 업계에서 성공할 수 있는 뭔가를 제공하는 것이다.

초판과 비교해 달라지고 개선된 것을 각 장별로 설명하기에 앞서 전체적인 변화에 관해 먼저 언급하고자 한다. 첫째, 대입 연산자로 <-를 쓰고 =를 더 이상 사용하지 않기로 했다. 내가 만든 코드를 점점 더 많은 사람과 공유를 하다 보니 나처럼 대입 연산자로 <-가 아닌 =를 사용하는 사람이 드물다는 것을 알게 됐다. 그래서 2판 작업을 시작했을 때 맨 처음 한 일은 코드를 하나하나 살펴보면서 이를 바꾸는 것이었다. 이보다 중요한 것은 그 과정에서 코드를 간결하게 하고, 같은 형태로 보이게 표준화하는 것이었다. 이는 여러분이 작성한 코드를 함께 일하는 동료나 코드를 검열하는 사람과 공유할 때 매우 중요하다. 최근에 나온 RStudio에는 이렇게 코드를 표준화하는 기능이 들어 있다. 이런 것마저도 표준화라니! 어쨌든 예전 코드에 공백을 제대로 넣으려고 했다. 예를 들어 예전에는 c(12,3,4,5,6)와 같이 코드를 작성하곤 했는데, 이젠 더 이상 그렇게 하진 않는다. c(1, 2, 3, 4, 5, 6)와 같이 쉼표 뒤에 꼭 공백을 넣어 코드를 읽기 쉽게 했다. 이런 표준화의 다른 면들이 궁금하다면 구글^{Google}에서 나온 R 스타일 안내서를 참고하기 바란다(https://google.github.io/styleguide/Rguide.xml/).

다음으로 예전에 웹에서 긁어왔던 데이터가 더 이상 존재하지 않는다는 이메일을 많이 받았다. 과거 미국 하키 리그^{National Hockey League, NHL}에 있는 데이터를 사용한 적이 있는데, NHL이 갖고 있던 통계 자료를 새로운 버전으로 내놓았다. 그래서 이것과 관련해 데이터를 모으는 작업을 처음부터 다시 시작해야만 했다. 이런 문제 때문에 이번에는 데이터를 깃허브^{GitHub}에 올리기로 결정했다.

무엇보다 독자들이 가능한 한 가장 좋은 도구를 사용할 수 있도록 많은 노력을 기울였다. 2017년 2월에 기업가인 마크 쿠반^{Mark Cuban}이 남긴 말이 많은 관심을 받은 적이 있었다.

- "여러분이 무슨 일을 하든, 인공 지능과 딥러닝, 머신 러닝에 관해 모른다면 공부를 해야 한다. 그렇지 않으면 3년 안에 공룡처럼 도태될 것이다."
- "개인적으로 10년 안에 프로그래밍이나 공학을 전공하는 사람들보다 예술가에 관한 수요가 더 많아질 거라고 생각한다. 많은 데이터가 생성되는 세상에서 이를

다른 면에서 바라보려면 다른 관점을 가져야 한다. 그래서 좀 더 자유로운 생각을 할 수 있는 사람이 필요할 것이다."

이 말이 블로그 세상에서 많은 관심을 받았는데, 얼핏 보기에는 서로 모순되는 말처럼 보인다. 그가 한 말은 이 책을 쓰고자 한 이유와 연결돼 있다. 어느 정도 일반 대중이 머신 러닝을 받아들이고 사용해야 한다고 믿기 때문이다. 지친 사람, 가난한 사람, 배고픈 사람, 노동자 계급, 자본가 계급 상관없이 말이다. 점점 많은 사람이 데이터와 기계의 계산 능력을 사용할 수 있게 되면서 머신 러닝은 사실상 모든 사람을 위한 툴이 될 것이다. 하지만 그 이면에는 지금까지 있었고, 앞으로도 있을 그 결과를 어떻게 소통하느냐 하는 문제가 있다. 여러분이 결과에서 나온 진짜 사실과 사실처럼 보이는 가짜 사실을 이야기할 때 사람들이 그냥 멍하게 쳐다보면 어떻게 할 것인가? 청중을 깨울 이야기를 어떻게 하면 빨리 할 수 있을까? 이런 일이 벌어지지 않을 거라고 생각한다면 내게 메시지를 남겨주길 바란다. 이와 관련해 들려주고 싶은 이야기가 많다.

우리에게는 이러한 일을 주도하고 조직에 영향을 미칠 수 있는 사람이 필요하다. 역사 학위나 음악 감상 학위가 이런 일에 도움이 된다면 그렇게 돼도 좋다. 나는 날마다 역사에 관해 공부하는데 개인적으로 많은 도움이 된다. 쿠반의 말은 여러 면에서 나의 믿음을 더 강하게 했고, 그런 면에서 볼 때 이 책에서 가장 중요한 부분은 첫 번째 장이라고 생각한다. 여러분이 사업의 동반자에게 "무엇을 다르게 할 생각인가?"라고 묻지 않았다면 지금 당장 물어보자. 세상에는 조직이나 결정을 내리는 데 전혀 상관이 없으면서 분석하기 아주 어려운 문제를 풀기 위해 열심히 일하는 사람들이 많다.

▌ 이 책의 구성

초판과 비교해 달라진 내용은 다음과 같다.

1장, 성공을 위한 과정에서는 순서도상의 오타를 정정하고 새로운 방법론을 추가했다.

2장, 선형 회귀 – 머신 러닝의 기본 기술에서는 코드를 개선하고 좀 더 나은 도표를 넣었다. 이를 제외하면 초판과 가까운 편이다.

3장, 로지스틱 회귀와 판별 분석에서는 코드를 개선하고 정리했다. 좋아하는 기법인 다변량 적응 회귀 스프라인multivariate adaptive regression spline을 추가했는데, 잘 동작하고 비선형 데이터를 다룰 수 있으며 사용하기도 쉽다. 이를 기준 모형으로 사용해 다른 "도전자" 모형들이 이보다 더 성능이 좋은지 살펴본다.

4장, 선형 모형에서 고급 피처 선택에서는 회귀뿐만 아니라 분류 문제도 다룬다.

5장, 다른 분류 기법들 – K–최근접 이웃법과 서포트 벡터 머신에서는 코드를 정리했다.

6장, 분류 트리와 회귀 트리에서는 XGBOOST 패키지가 제공하는 매우 좋은 기법을 사용하는 것과 피처를 선택할 때 랜덤 포레스트random forest 기법을 사용하는 것을 추가했다.

7장, 신경망과 딥러닝에서는 딥러닝 방법에 관한 최신 정보를 넣었고, 하이퍼파라미터hyperparameter 검색을 포함해 H2O 패키지에 관련된 코드를 개선했다.

8장, 군집화 분석에서는 랜덤 포레스트를 이용해 비지도학습unsupervised learning을 하는 방법을 넣었다.

9장, 주성분 분석에서는 다른 데이터 세트를 사용하고, 표본 외 예측out-of-sample prediction을 추가했다.

10장, 장바구니 분석, 추천 엔진과 순차적 분석에서는 영업 분야에서 점점 더 중요해지고 있는 순차적 분석sequential analysis을 추가했다.

11장, 앙상블 생성과 다중 클래스 분류에서는 여러 좋은 패키지를 사용해 완전히 새롭게 썼다.

12장, 시계열 자료와 인과관계에서는 몇 년간의 기후 자료를 더 추가했고, 인과관계를 검사하는 여러 방법을 보여준다.

13장, 텍스트 마이닝에서는 데이터를 추가하고 코드를 개선했다.

14장, **클라우드에서 R 사용하기**에서는 클라우드에서 R을 사용하는 법을 쉽고 빠르게 배울 수 있다.

부록 A. R의 기본에서는 데이터를 다루는 방법을 추가했다.

부록 B. 자료 출처에서는 자료 출처와 참고 자료의 목록을 작성했다.

▌ 준비 사항

R은 무료로 사용할 수 있는 오픈소스 소프트웨어다. https://www.r-project.org/에서 R을 다운로드해 설치하기 바란다. 꼭 필요한 것은 아니지만 https://www.rstudio.com/ products/RStudio/에서 통합 개발 환경인 RStudio를 다운로드해 설치하는 것을 추천한다.

▌ 이 책의 대상 독자

이 책은 데이터 과학자, 데이터 분석가, R을 이용해 머신 러닝을 하는, 실무 지식이 있는 사람들을 대상으로 하며, 갖고 있는 기술을 한 단계 더 끌어올려 이 분야에서 전문가가 되고 싶은 사람을 위한 것이다.

▌ 편집 규약

본문 중간에 나오는 코드나 데이터베이스 테이블 이름, 폴더 이름, 파일 이름, 파일 확장자, 파일 위치, 웹 주소, 사용자 입력 등은 다음과 같이 표시한다.

"R에 있는 MASS 패키지에 biopsy라는 이름의 데이터 프레임이 있다."

입력한 명령어와 출력은 다음과 같이 표시한다.

```
> bestglm(Xy = biopsy.cv, IC="CV",
  CVArgs=list(Method="HTF", K=10,
  REP=1), family=binomial)
```

새로운 용어와 **중요한 단어**는 굵은 글씨로 표시한다. 화면에 보이는 단어들, 예를 들어 메뉴나 대화 상자에 나오는 말은 다음과 같이 표시한다.

"새로운 모듈을 다운로드하려면 Files > Settings > Project Name > Project Interpreter로 간다."

 경고나 중요 노트는 이와 같이 박스로 나타냈다.

 팁과 트릭은 이와 같이 나타냈다.

▌독자 의견

독자 여러분의 의견은 언제나 환영한다. 이 책에 관해 어떤 부분이 좋고 또는 싫은지 알려주면 좋겠다. 독자의 피드백은 우리가 정말로 최대한 활용할 수 있는 책을 만드는 데 도움이 되므로 매우 중요하다. 일반적인 피드백은 feedback@packtpub.com으로 전자 메일을 보내면 되고, 메시지의 제목에 책 이름을 적으면 된다. 전문 지식이 있고 책을 쓰거나 출간하는 데 관심이 있다면 저자 가이드(www.packtpub.com/authors)를 참조하기 바란다.

▌ 고객 지원

이제 여러분은 팩트출판사 서적의 자랑스러운 소유자가 됐으므로 구매를 통한 혜택을 최대한 누릴 수 있도록 여러 가지 방법을 제공하고자 한다.

예제 코드 다운로드

이 책에 나오는 모든 예제 코드 파일들은 http://www.packtpub.com에서 여러분의 계정을 통해 다운로드할 수 있다. 혹시 이 책을 다른 곳에서 구입했다면 http://www.packtpub.com/support에 등록하면 파일을 이메일로 보내준다.

파일을 다운로드하는 방법은 다음과 같다.

1. 홈페이지에서 이메일 주소와 비밀번호로 로그인을 하거나 등록
2. 화면의 윗부분에 있는 SUPPORT 탭에 마우스 포인터를 이동
3. Code Downloads & Errata를 클릭
4. Search란에 책 제목을 입력
5. 다운로드하려고 하는 책을 선택
6. 이 책을 어디에서 구입했는지 선택
7. Code Download를 클릭

파일을 다운로드한 후에 압축 프로그램을 이용해 파일을 연다.

- 윈도우즈^{Windows}용 WinRAR / 7-Zip
- 맥^{Mac}용 Zipeg / iZip / UnRarX
- 리눅스^{Linux}용 7-Zip / PeaZip

이 책에 나온 코드는 깃허브^{GitHub}에서도 찾을 수 있다. https://github.com/PacktPublishing/Mastering-Machine-Learning-with-R-Second-Edition. 깃허브에 팩트출판사에서 나온 다른 책의 코드와 비디오도 있으므로 살펴보기 바란다.

에이콘출판사의 도서정보 페이지 http://www.acornpub.co.kr/book/mastering-machine-learning-r-2e에서도 예제 코드를 다운로드할 수 있다.

컬러 이미지 다운로드

책에서 사용된 스크린샷/도면의 컬러 이미지를 PDF 파일로 제공한다. 컬러 이미지는 출력 변화를 좀 더 쉽게 이해할 수 있도록 도와줄 것이다. 파일은 아래 주소에 접속해 다운로드할 수 있다.

https://www.packtpub.com/sites/default/files/downloads/MasteringMachineLearning withSpark2.x_ColorImages.pdf

이 책에서 사용된 스크린샷과 다이어그램의 컬러 이미지는 이 책 뒷부분에 있는 '컬러 이미지'에서 제공한다. 컬러 이미지는 결과물의 변화를 이해하는 데 도움이 될 것이다.

오탈자

책 내용의 정확성에 만전을 기하지만 실수는 늘 생기는 법이다. 책을 읽다가 문장이나 소스 코드에서 실수가 발견되면 즉시 알려주길 바란다. 이런 협조를 통해 다른 독자들이 겪을 혼란을 줄일 수 있고, 이 책의 다음 버전을 개선하는 데 큰 도움이 될 것이다. 오탈자를 발견하면 http://www.packtpub.com/submit-errata에 접속해 책을 선택하고 Errata Submission Form 링크를 클릭해 오탈자에 관한 상세 사항을 입력하면 된다. 오류 내용이 확인되면 팩트 웹 사이트에 올려지거나 책의 정오표(Errata) 섹션에 있는 정오표 목록에 추가된다. 이전에 제출된 정오표를 확인하려면 https://www.packtpub.com/books/content/support 페이지의 검색 필드에 책명을 입력하면 된다.

한국어판은 에이콘출판사의 도서정보 페이지 http://www.acornpub.co.kr/book/mastering-machine-learning-r-2e에서 찾아볼 수 있다.

저작권 침해

인터넷상의 저작권 침해는 모든 매체에 걸쳐 계속 진행되고 있는 문제다. 팩트출판사는 저작권과 라이선스 보호를 매우 심각하게 인식하고 있다. 인터넷에서 팩트출판사 발간물의 불법 복제를 발견하면 이에 관한 조치를 취할 수 있도록 해당 웹 사이트의 주소와 이름을 즉시 알려주기 바란다. 의심되는 불법 복제본의 링크와 함께 copyright@packtpub.com으로 연락하면 된다.

가치 있는 콘텐츠를 제공하려는 저자와 팩트출판사를 보호하기 위한 독자의 도움에 깊이 감사드린다.

▌질문

이 책에 관한 질문은 questions@packtpub.com으로 문의하기 바라며, 팩트출판사는 문제 해결을 위해 최선을 다할 것이다. 한국어판에 관한 질문은 이 책의 옮긴이나 에이콘출판사 편집 팀(editor@acornpub.co.kr)로 문의해주길 바란다.

01

성공을 위한 과정

"당신이 목적지를 모른다면, 어떤 길로 가더라도 도착은 할 것이다."

– 로버트 캐럴Robert Carrol

"당신이 하고 있는 일을 일련의 과정으로 설명하지 못한다면, 당신은 무엇을 하고 있는지 모르는 것이다."

– 에드워드 더밍Edwards Derming

언뜻 보기에는, 1장이 머신 러닝과 전혀 관련 없어 보일 수 있지만, 실제로는 머신 러닝의 모든 것과 관련돼 있다(좀 더 구체적으로는 머신 러닝의 구현과 변화를 만들어 나가는 것에 관해). 가장 똑똑한 사람, 최고의 소프트웨어 그리고 최고의 알고리즘들은 아무리 잘 정의돼 있 더라도 성공을 보장하지 않는다.

대부분의 프로젝트에서 문제를 성공적으로 풀거나 의사 결정을 개선하는 일의 핵심은 알고리즘이 아니라 다른 사람에 관한 영향력과 의사소통을 잘하기 위해 필요한 좀 더 부드러우면서도 질 높은 기술이다. 대부분의 사람들이 갖고 있는 문제는 이 기술을 얼마나 효율적으로 이용하는지 수치화하기 어렵다는 것이다. 아마도 이 책을 읽는 사람들이 이러한 수치화를 하고 싶지 않아 지금의 직업을 갖게 됐다고 해도 틀린 말은 아닐 것이다. 어찌됐든, 매우 성공한 코미디 드라마인 빅뱅 이론The Big Bang Theory은 이러한 가정하에 만들어졌다. 1장의 목표는 당신이 성공할 수 있는 준비를 하게 하는 것이다. 당신이 지위고하에 상관없이 영향력을 전파하고, 자신의 직관을 행동으로 옮겨 변화를 주도하는 사람이 될 수 있도록 유연한 절차 모형을 제공하는 것이다. 이 책에서는 Cross-Industry Standard Process for Data Mining CRISP-DM 과정을 집중적으로 알아볼 것이다. CRISP-DM은 분석 프로젝트를 위한 모형 중에서 가장 잘 알려지고 존중받는 모형이다. 당신이 다른 모형화 기법이나 독자적인 것을 사용한다 하더라도 1장에서 뭔가 얻을 수 있을 것이다.

이제서야 말하지만, 앞으로 이야기할 이 모든 것을 말로 하기는 쉽다. 심지어 앞으로 1장에서 다루는 내용을 건너뛰어도 된다. 기술과 약간의 행운이 있다면, 당신은 내가 지난 12년 동안 겪었던 신체적 · 정신적 상처를 피할 수 있을 것이다.

마지막으로 당신이 갖고 있는 문제에 적용할 수 있는 방법론을 찾을 수 있는 유용한 순서도를 살펴볼 것이다.

▌ CRISP-DM 모형화 기법

CRISP-DM 모형화 기법은 데이터 마이닝을 위해 만들어졌다. 하지만 이 과정은 예측 분석, 데이터 과학, 머신 러닝 등 어떤 분석적 프로젝트에도 이용될 수 있을 만큼 유연하고 빈틈 없다. 이 과정을 이용해 당신의 판단을 적용할 수 있는 많은 과제에 놀라지 말고, 마주할 실제 상황에 알맞게 적용하라. 다음 그림은 이 과정이 유연해질 수 있게 하는 피드백 루프를 시각적으로 보여준다.

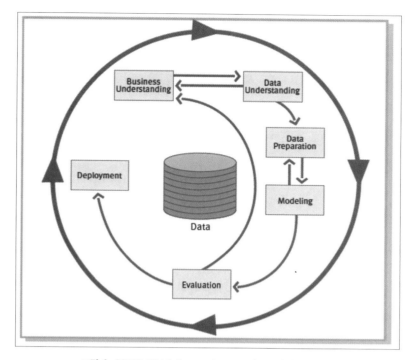

그림 1 CRISP-DM 1.0, step-by-step data mining guide

이 과정은 다음 여섯 가지 단계들로 이뤄져 있다.

- 비즈니스 이해
- 데이터 이해
- 데이터 준비
- 모형화
- 평가
- 적용

이 과정에서 나오는 과제와 하위 과제 전체를 망라하는 내용을 보고 싶다면, SPSS에서 쓴 CRISP_DM 1.0, step-by-step data mining guide를 다음 웹 페이지에서 볼 수 있다.

https://the-modeling-agency.com/crisp-dm.pdf

여기서는 각 단계별 중요 주제에 관해 논의할 것이다. 하지만 가이드에 적혀 있는 것만큼 자세한 것이 아니라 좀 더 개념적인 이야기일 것이다. 중요한 내용을 포함하되, 과제를 풀어 나가는 것에 적용할 수 있는 기술에 좀 더 집중할 것이다. 이 과정의 각 단계들은 이후에 나올 머신 러닝의 기술 적용과 R 코드에 있어 뼈대가 된다는 것을 염두에 두길 바란다.

▌ 비즈니스 이해

성공을 꿈꾸는 사람이라면 누구나 첫 단계가 얼마나 중요한지 잘 알고 있다. 이것은 토대가 되는 단계고, 이 단계의 성공과 실패가 프로젝트의 성공과 실패를 가를 가능성이 크다. 이 단계의 목적은 비즈니스에서 필요로 하는 것을 찾아 분석적 목표로 변환하는 것이다. 이 단계는 다음 4개의 과제로 이뤄진다.

1. 비즈니스의 목적을 확인한다.
2. 현재 상황을 판단한다.
3. 분석적 목표를 정한다.
4. 프로젝트의 진행 계획을 만든다.

비즈니스의 목적을 확인하는 것

이 과제에서 가장 핵심이 되는 것은 조직의 목적을 확인하고 문제의 틀을 잡는 것이다. "무엇을 다른 방식으로 해볼까?"와 같은 질문은 매우 효과적이다. 별 것 아닌 질문처럼 보일 수 있겠지만, 분석적인 관점에서 무엇을 필요로 하는지를 정리하는 것은 아주 어려운 일이 될 수 있고, 그런 다음에 있을 의사결정 과정에서 핵심이 될 수도 있다. 또 이 질문은 정보 조사를 하는 것에 많은 시간을 소비하는 것을 막아준다. 이와 같이 당신에게 필요한 것은 앞으로 내려야 할 결정이 무엇인지 알아내는 것이다. 이 결정은 당신의 팀이 소유한 자원을 소비할 수도, 그렇지 않을 수도 있는 선택이 될 것이다. 다른 방식을 시도하지 않는 것 또한 하나의 결정임을 명심하라.

이 말은 어떤 선택이 내려질지 불명확하다고 해서 프로젝트가 시작되지 말아야 함을 의미하는 것은 아니다. 문제가 명확히 정의되지 않거나 될 수 없는 경우도 있을 것이다. 도날드 럼스펠드Donald Rumsfeld 전국방장관의 말을 빌리면, 알려진 미지는 분명 존재한다. 사실, 문제가 잘못 정의돼 있고, 프로젝트의 주된 목적이 문제에 관한 보다 깊은 이해를 얻어 가정을 만들기 위한 경우가 많을 것이다. 다시 한 번 전국방장관의 말을 빌려 말하면, 당신이 무엇을 모르는지 모르는 경우, 즉 미지 속의 미지 같은 것들 말이다. 하지만 잘못 정의된 문제를 이용해도 다양한 가정을 탐색한 결과물을 바탕으로 갖고 있는 자원을 사용하며, 다음에 무슨 일이 일어날지 알 수 있다.

이 과제를 수행할 때 고려해야 할 또 다른 것은 기댓값의 관리다. 데이터의 깊이와 폭이 어떻든, 완벽한 데이터는 존재하지 않는다. 이 과제를 수행해야 하는 시점은 무엇인가를 확정할 때가 아니라 당신의 전문성에 기반을 두고 무엇을 할 수 있는지를 소통해야 하는 때다.

이 과제를 통해 두 가지 결과물을 만드는 것을 추천한다. 첫 번째는 목표 선언서다. 감동적인 문구를 사용한 선언서를 이야기하는 것이 아니라 당신 혹은 후원자가 승낙한 목표의 선언서를 이야기하는 것이다. 이는 군대의 경험에서 착안한 것이다. 왜 목표 선언서가 중요한지에 관해 책을 쓸 수도 있지만, 지금 하지는 않겠다. 올바른 방향과 지도가 없을 때는 목표 선언서가(또는 당신이 부르고 싶은 이름 아무것으로나) 관련 있는 사람들을 한 목표에 묶어줄 수 있는 것이 되고, 당신의 프로젝트가 무한정 커지기만 하는 것을 막을 수 있다. 목표 선언서에는 다음과 같은 점들을 적어야 한다.

- 누구: 당신, 당신의 팀, 프로젝트의 이름이다. 모두 프로젝트 바이퍼나 프로젝트 퓨전과 같은 멋진 이름을 좋아한다.
- 무엇: 머신 러닝을 하는 것과 같이, 당신이 무엇을 할 것인지다.
- 언제: 마감일이다.

- 어디서: 지리학적이거나, 기능적이거나, 부서이거나 프로젝트를 시작하는 곳 등이다.
- 왜: 이 프로젝트를 하는 것에 관한 목표, 즉 비즈니스의 목적이다.

두 번째 결과물은 성공의 정의를 최대한 분명하게 갖고 있는 것이다. 문자 그대로, "무엇이 성공으로 보일 것인지?"를 물어보라. 당신의 후원자나 팀이 당신이 이해할 수 있게 성공이라는 그림을 그릴 수 있도록 도와줘라. 그리고 난 후의 당신 일은 이 그림을 요구 사항들로 만들어내는 것이다.

현재의 상황 판단

이 과제는 프로젝트의 가정과 제약 그리고 사용 가능한 자원들에 관한 정보를 얻는 것과 위험을 진단하는 것, 만일의 사태를 대비한 계획들을 만들어내는 것과 같은 것을 통해 당신이 프로젝트를 계획하는 데 도움을 줄 것이다. 그리고 이것을 하는 동안, 앞으로 만들 결정들에 영향을 받게 될 중요한 이해 당사자들을 확인해야 한다.

몇 가지 짚어주면, 가용한 자원들을 찾을 때 과거와 현재의 프로젝트 기록들을 샅샅이 훑어보는 것을 잊지 말라. 높은 확률로, 조직의 누군가는 당신이 하려는 일을 이미 했거나, 하고 있어 그들과 당신의 일을 맞춰야 할 경우가 생길 것이다. 위험 요소들을 열거할 때 **사람**과 **시간** 그리고 **돈**을 고려하는 것을 잊지 말라. 모든 능력을 사용해 당신의 프로젝트에 영향을 미칠 수 있는 사람들과 당신의 프로젝트가 영향을 받을 수 있는 사람들의 목록을 정리하라. 이 사람들이 누구인지 확인하고 어떻게 영향을 미치거나 받을 수 있는지 확인하라. 이것이 완료되면, 후원자와 협의해 이해 당사자들과 소통할 수 있는 방법을 만들어라.

분석적 목표의 결정

이 단계의 과제를 수행하면서 비즈니스의 목표를 기술적인 요구 사항으로 바꿔 나가면 된다. 이것은 비즈니스 목표를 정하는 과정에서 그려졌던 성공에 관한 기준들을 기술적 성공에 관한 목표로 바꾸는 것을 포함한다. 이것은 RMSE(제곱근 오차 평균)나 예측의 정확도 같은 것이 될 수 있다.

프로젝트의 진행 계획을 만드는 것

여기서의 할 일은 여기까지 모은 정보들을 바탕으로 효과적인 프로젝트 진행 계획을 만드는 것이다. 간트 차트Gantt Chart나 다른 시각적인 방법을 이용한다 하더라도, 진행 계획을 만들고 그것을 의사소통의 일부로 만들어라. 이해 당사자들에게 이 계획을 공유하고, 적절한 때에 주기적으로 갱신하라.

▌ 데이터 이해

첫 단계의 중요하면서도 고통스러운 부분들을 모두 통과했다면, 이제 데이터를 다룰 차례다. 이 과정 동안 수행하게 될 과제들은 다음과 같다.

1. 데이터 수집
2. 데이터 표현
3. 데이터 탐색
4. 데이터 품질 검증

이 단계는 풀어내고Extract, 변환하고Transform, 다시 읽어오는Load - ETL 데이터를 다루는 전형적인 작업이다. 여기서 고려해야 할 점이 몇 가지 있다. 당신이 사용할 수 있는 데이터가 문제를 분석하는 데 충분한지 확인해야 한다. 데이터를 시각적이나 다른 방법으로 탐색하면서 변수들이 희소한지 그리고 다른 데이터가 없는지 확인하라. 이러한 점들이 당신의 학습 방법을 결정할 수도 있고, 데이터 공백을 얼마나 대치해야 하는지, 결과에 얼마나 영향을 미치는지 알 수 있다.

데이터의 품질을 확인하는 것은 매우 중요하다. 시간을 들여 누가 데이터를 수집했고, 어떻게 수집했고, 왜 수집했는지 알아보라. 의도치 않은 IT 문제 때문이나 사업적인 문제 때문에 완전치 못한 데이터에 발목 잡히는 일이 생길 수 있다. 시계열 데이터의 경우, 사업적인 규칙이 변경되면서 분류가 변경되는 경우가 생겨 치명적일 수 있다. 마지막으로, 지금 시점부터 코드를 문서화하는 것이 좋을 것이다. 만약, 데이터에 도감이 없다면, 나중에 생길 수도 있는 가슴 아픈 일을 막는다는 의미에서 문서화 작업의 일부로 생각하고 문서를 만들어라.

▌ 데이터 준비

거의 다 왔다. 이 단계는 다음과 같은 5개의 과제로 이뤄져 있다.

1. 데이터 선택
2. 데이터 청소
3. 데이터 구성
4. 데이터 통합
5. 데이터 포맷의 변경

이 과제들은 비교적 자명하다. 알고리즘에 집어넣기 위해 데이터를 변형하는 것이 목표다. 이것은 데이터 병합과 피처 엔지니어링, 데이터 변형을 포함한다. 만약, 없는 데이터의 부분을 채워야 한다면, 그것 또한 이 단계에서 일어난다. 그리고 R을 사용해 결과를 어떻게 분류할지 주의 깊게 살펴봐야 한다. 만약, 당신의 결과나 반응 변수가 Yes/No의 값을 가진다면, 몇 가지 패키지에서 사용할 수 없게 돼 1/0을 나타내는 변수를 다른 형식으로 바꾸거나 제거해야 할 것이다. 이 시점에서 데이터를 학습용 집합, 테스트 집합, 검증 집합 등 여러 개의 테스트 집합으로 나눠야 한다. 이 단계는 어떻게 할 수 없는 짐처럼 느껴지겠지만, 대다수의 경력자는 이 단계가 당신을 다른 동료들로부터 돋보이게 할 수 있는 단계라고 말해줄 것이다. 잘 구성된 데이터와 함께, 이제 돈을 벌러 가보자.

▌ 모형화

지금까지 당신이 한 모든 일에 관해 당신이 환호성을 지르며 호들갑을 떨게 하거나, 분노에 차서 주먹으로 책상을 내리치게 할 수도 있는 단계다. 이 단계가 그렇게 쉬웠다면, 모두가 이 일을 할 수 있을 것이다. 과제들은 다음과 같다.

1. 모형화 기법의 선택
2. 테스트 설계 생성
3. 모형 생성
4. 모형 평가

이상하게도, 이 단계에는 지금까지 당신이 이미 고려해왔던 것들과 준비해왔던 것들이 포함돼 있다. 첫 단계에서는 적어도 어떤 방법으로 모형화할 것인지에 관한 개념을 갖고 있어야 한다. 이 작업이 스튜어디스들의 체크리스트와 같은 직선적인 플로 차트가 아닌 유연하고 점진적인 과정으로 이뤄진다는 것을 기억하라.

1장의 끝에 있는 알고리즘 순서도가 어떤 모형화 기법을 선택해야 하는지에 도움이 될 것이다. 테스트 설계는 당신만의 테스트 집합과 학습 집합을 만드는 것과 교차 검증을 활용하는 것을 뜻한다. 이 일들은 데이터 준비 단계에서 이미 고려되고 처리됐어야 한다.

모형의 평가는 비즈니스 이해 단계에서 고려한 RMSE, Lift, ROC 등의 기준을 이용해 모형들을 비교하는 것이다.

▌평가

평가 과정의 목표는 선택된 모형이 비즈니스의 목표와 맞는지를 확인하는 것이다. 당신과 다른 사람들에게 "우리가 내린 성공의 정의를 달성했는가?" 하고 물어봐라. Netflix 알고리즘 대회를 주의해야 할 예로써 살펴보자. Netflix가 가장 낮은 RMSE를 달성한 추천 알고리즘을 만든 팀에 100만 불의 상금을 줬던 걸 알고 있으리라 생각한다. 하지만 Netflix는 수상한 알고리즘을 사용해 상승한 정확도로서 얻는 이득이 알고리즘을 서비스에 적용하는 데 필요한 공학적인 비용보다 적어 실제로는 사용하지 않았다. 오캄의 면도날을 항상 적용하라. 어찌됐든, 여기 과제들이 있다.

1. 결과 평가
2. 과정 검토
3. 다음 단계 결정

검토 과정에서, 당신이 이전 단계에서 정했던 이해 당사자들과 결과물로 소통해 투자를 추가로 유치하는 것이 필요할 수도 있다. 그 다음 단계로, 당신이 변화를 주도하는 사람이 되고 싶다면, 이해 당사자의 머릿속에 있을 '무엇을?', '그래서 뭐?', '이제 뭐?'라는 3개의 질문에 관해 답하라. 당신이 이해 당사자들의 '이제 뭐?'라는 질문과 앞서 만들었던 결정을 하나로 묶을 수 있다면, 돈을 벌 수 있을 것이다.

▌적용

이 시점까지 모든 것들이 계획대로 실행됐을 경우, 스위치만 켜면 당신의 모형이 실제 서비스에 사용될 수도 있을 것이다. 그렇지 않다는 가정하에 적용 단계에서 이 과제들을 수행해야 한다.

1. 계획 적용
2. 진행 계획의 감시와 유지보수

3. 최종 보고서 제작

4. 프로젝트 복기

적용과 감시/유지보수가 진행 중인 동안, 당신과 당신의 앞길에 함께할 사람들은 잘 써진 보고서를 만들어야 한다. 이 보고서에는 일반적인 전체 보고서와 요약된 내용을 가진 보고서가 포함된다. 나 또한 고용된 일원으로서 군대의 파워포인트 슬라이드에 관한 열정에 동조해 내가 알아낸 것들을 전체 보고서에 정리하는 것에 저항하던 때도 있었다. 하지만 슬라이드는 다른 집단에서 보고 싶은 부분만 보거나 잘못 이해되는 정보들로 인해 당신에게 해를 끼칠 수도 있다. 날 믿어라. 당신의 결과물을 전체 보고서에 정리하면 함축적인 표현이 불러오는 오해들은 생기지 않을 것이다. 이해 당사자들에게 간결하게 보고하기 위해 슬라이드를 사용하되, 전체 보고서를 기록 문서로서 그리고 만약 당신의 조직이 요청한다면 보고 전에 먼저 읽어올 수 있는 문서로서 제공하라. 일반적인 작업 과정은 니터^{knitr}나 레이텍^{LaTex}을 사용해 전체 보고서를 만드는 것이다.

당신만의 복기법이 있겠지만, 공식적이나 비공식적으로, 다음 내용은 포함해야 한다.

- 계획은 어떠했는가?
- 실제로는 어떤 일이 일어났는가?
- 왜 그런 일이 일어났는가/일어나지 않았는가?
- 어떤 점들이 미래의 프로젝트에도 지속돼야 하는가?
- 미래의 프로젝트에서는 어떤 점들이 개선돼야 하는가?
- 지속돼야 할 점을 유지하고, 개선돼야 할 점들을 개선하기 위한 계획을 만들어라.

이것으로 당신의 프로젝트가 성공하고, 당신을 변화를 주도하는 사람으로 만들 수 있는 종합적이고 유연한 CRISP-DM 모형화 기법에 관한 소개를 마친다.

▎ 알고리즘 순서도

이 절의 목적은 당신이 가능한 모형화 기법을 선택하는 데 도움을 줄 수 있는 것뿐만 아니라 문제를 더 깊이 생각하는 데 도움을 줄 수 있는 도구를 만드는 것이다. 부수적인 혜택으로서 이 도구가 당신의 팀이나 후원자와 함께 문제를 만들어 나가는 것에도 도움을 줄 수 있다. 순서도에 있는 기법들은 완전한 목록이 아니지만, 시작하기에는 충분할 것이다. 이 순서도에는 이 책에서 다루지 않는 기법들 또한 포함돼 있다.

다음 그림은 모형화 기법을 선택하는 순서를 표현한다. 각 질문에 답하다 보면, 다른 그림들로 안내해줄 것이다.

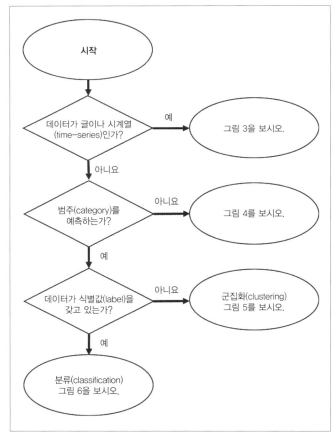

그림 2

만약, 당신의 데이터가 글이나 시계열 형식의 데이터라면, 다음 그림을 따라가면 된다.

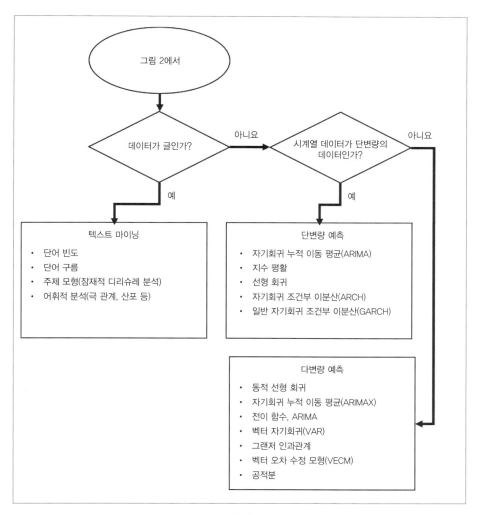

그림 3

이 갈래의 알고리즘에서 당신은 시계열 데이터나 글을 데이터로 사용하지 않는다. 또한 당신은 범주를 예측하고자 하는 것도 아니다. 당신은 추천을 하거나, 연관성을 파악하거나, 수의 값을 예측하고자 하는 것이다.

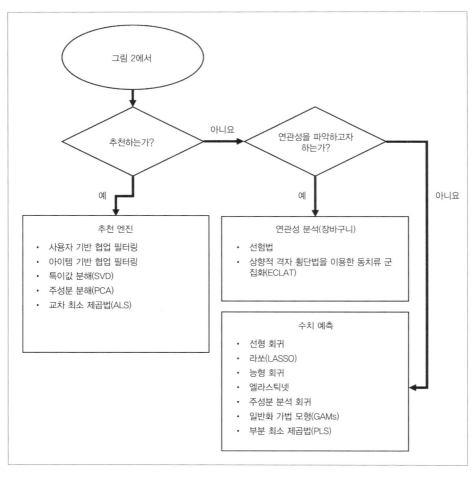

그림 4

이 절에 해당한다면 글도 아니고, 시계열 형식의 데이터도 아닌 데이터를 갖고 있을 것이다. 데이터를 범주화하고 싶지만 데이터에 식별값이 없다면, 다음과 같은 군집화 기법을 사용하면 된다.

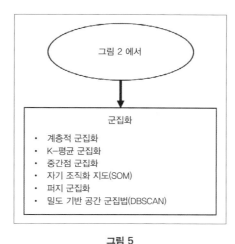

그림 5

마지막으로 우리는 데이터를 범주화하고, 식별값이 있는 경우인 분류 문제에 도달했다.

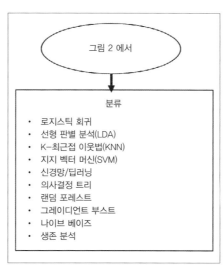

그림 6

▎ 요약

이 장은 당신과 당신의 팀에 닥칠 프로젝트를 성공적으로 이끌어 나가기 위한 준비를 하는 것에 관련된 내용들이었다. CRISP-DM 모형화 기법은 의사소통과 영향력 행사에 있어 좀 더 부드러운 기술을 발휘하도록 도와주는 완전하고도 유연한 체계다. 이 장에서는 이 모형화 기법의 각 단계에서 해결해야 하는 과제들이 나열됐다. 그것에 더해, 각 단계의 실행을 위한 기술과 고려해야 할 것들을 알려줬다. 이 내용들에 주의를 기울이면, 당신은 진정으로 조직에 긍정적 변화를 가져오는 사람이 될 수 있을 것이다.

이 장에서 다룬 다른 항목은 알고리즘의 순서도였다. 이 순서도는 비즈니스에서 풀고자 하는 문제를 해결하기 위한 적합한 기법을 찾는 것에 도움을 줄 것이다. 이러한 토대를 바탕으로, 우리는 이제 이 기법들을 실제 문제에 적용시켜볼 수 있다.

02

선형 회귀-머신 러닝의 기본 기술

"어떤 이들은 미식축구에서 존재하지 않는 것을 찾으려고 하는데, 미식축구에 중요한 건 오로지 두 가지 – 차단과 태클뿐."

– 빈스 롬바르디Vince Lombardi(프로 미식축구 명예의 전당 코치)

분석 모형을 학습할 때는 선형 회귀처럼 단순하지만, 매우 효과적이어서 오랫동안 사용된 기법부터 공부하는 것이 중요하다. 알버트 아인슈타인이 이야기했다고 전해지는 바에 따르면 더 단순하게 할 수 없을 정도로, 가능한 한 단순하게 만들어야 한다.[1] 머신 러닝을 위한 알고리즘 개발할 때 명심할 현명한 조언이자 좋은 지침이라 할 수 있다. 선형 회귀는 최소 제곱법least squares method을 이용해 정량적인 결과를 예측하는 기법인데, 이후 내용에서 다룰 다른 기법들과 비교해보면 선형 회귀만큼 많이 쓰이고 검증해본 단순한 모형도 없을

---

1 사물을 설명하는 설명력을 잃지 않는 범위 내에서 단순하게 하라는 뜻 – 옮긴이

것이다. 사실상 선형 회귀는 이후에 배울 기법들의 토대가 되고, 그중 상당수가 사실상 선형 회귀를 단순히 확장한 모형이다. 솔직히, 선형 회귀를 완전히 익히고 나면 이 책의 나머지 부분도 모두 통달할 수 있다고 말할 수 있을 정도다. 그러므로 머신 러닝 전문가가 되기 위한 여정은 선형 회귀로부터 시작하자.

이 장에서는 도입부에 해당하는 내용을 다룬다. 이 주제를 잘 안다면 다음 토픽으로 건너뛰어도 무방하다. 그렇지 않다면, 다른 복잡한 머신 러닝법으로 넘어가기 전에 이 토픽을 철저하게 이해해야 한다. 독자들은 수많은 프로젝트가 다음 절에서 다룰 내용을 단순히 적용하기만 해도 된다는 사실을 알게 될 것이다. 선형 회귀는 컨설팅 고객에게 설명하기 쉬운 모형이며, 대개의 고객은 적어도 R제곱값$^{R-squared}$의 개념 정도는 알고 있는 경우가 많다. 그중 다수는 선형 회귀를 상당히 깊이 있게 접해봤을 것이고, 변수의 기여도나 공선형성^{collinearity} 등의 개념도 익숙하게 느낄 것이다.

▌ 단변량 선형 회귀

양적 반응 변수 Y를 예측 변수 x 하나로 예측하는 간단한 방법으로 시작해보자. 이때 Y는 x와 선형 관계라고 가정한다. 이 문제를 모형화하면, $Y=B_0+B_1x+e$이다. Y의 기댓값은 모수 B_0(절편)과 B_1(기울기)에 x를 곱한 값의 합, 거기에 오차항 e를 더한 것으로 표현할 수 있다. 최소 제곱법은 예측값 Y 값과 실제 Y 값 사이의 잔차 제곱합$^{residual\ sum\ of\ squares,\ RSS}$을 최소화하는 모형의 모수를 선택하는 접근 방법이다. 간단한 예로, Y_1과 Y_2의 실제 관찰 값이 각각 10과 20 그리고 예측값 y_1과 y_2는 12와 18이라 하자. RSS를 계산하려면 두 값의 차이를 제곱해 더해야 하는데, $RSS=(Y_1-y_1)^2+(Y_2-y_2)^2$의 식에 실제 값을 대입하면 $(10-12)^2+(20-18)^2=8$을 얻는다.

예전에 린 식스 시그마 블랙 벨트$^{Lean\ Six\ Sigma\ Black\ Belt}$ 훈련에서 동료에게 중요한 것은 제곱합이고, 제곱합을 이해하면 나머지는 자연스레 따라올 것이라고 이야기한 적이 있다. 적어도 어느 정도까지는 이 말이 사실이다.

응용으로 들어가기 전에 한 가지 주의를 환기하고자 한다. 각종 연구에 중요한 돌파구를 다룬 뉴스 헤드라인을 읽을 때마다 냉소 섞인 시선과 회의적인 자세로 읽기 바란다. 뉴스 매체가 내세우는 결론이 타당하지 않을 수 있기 때문이다. 앞으로도 보겠지만, R이나 다른 소프트웨어들은 무엇을 입력하든 뭔가를 답이라고 내놓게 마련이다. 하지만 수학적으로 맞고, 상관관계나 R^2(결정계수) 값이 높게 나왔다고 해서 결론이 타당하다는 뜻은 아니다.

이 점을 재차 확인하기 위해 R에 들어 있는 유명한 Anscombe 데이터 세트를 살펴보자. 이 자료는 통계학자 프랜시스 완스컴Francis Anscombe이 데이터 분석에서 데이터 시각화와 특이 점outliers의 중요성을 부각하기 위해 만들었다. 네 쌍의 X와 Y 변수로 이뤄져 있는데, 이 변수들은 같은 통계적 성질을 갖고 있지만, 플롯으로 그려보면 매우 다른 면이 드러난다. 나는 동료와 사업 파트너를 대상으로 교육할 때, 데이터 탐색과 가정 체크를 건너뛰고 통계량에만 집착하면 얼마나 위험한지 보여주기 위해 이 데이터 세트를 이용한다. 독자도 비슷한 상황이라면 지금 다루는 예가 매우 유용하리라 생각한다. 모형화를 본격적으로 시작하기 전에 잠시 샛길로 빠져보자.

```
> # 데이터 적재 및 분석
> data(anscombe)
> attach(anscombe)
> anscombe
   x1 x2 x3 x4    y1   y2    y3    y4
1  10 10 10  8  8.04 9.14  7.46  6.58
2   8  8  8  8  6.95 8.14  6.77  5.76
3  13 13 13  8  7.58 8.74 12.74  7.71
4   9  9  9  8  8.81 8.77  7.11  8.84
5  11 11 11  8  8.33 9.26  7.81  8.47
6  14 14 14  8  9.96 8.10  8.84  7.04
7   6  6  6  8  7.24 6.13  6.08  5.25
8   4  4  4 19  4.26 3.10  5.39 12.50
9  12 12 12  8 10.84 9.13  8.15  5.56
10  7  7  7  8  4.82 7.26  6.42  7.91
11  5  5  5  8  5.68 4.74  5.73  6.89
```

다음에 보겠지만, 각 x-y 변수쌍은 같은 상관계수의 값 0.816을 보인다. 첫 두 변수쌍을 살펴보자.

```
> cor(x1, y1) # x1과 y1의 상관계수
[1] 0.8164205
> cor(x2, y2) # x2과 y2의 상관계수
[1] 0.8162365
```

Anscombe 데이터 세트가 의도한 진짜 통찰력은 네 변수쌍을 모두 함께 플롯으로 나타낼 때 비로소 드러난다.

```
> par(mfrow = c(2,2)) # 그림을 2x2 격자 배치로 그린다.
> plot(x1, y1, main = "Plot 1")
> plot(x2, y2, main = "Plot 2")
> plot(x3, y3, main = "Plot 3")
> plot(x4, y4, main = "Plot 4")
```

예제 코드 다운로드하기

책에 쓰인 코드 파일은 팩트출판사에서 책을 구입한 경우에는 자신의 계정(http://www.packtpub.com)에서 다운로드할 수 있고, 다른 곳에서 구입한 경우에는 http://www.packtpub.com/support에 등록하면 코드 파일을 이메일로 받을 수 있다.

한국어판의 경우 에이콘출판사의 도서정보 페이지 http://www.acornpub.co.kr/book/mastering-machine-learning-r-2e에서도 예제 코드를 다운로드할 수 있다.

앞의 코드를 실행하면 다음과 같은 도표가 나타난다.

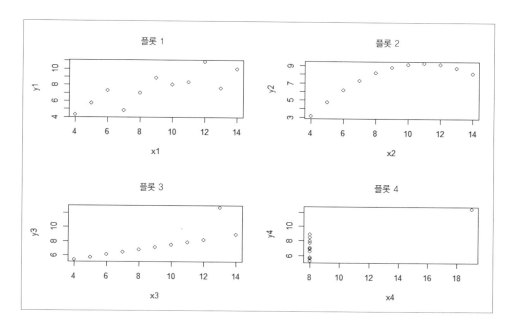

플롯에서 나타나듯, Plot 1은 진짜 선형 관계를 보이는 것 같고, Plot 2는 곡선 모양이며, Plot 3은 위험해 보이는 특이점이 있으며, Plot 4는 특이점 하나가 상관관계가 있는 것처럼 보이도록 만든다.[2] 이 예에서 보다시피, 상관관계에만 전적으로 의존하면 위험하다.

비즈니스 이해하기

다음의 첫 번째 예에서는 미국 와이오밍 주 스네이크 강 유역의 용출량을 해당 연도 눈의 물당량(강우량)을 사용한 함수로 예측해본다. 스네이크 강 유역 서쪽에 위치한 여러 주의 농장과 목장에 매우 필요한 관개수를 제공하므로 이 예측은 유량과 저수지 수위를 관리하는 데 유용하다. 여기서 사용하는 snake 데이터 세트는 alr3 패키지에 들어 있다(여기서 alr 은 'applied linear regression'의 약자다).

---

2 즉, Plot 4에서 맨 우측 특이점을 빼고 보면 x_4와 y_4의 상관관계는 0이다. – 옮긴이

```
>install.packages("alr3")
> library(alr3)
> data(snake)
> dim(snake)
[1] 17   2
> head(snake)
     X    Y
1 23.1 10.5
2 32.8 16.7
3 31.8 18.2
4 32.0 17.0
5 30.4 16.3
6 24.0 10.5
```

관찰값이 17개 있으므로 데이터 탐색을 해보자. 그러나 우선 X와 Y를 의미 있는 변수명으로 바꾸자.

```
> names(snake) <- c("content", "yield")
> attach(snake) # 데이터와 새 이름을 연결
> head(snake)
  content yield
1    23.1  10.5
2    32.8  16.7
3    31.8  18.2
4    32.0  17.0
5    30.4  16.3
6    24.0  10.5
> par(mfrow = c(1,1))
> plot(content, yield, xlab = "water content of snow", ylab = "water yield")
```

코드를 실행하면 다음과 같은 산포도^{scatterplot}가 나타난다.

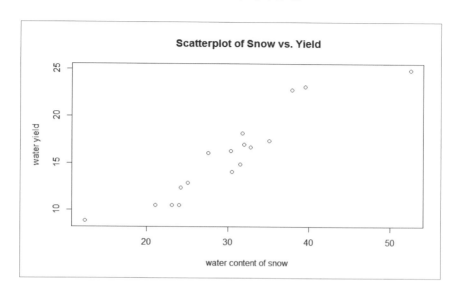

이 플롯은 흥미롭게도 데이터가 선형적이면서 양쪽 끝의 특이점일 가능성이 있는 두 점 때문에 약간 곡선형을 띤다. 따라서 데이터를 변환하거나 특이점값을 삭제하는 방법을 쓸 수 있다.

R에서 선형 회귀를 하려면 lm( ) 함수를 사용해 표준 형식인 $fit = lm(Y \sim X)$ 모형을 만든다. 그런 다음, 적합화한 모형^{fitted model}에 여러 가지 함수를 이용해 가정을 테스트한다.[3]

```
> yield.fit <- lm(yield ~ content)
> summary(yield.fit)

Call:
lm(formula = yield ~ content)

Residuals:
    Min      1Q  Median      3Q     Max
```

---

3 lm()를 사용하면 선형 회귀 모형의 추정 모수의 값을 계산하게 되는데, 이 값을 찾는 과정을 적합(fitting)이라 함. – 옮긴이

```
-2.1793 -1.5149 -0.3624  1.6276  3.1973

Coefficients: Estimate Std. Error t value Pr(>|t|)
(Intercept)  0.72538    1.54882    0.468     0.646
content      0.49808    0.04952   10.058 4.63e-08
    ***
---
Signif. codes:  0 '***' 0.001 '**' 0.01 '*' 0.05 '.' 0.1 ' ' 1

Residual standard error: 1.743 on 15 degrees of freedom
Multiple R-squared:  0.8709,    Adjusted R-squared:  0.8623
F-statistic: 101.2 on 1 and 15 DF,  p-value: 4.632e-08
```

summary( ) 함수를 사용해 모형의 상세 스펙, 잔차의 기술 통계학, 계수, 모형의 유의성 수준(Signif. Codes 항목), 모형의 오차, 적합(fit)의 요약 통계 등을 검사할 수 있다. 지금 당장은 모수 계수를 추정해 예측 변수가 유의한 p 값을 갖는지 확인하는 것에 집중하자. 모수의 추정값을 보면, 모형은 yield = 0.72538 + (0.49808 × content)로 나타난다. 좀 더 상세히 설명하면, content가 한 단위만큼 증가함에 따라 yield는 0.49808 단위만큼 증가한다. F-statistic은 모든 계수가 0이라는 귀무가설null hypothesis을 검사하는 데 쓰인다.[4]

p 값은 매우 유의하므로 귀무가설을 기각하고 다음 단계로 "content 변수의 계수가 0"이라는 귀무가설을 t-테스트한다. t-테스트 결과, 다시 한 번 귀무가설을 기각한다. 추가로, '다중 R제곱값Multiple R-squared'과 '수정된 R제곱값Adjusted R-squared'을 확인할 수 있다.[5] '수정된 R제곱값'은 나중에 다중 회귀 설명에서 다룰 것이므로 여기서는 '다중 R제곱값'에 집중하자. 현재의 예에서는 다중 R제곱값이 0.8709로 나타났다. 이론상으로 다중 R제곱값은 0과 1 사이의 값을 가지며, X와 Y 변수들 사이의 연관성 강도를 재는 척도다. 현재의 예에서는 yield 값의 변동 중 87.09%가 content로 설명 가능하다고 해석한다. 덧붙이면, R제

---

4 모든 계수가 0이라면 x와 y 변수 사이에 '선형 관계'가 없다는 의미로, 선형 회귀는 이 데이터를 설명하는 모형에 적합하지 않다고 말할 수 있다. 위의 출력 마지막 줄에서 p-value가 매우 작기 때문에 귀무가설을 기각한다. 보통 통계적 유의수준으로 0.05를 사용하며, 이보다 작은 p 값이 나오면 기각이다. 즉, 예측 변수(content)와 종속 변수(yield) 사이에 "선형 관계"가 성립한다. – 옮긴이

5 R제곱값은 '결정계수' 혹은 '설명력'이라고 한다. – 옮긴이

곱값은 다름 아닌 X와 Y의 상관계수를 제곱한 값이다.[6]

앞에서 그렸던 산포도scatterplot로 돌아가 우리의 모형에서 가장 적합한 선분을 플롯에 더해보자.

```
> plot(content, yield)
> abline(yield.fit, lwd=3, col="red")
```

위 코드를 실행하면 다음과 같은 도표가 출력된다.

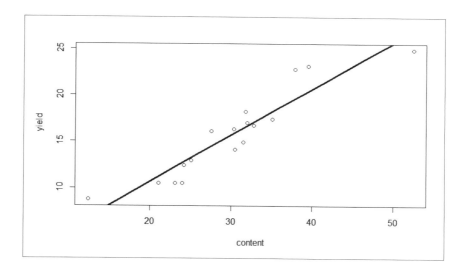

선형 회귀 모형은 가정이 타당한 만큼만 적합하다. 다음은 선형 회귀 모형이 가정하고 있는 기본적인 사항이다.

---

6 위의 예에서는 예측 변수가 하나뿐인 단순 회귀(simple regression)이므로 F-테스트와 t-테스트는 본질적으로 같으며, content
   의 계수가 0인지 테스트하고 있다. '모든 계수가 0이라면'에서 y절편(Intercept)값은 상수로서, 테스트하는 계수에 해당하지 않
   는다. 예측 변수가 둘 이상인 다중 회귀(multiple regression)의 경우에는 F-테스트를 통해 예측 변수들의 계수 중 적어도 하나
   이상이 0이 아닌지 먼저 확인하고, 유의한 경우에는 다음 단계에서 예측 변수의 계수가 0이 아닌지 개별적으로 t-테스트한다.
   – 옮긴이

- 선형성^{linearity}: 예측 변수(X)와 반응 변수(Y) 사이의 선형적 관계를 뜻한다. 만일, 이 선형적인 관계가 뚜렷하게 존재하지 않을 경우, X 혹은 Y에 여러 가지 변환(로그 변환, 다항 변환, 지수 변환 등)을 가해 문제를 푼다.

- 오류항의 비상관^{non-correlation}: 시계열 자료나 패널 자료(다시점 자료)에서 자주 문제가 되는 것은 $e_n = \beta_{n-1}$의 경우다. 즉, 오류항 사이에 상관관계가 있다면 잘못된 모형을 만들고 있다는 이야기다.

- 등분산성^{homoscedasticity}: 오류항은 정규분포를 따르며 일정한 분산을 갖는다. 즉, 오류항의 분산은 상이한 입력값에도 불구하고 일정하다는 뜻이다. 이 가정을 위배하면 계수의 추정값이 편향되고, 통계적 유의성을 테스트할 때 지나치게 높거나 낮은 값을 띤다. 따라서 결국 잘못된 결론을 내리게 된다. 이 가정이 위배된 상태를 이異분산성^{heteroscedasticity}이라 한다.

- 비공선성^{non-collinearity}: 어떠한 두 예측 변수 사이에도 선형적인 관계가 있어서는 안 된다. 즉, 피처^{feature}(머신 러닝에서 말하는 유의미한 설명 변수)들 사이에 상관관계가 있으면 안 된다. 이 가정을 위배하면 역시 편향된 추정값을 초래한다.

- 특이점의 부재^{absence of outliers}: 특이점이 있으면 추정값이 심히 왜곡될 수 있으므로 이상적으로는 특이점을 선형 회귀 모형에 적합^{fitting}하기 전에 제거해야 한다. Anscombe의 예에서 살펴봤듯이, 특이점은 편향된 추정값을 초래한다.

지금 다루고 있는 모형은 시간과 독립적인 단변량 모형이므로 선형성과 등분산성에만 집중하자. 이 밖의 가정들은 다음 절에서 중요하게 다룰 것이다. 초기에 기본 가정을 체크하는 가장 좋은 방법은 도표를 그리는 것이다. `plot()` 함수를 선형 모형 적합 결과(예제에서 `yield.fit`)와 함께 사용하면 4개의 도표를 자동으로 출력하는데, 이를 이용해 기본 가정을 체크할 수 있다. R은 그 플롯들을 한 번에 하나씩 출력하며, 도표를 보려면 Enter를 눌러야 한다. 4개의 도표를 한꺼번에 체크하는 것이 제일 좋으므로 코드를 다음처럼 실행해보자.

```
> par(mfrow = c(2,2))
> plot(yield.fit)
```

코드 실행 결과는 다음과 같다.

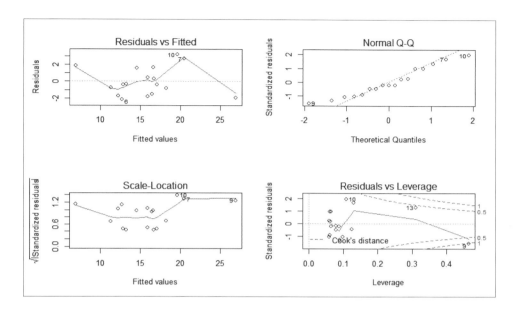

왼쪽의 두 그림에서 오류항(y축에 나타나는 residuals)의 등분산성과 비선형성을 검사할 수 있다. 그림에서 눈여겨볼 것은 특정한 패턴을 찾는 것인데, 다시 말하면 사실은 아무런 패턴도 보이지 않는 것이 더 중요하다. 현재의 예에서 겨우 17개의 관찰값으로 샘플 사이즈가 작은 것을 감안하면, 별다르게 뚜렷한 패턴은 보이지 않는다. 흔히 나타나는 이분산성 오류항(residual, 잔차)의 패턴은 U자 모양이거나 뒤집힌 U자 모양 또는 플롯의 왼쪽에 가까이 뭉쳐 있는 모양 등이다. 적합값fitted values이 증가함에 따라(x축을 따라 오른쪽으로 갈수록) 잔차residuals가 넓게 흩어지는 경우에는 깔때기 모양을 띤다. 도표를 보니 등분산성의 가정은 위배되지 않았다는 안전한 결론을 내릴 수 있다.

우상단의 Normal Q-Q 플롯(정규 분위수–분위수)은 잔차가 정규분포를 띠는지 확인하는 용도로 쓰인다. Quantile-Quantile(Q-Q)은 한 변수의 분위수를 다른 변수의 분위수에 관해 그림으로 표현한 것이다. 즉, 한 변수의 분위수를 x축, 다른 변수의 분위수를 y축으로 그린 것이다. 특이점들(7, 9, 10번 관찰값) 때문에 오류항이 정규분포를 띤다는 가정이 위배됐을 수 있다. 특이점이 존재할 경우에는 Residuals vs Leverage 도표를 통해 어떤 점이 문제가 되는지 확인할 수 있다. Cook's distance 또는 Cook's D라는 통계량이 일반적으로 1보다 큰 경우가 문제가 되며, 심층적인 조사가 필요하다.

여기서 심층적인 조사란 정확하게 무엇을 말하는가? 바로 이 곳이 기술과 과학이 만나는 지점이라 할 수 있다. 가장 쉬운 방법은 그냥 특이점인 관찰값을 지워버리는 것인데, 지금의 예에서는 9번이 이에 해당하고, 지운 후에 다시 모형을 실행한다. 그러나 아마도 예측 변수나 반응 변수 또는 둘 다를 변환하는 방법이 더 나을 듯하다. 만일, 9번 관찰값만 지우고 나면 10번과 13번의 Cook's D가 1보다 큰 값이 돼 플롯에서 점선대의 바깥으로 떨어질 수 있다. 이런 부분에서는 해당 영역의 전문 지식이 결정적인 역할을 한다고 생각한다. 특이점을 잘 탐색하고 이해함으로써 값진 통찰력을 얻었던 경우가 셀 수 없이 많았다. 현재의 예제에서 앞서 살펴봤던 산포도를 조사하면서 잠재적인 특이점들을 지적했는데, 이 점들이 바로 9번과 13번 관찰값이었다. 분석가로서 왜 그 관찰값이 특이점인지를 해당 분야의 전문가와 상의하는 것은 매우 중요하다. 이게 측정 오류였을까? 이 관찰값이 왜 생겼는지 논리적으로 설명할 수 있을까? 확실하지는 않지만 이러한 질문을 던지면 함께 일하는 조직에 도움이 된다.

이왕 말이 나왔으므로 Normal Q-Q 도표를 통해 현재 다루고 있는 모형을 심층 조사해보자. R은 기본으로 출력하는 Q-Q플롯에 신뢰 구간confidence interval을 제공하지 않는다. 하지만 지금 우리는 기본 도표를 보고 우려되는 바가 있으므로 신뢰 구간을 점검해야 한다. car 패키지에 들어 있는 qqPlot( ) 함수는 이런 신뢰 구간을 자동으로 그려준다. car 패키지는 이미 alr3 패키지를 불러올 때 함께 띄워졌으므로 다음과 같이 코드 한 줄만 실행하면 된다.

```
> qqPlot(yield.fit)
```

이를 실행하면 다음과 같은 그림이 생성된다.

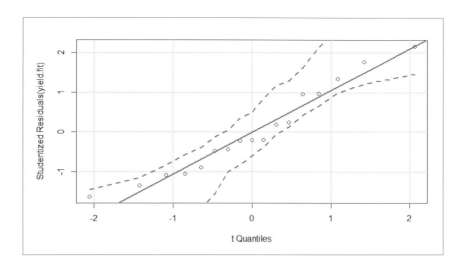

이 그림에 따르면, 잔차는 정규분포의 형태를 띤다. 내 생각에는 이를 근거로 모든 관찰값으로 생성한 모형을 자신 있게 선택해도 될 것 같다. 다른 모형을 시도한다면 확실한 합리적 이유와 판단을 근거로 제시해야 할 것이다. 오류항의 정규분포를 확실히 기각할 수 있다면, 아마도 변수 변환이나 일부 관찰값을 삭제하는 방법 중 하나 또는 두 가지 모두를 고려해야 할 것이다.

▌ 다변량 선형 회귀

'현실 문제에서 예측 변수 1개만 있으면 될까?'라는 생각이 들 것이다. 이는 타당한 의문이고, 실제로 예측 변수가 하나만 있는 경우는 매우 드물다(시계열 자료의 상황은 대개 예외에 속하지만). 대부분의 경우, 많이는 아니더라도 여러 개의 예측 변수나 피처를 모형에 포함해야 할 것이다(여기에서 피처는 머신 러닝 분야에서 예측 변수, 즉 설명 변수를 친근하게 일컫는 용어다). 이런 점을 기억하면서 다변량 선형 회귀 모형과 새로운 비즈니스 사례를 알아보자.

비즈니스 이해하기

수량 보존/예측의 주제를 이어가면서 alr3 패키지에 들어 있는 또 다른 데이터 세트를 살펴보자. 딱 알맞게도 water라는 이름이 붙은 데이터 세트다. 이 책의 초판을 쓰는 동안, 남부 캘리포니아에 극심한 가뭄이 들었는데, 주지사인 제리 브라운Jerry Brown조차 시민들에게 물 사용을 20%로 줄이자고 호소할 정도였다. 지금 배울 예제에서, 캘리포니아 주에서 물 가용량을 예측해달라는 의뢰를 받았다고 가정해보자. 우리에게 주어진 데이터에는 43년간 오웬스 벨리Owens Valley의 여섯 지점에서 측정한 강설량이 들어 있다. 반응 변수는 물 가용량인데, 이는 캘리포니아주 비숍Bishop 근처의 하천 유출수 용량으로, 이 유출수가 오웬스 벨리의 송수로를 유입되고, 궁극적으로는 로스엔젤리스Los Angeles의 송수로에 이르게 된다. 하천 유출수를 정확히 예측하는 것은 공학자와 도시 계획가 및 정책 입안자들이 수자원 보존 방안을 효과적으로 수립하는 데 도움이 된다.

우리가 만들려는 모형은 $Y = B_0 + B_1 x_1 + \cdots + B_n x_n + e$로 구성되는데, 여기에서 예측 변수(또는 피처)는 1부터 n까지다.

데이터의 이해와 준비 과정

우선, water라는 데이터 세트를 불러온 후 str( ) 함수를 이용해 데이터의 구조를 살펴보자.

```
> data(water)
> str(water)
'data.frame': 43 obs. of  8 variables:
 $ Year   : int  1948 1949 1950 1951 1952 1953 1954 1955 1956 1957 ...
 $ APMAM  : num  9.13 5.28 4.2 4.6 7.15 9.7 5.02 6.7 10.5 9.1 ...
 $ APSAB  : num  3.58 4.82 3.77 4.46 4.99 5.65 1.45 7.44 5.85 6.13 ...
 $ APSLAKE: num  3.91 5.2 3.67 3.93 4.88 4.91 1.77 6.51 3.38 4.08 ...
 $ OPBPC  : num  4.1 7.55 9.52 11.14 16.34 ...
 $ OPRC   : num  7.43 11.11 12.2 15.15 20.05 ...
 $ OPSLAKE: num  6.47 10.26 11.35 11.13 22.81 ...
 $ BSAAM  : int  54235 67567 66161 68094 107080 67594 65356 67909 92715 70024 ...
```

이 데이터에는 7개의 피처와 하나의 반응 변수, BSAAM이 들어 있다. 관찰값은 1943년부터 연속적으로 43년 동안 기록됐다. 현 예제에서는 어떤 연도에 특정 관찰값이 일어났는지는 고려하지 않을 것이므로 연도 벡터를 제외한 후에 나머지로 새 데이터 프레임을 생성하는 것이 합리적이다. 이런 데이터 수정은 단 한 줄의 코드만으로 매우 쉽게 이뤄지며, head( ) 함수를 이용해 확인할 수 있다.

```
> socal.water <- water[, -1] # 첫 번째 칼럼을 삭제한 새 데이터 프레임
> head(socal.water)
  APMAM APSAB APSLAKE OPBPC  OPRC OPSLAKE  BSAAM
1  9.13  3.58    3.91  4.10  7.43    6.47  54235
2  5.28  4.82    5.20  7.55 11.11   10.26  67567
3  4.20  3.77    3.67  9.52 12.20   11.35  66161
4  4.60  4.46    3.93 11.14 15.15   11.13  68094
5  7.15  4.99    4.88 16.34 20.05   22.81 107080
6  9.70  5.65    4.91  8.88  8.15    7.41  67594
```

모든 피처가 정량적인 값을 띠므로 상관관계 통계량을 살펴본 후에 산포도 행렬scatterplot matrix을 출력해보는 것이 타당하다. Pearson's r이라고도 하는 상관계수는 두 변수 간의 선형적 관계의 강도와 방향을 모두 측정하는 척도다. 이 통계량은 −1와 +1 사이의 값을 갖는데, −1인 경우에는 완전한 음의(즉, 반대 방향의) 상관관계, +1은 완전한 양의 상관관계다. 상관계수는 두 변수의 공분산을 두 표준편차의 곱으로 나눈 값이다. 앞서 논한 것처럼, 상관관계를 제곱하면 R 제곱값을 얻는다.

여러 변수 사이의 상관관계를 나타내는 도표를 출력하는 데는 여러 가지 방법이 있다. 어떤 이들은 **히트 맵**heatmaps을 선호하지만, 나는 corrplot 패키지가 만드는 그림의 팬이다. 이 패키지로 타원형, 원형, 사각형, 번호, 그림자, 색상 및 파이 차트까지, 다양한 형식의 차트 출력이 가능하다. 그중에서도 ellipse 방법을 좋아하는데, 개의치 말고 다른 방법으로도 실험해보기 바란다. 이제 corrplot 패키지를 불러오고, 기본으로 들어 있는 cor( ) 함

수를 이용해 상관계수 오브젝트를 하나 생성하고, 결과물을 점검해보자.[7]

```
> install.packages("corrplot")
> library(corrplot)
> water.cor <- cor(socal.water)
> water.cor
             APMAM      APSAB    APSLAKE      OPBPC
APMAM    1.0000000 0.82768637 0.81607595 0.12238567
APSAB    0.8276864 1.00000000 0.90030474 0.03954211
APSLAKE  0.8160760 0.90030474 1.00000000 0.09344773
OPBPC    0.1223857 0.03954211 0.09344773 1.00000000
OPRC     0.1544155 0.10563959 0.10638359 0.86470733
OPSLAKE  0.1075421 0.02961175 0.10058669 0.94334741
BSAAM    0.2385695 0.18329499 0.24934094 0.88574778
              OPRC    OPSLAKE      BSAAM
APMAM    0.1544155 0.10754212 0.2385695
APSAB    0.1056396 0.02961175 0.1832950
APSLAKE  0.1063836 0.10058669 0.2493409
OPBPC    0.8647073 0.94334741 0.8857478
OPRC     1.0000000 0.91914467 0.9196270
OPSLAKE  0.9191447 1.00000000 0.9384360
BSAAM    0.9196270 0.93843604 1.0000000
```

자, 이 출력으로 뭘 알 수 있을까? 우선, 반응 변수(BSAAM)가 OP 피처들(OPBPC, OPRC, OPSLAKE)
과 강한 양적 상관관계를 보인다. 이는 상관관계가 각각 0.8857478, 0.9196270, 0.9384360
으로 +1에 가까운 큰 값을 보였기 때문이다. 또한 AP 피처들은 서로 강한 상관관계를 보
이며, 마찬가지로 OP 피처들도 서로 강한 상관성을 보이는 것에 주목하기 바란다. 이런
관찰로부터, 우리 모형이 다중 공선성^{multi-collinearity}의 문제에 맞닥뜨릴 것이라는 사실을
알 수 있다. 다음의 상관관계 도표 행렬은 변수 사이의 상관성을 시각적으로 잘 표현한다.

---

7   R의 기본 패키지가 아닌 패키지는 install.packages를 이용해 패키지를 사용하기 전에 따로 설치해야 한다. ― 옮긴이

```
> corrplot(water.cor, method="ellipse")
```

위 코드를 실행하면 다음과 같은 도표가 나타난다.

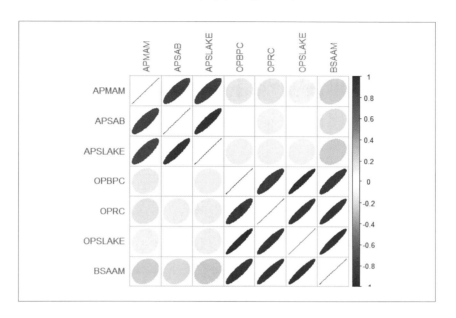

또 다른 시각화 방법으로는 산포도 행렬이 자주 쓰이는데, pairs( ) 함수로 그릴 수 있다. 앞의 상관관계 도표 행렬에서 봤던 내용을 좀 더 자세히 확인할 수 있을 것이다.

```
> pairs(~ ., data= socal.water)
```

위 코드를 실행하면 다음과 같은 그림이 출력된다.

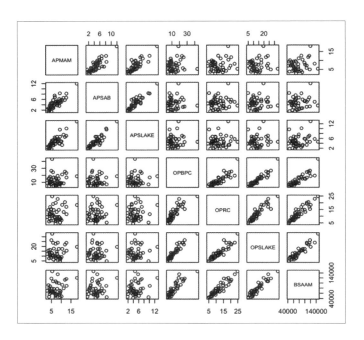

모형화와 평가

이 절에서 다룰 핵심적인 요소는 피처 선택이라는 매우 중요한 작업이다. 여기서는 leaps 패키지를 이용해 최량 부분 집합 회귀 분석^{best subsets regression} 방법을 단계적으로 살펴본다. 이후 장에서는 더 고급 기법들을 다룰 것이다.

단계적 전방 선택법^{forward stepwise selection}은 피처가 하나도 없는 모형에서 시작한다. 그런 다음, 피처를 모형에 한 번에 하나씩 더해 모든 피처가 포함될 때까지 계속한다. 각 단계에서 모형에 더할 피처 선택의 기준은 모형의 잔차 제곱합(RSS)인데, 각 피처를 더했을 때 모형의 RSS가 제일 작은 피처를 선택한다. 따라서 이론적으로 첫 번째 단계에서 선택된 피처가 다른 피처보다 반응 변수를 가장 잘 설명하는 변수고, 그 다음 단계에서 선택된 피처는 남은 변수들 중에 설명력이 제일 높은 변수다.

> 피처를 모형에 추가하면 언제나 잔차 제곱합은 줄어들고 R제곱값은 증가하지만, 피처를 추가했다고 해서 반드시 모형 적합도와 해석까지 개선되는 것은 아니라는 사실에 주의해야 한다.

단계적 후방 회귀 분석backward stepwise regression은 모형에 모든 피처를 더해 놓고 시작해 가장 덜 유용한 피처를 한 번에 하나씩 제거하는 방법이다. 단계적 전방 회귀 분석 방법을 사용해 피처를 모형에 추가하는 방법과 함께 혼용하는 접근법도 있는데, 알고리즘에서 모형 적합도를 더 이상 개선하지 못하는 피처를 모형에서 제거할 수 있을지 검사해야 한다. 일단 이렇게 모형이 생성되면, 분석가가 출력을 검사할 수 있으며, 다양한 통계량을 이용해 가장 좋은 적합도를 나타내는 피처들을 고르게 된다.

이 시점에서, 단계적 기법에 몇 가지 심각한 문제가 있다는 사실을 짚고 넘어가야 한다. 같은 데이터 세트를 이용해 단계적 전방 선택법으로 만든 모형과 단계적 후방 회귀 분석으로 만든 모형이 매우 상충할 수 있다. 핵심을 정리하면, 단계적 기법은 편향된 회귀 계수를 생성할 수 있다는 사실이다. 다시 말해, 바이어스는 너무 커지고 신뢰 구간은 너무 좁을 수 있다(Tibshirani, 1996).[8]

피처 선택을 위해서는 단계적 방법을 만족스럽게 대체할 기법으로 최량 부분 집합 회귀 분석법best subsets regression을 들 수 있다. 최량 부분 집합 회귀 분석에서 알고리즘은 가능한 한 모든 피처의 조합을 이용해 모형을 적합화한다. 따라서 총 피처가 3개 변수인 경우에는 7개 모형이 생성된다(피처가 하나도 포함되지 않은 영 모형null model을 빼 총 $2^3-1=7$개가 된다). 단계적 회귀 분석처럼, 분석가는 최적의 모형을 선택하기 위해 판단력과 통계적 분석 기법을 잘 적용해야 한다. 다음에는 모형 선택을 중요 주제로 다룬다. 독자들도 이미 추측했겠지만, 데이터 세트에 피처 수가 많으면 모형 선택은 상당히 쉽지 않은 작업일 것이고, 관찰값의 개수(n)보다 피처 수(p)가 더 많으면(n < p) 모형 선택이 잘 작동하지 않을 것이다.

---

8 오차 제곱합은 평균 제곱 오차에 비례하는데, 평균 제곱 오차는 바이어스의 제곱과 분산을 더한 값이다(MSE= (Bias)[2] +Variance). 따라서 같은 오차 제곱합이라면, 바이어스 항의 값이 증가할수록, 즉 모형이 더 편향될수록 분산값은 줄어든다. 분산이 작아지면 신뢰 구간도 좁아진다. 활을 쏘는 것으로 예를 들면, 항상 중앙 과녁을 한참 벗어난 곳(큰 바이어스)에 화살이 촘촘하게(작은 분산, 좁은 신뢰 구간) 날아드는 상황이다. — 옮긴이

물론 우리가 지금 연습하고 있는 문제는 최량 부분 집합에 걸리는 제한사항들이 적용되지 않는다. 만일, 그런 제한사항들이 있을 경우에는 단계적 기법을 포기해야 하지만, 그래도 궁금하면 걱정하지 말고 한번 시도해보기 바란다.

그러면 leaps 패키지를 불러오는 것부터 시작해보자. 피처 선택이 어떻게 이뤄지는지 관찰하기 위해, 먼저 모든 피처를 포함한 모형을 만들어 조사해보고, 그런 다음 최량 부분 집합 기법을 이용해 심층적으로 파고들어 최적합 모형을 찾아보자.

다시 한 번 lm( ) 함수를 사용해 모든 피처 변수를 포함한 선형 모형을 만들 수 있다. 다음과 같은 형식을 띤다.

$$fit = lm(y \sim x_1 + x_2 + x_3 \ldots + x_n)$$

모든 피처를 손쉽게 포함하고 싶다면, 물결표(~) 다음에 변수명을 모두 써넣는 대신, 마침표(.) 하나만 찍으면 된다. 일단 leaps 패키지를 불러와 방금 이야기한 방법으로 모든 피처를 식에 포함해보자.

```
> library(leaps)
> fit <- lm(BSAAM ~ ., data = socal.water)
> summary(fit)

Call:
lm(formula = BSAAM ~ ., data = socal.water)

Residuals:
   Min     1Q Median     3Q    Max
-12690  -4936  -1424   4173  18542

Coefficients:
            Estimate Std. Error t value Pr(>|t|)
(Intercept) 15944.67    4099.80   3.889 0.000416
    ***
APMAM         -12.77     708.89  -0.018 0.985725
APSAB        -664.41    1522.89  -0.436 0.665237
APSLAKE      2270.68    1341.29   1.693 0.099112 .
OPBPC          69.70     461.69   0.151 0.880839
```

```
OPRC          1916.45      641.36     2.988 0.005031 **
OPSLAKE       2211.58      752.69     2.938 0.005729 **
---
Signif. codes:  0 '***' 0.001 '**' 0.01 '*' 0.05 '.' 0.1 ' ' 1

Residual standard error: 7557 on 36 degrees of freedom
Multiple R-squared:  0.9248,     Adjusted R-squared:  0.9123
F-statistic: 73.82 on 6 and 36 DF,  p-value: < 2.2e-16
```

단변량 선형 회귀에서와 같이, p 값과 F-통계량을 검사해 피처의 계수들 중 적어도 하나 이상은 0이 아닌 것을 확인한다. 사실, p 값은 유의수준이 높게 나왔다. OPRC와 OPSLAKE 의 계수도 유의한 p 값을 보인다. 흥미롭게도, OPBPC는 반응 변수와 높은 상관관계를 보임에도 불구하고 p 값은 유의하지 않게 나왔다. 요컨대, 다른 OP 피처의 값을 고정했을 때 OPBPC는 반응 변수의 변동량을 더 이상 유의미한 수준으로 설명하지 못한다. 즉, OPRC와 OPSLAKE가 모형에 이미 들어 있는 경우에는 OPBPC가 모형에 통계적으로 아무런 기여를 하지 않는다.

처음 생성된 모형으로 이번에는 최량 부분 집합 기법을 해보자. leaps 패키지에 있는 regsubsets() 함수를 이용해 sub.fit 오브젝트를 다음과 같이 생성한다.

```
> sub.fit <- regsubsets(BSAAM ~ ., data = socal.water)
```

다음은 모형을 더 깊이 조사하기 위해 best.summary 오브젝트를 생성한다. 모든 R의 오브젝트에서와 마찬가지로, names() 함수를 이용해 출력 가능한 아웃풋의 목록을 볼 수 있다.

```
> best.summary <- summary(sub.fit)
> names(best.summary)
[1] "which" "rsq"    "rss"    "adjr2" "cp"     "bic"    "outmat" "obj"
```

모형 선택에서 유용한 다른 함수는 which.mean()과 which.max()다. 이 함수들은 다음 코드에서 보듯, 최솟값과 최댓값을 모형에 제공한다.

```
> which.min(best.summary$rss)
[1] 6
```

위 출력으로 보면, 가장 작은 잔차 제곱합을 갖는 피처의 수가 6개라는 것을 알 수 있다. 이 모형에서는 6개가 최대로 포함할 수 있는 피처 수다. 모형에 추가하는 피처 수가 늘어나면 RSS는 더 작아지기 때문에 가장 작은 값일 때의 피처 수가 최대 피처 수가 되는 것이다. 여기서 기억할 것은 피처를 추가하면 언제나 RSS는 줄어든다는 사실이다. 게다가, 이때 R제곱값도 언제나 증가한다. 로스엔젤리스 레이커스Los Angeles Lakers 팀이 경기에 이긴 횟수처럼, 전혀 무관한 피처를 모형에 더하더라도 RSS는 감소하고 R제곱값은 증가할 것이다. 이 변화량은 극히 작겠지만, 그럼에도 불구하고 그 무관한 피처는 모형에 들어 있을 것이다. 그러므로 적절한 피처만 선택할 효과적인 방법이 필요하다.

여기서는 피처 선택을 위해 **아카이케**Akaike**의 정보 기준**AIC, **멜로**Mallow**의 Cp**, **베이즈**Bayes **정보 기준**BIC, 수정된 R제곱값이라는 네 가지 통계적 기법을 다루려고 한다. 앞 세 가지 기준의 목표는 그 통계량을 최소화하는 것이고, 마지막의 수정된 R제곱값의 목표는 통계량을 최대화하는 것이다. 이 통계량들이 있는 이유는 최대한 간단한 모형으로 만들기 위함인데, 즉 모형이 복잡하면 벌점을 부여한다.

이 네 가지 통계량의 수식은 다음과 같다.

- $AIC = n * \log\left(\frac{RSS_p}{n}\right) + 2 * p$

  P: 테스트하고 있는 모형의 피처 수

- $C_p = \frac{RSS_p}{MSE_f} - n + 2 * p$

  P: 테스트하고 있는 모형의 피처 수

  MSE_f: 모든 피처를 포함한 모형의 평균 제곱 오차mean squared error

  n: 표본 크기

- $BIC = n * \log\left(\frac{RSS_p}{n}\right) + p * \log(n)$

  P: 테스트하고 있는 모형의 피처 수

  n: 표본 크기

- $Adjusted\ Rsquared = 1 - \left(\frac{RSS}{n-p-1}\right) / \left(\frac{Rsquared}{n-1}\right))$

  P: 테스트하고 있는 모형의 피처 수

  n: 표본 크기

선형 모형에서 AIC와 Cp는 서로 비례하므로 Cp만 신경 쓰자. Cp는 leaps 패키지의 다음과 같은 출력으로 알 수 있다. BIC는 Cp보다 적은 수의 변수를 갖는 모형을 선택하는 경향이 있으므로 이 두 가지를 비교해보자. 이를 위해 두 그래프를 나란히 출력해 분석할 수 있다. 다음 코드로 Cp를 만들고, 연이어 BIC를 출력한다.

```
> par(mfrow = c(1,2))
> plot(best.summary$cp, xlab = "number of features", ylab = "cp")
> plot(sub.fit, scale = "Cp")
```

위 명령을 실행한 결과는 다음과 같다.

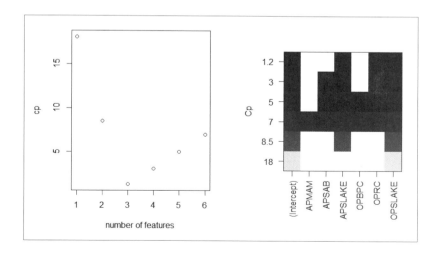

왼쪽 그림에는 피처 3개로 구성된 모형이 가장 작은 Cp 값을 갖는다. 오른쪽 그림에서는 가장 작은 Cp 값을 제공하는 피처를 나타내고 있다. 이 그림을 읽는 방법은 가장 작은 Cp 값을 y축에서 선택하고(이 예에서는 1.2) 그 점에서 오른쪽으로 가로지르면, 색칠된 블록에 해당하는 피처 이름을 x축에서 찾을 수 있다. 이 예제에서는 APSLAKE, OPRC, OPSLAKE 가 바로 이 모형에 포함된 피처들이다. which.min( )과 which.max( ) 함수를 사용해 Cp가 BIC, 수정 R제곱값과 어떻게 다른지 확인할 수 있다.

```
> which.min(best.summary$bic)
[1] 3
> which.max(best.summary$adjr2)
[1] 3
```

이 예제에서, BIC와 수정 R제곱값은 최적 모형에서 Cp와 일치한다. 이제, 단변량 회귀에서와 마찬가지로, 모형을 점검하고 가정을 테스트해야 한다. 앞서 했던 대로, 선형 모형의 오브젝트를 만들어 그림으로 살펴보자.

```
> best.fit <- lm(BSAAM ~ APSLAKE + OPRC + OPSLAKE, data=socal.water)
> summary(best.fit)

Call:
lm(formula = BSAAM ~ APSLAKE + OPRC + OPSLAKE, data = socal.water)

Residuals:
   Min     1Q Median     3Q    Max
-12964  -5140  -1252   4446  18649

Coefficients:
            Estimate Std. Error t value Pr(>|t|)
(Intercept)  15424.6     3638.4   4.239 0.000133 ***
APSLAKE       1712.5      500.5   3.421 0.001475 **
OPRC          1797.5      567.8   3.166 0.002998 **
OPSLAKE       2389.8      447.1   5.346 4.19e-06 ***
---
```

```
Signif. codes:  0 '***' 0.001 '**' 0.01 '*' 0.05 '.' 0.1 ' ' 1

Residual standard error: 7284 on 39 degrees of freedom
Multiple R-squared:  0.9244,      Adjusted R-squared:  0.9185
F-statistic: 158.9 on 3 and 39 DF,  p-value: < 2.2e-16
```

피처 수가 3개인 모형에서, F−통계량과 t−테스트는 모두 유의한 p 값을 보인다. 첫 번째 테스트를 통과했으므로 이번에는 진단용 도표를 그려보자.

```
> par(mfrow = c(2,2))
> plot(best.fit)
```

다음과 같은 패널 4개의 그림이 한 번에 생성된다.

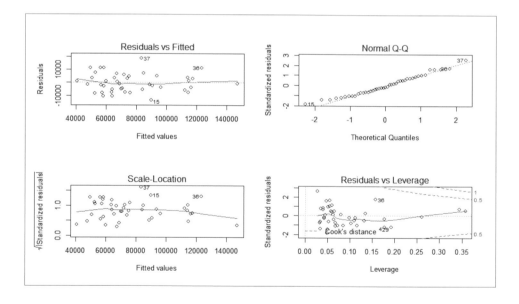

그림을 살펴보니, 잔차의 분산은 일정해 보이고 분포는 정규분포를 따른다. 레버리지 플롯에서 심층 조사해야 할 특이한 사항은 없다.

공선형성collinearity의 문제가 있는지 조사하려면, **분산 팽창 인자**variance inflation factor, VIF라는 통계량을 사용해야 한다. VIF는 모든 피처가 들어 있는 전체 모형full model을 적합화할 때 계산된 특정한 피처 계수의 분산과 그 피처만 들어 있는 부분 모형으로 적합화했을 때의 계수 분산의 비율이다. 공식은 $VIF=1/(1-R^2_i)$인데, 이때 R^2_i는 우리의 관심사인 i 번째 피처를 나머지 피처들로 회귀했을 때 구해진 R제곱값이다.[9] VIF가 가질 수 있는 최솟값은 1인데, 이때는 공선형성이 전혀 없는 경우다. 엄격한 규칙이 있는 것은 아니지만, 대개 VIF 값이 5(어떤 사람은 10이라고도 함)를 넘으면 문제가 될 만큼 공선형성이 존재한다고 볼 수 있다 (James, p.101, 2013). VIF 값을 정확하게 선택하기 어려운 이유는 언제나 다중 공선성 때문에 모형을 쓸 수 없는 엄밀한 통계적 구분점이 있는 것은 아니기 때문이다.

다음 코드처럼, car 패키지에 들어 있는 vif( ) 함수만 있으면 VIF 값을 구할 수 있다.

```
> vif(best.fit)
 APSLAKE      OPRC   OPSLAKE
1.011499 6.452569 6.444748
```

상관관계 분석을 토대로 OPRC와 OPSLAKE가 공선형성 문제가 있을 가능성이 있더라도(VIF 값이 둘 다 5를 넘음) 너무 놀랄 필요는 없다. 이 두 변수의 그림을 보면 강조점이 드러난다.

```
> par(mfrow = c(1,1))
> plot(socal.water$OPRC, socal.water$OPSLAKE, xlab = "OPRC", ylab="OPSLAKE")
```

---

9 i 번째 피처를 마치 반응 변수인 것처럼 사용해 나머지 피처로 선형 모형을 돌렸다는 의미 – 옮긴이

위 코드를 실행하면 다음과 같은 도표가 나타난다.

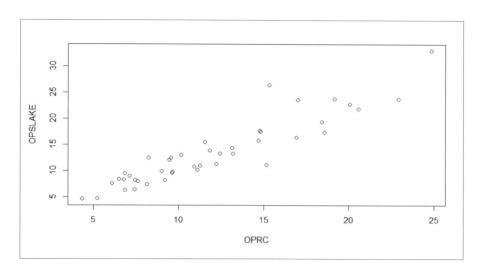

공선형성의 문제를 쉽게 바로잡는 방법은 예측력을 손상하지 않으면서 변수를 탈락시키는 것이다. 최량 부분 집합의 수정 R제곱값을 비교해보면, 변수 APSLAKE와 OPSLAKE, 2개로만 이뤄진 모형은 0.90이고, OPRC를 더해 변수가 3개인 경우에도 R제곱값의 증가는 경미해 0.92에 그쳤다.

```
> best.summary$adjr2 # 수정 R제곱값
[1] 0.8777515 0.9001619 0.9185369 0.9168706 0.9146772 0.9123079
```

자, 이제는 변수 2개로만 이뤄진 모형의 가정을 점검하자.

```
> fit.2 <- lm(BSAAM ~ APSLAKE+OPSLAKE, data=socal.water)
> summary(fit.2)

Call:
lm(formula = BSAAM ~ APSLAKE + OPSLAKE, data = socal.water)

Residuals:
```

```
     Min       1Q   Median       3Q      Max
-13335.8  -5893.2   -171.8   4219.5  19500.2

Coefficients:
            Estimate Std. Error t value Pr(>|t|)
(Intercept)  19144.9     3812.0   5.022 1.1e-05 ***
APSLAKE       1768.8      553.7   3.194 0.00273 **
OPSLAKE       3689.5      196.0  18.829  < 2e-16 ***
---
Signif. codes:  0 '***' 0.001 '**' 0.01 '*' 0.05 '.' 0.1 ' ' 1

Residual standard error: 8063 on 40 degrees of freedom
Multiple R-squared:  0.9049,    Adjusted R-squared:  0.9002
F-statistic: 190.3 on 2 and 40 DF,  p-value: < 2.2e-16

> par(mfrow=c(2,2))
> plot(fit.2)
```

위 코드를 실행하면 다음과 같은 그림들이 그려진다.

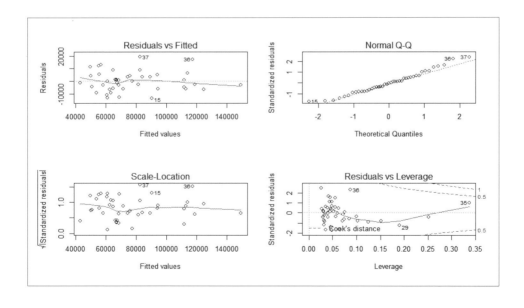

그림으로 봤을 때 모형은 유의하며, 진단도 문제될 것은 없어 보인다. 또한 공선형성 걱정도 없어 보이고, 이제는 vif( ) 함수로 분산 팽창 인자를 확인하자.

```
> vif(fit.2)
 APSLAKE  OPSLAKE
1.010221 1.010221
```

앞에서도 언급했듯이, 첫 번째 Residuals vs Fitted 그림은 별 문제가 없어 보인다. 만일, 의심스럽게 생각하는 독자가 있다면, R로 오차항의 등분산성이라는 가정을 공식적으로 테스트 해볼 수도 있다. **브루시-페이건**^{Breusch-Pagan, BP}으로 알려진 테스트인데, lmtest 패키지를 띄우고 다음 한 줄의 명령어를 실행해야 한다. BP 테스트는 귀무가설이 "오차항은 등분산성을 띤다"고, 대립가설은 "오차항은 이분산성을 띤다"다.

```
> library(lmtest)
> bptest(fit.2)

	studentized Breusch-Pagan test

data:  fit.2
BP = 0.0046205, df = 2, p-value = 0.9977
```

p 값이 0.9977로 크므로 귀무가설을 기각할 근거가 부족해 '오차항은 등분산성을 띤다'는 것을 알 수 있다. 이 테스트의 출력에서 BP = 0.0046인데, 이 BP 값은 카이 제곱값이다.

모든 것을 고려했을 때, 가장 좋은 예측 모형은 두 피처 APSLAKE와 OPSLAKE로 만든 모형으로 보인다. 이 모형은 하천 유출수 변동량의 90%를 설명할 수 있다. 유출수의 예측값은 19,145 + 1,769 * APSLAKE + 3,690 * OPSLAKE로 계산할 수 있다. 예측값 vs 실제 값의 산포도는 다음과 같이 기본적인 R 기능으로, 모형에서 얻은 적합값과 반응값을 이용해 그릴 수 있다.

```
> par(mfrow=c(1,1))
> plot(fit.2$fitted.values, socal.water$BSAAM, xlab="predicted", ylab="actual",
main="Predicted vs. Actual")
```

다음과 같은 산포도가 출력된다.

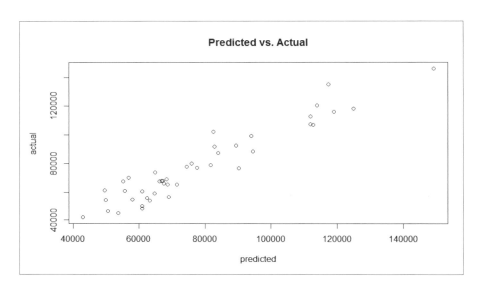

유용하긴 하지만, R에 포함된 기본 그래픽 기능은 비즈니스 파트너에게 프레젠테이션에
쓸 만큼은 아니다. 그러나 R로도 쉽게 멋진 그림으로 꾸밀 수 있다. 그래픽을 개선할 패
키지가 몇 가지 있는데, 이 예제에서는 ggplot2를 써본다. 이 패키지로 도표를 생성하기
전에, 예측값을 socal.water 데이터 프레임에 넣어줘야 한다. 또한 반응 변수인 BSAAM의
이름을 Actual로 바꿔 새로운 벡터로서 데이터 프레임에 넣고 싶다. 다음 코드처럼 실행
해보자.

```
> socal.water["Actual"] = water$BSAAM  # 벡터 Actual 생성
> socal.water$Forecst = predict(fit.2)  # 예측값을 Forecast에 대입한다.
```

이제 ggplot2 패키지를 불러와 단 한 줄의 코드로 훨씬 멋진 그래픽을 만들어보자.

```
>library(ggplot2)
>ggplot(socal.water, aes(x=Forecast, y=Actual)) + geom_point() + geom_smooth(
method = lm ) + labs(title = "Forecast versus Actuals")
```

출력된 결과는 다음과 같다.

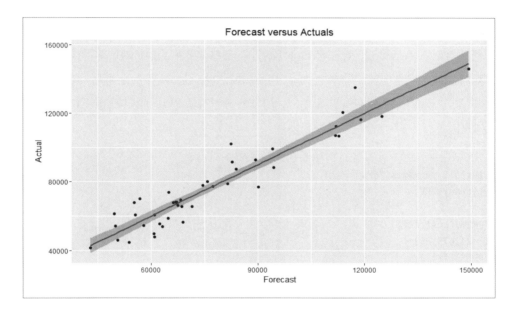

이제 다음으로 넘어가기 전에, 마지막 남은 모형 선택 기법을 알아보자. 다음 장에서는 교차 검증cross-validation을 자세히 살펴본다. 교차 검증은 광범위하게 쓰이는데, 모형 선택과 테스트에 효과적인 기법이다. 왜 이런 것이 필요할까? 결국은 오차와 분산의 균형 때문이다. 이 주제에 관해 라이트Wright 주립대학의 타페이Tarpey 교수가 한 말을 인용하면 다음과 같다.

"미래의 관찰값을 예측하기 위해 회귀 모형을 자주 쓴다. 그리고 데이터를 사용해 모형을 적합화^{fit}한다. 하지만 모형이 얼마나 반응 변수를 잘 예측하는지 측정하기 위해 그 모형을 추정하는 데 쓰였던 같은 데이터를 사용한다는 것은 결과를 속이는 것이다. 왜냐하면, 같은 데이터를 그렇게 사용하면 모형의 미래의 관찰값 예측 능력을 너무 과대평가하게 되는 경향이 있기 때문이다. 만일, 관찰값 하나를 빼고 모형을 적합화한 후에 나머지의 반응값을 예측하면, 모형의 예측 능력에 관해 덜 편향된 의견을 갖게 될 것이다."

앞의 타페이 교수 인용에서 논한 교차 검증 기법은 **리브-원-아웃-교차 검증**^{Leave-One-Out-Cross-Validation, LOOCV}이라고 한다. 선형 모형에서는 아주 쉽게 LOOCV를 수행할 수 있는데, **예측 오차 제곱합**^{Predction Error Sum of Squares, PRESS}이라는 통계량을 검사하고 가장 작은 PRESS를 갖는 모형을 고르면 된다. 다음과 같이, R의 MPV 패키지로 PRESS 통계량을 쉽게 계산할 수 있다.

```
> install.packages("MPV")
> library(MPV)

> PRESS(best.fit)
[1] 2426757258
> PRESS(fit.2)
[1] 2992801411
```

예측 오차 제곱합 통계량만 보면 best.fit 모형을 선택할 수 있다. 그러나 앞서 묘사한 것처럼, 나는 아직도 모형이 간결할수록 더 좋은 모형이라고 생각한다. 독자들은 다음 코드처럼 R의 우아한 행렬 계산으로 스스로 함수를 만들어 PRESS 통계량을 알아낼 수 있다.

```
> PRESS.best = sum((resid(best.fit)/(1 - hatvalues(best.fit)))^2)
> PRESS.fit.2 = sum((resid(fit.2)/(1 - hatvalues(fit.2)))^2)
> PRESS.best
[1] 2426757258
```

```
> PRESS.fit.2
[1] 2992801411
```

해트 값[hatvalues]이 궁금한가? 자, $Y=B_0+B_1x+e$ 형태의 선형 모형을 예로 들어보자. 이를 다음과 같은 행렬로 표현할 수 있다.

$Y=XB+E$

이 표기에서, Y는 변하지 않고[10], X는 입력값의 행렬, B는 계수, E는 에러 항을 나타낸다. 이 선형 모형은 B의 해를 구한다. 행렬의 곱셈 등 골치 아픈 세부사항은 건너뛰고, 결론적으로 회귀 과정은 **해트 행렬**[hat matrix]을 구한다. 이 행렬은 계산된 모형값을 실제 값에 사상[mapping]한다. 이 경우, 사상 대신 투영[projection]이라는 말을 사용하기도 한다. 그 결과, 해트 행렬은 모형 내에서 특정한 관찰값의 영향력을 반영한다. 따라서 잔차 제곱합을 (1 - 해트 값)으로 나누면 교차 검증[LOOCV]값과 같게 된다.

▌ 선형 모형에서 다른 고려사항

다음 장으로 넘어가기 전에 선형 모형의 두 가지 토픽을 추가로 짚어볼 필요가 있다. 첫째는 질적 피처[qualitative feature]를 모형에 포함하는 것이고, 둘째는 상호작용 항을 넣는 것이다. 두 가지 모두 다음 절에서 설명한다.

질적 피처

질적 요인[qualitative factor]이라고도 불리는 질적 피처는 남성/여성 또는 나쁨/중간/좋음 등, 2개나 그 이상의 단계[level]를 정할 수 있다. 예를 들어, 성별처럼 두 가지 단계를 갖는 피처가 있다면, 지표[indicator] 또는 더미[dummy] 피처라는 변수를 만들어 임의로 단계 하나는 0, 다

---

10 즉, 여전히 행 벡터 – 옮긴이

른 하나는 1로 줄 수 있다. 지표만을 이용해 모형을 만들어도 여전히 선형 모형은 앞의 것과 같은 공식인 $Y=B_0+B_1x+e$를 따른다. 값을 피처가 남성일 때 0, 여성일 때 1로 할당하면, 남성의 기댓값은 y절편인 B_0고, 여성의 기댓값은 B_0+B_1x다. 피처에 단계가 2개 이상일 때는 (n-1)개의 지표를 만들 수 있다. 따라서 피처의 단계가 세트인 경우에는 2개의 지표를 갖는다. 지표의 개수를 단계의 개수와 같은 수로 만들면 더미 변수의 덫에 걸려, 결과적으로 완벽한 다중 공선성을 일으킨다.

출력물을 어떻게 해석할지, 쉬운 예를 들어보자. ISLR 패키지를 불러와 Carseats 데이터 세트를 이용해 다음과 같은 코드로 모형을 만들어보자.

```
> install.packages("ISLR")
> library(ISLR)
> data(Carseats)
> str(Carseats)
'data.frame': 400 obs. of  11 variables:
 $ Sales      : num  9.5 11.22 10.06 7.4 4.15 ...
 $ CompPrice  : num  138 111 113 117 141 124 115 136 132 132 ...
 $ Income     : num  73 48 35 100 64 113 105 81 110 113 ...
 $ Advertising: num  11 16 10 4 3 13 0 15 0 0 ...
 $ Population : num  276 260 269 466 340 501 45 425 108 131 ...
 $ Price      : num  120 83 80 97 128 72 108 120 124 124 ...
 $ ShelveLoc  : Factor w/ 3 levels "Bad","Good","Medium": 1 2 3 3 1 1 3 2 3 3 ...
 $ Age        : num  42 65 59 55 38 78 71 67 76 76 ...
 $ Education  : num  17 10 12 14 13 16 15 10 10 17 ...
 $ Urban      : Factor w/ 2 levels "No","Yes": 2 2 2 2 2 1 2 2 1 1 ...
 $ US         : Factor w/ 2 levels "No","Yes": 2 2 2 2 1 2 1 2 1 2 ...
```

이 예제에서는 정량적 피처인 광고Advertising와 질적 피처인 진열대 위치ShelveLoc만을 이용해 카시트Carseats의 판매량을 예측하려고 한다. 여기서 질적 요인인 진열대 위치ShelveLoc는 3개의 단계, 즉 Bad, Good, Medium을 갖는다. R은 분석을 위해 자동으로 질적 요인의 지표들에 값을 부여한다. 모형을 다음과 같이 만들어 분석해보자.

```
> sales.fit <- lm(Sales ~ Advertising + ShelveLoc, data = Carseats)
> summary(sales.fit)

Call:
lm(formula = Sales ~ Advertising + ShelveLoc, data = Carseats)

Residuals:
    Min     1Q  Median     3Q     Max
-6.6480 -1.6198 -0.0476  1.5308  6.4098

Coefficients:
                 Estimate Std. Error t value Pr(>|t|)
(Intercept)       4.89662    0.25207  19.426  < 2e-16 ***
Advertising       0.10071    0.01692   5.951 5.88e-09 ***
ShelveLocGood     4.57686    0.33479  13.671  < 2e-16 ***
ShelveLocMedium   1.75142    0.27475   6.375 5.11e-10 ***
---
Signif. codes:  0 '***' 0.001 '**' 0.01 '*' 0.05 '.' 0.1 ' ' 1

Residual standard error: 2.244 on 396 degrees of freedom
Multiple R-squared:  0.3733,     Adjusted R-squared:  0.3685
F-statistic: 78.62 on 3 and 396 DF,  p-value: < 2.2e-16
```

진열대 위치가 좋은 경우는 (ShelveLocGood) 위치가 나쁜 경우의 판매량인 Intercept 값 4.89662보다 판매량이 두 배 가까이 될 것이다. constrasts( ) 함수를 이용해 R이 어떻게 지표 피처의 값을 할당하는지 살펴보자.

```
> contrasts(Carseats$ShelveLoc)
       Good Medium
Bad       0      0
Good      1      0
Medium    0      1
```

상호작용 항

상호작용 항interaction terms은 R로 쉽게 코딩할 수 있다. 어떤 피처가 예측에 미치는 영향이 또 다른 피처에 종속적일 경우, 이 두 피처는 서로 상호작용한다고 말한다. 이 경우에는 다음과 같은 공식을 따른다. $Y=B_0+B_1x+B_2x+B_1B_2x+e$. MASS 패키지의 Boston 데이터 세트를 예로 들 수 있다. 반응 변수는 출력물에서 medv인데, 주택 가치의 중위값을 나타낸다. 우리 모형에는 다음 두 피처를 쓰겠다. 다음의 출력물에서 lstat는 낮은 사회 경제적 지위를 갖는 가구의 백분율을 나타내는 피처고, age는 주택의 연령을 나타내는 피처다.

```
> library(MASS)
> data(Boston)
> str(Boston)
'data.frame': 506 obs. of  14 variables:
 $ crim   : num  0.00632 0.02731 0.02729 0.03237 0.06905 ...
 $ zn     : num  18 0 0 0 0 12.5 12.5 12.5 12.5 ...
 $ indus  : num  2.31 7.07 7.07 2.18 2.18 2.18 7.87 7.87 7.87 7.87 ...
 $ chas   : int  0 0 0 0 0 0 0 0 0 ...
 $ nox    : num  0.538 0.469 0.469 0.458 0.458 0.458 0.524 0.524 0.524 0.524 ...
 $ rm     : num  6.58 6.42 7.18 7 7.15 ...
 $ age    : num  65.2 78.9 61.1 45.8 54.2 58.7 66.6 96.1 100 85.9 ...
 $ dis    : num  4.09 4.97 4.97 6.06 6.06 ...
 $ rad    : int  1 2 2 3 3 3 5 5 5 5 ...
 $ tax    : num  296 242 242 222 222 222 311 311 311 311 ...
 $ ptratio: num  15.3 17.8 17.8 18.7 18.7 18.7 15.2 15.2 15.2 15.2 ...
 $ black  : num  397 397 393 395 397 ...
 $ lstat  : num  4.98 9.14 4.03 2.94 5.33 ...
 $ medv   : num  24 21.6 34.7 33.4 36.2 28.7 22.9 27.1 16.5 18.9 ...
```

다음 코드에서와 같이, lm( ) 함수에 *feature1*feature2*를 쓰면, 각 피처뿐만 아니라 두 피처의 상호작용 항도 모형에 포함된다.

```
> value.fit <- lm(medv ~ lstat * age, data = Boston)
> summary(value.fit)
```

```
Call:
lm(formula = medv ~ lstat * age, data = Boston)

Residuals:
    Min     1Q  Median      3Q     Max
-15.806  -4.045  -1.333   2.085  27.552

Coefficients:
              Estimate Std. Error t value Pr(>|t|)
(Intercept) 36.0885359  1.4698355  24.553  < 2e-16 ***
lstat       -1.3921168  0.1674555  -8.313 8.78e-16 ***
age         -0.0007209  0.0198792  -0.036   0.9711
lstat:age    0.0041560  0.0018518   2.244   0.0252 *
---
Signif. codes:  0 '***' 0.001 '**' 0.01 '*' 0.05 '.' 0.1 ' ' 1

Residual standard error: 6.149 on 502 degrees of freedom
Multiple R-squared:  0.5557,    Adjusted R-squared:  0.5531
F-statistic: 209.3 on 3 and 502 DF,  p-value: < 2.2e-16
```

출력물을 살펴보면, 사회 · 경제적 지위는 매우 예측력이 높은 피처고, 주택의 연령은 예측력이 높지 않다. 그러나 이 두 피처는 유의한 상호작용을 보이며, 양적 관계로[positively] 주택 가격을 설명하는 변수다.[11]

▌ 요약

머신 러닝의 맥락에서는 어떤 결과물을 예측하기 위해 모형을 훈련시키고 테스트한다. 2장에서는 간단하지만 매우 효과적인 선형 회귀를 이용해 정량적인 반응 변수를 예측하는

---

11 각 피처의 Pr(>|t|)와 그 옆의 Signif. code를 나타내는 * 표의 수를 눈여겨보자. lstat는 Pr(>|t|) 값이 < 2e-16로 거의 영에 가까운 값이고, 따라서 ***로 매우 유의한 피처, 즉 예측력이 높은 피처다. age는 Pr(>|t|)값이 0.9711로 유의하지 않은 피처다. 이 두 피처의 상호작용 항인 lstat:age는 Pr(>|t|) 값이 0.0252이고, *로 약간 유의한 정도를 보인다. 또한 이 상호작용 항의 계수의 추정값은 0.0041560로 양의 값이므로 이 항이 증가하면 주택 가격도 증가하는 양의 관계를 나타낸다. – 옮긴이

법을 심도 있게 살펴봤다. 이후의 장에서는 좀 더 고급 기술을 다루겠지만, 대부분은 2장에서 공부한 방법의 연장에 불과하다. 또한 시각적으로 데이터 세트를 점검했고, 모형 선택은 단순히 통계량에 의존해 설명했다.

독자들은 코드 단 몇 줄만으로 강력하고 통찰력 있는 예측을 해 의사결정을 지원할 수 있다. 선형 회귀는 간단하고 효과적일 뿐만 아니라 질적 변수와 피처의 상호작용 항까지 모형에 포함시킬 수 있다. 사실상, 선형 회귀야말로 머신 러닝의 세계에 뛰어들 사람이라면 반드시 숙달해야 할 기법이다.

03

로지스틱 회귀와 판별 분석

"이 세상의 진정한 논리는 확률의 미적분학이다."

– 제임스 클러크 맥스웰James Clerk Maxwell(스코틀랜드 물리학자)

2장에서는 **보통 최소 제곱법**Ordinary Least Squares, OLS을 이용해 정량적인 결과를 예측하는 방법, 즉 선형 회귀에 관해 알아봤다. 이제 방향을 조금 바꿔 어떻게 질적인 결과를 예측할 알고리즘을 만들지 조사해보자. 그런 결과를 담는 변수는 이항이거나(남성 대 여성, 구매 또는 비구매, 종양이 양성 또는 악성) 다항 범주일 수 있다(교육 수준 또는 눈의 색깔). 관심 대상인 결과가 이항이든 다항이든, 분석가가 할 일은 관찰값이 출력 변수의 특정 범주에 속할 확률을 예측하는 것이다. 다시 말해, 관찰값을 분류하기 위한 알고리즘을 개발하는 일이다.

분류 문제를 공부하면서, 가장 먼저 OLS 선형 회귀가 분류를 위한 방법으로 적당하지 않은 이유와 3장에서 소개하는 알고리즘은 이러한 문제점을 어떻게 해결하는지 설명할 것이다. 그런 다음, 종양의 생체 조직 검사 결과가 양성인지, 악성인지 예측하는 문제를 살펴본다. 여기서는 데이터 세트로 잘 알려지고 자주 쓰이는 **위스콘신 유방암 데이터**Wisconsin Breast Cancer Data를 사용한다. 이 문제를 풀기 위해, 로지스틱 회귀 모형을 구축하고 해석하는 일부터 시작할 것이다. 또한 피처를 선택하고 가장 적합한 모형을 찾는 방법을 조사할 것이다. 그런 다음, 선형 판별 분석linear discriminant analysis 및 이차 판별 분석quadratic discriminant analysis을 설명하고, 이를 로지스틱 회귀 모형과 비교 및 대조한다. 그런 다음, 유방암 데이터를 이용해 예측 모형을 구축할 것이다. 끝으로, 다변량 회귀 스플라인multivariate regression splines과 주어진 문제를 해결하기 위해 전반적으로 가장 성능이 좋은 알고리즘을 선택할 방법에 관해 알아본다. 이러한 방법들, 즉 테스트/학습 데이터 세트 생성과 교차 검증법은 이후의 장에서 공부할 고급 머신 러닝을 위한 발판이 된다.

▍ 분류 방법 및 선형 회귀

질적인 결과물을 분석할 때는 왜 2장에서 배운 선형 회귀를 쓸 수 없을까? 사실은 쓸 수도 있겠지만, 이때는 스스로 위험을 감수해야 한다. 잠깐만 우리가 예측하고 싶은 결과를 이미 알고 있다고 가정하고, 결과값은 경미, 보통, 극심의 세 클래스 중 하나에 속한다고 가정해보자. 또한 경미와 보통의 차이, 보통과 극심의 차이가 같은 간격으로 측정되고 선형 관계라고 가정한다. 또한 임시 변수를 만들어 0은 경미, 1은 보통, 2는 최고에 대응되도록 한다. 이런 가정을 믿을 만한 타당한 이유가 있다면, 선형 회귀도 괜찮은 해법일 수 있다. 그러나 앞의 예와 같은 질적인 평가에서는 매우 큰 측정 오차가 생길 수 있다. 이는 OLS 선형 회귀에서 편향된 결과를 낳는다. 대부분의 비즈니스 현실 문제에서는 질적 반응을 정량적 반응으로 변환할, 과학적으로 받아들일 만한 방법이 없다. 이번엔 결과물이 실패 또는 성공처럼 두 가지 반응뿐이라면 어떨까? 이 역시 임시 변수를 이용해, 결과가 실패면 0, 성공이면 1로 대응할 수 있다. 여기에 선형 회귀를 이용해 예측 결과값이 성공 또는 실패를 관찰할 확률이 되도록 모형을 만들 수 있다. 그러나 모형에서 반응 변수 Y의 추정값은 확률이 가질 수 있는 범위인 [0, 1]을 벗어나는 일이 많을 것이므로 해석이 어려워진다.

▌로지스틱 회귀

앞서 설명한 것처럼, 우리의 분류 문제는 0과 1 사이의 값을 갖는 확률로 가장 잘 모형화할 수 있다. 모든 관찰값에 관해 여러 가지 함수를 이용해 이와 같이 모형화할 수 있지만, 지금은 로지스틱 회귀에만 초점을 맞춘다. 로지스틱 회귀에 쓰이는 로지스틱 함수는 다음과 같이 정의된다.

$$Probability of Y = e^{B_0 + B_1 x} / (1 + e^{B_0 + B_1 x} x)$$

독자가 혹시 경마나 월드컵에서 친선 내기를 해본 적이 있다면, 위 식의 개념을 오즈^{odds} (승산 또는 사건 발생 확률을 사건이 발생하지 않을 확률로 나눈 값)로 이해하면 더 나을 듯하다. 로지스틱 함수는 $Probability(Y)/(1-Probabilit(Y))$라는 공식을 통해 오즈로 만들 수 있다. 예를 들어, 브라질이 월드컵 경기에서 이길 확률이 20%라면, 오즈는 $0.2/(1 - 0.2) = 0.25$가 되고, 1대4의 승산이라고 옮길 수 있다. 오즈를 확률로 역변환하려면 오즈를 (1 + 오즈)로 나눈다. 따라서 월드컵의 예에서는 $0.25 / (1 + 0.25) = 0.2$, 즉 20%가 된다. 추가로 오즈비^{odds} ^{ratio}를 살펴보자. 독일이 우승할 오즈가 0.18이라고 가정해보자. 브라질의 오즈와 독일의 오즈를 오즈비를 이용해 비교할 수 있다. 이 문제에서 오즈비는 브라질의 오즈를 독일의 오즈로 나눈 값이다. 따라서 오즈비는 $0.25/0.18 = 1.39$다. 이때, 브라질이 월드컵에서 우승할 가능성은 독일의 1.39배라고 해석한다.

로지스틱 회귀와 선형 회귀의 관계는 로지스틱 회귀를 로그 오즈$^{log\ odds}$, 즉 $log(P(Y)/(1-P(Y))$로 표현하고, 이 값이 $B_0 + B_1 x$와 같음을 밝힘으로써 보일 수 있다. 계수는 OLS 대신 최대 가능도$^{maximum\ likelihood}$를 이용해 추정한다. 최대 가능도의 배경에 깔린 직관은 B_0과 B_1 값을 추정해, 그 값을 이용하면 실제 관찰값 Y에 가장 가까운 추정값을 가질 확률의 예측값, 즉 가능도^{likelihood}를 계산할 수 있다는 것이다. R 언어도 다른 소프트웨어 패키지처럼 최대 가능도를 찾는 데, 이 작업은 곧 가능도를 최대화하는 최적의 베타 값 조합을 찾는 일을 말한다.

위와 같은 사실들을 잘 기억하고 보면, 로지스틱 회귀는 분류 작업을 포함하는 문제의 예측을 위한 매우 강력한 기법이며, 분류 문제는 종종 로지스틱 회귀로부터 모형의 구상이 시작된다. 따라서 3장에서는 비즈니스에서 보게 되는 실제 문제들을 로지스틱 회귀를 우선 이용해 다룬다.

비즈니스 이해하기

위스콘신 대학의 윌리엄 윌버그William H. Wolberg 박사는 1990년에 위스콘신 유방암 데이터를 촉탁받았다. 데이터 수집의 목적은 종양 조직 검사가 악성malignant인지, 양성benign인지 가려내는 것이다. 그의 연구 팀은 **세침 흡인**Fine Needle Aspiration, FNA이라는 방법을 통해 표본을 모았다. 의사가 종양을 검사나 비정상 티슈 주변의 영상을 통해 확인하고, 그 다음 단계에서 생체 조직을 떼어낸다. FNA는 티슈를 수집하는 방법으로는 비교적 안전하고 부작용도 드물다. 병리학자가 생체 조직을 검사하고 악성, 양성 여부를 진단한다. 쉽게 예상할 수 있겠지만, 이는 결코 사소한 결론이 아니다. 양성 유방 종양이라면 비정상적인 성장이 몸의 다른 부분까지 퍼질 위험이 없으므로 괜찮다. 만일, 양성 조직이 상당히 크다면 수술적인 방법으로 제거할 수는 있다. 한편, 악성 종양은 의학적 처치가 필요하다. 치료의 수위는 여러 요인에 따라 달라지지만, 대개는 수술이 필요할 것이고, 그런 다음으로는 방사선 치료와 화학 요법이 따르곤 한다. 따라서 오진이 초래할 문제는 매우 심각할 것이다. 허위 양성false positive(긍정 오류)으로 잘못 진단했다가는 매우 비싸고 불필요한 치료를 하게 만들어, 환자에게 극심한 감정적 · 육체적 부담을 지우는 일이 된다. 다른 한편, 허위 음성false negative(부정 오류)으로 오진한 경우에는 치료가 필요한 환자에게 치료를 거부한 셈이 돼, 암세포가 몸에 퍼지고 조기 사망에 이르게 한다. 유방암 조기에 치료 개입을 하면 환자의 생존률을 매우 향상시킬 수 있다.

그렇다면 우리가 할 작업은 가장 좋은 진단용 머신 러닝 알고리즘을 개발해 환자를 맡은 의료 팀이 종양의 악성/양성 여부를 가릴 수 있도록 보조하는 일일 것이다.

데이터의 이해와 준비 과정

이 유방암 데이터 세트는 699명의 환자에게서 추출한 조직 표본으로 이뤄져 있다. 다음에서 보듯, 11개의 변수로 이뤄진 데이터 프레임의 형태다.

- ID: 표본의 코드 번호
- V1: 두께
- V2: 세포 크기의 균일성
- V3: 세포 모양의 균일성
- V4: 한계 부착력
- V5: 단일 상피세포 크기
- V6: 나핵[1](16개의 관찰값 결측)
- V7: 특징 없는 염색질
- V8: 정상 핵소체
- V9: 분열
- class: 종양의 진단의 결과, 양성 또는 악성. 이는 우리가 예측하려고 하는 결과

의료 팀은 위의 각 9개 피처에 관해 1부터 10의 스케일로 점수를 매겨 기록했다.

이 데이터 프레임은 R의 MASS 패키지에 'biopsy'라는 이름으로 저장돼 있다. 이 데이터를 준비하기 위해 데이터 프레임을 불러와 그 구조를 확인하고, 변수 이름을 의미 있는 이름으로 변경하고, 결측missing된 값은 삭제할 것이다. 이 시점부터는 데이터를 시각적으로 탐

---

1 bare nucleus, 세포질이 소실된 상태의 세포 – 옮긴이

색할 수 있다. 다음 코드를 이용해 데이터를 불러오고, str( ) 함수를 이용해 데이터의 구조를 조사하자.

```
> library(MASS)
> data(biopsy)
> str(biopsy)
'data.frame': 699 obs. of  11 variables:
 $ ID   : chr  "1000025" "1002945" "1015425" "1016277" ...
 $ V1   : int  5 5 3 6 4 8 1 2 2 4 ...
 $ V2   : int  1 4 1 8 1 10 1 1 1 2 ...
 $ V3   : int  1 4 1 8 1 10 1 2 1 1 ...
 $ V4   : int  1 5 1 1 3 8 1 1 1 1 ...
 $ V5   : int  2 7 2 3 2 7 2 2 2 2 ...
 $ V6   : int  1 10 2 4 1 10 10 1 1 1 ...
 $ V7   : int  3 3 3 3 3 9 3 3 1 2 ...
 $ V8   : int  1 2 1 7 1 7 1 1 1 1 ...
 $ V9   : int  1 1 1 1 1 1 1 1 5 1 ...
 $ class: Factor w/ 2 levels "benign","malignant": 1 1 1 1 1 2 1 1 1 1 ...
```

데이터의 구조를 살펴보면 피처들이 정수(int)고, 결과값은 요인(Factor)[2]임을 알 수 있다. 다른 구조로 데이터를 변형할 필요는 없다.

이제 다음과 같이 ID 칼럼을 제거하자.

```
> biopsy$ID = NULL
```

---

2 R에서 범주형 변수 – 옮긴이

그런 다음, 변수 이름을 새로 명명하고 코드가 의도대로 작동하는지 확인한다.

```
> names(biopsy) <- c("thick", "u.size", "u.shape", "adhsn", "s.size", "nucl",
"chrom", "n.nuc", "mit", "class")
> names(biopsy)
 [1] "think"    "u.size"  "u.shape" "adhsn"    "s.size"  "nucl"    "chrom"    "n.nuc"
 [9] "mit"      "class"
```

이제 결측된 관측값을 삭제하려고 한다. 결측 자료^missing data가 있는 관측값이 16개밖에 안 되고, 전체 관측값의 2%에 불과하므로 삭제해도 안전해 보인다. 결측 자료를 다루는 것에 관한 자세한 설명은 3장의 범위를 벗어나며, 데이터 처리 방법과 함께 부록 A, "R의 기초"에서 따로 다뤘다. 이 결측된 관측값을 지우면 새로운 작업 데이터 프레임이 생성된다. na.omit( ) 함수를 이용해 단 한 줄의 코드로 처리할 수 있는데, 이 함수는 모든 결측된 관측값을 삭제한다.

```
> biopsy.v2 <- na.omit(biopsy)
```

R에서 독자들이 분석할 때 사용하고 있는 패키지에 따라 출력이 0 또는 1처럼 숫자여야 하는 경우가 있다. 그럴 필요가 있을 경우, 다음과 같이 ifelse( ) 함수를 이용해 양성은 0, 악성은 1의 값을 띠도록 y라는 변수를 만들자.

```
> y <- ifelse(biopsy.v2$class == "malignant", 1, 0)
```

분류 문제에서 데이터를 시각적으로 이해하기 위해 사용할 수 있는 방법이 몇 가지 있는데, 무엇을 쓸 것인지는 대개 개인적인 취향에 달렸다고 생각한다. 이런 상황에서 나는 분류 결과에 따라 나뉘는 피처의 박스플롯^boxplots을 검사하는 방법을 선호한다. 이는 알고리즘에서 중요한 변수가 무엇일지 이해할 수 있는 아주 좋은 방법이다. 박스플롯과 같은 간단한 방법을 통해 한눈에 데이터의 분포를 알 수 있다. 경험에 따르면, 분석을 의뢰한 고객에게 전달할 발표 내용을 만들어갈 아주 효과적인 방법이기도 하다. 이런 작업을 재빨리 할 방법이 몇 가지 있는데, lattice와 ggplot2 패키지는 이런 작업에 매우 좋다. 여기서는 ggplot2 패키지와 reshape2 패키지를 추가로 사용할 것이다. 두 패키지를 불러온 후에는 melt() 함수를 이용해 데이터 프레임을 만든다. 이렇게 하는 이유는 함수 이름처럼 피처를 녹여 붙이면melt 박스플롯의 행렬이 생기고, 이것을 보면서 시각적으로 조사할 수 있을 것이기 때문이다.

```
> library(reshape2)
> library(ggplot2)
```

다음 코드는 데이터를 변수의 값에 따라 하나의 통합된 피처가 되도록 녹여 붙이고, 이를 class에 따라 그룹짓는다.

```
> biop.m <- melt(biopsy.v2, id.var = "class")
```

마법과 같은 ggplot2를 이용해 다음과 같이 3x3짜리 박스플롯의 행렬을 만든다.

```
> ggplot(data = biop.m, aes(x = class, y = value)) + geom_boxplot() + facet_
wrap(~ variable, ncol = 3)
```

위 코드를 실행한 출력 결과는 다음과 같다.

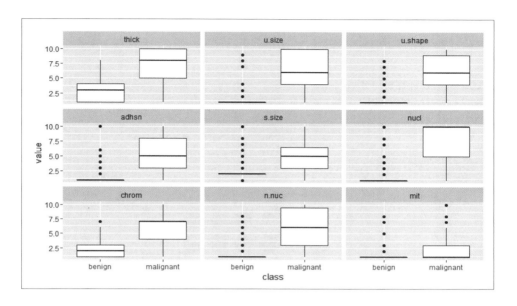

박스플롯은 어떻게 해석해야 할까? 무엇보다 앞의 그림에서, 두꺼운 흰색 사각형은 데이터의 제1사분위 수부터 제3사분위 수까지를 표시한 것이다. 다시 말해, 관찰값의 절반이 흰색 사각형에 해당한다. 사각형 내부를 가로지르는 짙은 선은 중위값^{median value}이다. 사각형에서 수직 방향으로 뻗어 나온 선들도 사분위 수고, 그 끝은 최댓값과 최솟값에 해당한다. 검은 점들은 특이점을 나타낸다.

어느 피처가 분류 알고리즘에서 중요할지, 그림을 살펴보고 판단하기는 어렵다. 그러나 내 생각에는 두 클래스(양성과 악성)의 중위값이 떨어져 있는 정도와 분포로 봐, 나핵(그림에서 nucl 패널)이 중요한 피처일 것이라고 가정해도 좋아 보인다. 이와 반대로, 분열^{mitosis}(그림에서 mit 패널) 피처는 중위값이 거의 분리가 되지 않아 적당한 피처는 아닐 것이다. 정말 그러한지 곧 확인할 것이다.

피처가 모두 양적 변수이므로 선형 회귀에서와 마찬가지로 상관관계 분석을 할 수 있다. 선형 회귀에서 논했던 것과 마찬가지로, 로지스틱 함수에서도 공선성^{collinearity}이 나타나면 추정값에 편향이 생길 수 있다. 2장에서 했던 것처럼, corrplot 패키지를 불러와 상관관계를 검사해보자. 이번에는 다른 모양의 상관관계 도표 행렬을 사용할 것인데, 음영이 들어간 타원형과 상관계수가 같은 도표에 둘 다 표시된다.

```
> library(corrplot)
> bc <- cor(biopsy.v2[, 1:9]) # 피처 객체 생성
> corrplot.mixed(bc)
```

위 명령을 실행한 결과는 다음과 같다.

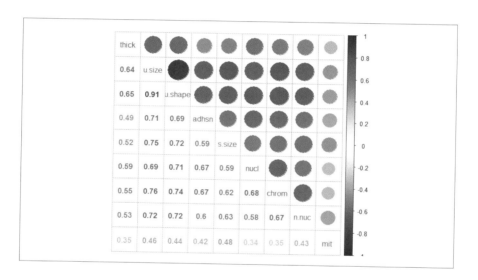

상관계수는 공선성이 있을 가능성을 나타내는데, 특히 위 그림에서는 세포 모양의 균일성 (u.shape에 해당)과 세포 크기의 균일성(u.size) 사이에 공선성 문제가 두드러져 보인다. 선형 회귀에서처럼 로지스틱 회귀 모형화 과정의 일환으로 VIF 분석variance inflation factor analysis, 분산 팽창 인자 분석도 필요할 것이다. 데이터 준비 과정에서 마지막 작업으로 훈련(train)용 데이터 세트와 테스트(test)용 데이터 세트를 만든다. 이렇게 원본 데이터에서 두 가지 다른 데이터 세트를 생성하는 이유는 이전에 이용하지 않은 데이터나 아직까지 관찰하지 못한 데이터를 더욱 정확히 예측하도록 하기 위함이다.

머신 러닝에서는 원래 현재의 관찰값을 잘 예측하는 일보다 알고리즘을 만드는 데 사용되지 않은 관찰값을 더 잘 예측하는 쪽에 초점을 맞춰야 한다. 따라서 테스트 데이터 세트를 가장 잘 예측할 알고리즘을 훈련 데이터로 만들고 선택해야 한다. 3장에서 만들 모형은 바로 이 기준으로 평가될 것이다.

몇 가지 비율을 따라 데이터를 훈련 및 테스트 세트로 나눌 수 있다(50/50, 60/40, 70/30, 80/20 등). 지금의 예제에서는 70/30으로 나눠보자.

```
> set.seed(123)  # 랜덤 시드 설정
> ind <- sample(2, nrow(biopsy.v2), replace = TRUE,
  prob = c(0.7, 0.3))
> train <- biopsy.v2[ind==1, ]   # 학습 데이터 세트
> test <- biopsy.v2[ind==2, ]   # 테스트 데이터 세트
> str(test)  # 동작 확인
'data.frame': 209 obs. of  10 variables:
 $ thick  : int  5 6 4 2 1 7 6 7 1 3 ...
 $ u.size : int  4 8 1 1 1 4 1 3 1 2 ...
 $ u.shape: int  4 8 1 2 1 6 1 2 1 1 ...
 $ adhsn  : int  5 1 3 1 1 4 1 10 1 1 ...
 $ s.size : int  7 3 2 2 1 6 2 5 2 1 ...
 $ nucl   : int  10 4 1 1 1 1 1 10 1 1 ...
 $ chrom  : int  3 3 3 3 3 4 3 5 3 2 ...
 $ n.nuc  : int  2 7 1 1 1 3 1 4 1 1 ...
 $ mit    : int  1 1 1 1 1 1 1 4 1 1 ...
 $ class  : Factor w/ 2 levels "benign","malignant":
     1 1 1 1 1 2 1
     2 1 1 ...
```

두 데이터 세트 사이에 균형 잡힌 결과물이 나오도록 하려면 다음과 같은 확인 작업을 거쳐야 한다.

```
> table(train$class)
  benign malignant
    302      172
> table(test$class)
```

```
 benign malignant
    142         67
```

두 데이터 세트의 결과가 이 정도 비율이면 받아들일 만하다. 이제 이렇게 나뉜 데이터로 모형화와 평가를 시작해보자.

모형화와 평가

이 과정에서는 먼저 모든 입력 변수로 로지스틱 모형을 만든 후 점차 줄여 나가서 최량 부분 집합을 생성할 것이다. 그 후에는 **판별 분석**discriminant analysis과 **다변량 적응 회귀 스플라인**Multivariate Adaptive Regression Splines, MARS을 시도해보자.

로지스틱 회귀 모형

이미 앞에서 로지스틱 회귀에 관한 이론은 다뤘으므로 이제 모형을 적합화fitting해보자. R을 설치하면 glm() 함수가 딸려오는데, 이는 로지스틱 회귀를 포함하는 일군의 일반화된 선형 모형generalized linear regression models을 모아 놓은 것이다. 코드의 문법은 2장에서 썼던 lm() 함수와 비슷하다. 한 가지 크게 다른 점은 family = binomial라는 인자argument를 함수 안에 쓰는 것인데, 이렇게 함으로써 R에게 다른 버전의 일반화된 선형 모형 대신 로지스틱 회귀 방법을 사용하라고 알려준다. 이제 훈련 세트 안에 있는 모든 피처를 모함하는 모형을 만들고, 테스트 세트를 이용해 성능이 어떤지 알아보자.

```
> full.fit <- glm(class ~ ., family = binomial, data = train)
> summary(full.fit)

Call:
glm(formula = class ~ ., family = binomial, data = train)

Deviance Residuals:
    Min      1Q   Median      3Q      Max
```

```
-3.3397  -0.1387  -0.0716   0.0321   2.3559

Coefficients:
            Estimate Std. Error z value Pr(>|z|)
(Intercept)  -9.4293     1.2273  -7.683 1.55e-14 ***
thick         0.5252     0.1601   3.280 0.001039 **
u.size       -0.1045     0.2446  -0.427 0.669165
u.shape       0.2798     0.2526   1.108 0.268044
adhsn         0.3086     0.1738   1.776 0.075722 .
s.size        0.2866     0.2074   1.382 0.167021
nucl          0.4057     0.1213   3.344 0.000826 ***
chrom         0.2737     0.2174   1.259 0.208006
n.nuc         0.2244     0.1373   1.635 0.102126
mit           0.4296     0.3393   1.266 0.205402
---
Signif. codes:  0 '***' 0.001 '**' 0.01 '*' 0.05 '.' 0.1 ' ' 1

(Dispersion parameter for binomial family taken to be 1)

    Null deviance: 620.989  on 473  degrees of freedom
Residual deviance:  78.373  on 464  degrees of freedom
AIC: 98.373

Number of Fisher Scoring iterations: 8
```

summary( ) 함수를 쓰면 계수와 해당 p 값을 점검할 수 있다. 위 출력물에 따르면 단 2개의 피처(thinkness와 nuclei)만 0.05보다 작은 p 값을 갖는다. confint( ) 함수로 다음과 같이 95% 신뢰 구간을 불러올 수 있다.

```
> confint(full.fit)
                  2.5 %       97.5 %
(Intercept) -12.23786660  -7.3421509
thick         0.23250518   0.8712407
u.size       -0.56108960   0.4212527
u.shape      -0.24551513   0.7725505
adhsn        -0.02257952   0.6760586
```

```
s.size      -0.11769714   0.7024139
nucl         0.17687420   0.6582354
chrom       -0.13992177   0.7232904
n.nuc       -0.03813490   0.5110293
mit         -0.14099177   1.0142786
```

가장 유의하게 나타난 두 피처(thick, nucl)는 구간 속에 0을 포함하지 않는다는 것에 주목하기 바란다. 로지스틱 회귀에서는 피처의 계수를 X(즉, 독립 변수, 피처)가 한 단위 변화할 때 Y(종속 변수)가 변화하는 양을 나타낸다고 해석할 수 없다. 이 시점에서 오즈비가 많은 도움이 된다. 로그 함수에서 β라는 계수는 오즈비 e^β로 변환할 수 있다.

R로 오즈비를 생성하려면, 다음과 같이 exp(coef( ))라는 신택스를 사용해야 한다.

```
> exp(coef(full.fit))
 (Intercept)        thick         u.size        u.shape         adhsn
8.033466e-05  1.690879e+00  9.007478e-01  1.322844e+00  1.361533e+00
      s.size         nucl          chrom          n.nuc            mit
1.331940e+00  1.500309e+00  1.314783e+00  1.251551e+00  1.536709e+00
```

오즈비는 피처가 한 단위 변했을 때 나타나는 결과의 오즈^odds^(비율비)로 해석할 수 있다. 만일, 이 값이 1보다 크면, 피처가 증가할 때 결과의 오즈도 증가한다. 이와 반대로, 1보다 작으면 피처가 증가할 때 결과의 오즈는 감소한다. 이 예제에서는 u.size를 제외한 모든 피처가 로그 오즈^log odds^를 증가시킨다.[3]

앞에서 데이터를 탐색할 때 다중 공선성이 있을 가능성에 관해 지적한 바 있다. 선형 회귀에서 했던 것처럼, 다음과 같이 로지스틱 회귀를 이용해 VIF(분산 팽창 인자) 통계량을 계산해보자.

---

3 위의 출력에서 9.007478e−01은 9.007478×10⁻¹=0.9007478을 뜻하므로 1보다 작은 수 – 옮긴이

```
> library(car)
> vif(full.fit)
   thick   u.size  u.shape    adhsn   s.size     nucl    chrom
1.235204 3.248811 2.830353 1.302178 1.635668 1.372931 1.523493
   n.nuc      mit
1.343145 1.059707
```

위의 값들 중 어느 것도 VIF에 관한 경험 법칙^{rule of thumb} 통계값인 5보다 크지 않으므로 공선성은 그다지 문제되지는 않아 보인다. 그 다음 단계는 피처 선택이다. 그러나 지금 당장은 우리 모형이 train 및 test 데이터에 얼마나 잘 작동하는지 먼저 살펴보자.

우선 다음과 같이 예측된 확률들로 벡터를 만든다.

```
> train.probs <- predict(full.fit, type = "response")
> train.probs[1:5]   # 처음 5개의 예측 변수만 확인
         1          3          6          7          9
0.02052820 0.01087838 0.99992668 0.08987453 0.01379266
```

그런 다음, 훈련 데이터로 모형의 성능을 평가하고 모형이 얼마나 테스트 세트에 적합한지 평가한다. 이 작업은 혼동 행렬^{confusion matrix}을 생성하는 것으로 쉽게 해볼 수 있다. 이후의 장에서는 caret 패키지에 제공되는 버전으로 검사할 것이다. 이 외에 InformationValue 패키지에서 제공하는 버전도 있다. 여기에서는 결과값이 0이거나 1이 되도록 만들어야 한다. 함수가 양성 또는 음성을 고르는 기본값은 0.5인데, 여기서 확률값이 0.5보다 높으면 악성으로 분류된다.

```
> library(InformationValue)
> confusionMatrix(trainY, train.probs)
     0   1
0 294   7
1   8 165
```

위 결과에서 행은 예측값, 열은 실제 값을 나타낸다. 대각선에는 올바르게 분류된 개수가 나타난다. 상단 우측의 7은 허위 음성, 좌하단의 8은 허위 양성을 나타낸다.[4] 또한 오류 비율도 다음과 같이 계산할 수 있다.

```
> misClassError(trainY, train.probs)
[1] 0.0316
```

훈련 세트에 관해서는 오류 비율이 3.16%에 불과한 것이 상당히 분류를 잘한 것으로 보인다. 앞부분에서 논했듯이, 아직 관찰하지 않은 값에 관해서도 정확하게 분류할 수 있어야 한다. 다시 말해, 테스트 데이터에 관해서도 성능이 좋아야 한다.

테스트 데이터에 관해 오류 행렬을 생성하는 것도 훈련 데이터의 경우와 비슷하다.

```
> test.probs <- predict(full.fit, newdata = test, type = "response")
> misClassError(testY, test.probs)
[1] 0.0239
> confusionMatrix(testY, test.probs)
    0  1
0 139  2
1   3 65
```

결과를 보니 우리가 만든 모든 피처를 포함한 분류 모형이 그런대로 괜찮아 보인다. 대략 98%의 예측률은 상당히 인상적인 수치다. 그러나 여전히 더 개선할 여지는 없는지 점검해봐야 한다. 독자가 사랑하는 사람이 잘못 진단받았다고 상상해보라. 앞에서 언급한 바와 같이, 오진은 매우 심각한 상황을 야기한다. 이를 명심하고, 분류를 더 잘할 수 있는 알고리즘은 없을지 탐색해보자.

---

4 우리가 검출하고자 하는 목표는 악성 종양(malignant, 1로 코드화함)임을 상기하자. 7이 들어 있는 셀은 실제로 악성 종양인데 예측을 0, 즉 양성으로 잘못 분류한 경우이므로 허위 음성이다. – 옮긴이

교차 검증을 포함한 로지스틱 회귀

교차 검증cross-validation을 하는 목적은 테스트 세트를 이용한 예측을 향상시키고 과적합의 위험을 최소화하려는 것이다. "K-겹 교차 검증K-fold cross validation"에서는 데이터 세트를 같은 크기를 갖는 조각으로 K 등분한다. 알고리즘은 "K-세트" 중에 1개의 세트를 번갈아 제외하며 학습한다. 즉, 하나의 모형은 제외한 나머지 "K-1개"의 조각으로 적합화해 만들고, 예측값은 이 모형에 아까 제외했던 세트를 테스트 세트로 얻는다.[5] 오류를 최소화하기 위해, 이 결과들을 평균 내어 가장 적합한 피처를 선택한다. 또한 "리브-원-아웃-교차 검증"을 실행할 수도 있는데, 이때는 데이터 개수가 N개일 때, 각각 1개씩 제외하며 N회 반복하는 교차 검증이다.[6] 시뮬레이션을 해보면, LOOCV 방법은 평균 추정값의 분산이 높게 나타난다. 그 결과, 대부분의 머신 러닝 전문가는 K-겹 교차 검증에서 K를 5나 10으로 정하도록 권장한다.

로지스틱 회귀를 위한 교차 검증을 자동으로 해주는 R 패키지로는 bestglm을 들 수 있다. 이 패키지는 선형 회귀 때 사용했던 leaps 패키지에 종속적이다.[7] 명령 구문과 데이터 포맷이 주의를 요하는 면이 있으므로 차근차근 자세히 들여다보자.

```
> install.packages("bestglm")
> library(bestglm)
Loading required package: leaps
```

패키지를 불러온 후 앞에서의 결과값을 0과 1로 코드화할 필요가 있다. 만일, 변수형이 요인factor으로 남아 있으면 작동이 안 된다. 이 패키지를 사용하기 위한 또 다른 조건은 결과값 y가 맨 마지막 칼럼에 와야 하고, 모든 불필요한 칼럼은 삭제돼야 한다는 것이다. 다음과 같이 새로운 데이터 프레임을 만들면 된다.

---

5 이를 K번 반복하므로 생성된 모형이 K개, 예측값도 K번 생성됨. – 옮긴이

6 leave-p-out cross validation에서 p = 1인 특수한 경우가 LOOCV에 해당하며, K-fold cross validation에서는 K = N이 LOOCV와 같게 된다. – 옮긴이

7 bestglm 패키지를 불러오면 leaps가 필요하다는 메시지를 출력함. – 옮긴이

```
> X <- train[, 1:9]
> Xy <- data.frame(cbind(X, trainY))
```

교차 검증(CV)을 위한 코드는 다음과 같다.

```
> bestglm(Xy = Xy, IC="CV",
  CVArgs=list(Method="HTF", K=10,
  REP=1), family=binomial)
```

첫 번째 인자인 Xy = Xy는 앞서 이 함수를 위해 포맷했던 데이터 프레임을 가리킨다. IC = "CV"는 패키지에게 정보 기준으로 교차 검증법을 쓰겠다는 정보를 건네준다. CVArgs는 교차 검증을 위한 인자로, 우리가 주고 싶은 값을 지정한다. 여기에서 HTF 방법은 K-겹 교차 검증법을 의미하고, 이어 나타나는 K = 10 인자는 몇 겹인지 알려주는 것이며, REP = 1은 무작위 폴드를 단 1회씩만 수행하라는 뜻이다. glm( ) 함수에서와 마찬가지로, family = binomial로 로지스틱 회귀임을 알려줘야 한다. 분석을 시행한 후에는 think, u.size, nucl의 세 피처를 포함하는 Best Model이 그 결과로 나타난다. Morgan-Tartar search라는 문장은 단순하고 철저하게 탐색 가능한 모든 서브 세트에 관해 실시했다는 뜻이다.

```
Morgan-Tatar search since family is non-gaussian.
CV(K = 10, REP = 1)
BICq equivalent for q in (7.16797006619085e-05, 0.273173435514245)
Best Model:
            Estimate Std. Error   z value      Pr(>|z|)
(Intercept) -7.8147191 0.90996494 -8.587934 8.854687e-18
thick        0.6188466 0.14713075  4.206100 2.598159e-05
u.size       0.6582015 0.15295415  4.303260 1.683031e-05
nucl         0.5725902 0.09922549  5.770596 7.899178e-09
```

여기서 구한 피처를 glm( )에 넣고, 테스트 세트에 관해 모형이 얼마나 잘 작동하는지 알아보자. 이 작업을 한 단계 더 하는 이유는, predict( ) 함수는 bestglm과 연동되지 않기 때문이다.

```
> reduce.fit <- glm(class ~ thick + u.size + nucl, family = binomial, data =
train)
```

이전에 한 것과 마찬가지로, 다음 코드로 테스트 세트에 관해 예측된 식별값과 실제 값을
비교할 수 있다.

```
> test.cv.probs <- predict(reduce.fit, newdata = test, type = "response")
> misClassError(testY, test.cv.probs)
[1] 0.0383
> confusionMatrix(testY, test.cv.probs)
    0  1
0 139  5
1   3 62
```

축소된 모형^{reduced model}은 모든 피처를 포함하는 완전 모형^{full model}에 비하면 약간 덜 정확
한 것으로 나타났지만, 이게 꼭 나쁜 것만은 아니다. 이번에는 정보 기준을 BIC로 바꾸고,
bestglm 패키지를 다시 활용해보자.

```
> bestglm(Xy = Xy, IC = "BIC", family = binomial)
Morgan-Tatar search since family is non-gaussian.
BIC
BICq equivalent for q in (0.273173435514245, 0.577036596263753)
Best Model:
            Estimate Std. Error   z value
(Intercept) -8.6169613 1.03155250 -8.353391
thick        0.7113613 0.14751510  4.822295
adhsn        0.4537948 0.15034294  3.018398
nucl         0.5579922 0.09848156  5.665956
n.nuc        0.4290854 0.11845720  3.622282
               Pr(>|z|)
(Intercept) 6.633065e-17
thick       1.419160e-06
adhsn       2.541153e-03
nucl        1.462068e-08
n.nuc       2.920152e-04
```

이 4개의 피처가 가능한 모든 서브 세트 모형 중에서 최소의 BIC를 제공한다. 이 4개의 피처로 만든 모형으로 테스트 세트를 얼마나 잘 예측하는지 조사해보자.

```
> bic.fit <- glm(class ~ thick + adhsn + nucl + n.nuc, family = binomial, data =
train)
> test.bic.probs <- predict(bic.fit, newdata = test, type = "response")
> misClassError(testY, test.bic.probs)
[1] 0.0239
> confusionMatrix(testY, test.bic.probs)
    0  1
0 138  1
1   4 66
```

이 모형은 완전 모형에서와 같이 겨우 5개의 오류만 있었다. 이때 '둘 중에 어떤 모형이 더 나은가?'라는 질문이 떠오른다. 여느 정상적인 상황이었다면, 동등한 일반화를 가정했을 때, 경험 법칙은 가장 단순하고 가장 해석하기 좋은 모형이라고 답할 것이다. 우리는 새로운 랜덤화 및 훈련 세트와 테스트 세트를 나누는 비율을 달리하는 등의 방법으로, 완전히 다른 분석을 시행할 수도 있었다. 그러나 당분간은 로지스틱 회귀로 할 수 있는 한계에 도달했다고 잠시 생각해보자. 나중에 완전 모형과 방금 BIC 정보 기준으로 개발한 모형으로 되돌아와서 모형 선택^{model selection}에 관해 다시 한 번 논할 것이다. 지금은 최종적인 권고안에 포함할 수도 있는 판별 분석 기법으로 넘어가보자.

▌ 판별 분석의 개요

판별 분석^{Discriminant Analysis, DA} 또는 **피셔 판별 분석**^{Fisher Discriminant Analysis, FDA} 또한 자주 쓰이는 분류 기법이다. 이 방법은 잘 분리된^{well-separated} 클래스의 경우, 로지스틱 회귀 대신 쓰일 수 있는 효과적인 대안이다. 결과가 잘 분리된 분류 문제의 경우, 로지스틱 회귀는 불안정한 추정값을 가질 수 있다. 다시 말하면 신뢰 구간이 넓고 추정값이 그 자체로 샘플마다 다르기 쉽다(James, 2013). 판별 분석은 이런 문제에서 자유로우며, 그 결과 로지스틱 회귀보다 성능이 좋고 일반화가 더 잘될 수 있다. 이와 반대로, 만일 피처들과 결과 변수 사이에 복잡한 관계가 존재한다면, 판별 분석은 분류 작업에서 성능이 떨어질 수 있다. 우리의 유방암 데이터 예제에서, 로지스틱 회귀는 테스트 세트와 훈련 세트에서 모두 좋은 성과를 보였고, 클래스들이 잘 분리되지 않았다. 로지스틱 회귀와 비교 차원에서 판별 분석의 **선형 판별 분석**Linear Discriminant Analysis, LDA과 **이차 판별 분석**Quadratic Discriminant Analysis, QDA을 탐구해보자.

판별 분석은 각 관찰값이 속할 클래스 멤버십의 확률을 정하기 위해 **베이즈 정리**Baye's theorem를 이용한다. 예를 들어, 양성과 악성처럼 클래스가 2개 있을 때, DA는 관찰값이 양성 또는 악성일 확률을 각각 계산하고, 더 높은 확률을 보이는 것을 더 적합한 클래스로 선택한다.

베이즈 정리는 X가 발생했다고 주어졌을 때 Y가 발생할 확률을 말하는데, 이는 Y와 X가 둘 다 발생하는 확률을 X가 발생하는 확률로 나눈 값과 같다. 식으로는 다음과 같이 표현한다.

$$\textit{Probability of } Y|X = \frac{P(X \text{ and } Y)}{P(X)}$$

이 수식에서 분자는 관찰값이 해당 클래스 범주에 속하고, 이러한 피처 값들을 가질 가능도likelihood를 나타낸다(여기서 "해당 클래스 범주"란 Y 값, 즉 결과물의 클래스를 뜻하고, "이러한 피처 값들"이란 피처 벡터 X의 값을 말함). 분모는 관찰값이 모든 클래스 수준을 통틀어, 이러한 피처 값들을 가질 확률을 말한다. 이에 따른 분류 규칙은 다음과 같다. X와 Y의 결합 분포를 알고 있고 X가 주어졌을 때, 더 큰 확률값, 즉 더 큰 사후 확률posterior probability을 띄는 클래스로 관찰값을 배정하는 것이 최적의 선택이 된다는 것이다.

사후 확률을 얻는 과정은 다음 단계를 거친다.

1. 어떤 클래스에 속해 있는지 아는 데이터를 수집한다.
2. 사전 확률prior probability을 계산한다. 이 값은 각 데이터에 속할 표본의 비율을 나타낸다.
3. 클래스별로 각 피처 평균을 구한다.
4. 각 피처에 관해 분산 공분산 행렬variance-covariance matrix을 계산한다. 만일, 선형 판별 분석의 경우라면, 모든 클래스를 통틀어 계산한 합동 행렬pooled matrix에 해당하고, 선형 분류기linear classifier가 될 것이다. 만일, 이차 판별 분석이라면 각 클래스에 관한 분산 – 공분산 행렬에 해당한다.
5. 각 클래스에 관해 정규분포(가우시안 확률 밀도)를 추정한다.
6. 새로운 관찰값을 분류하는 규칙이 될 discriminant 함수를 계산한다.
7. 위에 계산한 discriminant 함수의 값에 근거해 관찰값을 해당 클래스에 배정한다.

위의 단계를 거치면, 다음과 같이 사후 확률을 결정할 표현을 확장할 수 있다.

- π_k="클래스 k에 속하는 표본의 개수 / 전체 표본의 크기" – 이는 무작위로 선택한 관찰값이 k 번째 클래스에 속할 사전 확률prior probability에 해당한다.
- $f_k(X)=P(X=x|Y=k)$는 k 번째 클래스인 관찰값의 확률 밀도 함수다. 우리는 이 함수가 정규분포를 따른다고 가정한다. 피처가 복수인 경우에는 다변량 정규분포를 따른다고 가정한다.
- $p_k(X)$="X가 주어졌을 때 Y일 확률"임을 이용해 베이즈 정리를 활용하면 다음과 같은 식을 얻는다.

$$p_x(X) = \pi_k f_k(X) / \sum_{l=1}^{k} \pi_l f_l(X)$$

이는 관찰값의 피처값이 주어졌을 때, 이 관찰값이 클래스 k에 속할 확률, 즉 사후 확률과 같다.

- k=2라고 가정하고, 사전 확률이 똑같다고 가정해보자. 즉, $\pi_1=\pi_2$이다. 그렇다면 $2x(\mu_1-\mu_2)>(\mu_1^2-\mu_2^2)$일 때 관찰값이 "클래스 1"로 배정된다. 그렇지 않다면 "클래스 2"로 배정된다. 이것이 바로 결정 분계선^{decision boundary}이다. 판별 분석은 k−1개의 결정 분계선을 생성한다. 다시 말해, 클래스가 3개면(k=3), 2개의 결정 분계선이 생긴다.

비록 선형 판별 분석이 우아하게 단순하지만, 각 클래스의 관찰값이 다변량 정규분포를 따른다는 가정과 클래스들 사이에 공통된 공분산이 존재한다는 가정이 한계로 작용한다. 이차 판별 분석 또한 여전히 관찰값이 정규분포를 따른다고 가정하는 반면, 각 클래스는 자신만의 공분산을 갖는다고 가정한다.

왜 이런 가정들이 문제가 되는가? 만일, 공통 공분산의 가정을 완화하면(가정한 조건을 없애면) 이차항을 판별 점수^{discriminant score} 계산에 포함시키는 결과가 되는데, 이는 선형 판별 분석에서는 불가능한 일이다. 이런 바탕에 있는 수학은 이 책의 범위를 벗어나고, 또 약간 어렵다. 기억해야 할 중요한 부분은 이차 판별 분석이 로지스틱 회귀보다는 더 유연한 기법이라는 점이지만, 한편으로는 편향과 분산 사이의 균형^{bias-variance trade-off}도 생각해야 한다. 유연한 기법일수록 편향은 낮지만, 잠재적으로 분산은 높을 수 있다. 다른 많은 유연한 기법들에서와 마찬가지로 분류 시 발생하는 높은 분산을 줄이기 위해서는 로버스트^{robust}한 훈련 데이터 세트가 필요하다.[8]

판별 분석의 적용

선형 판별 분석은 MASS 패키지로 수행할 수 있는데, 이미 이전에 불러왔으므로 biopsy 데이터에 지금 접근할 수 있다. 문법은 lm( ) 및 glm( ) 함수와 매우 유사하다.

---

8 테스트용 데이터 세트에서의 오차와 비슷한 수준의 학습 오차를 만들어내는 데이터 세트 – 옮긴이

이제 일차 판별 분석 모형을 다음과 같이 적합해보자.

```
> lda.fit <- lda(class ~ ., data = train)
> lda.fit
Call:
lda(class ~ ., data = train)

Prior probabilities of groups:
   benign malignant
0.6371308 0.3628692

Group means:
           thick    u.size   u.shape    adhsn    s.size
benign    2.92053 1.304636 1.413907 1.324503 2.115894
malignant 7.19186 6.697674 6.686047 5.668605 5.500000
             nucl    chrom    n.nuc      mit
benign    1.397351 2.082781 1.225166 1.092715
malignant 7.674419 5.959302 5.906977 2.639535

Coefficients of linear discriminants:
              LD1
thick     0.19557291
u.size    0.10555201
u.shape   0.06327200
adhsn     0.04752757
s.size    0.10678521
nucl      0.26196145
chrom     0.08102965
n.nuc     0.11691054
mit      -0.01665454
```

이 출력물을 보면 Prior probabilities of groups(그룹별 사전 확률)이 양성benign은 약 64%, 악성malign은 약 36%을 차지함을 알 수 있다. 이는 클래스별로 각 피처들의 평균값을 나타낸다. 선형 판별 계수Coefficients of linear discriminants는 표준화한standardized 피처들의 선형 결합으로, 이 값은 관찰값의 판별 점수를 계산하는 데 쓰인다. 판별 점수가 높을수록 악성 malignant 쪽으로 분류된다.

선형 판별 분석에서 plot( ) 함수는 히스토그램과 판별 점수의 밀도를 그려준다.

```
> plot(lda.fit, type = "both")
```

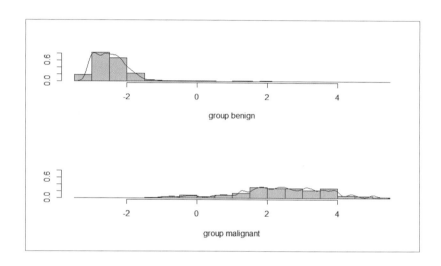

두 그룹 사이에 약간 겹치는 부분이 있는데, 이는 올바르지 않게 분류된 관찰값이 존재함을 가리킨다.

이차 판별 분석과 함께 predict( ) 함수를 쓸 수 있는데, class(클래스), posterior(사후 확률), x 등, 세 가지 요소를 리스트로 제공한다. 클래스 요소는 **양성**과 **악성**의 예측, 사후 확률은 x가 각 클래스에 속할 확률 점수 그리고 x는 선형 판별 점수를 나타낸다. 이제 관찰값이 악성일 확률을 추출해보자.

```
> train.lda.probs <- predict(lda.fit)$posterior[, 2]
> misClassError(trainY, train.lda.probs)
[1] 0.0401
```

```
> confusionMatrix(trainY, train.lda.probs)
    0   1
0 296  13
1   6 159
```

자, 그런데 방금 실행한 이차 판별 분석 모형이 로지스틱 회귀 모형보다 성능이 좋지 않은 것으로 나타났다. 그렇다면 중요한 질문이 있는데, 'test 데이터에 관해서는 성능이 어떨까?'하는 것이다.

```
> test.lda.probs <- predict(lda.fit, newdata = test)$posterior[, 2]
> misClassError(testY, test.lda.probs)
[1] 0.0383
> confusionMatrix(testY, test.lda.probs)
    0   1
0 140   6
1   2  61
```

훈련 데이터로 성능이 나빴던 걸 생각하면, test 데이터에서는 예상보다는 그리 나쁜 성과는 아니다. 올바르게 분류했는지의 관점에서 보면 아직도 로지스틱 회귀만큼 성능이 좋지는 않다(선형 판별 분석이 96%인데, 로지스틱 회귀의 분류 성능은 거의 98%에 달했다).

이제 이차 판별 분석으로 옮겨가보자. R에서 이차 판별 분석 또한 MASS 패키지의 qda( ) 함수로 실행할 수 있다. 모형을 구축하는 일은 역시 간단하다. 이 모형은 qda.fit라는 오브젝트에 저장하자.

```
> qda.fit <- qda(class ~ ., data = train)
> qda.fit
Call:
qda(class ~ ., data = train)

Prior probabilities of groups:
   benign malignant
0.6371308 0.3628692
```

```
Group means:
          thick    u.size  u.shape    adhsn    s.size
benign   2.92053 1.304636 1.413907 1.324503 2.115894
malignant 7.19186 6.697674 6.686047 5.668605 5.500000
            nucl    chrom    n.nuc      mit
benign   1.397351 2.082781 1.225166 1.092715
malignant 7.674419 5.959302 5.906977 2.639535
```

이차 판별 분석에서와 마찬가지로, 출력물은 Group means(그룹 평균)은 보여주지만, 앞서 논했던 것처럼 이차 함수이기 때문에 피처들의 계수는 없다.

훈련 데이터와 테스트 데이터에 관한 예측은 다음 코드처럼 이차 판별 분석에서와 같은 흐름을 따른다.

```
> train.qda.probs <- predict(qda.fit)$posterior[,2]
> misClassError(trainY, train.qda.probs)
[1] 0.0422
> confusionMatrix(trainY, train.qda.probs)
    0   1
0 287   5
1  15 167
> test.qda.probs <- predict(qda.fit, newdata = test)$posterior[,2]
> misClassError(testY, test.qda.probs)
[1] 0.0526
> confusionMatrix(testY, test.qda.probs)
    0   1
0 132   1
1  10  66
```

위의 혼동 행렬을 보면, 이차 판별 분석이 훈련 데이터에 관한 예측이 가장 나쁘며, 테스트 세트에 관해서도 11개의 틀린 예측을 낳아 성능이 나쁘게 나타났다. 특히, 허위 양성이 높은 비율로 나타났다.

▌ 다변량 적응 회귀 스플라인(MARS)

다음과 같은 내용을 모두 제공하는 모형화 기법이 있다면 어떨까?

- 회귀와 분류 두 가지 모두에 관한 선형 및 비선형 모형을 구축할 유연성을 제공한다.
- 변수 간 상호작용 항을 지원한다.
- 이해와 설명이 간단하다.
- 데이터 전처리 과정이 거의 필요 없다.
- 모든 타입의 데이터를 다룰 수 있다(수^{numeric}, 요인^{factor} 등).
- 미관찰 데이터에 관해 성능이 좋다. 다시 말해, 편차와 분산 사이의 균형을 잘 잡는다.

만일, 위 사항들이 매력적으로 들린다면, 다변량 적응 회귀 스플라인$^{Multivariate\ Adaptive}$ $^{Regression\ Splines,\ MARS}$을 적극 추천한다. 이 방법은 몇 개월 전에 내 눈에 띄었는데, 성능이 매우 좋다는 것을 곧 알게 됐다. 사실 최근에 내가 겪은 사례에 따르면, 테스트/검증 데이터를 이용해 수행했을 때 랜덤 포레스트$^{random\ forest}$와 부스트 트리$^{boosted\ tree}$보다 MARS가 우월한 성능을 보였다. 따라서 MARS를 내 기본 모형으로 채택하고, 나머지 모형들을 경쟁 상대로 비교한다. MARS를 쓰면서부터는 이전에 해왔던 피처 엔지니어링의 대부분이 필요 없어졌다는 이점도 있었다. 이 작업의 대부분은 **증거 가중값**$^{Weight-of-Evidence,\ WOE}$과 **정보 가치**$^{Information\ Values,\ IV}$를 이용해 비선형성을 포착하고 변수들을 다시 코드화하는 것이다. 사실 WOE/IV 기법은 이번 2판에서 어느 정도 길게 다루려고 계획했지만, 테스트를 해보니 MARS가 워낙 비선형성 포착을 탁월하게 잘해 WOE/IV를 논할 필요조차 없어졌다.

MARS 기법을 이해하기는 쉽다. 우선, 이전에 우리가 논했던 선형 모형이나 일반화 선형 모형^{GLM}으로 시작한다. 그리고 비선형 관계가 있는 경우에 포착하기 위해 hinge^{힌지} 함수를 더한다. 이 힌지점은 단순히 입력 피처의 점^{point}들인데, 계수의 변화량에 해당한다. 예를 들어, *Y=12.5×("절편")+1.5×("변수 1")+3.3×("변수 2")* 와 같은 식이 있다고 가정해보

자. 여기에서 변수 *1*과 변수 *2*는 1부터 *10* 사이의 스케일에 놓여 있다. 이제 '변수 *1*'과 '변수 *2*'를 위해 힌지 함수가 어떤 역할을 하는지 살펴보자.

$$Y=11 \times ("새로운 절편")+1.5 \times ("변수 1")+4.26734 \times ("max(0,"변수 2'-5.5)")$$

그러므로 힌지 함수는 다음과 같이 이해할 수 있다. 0 또는 ('변수 *2*'에서 5.5를 뺀 값) 사이에 최댓값(더 큰 값)을 취한다.[9] 따라서 '변수 *2*'가 5.5보다 클 때마다 힌지 함수의 값은 계수 4.26734와 곱해진다. 그렇지 않으면('변수 *2*'가 5.5보다 같거나 작으면) 힌지 값은 0이 된다. 이 방법은 각 변수에 관해 복수 개의 힌지를 허용하며, 또한 상호작용 항도 포함한다.

MARS에서 또 다른 흥미로운 점은 이 기법이 자동으로 변수를 선택한다는 사실이다. 이는 교차 검증으로 할 수도 있지만, 기본적으로는 전방 패스forward pass를 통해 구축되는데, 이는 단계적 전방 선택법forward stepwise regression과 비슷하다. 그런 다음, 후방 패스backward pass를 통해 모형을 가지치기pruning하는데, 이 후방 패스를 한 후에는 데이터를 과적합overfit하기 쉽다. 이 후방 패스는 불필요한 입력 변수를 모형에서 제거하고, **일반화 교차 검증**Generalized Cross Validation, GCV에 기반을 두어 힌지점들을 제거한다. 공식은 다음과 같다.

$$GCV=RSS/\{N \times (1-"(유의미한 파라미터 개수)"/N)^2\}$$

$$"(유의미한 파라미터개수) = (입력 피처 수)"+"페널티" \times "(입력 피처 수-1)/2"$$

earth 패키지에서 가산 모형additive model은 페널티=2의 값, 승법 모형multiplicative model은 페널티=3의 값 그리고 상호작용 항은 1의 값을 갖는다.

R에서 earth 패키지를 쓸 때, 상당히 많은 매개변수를 사용자가 조정할 수 있다. 다음 예에서 효과적이고 간단한 방법으로 이 기법을 실행해 보이겠다. 독자들이 원한다면 Stephen Milborrow의 Notes on the earth package 온라인 배포판을 읽어보기 바란다. 링크는 다음과 같다.

http://www.milbo.org/doc/earth-notes.pdf

---

9 위 식에서 max(0,"변수 2"-5.5)가 힌지 함수임. – 옮긴이

소개는 이쯤 하고, 이제 실제로 다변량 적응 회귀 스플라인^{MARS}을 시작해보자. MDA 패키지를 이용할 수도 있겠지만, 나는 earth 패키지를 이용해 제시한다. 코드는 glm( )을 사용했던 이전 예제들과 비슷하다. 그러나 여기서는 어떻게 모형을 가지치기할 것인지와 이항 반응 변수를 쓴다는 사실을 명시하는 것이 중요하다. 이 예제에서, 5-겹 교차 검증의 모형 선택을 명시하고(pmethod = "cv"와 nfold = 5), 반복은 3회(ncross = 3), 상호작용 항 없이 가산 모형을 쓰고(degree = 1), 힌지는 입력 피처 하나당 1개만 사용한다(minspan = -1). 내가 작업 중인 데이터로는 상호작용 항과 복수 개의 힌지를 이용했을 경우에는 과적합이 일어났다. 물론 독자들의 결과는 다를 수도 있다. 코드는 다음과 같다.

```
> install.packages("earth")
> library(earth)
> set.seed(1)
> earth.fit <- earth(class ~ ., data = train,
+                    pmethod = "cv",
+                    nfold = 5,
+                    ncross = 3,
+                    degree = 1,
+                    minspan = -1,
+                    glm=list(family = binomial)
+                    )
```

이제 모형의 요약을 검토해보자. 요약을 보면 처음에는 좀 혼돈스러울 수 있다. 물론 모형의 공식^{formula}과 로지스틱 계수가 나타날 것이고, 힌지 함수와 함께 몇 가지 코멘트와 일반화 R제곱값과 관련된 숫자 등이 나타날 것이다. 실질적으로 일어나는 일은 MARS 모형이 처음에는 표준적인 선형 회귀를 데이터에 적용해 구축된다는 것인데, 이때 반응 변수는 내부적으로 0이나 1의 값으로 코드화돼 있다. 최종적인 모형을 만들 때 피처(또는 변수)의 가지치기를 하고 나면, 이를 GLM(일반화 선형 모형)으로 옮긴다. 따라서 R제곱값은 무시해도 된다.

```
> summary(earth.fit)
Call: earth(formula=class~., data=train,
             pmethod="cv",
             glm=list(family=binomial), degree=1,
             nfold=5, ncross=3, minspan=-1)

GLM coefficients
               malignant
(Intercept)  -6.5746417
u.size        0.1502747
adhsn         0.3058496
s.size        0.3188098
nucl          0.4426061
n.nuc         0.2307595
h(thick-3)    0.7019053
h(3-chrom)   -0.6927319

Earth selected 8 of 10 terms, and 7 of 9 predictors using pmethod="cv"
Termination condition: RSq changed by less than 0.001 at 10 terms
Importance: nucl, u.size, thick, n.nuc, ...
Number of terms at each degree of interaction: 1 7 (additive model)
Earth GRSq 0.8354593   RSq 0.8450554   mean.oof.RSq 0.8331308 (sd 0.0295)
GLM null.deviance 620.9885 (473 dof)    deviance 81.90976 (466 dof)    iters 8
pmethod="backward" would have selected the same model:
8 terms 7 preds,   GRSq 0.8354593   RSq 0.8450554   mean.oof.RSq 0.8331308
```

이 모형은 절편^{intercept}과 7개의 예측 변수를 포함, 총 8개 항을 갖는다. 예측 변수 중 2개 (thickness와 chromatin)는 힌지 함수를 갖는다. 만일, thickness가 3보다 크면 계수는 0.7019가 해당 힌지 함수의 값에 곱해지고, 그렇지 않으면 0의 값을 갖는다. chromatin 변수의 경우, 만일 3보다 작으면 계수가 힌지 값에 곱해지고, 아니면 0의 값을 갖는다.[10]

---

10 chromatin의 경우에는 힌지 함수 형태가 h(3-chrom)임에 주의하라. – 옮긴이

그림도 생성할 수 있다. 첫 번째 그림은 plotmo( ) 함수를 이용해 해당 예측 변수를 변화시키고 다른 변수들은 상수로 유지했을 때, 모형의 반응 변수가 변하는 양상을 보여준다. thickness 변수에 관해 힌지 함수가 어떻게 작용하는지 명확히 관찰할 수 있을 것이다.

```
> plotmo(earth.fit)
```

출력은 다음과 같이 나타난다.

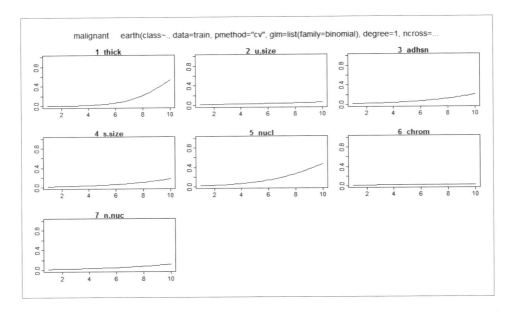

plotd( ) 함수를 이용하면 클래스 라벨(양성/악성)에 따른 예측 확률의 밀도 함수 도표를 얻을 수 있다.

```
> plotd(earth.fit)
```

위 코드를 실행하면 다음과 같은 그림이 생성된다.

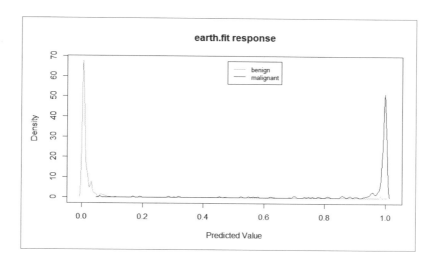

evimp( ) 함수로는 상대적인 변수의 중요도를 살펴볼 수 있다. 여기에서 nsubsets라는 변수명을 볼 수 있는데, 이는 가지치기 패스를 한 후에 남은 변수를 담고 있는 모형의 서브세트 개수고, gcv와 rss 칼럼은 각 예측 변수가 기여하는 각 감소값을 나타낸다(gcv와 rss는 0과 100 사이의 스케일 값을 갖는다).

```
> evimp(earth.fit)
        nsubsets    gcv    rss
nucl           7  100.0  100.0
u.size         6   44.2   44.8
thick          5   23.8   25.1
n.nuc          4   15.1   16.8
chrom          3    8.3   10.7
s.size         2    6.0    8.1
adhsn          1    2.3    4.6
```

테스트 데이터 세트에 관해 모형이 얼마나 잘 작동하는지 알아보자.

```
> test.earth.probs <- predict(earth.fit, newdata = test, type = "response")
> misClassError(testY, test.earth.probs)
[1] 0.0287
> confusionMatrix(testY, test.earth.probs)
    0  1
0 138  2
1   4 65
```

이 결과는 로지스틱 회귀 모형에 필적한다. 이제 지금까지 사용한 모형들을 비교하고, 최선의 선택은 무엇이 될지 알아보자.

▌ 모형 선택

지금까지의 작업에서 내릴 수 있는 결론은 무엇일까? 혼동 행렬과 오류 비율을 길잡이 삼아 모형을 비교할 수 있겠지만, 분류 모형을 선택할 때는 좀 더 세련된 방법이 있다. 분류 모형을 효과적으로 비교할 수 있는 도구로는 **수신자 조작 특성**Receiver Operating Characteristic, ROC 차트가 있다. 간단히 설명하면, ROC는 각 분류기classifiers의 성능을 시각화하고 조직화하며 선택하는 기법을 말한다(Fawcett, 2006). ROC 차트에서 y축은 **참 양성율**True Positive Rate, TPR, x축은 **거짓 양성율**False Positive Rate, FPR을 나타낸다. 계산은 다음과 같이 간단하다.

$$TPR = "양성이라고 제대로 분류된 개수" / "전체 양성 개수"$$

$$FPR = "양성으로 잘못 분류된 음성 개수" / "전체 음성 개수"$$

ROC를 그림으로 나타내면 곡선이 생성되는데, 따라서 **곡선하 면적**Area Under the Curve, AUC도 계산할 수 있다. AUC는 모형의 성능을 나타내는 효과적인 지표로, 양성과 음성이 쌍을 이뤘을 때, 무작위로 선택된 한 쌍의 경우가 관찰자에게 주어지고, 관찰자는 둘 중에 양성인 경우를 올바르게 식별해낼 확률이 AUC와 같음을 증명할 수 있다(Hanley J.A & McNeil

B.J., 1982). 우리 예제에서는 관찰자를 우리가 쓴 알고리즘으로 바꾸고, 그에 따라 평가하면 된다.

R에서 ROC 차트를 그리려면 ROCR 패키지를 이용할 수 있다. 이 ROCR는 굉장히 좋은 패키지로, 이를 이용해 코드 단 세 줄만에 차트를 그릴 수 있다. 또한 예제와 프레젠테이션으로 매우 훌륭하게 설명하고 있는 안내 웹 사이트도 제공하고 있다. 다음의 링크를 참고하기 바란다.

http://rocr.bioinf.mpi-sb.mpg.de/

여기서 설명하고자 하는 것은 ROC로 나타낼 세 종류의 그림이다. 완전 모형, BIC(베이지안 정보 기준)로 피처를 선택한 축소 모형 그리고 MARS 모형이다. 소위 나쁜 모형은 피처를 딱 하나만 포함할 텐데, 다른 모형과 효과적으로 대비돼 보일 것이다. 따라서 ROCR 패키지를 불러오고, thick 피처 하나만 이용해 나쁜 성능을 보이는 모형을 하나 만들어 간단히 bad.fit이라 이름짓자.

```
> install.packages("ROCR")
> library(ROCR)
> bad.fit <- glm(class ~ thick, family = binomial, data = test)
> test.bad.probs <- predict(bad.fit, type = "response")  # 확률을 저장
```

이제 테스트 데이터 세트를 이용해 모델 하나당 세 줄의 코드로 ROC 차트를 만들 준비가 됐다. 먼저 실제 분류의 예측 확률을 저장할 오브젝트를 하나 만든다. 그런 다음, TPR과 FPR을 계산해 저장할 또 다른 오브젝트를 하나 만든다. 그리고 나서 plot() 함수로 차트를 생성할 것이다. 먼저, 모든 피처를 포함한 완전 모형으로부터 시작하자. 이 완전 모형은 3장을 시작할 때 "로지스틱 회귀 모형" 절에서 만들었던 그 모형이다.

```
> pred.full <- prediction(test.probs, test$class)
```

다음은 TPR과 FPR을 이용한 성능 오브젝트다.

```
> perf.full <- performance(pred.full, "tpr", "fpr")
```

다음은 plot 명령어로 제목은 "ROC", col=1은 검은색 선으로 그릴 것을 나타낸다.

```
> plot(perf.full,  main ="ROC", col = 1)
```

다음과 같은 그림이 생성된다.

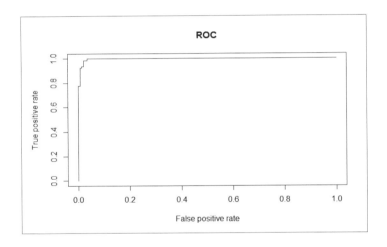

앞서 언급했듯이, 곡선은 TPR이 y축, FPR이 x축에 나타난다. 만일, 완벽한 분류기가 있어서 허위 양성(FP)이 0개라면, 곡선은 원점에서 종축으로 올라가는 직선으로 나타날 것이다. 만일, 모형이 무작위로 찍는 정도밖에 못한다면, 곡선은 왼쪽 하단의 원점으로부터 오른쪽 상단으로 가로지르는 대각선으로 나타날 것이다. 완전 모형은 5개의 분류 오류가 있었는데, 3개는 허위 양성(FP), 2개는 허위 음성(FN)이었다는 것을 상기하자. 자, 이제 비슷한 코드를 이용해 다른 모형들을 비교해보자. 먼저 BIC를 이용해 만든 모형(3장의 "교차 검증을 포함한 로지스틱 회귀" 절 참고)으로 시작해보자.

```
> pred.bic <- prediction(test.bic.probs, test$class)
> perf.bic <- performance(pred.bic, "tpr", "fpr")
> plot(perf.bic, col = 2, add = TRUE)
```

plot 명령어의 add = TRUE 매개변수는 기존의 차트에 새로운 라인을 덧그린다. 마지막으로, 나쁜 성능의 모형과 MARS 모형을 더해 그리고, legend를 차트에 다음과 같이 포함해 그려본다.

```
> pred.bad <- prediction(test.bad.probs, test$class)
> perf.bad <- performance(pred.bad, "tpr", "fpr")
> plot(perf.bad, col=3, add=TRUE)
> pred.earth <- prediction(test.earth.probs, test$class)
> perf.earth <- performance(pred.earth, "tpr", "fpr")
> plot(perf.earth, col = 4, add = TRUE)
> legend(0.6, 0.6, c("FULL", "BIC", "BAD", "EARTH"), 1:4)
```

위 코드를 실행하면 다음과 같은 그림이 생성된다.

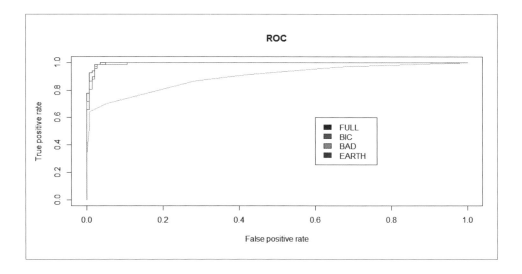

완전 모형, BIC 모형, MARS 모형은 거의 곡선이 겹쳐 있음을 알 수 있다. BAD 모형은 예상했던 대로 성능이 매우 나쁜 것이 확연히 드러난다. 이제 마지막으로 AUC를 계산하는 일이 남았다. 이 작업은 ROCR 패키지를 이용해 performance 오브젝트를 만들어 수행할 수 있는데, 이때는 AUC를 TPR과 FPR로 대체해야 하는 점이 다르다. 코드와 출력은 다음과 같다.

```
> performance(pred.full, "auc")@y.values
[[1]]
[1] 0.9972672
> performance(pred.bic, "auc")@y.values
[[1]]
[1] 0.9944293
> performance(pred.bad, "auc")@y.values
[[1]]
[1] 0.8962056
> performance(pred.earth, "auc")@y.values
[[1]]
[1] 0.9952701
```

가장 높은 AUC는 완전 모형의 0.997이었다. 또한 BIC 모형이 99.4%, 나쁜 모형이 89.6% 그리고 MARS 모형이 99.5%를 기록했다. 따라서 모든 의도와 목적을 위해 나쁜 모형을 제외하면 나머지 세 모형의 예측력에는 사실상 차이가 없는 것으로 나타났다. 그렇다면 이제 어찌 해야 할까? 가장 간단한 해법은 훈련 데이터와 테스트 데이터를 재차 무작위화하고, 이 분석을 반복하는 것이다. 어쩌면 이번엔 데이터를 60/40으로 나누고, 랜덤 시드seed 값을 다른 숫자로 써보는 것이다. 그러나 이번에도 또 비슷한 결과가 나오면 어찌할 것인가? 통계적 순수주의자라면 가장 간결한 모형을 고르라고 할 것이고, 한편 다른 사람들 같으면 모든 변수를 다 포함하자고 할 것 같다. 이 모든 것이 결국은 균형점을 찾는 일인데, 모형의 정확도 대비 해석 가능성, 간결성, 확장성scalability 사이의 트레이드 오프인 것이다. 우리의 예제의 경우라면, 똑같은 정확도를 가지므로 가장 간결한 모형을 선택해도 안전할 것 같다. 물론 말할 것도 없이, 단지 GLM이나 판별 분석으로 늘 이 정도 수준의 높은 예측

가능성을 얻을 수 있는 것은 아니다. 이후의 장에서 더 복잡한 기법을 이용해 이러한 문제들을 풀고 가급적이면 예측 능력도 향상시킬 수 있도록 시도해볼 것이다. 머신 러닝의 아름다움은 목표에 달성하기 위한 방법이 여러 가지라는 점이다.

▌ 요약

3장에서는 확률적인 선형 모형으로 질적 반응 변수를 예측하는 세 가지 방법, 즉 로지스틱 회귀, 판별 분석, 다변량 적응 회귀 스플라인을 살펴봤다. 또한 모형 선택을 시각적이고 확률적으로 탐색하기 위해 ROC 차트를 이용하는 과정을 시작했다. 또한 간략하게 모형 선택에서 고려해야 할 트레이드 오프에 관해 언급했다. 앞으로 공부할 장에서는 유방암 데이터 세트를 다시 이용해 더 복잡한 기법이 어떤 성능을 보이는지 살펴본다.

04

선형 모형에서
고급 피처 선택

"수학은 내가 좋아하기에는 너무 추상적이었고, 전산학은 연산 작업에서 1/1000 초를 줄이거나 1KB를 아끼는 등 아주 작은 것에 집착하는 것 같았다. 나는 수학과 전산학의 미를 결합해 현실 세계에 있는 문제를 해결하는 주제들을 통계학에서 발견했다."

스탠포드 대학교의 교수 랍 티브시라니[Rob Tibshirani]가 한 말이다(https://statweb.stanford.edu/~tibs/research_page.html).

지금까지 선형 모형을 사용해 정량적·질적 결과를 찾아내는 방법을 살펴봤다. 이 과정에서 피처를 선택하는 기술, 즉 쓸 데 없거나 원하지 않는 예측 변수를 제외하는 기술을 많이 강조해왔다. 앞에서 머신 러닝 문제를 푸는 데 선형 모형이 매우 효과적인 것을 봤는데, 지난 몇 십 년 동안 개발되고 개선된 새로운 기법들을 사용하면 이전 장에서 언급한 것이상으로 선형 모형의 예측 능력과 해석 능력을 개선할 수 있다. 요즘에 나오는 많은 데이터 세트는 피처 수가 많다. 이를 고차원적이라 부른다. 유전자 분석과 관련된 일을 한 적이 있다면 이 말의 뜻을 금방 알아차릴 것이다. 더 나아가 요즘에는 사용하는 데이터의 양이 아주 많아 최량 부분 집합best subset이나 단계적 피처 선택stepwise feature selection과 같은 기법을 사용했을 때 아무리 빠른 컴퓨터를 사용하더라도 수렴할 때까지 엄청나게 많은 시간이 걸린다. 대개는 최량 부분 집합을 얻는 데 몇 분 정도가 아니라 몇 시간이 소요된다.

그런 경우에 더 나은 방법이 있다. 4장에서는 각 계수들의 값 범위를 제한하거나 값을 줄여 0에 가깝게 만드는 규제화regularization※ 개념을 살펴본다.[1] 규제화를 하는 방법은 굉장히 많은데, 여기서는 능형 회귀 분석ridge regression과 LASSOLeast Absolute Shrinkage and Selection Operator에 관해 알아보고, 마지막으로 두 가지 기법의 장점을 합친 일래스틱넷elastic net을 살펴본다.

▌ 규제화(regularization)란?

앞서 선형 모형은 $Y = B0 + B_1 x_1 + ... B_n x_n + e$ 수식을 따르고, 모델에 가장 적합하게 하는 것은 RSS(실제 값과 예측값의 차이를 제곱한 것의 합, 즉 $e_1^2 + e_2^2 + ... e_n^2$)를 최소화하는 것이라는 것을 봤다.

규제화의 원리는 RSS를 최소화하는 과정에 축소 벌점shrinkage penalty이라는 것을 적용하는 것이다. 이 벌점은 베타 계수beta coefficient와 가중값을 정규화한 값과 람다(λ로 표시)로 이뤄진다. 이 가중값을 정규화하는 방법은 규제화 기법에 따라 다르다. 간단하게 말하면, 우리가 사용하는 모형에서 앞으로 할 일은 "$RSS + \lambda$(정규화한 계수)"를 최소화하는 것이다. 여기서 λ는 조정이 가능한 값으로, 실제로 모형을 만드는 과정에서 설정한다. 여기서 람다 값을 0으로 하면, 앞 수식의 두 번째 항이 없어지므로 OLS(보통 최소 제곱법) 모형과 똑같아진다.

---

1 우리말로 옮기기 어려운 단어로, 학습 오류와 테스트 오류를 합친 일반화 오류를 줄이고자 하는 과정으로 해석해 일반화라고도 부를 수 있다. 또 '정규화'로 번역한 곳도 있지만 혼동의 여지가 있어 여기서는 '규제화'로 번역한다. – 옮긴이

그렇다면 규제화는 무슨 일을 하고 어떻게 동작하는 것일까? 먼저 규제화 방법을 사용하면 매우 효율적인 계산이 가능하다. 최량 부분 집합 방법을 사용하면 2^p 개수의 모형 중에서 검색을 하는데, 데이터 세트가 큰 경우에는 이 방법을 아예 시도할 수 못할 수도 있다. R에서 각 람다의 값마다 하나의 모델만을 적합하도록 하면 훨씬 효율적이다. 다른 이유는 앞서 말한 적이 있는 편향–분산$^{bias-variance}$ 트레이드 오프 때문이다. 예측값과 결과값의 관계가 선형에 가깝게 나오는 선형 모형에서는 최저 제곱 차이 방법은 편향을 줄일 수 있지만, 분산을 키울 수 있다. 즉, 학습 데이터가 조금 바뀌었을 때 최저 제곱을 얻는 계수 예측값들이 크게 변할 수 있다(James, 2013). 계수를 정규화하고 람다 값을 적절하게 잘 선택해 규제화하면 편향 – 분산 트레이드 오프를 최적화해 모형이 가장 적합하도록 개선할 수 있다. 마지막으로 계수를 규제화하면 다중 공선성 문제를 해결할 수 있다.

능형 회귀 분석

능형 회귀 분석$^{Ridge\ regression}$이 무엇이고, 이것이 할 수 있는 일과 할 수 없는 일을 먼저 살펴보자. 능형 회귀 분석에서 사용하는 정규화한 계수 항은 가중값의 제곱 합으로, **L2-norm**이라고도 부른다. 즉, 이 모델은 $RSS + \lambda(sum\ Bj^2)$을 최소화하는 것이다. 람다 값이 커질수록 계수는 0에 가까워지지만, 0이 되지는 않는다. 이는 예측의 정확성을 높이는 효과가 있지만, 어떠한 피처에 관한 가중값도 0으로 만들지 않기 때문에 모형을 해석하고 소통하는 데 문제가 될 수도 있다. 이 문제를 해결하기 위해 LASSO를 살펴보자.

LASSO

LASSO는 능형 회귀 분석에서 사용하는 L2-norm 대신 **L1-norm**을 사용한다. L1-norm은 피처 가중값의 절댓값의 합으로, LASSO는 $RSS + \lambda(sum\ |Bj|)$를 최소화하는 것이라고 할 수 있다. 이 축소 벌점은 어떤 피처의 가중값을 0으로 만들 수도 있다. 이것이 바로 능형 회귀 분석에 관한 장점으로 모형의 해석 능력을 크게 향상시킬 수 있다.

L1-norm을 사용하면 왜 가중값(또는 계수)이 0이 될 수 있는지에 관한 수학적인 논지는 이 책의 범위를 벗어나므로 궁금하면 책(Tibsharini, 1996)을 참조하자.

LASSO가 그렇게 좋다면 능형 회귀 분석 방법은 이미 사라졌을 것이지만, 사실 그렇지 않다. 공선성이 높은 경우, 즉 상호 연관성이 있는 피처가 쌍으로 있는 경우, LASSO를 사용하면 예측에 사용한 피처 중 하나에 관한 계수를 0으로 만들어 버려 예측 능력을 상실할 수 있다. 피처 A와 피처 B가 모두 모델에 있어야 하는 경우, LASSO는 이 중 하나의 피처에 관한 계수를 0으로 만들어 버릴 수 있는 것이다. 다음 인용은 이 문제를 잘 정리한 글이다.

> "상대적으로 적은 수의 예측 변수만 비중 있는 계수의 값을 이용해, 나머지 예측 변수들은 0이나 아주 작은 값의 계수를 갖는 모형이 있다면 LASSO가 더 잘 동작한다고 생각하면 된다. 반응 변수가 많은 예측 변수의 함수로 돼 있고, 각 계수가 대체로 비슷한 크기를 갖는다면 능형 회귀 분석이 더 잘 동작한다."
>
> — 제임스James(2013)

이 두 가지 장점을 합칠 수 있는 방법은 없을까? 그래서 다음에 설명하는 일래스틱넷이 나왔다.

일래스틱넷

일래스틱넷Elastic net의 장점은 능형 회귀 분석이 하지 못하는 중요한 피처를 뽑아내는 능력이 있으면서, LASSO와 달리 피처를 그룹으로 나눌 수 있다는 것이다. 서로 연관된 피처들이 있을 때 LASSO는 그중 하나만 골라내고 나머지를 무시하는 경향이 있다. 일래스틱넷에는 람다와는 별도로 알파alpha라는 매개변수가 있다. 여전히 람다는 벌점의 크기를 규제하는 역할을 한다. 알파 값은 0과 1 사이인데, 알파 값이 0인 경우, 능형 회귀 분석, 1이면 LASSO와 같다. 본질적으로 일래스틱넷은 L1과 L2 벌점을 섞어 사용하고 알파 값으로 둘을 어떻게 섞을지 조정하는 것이다. 이제 우리가 할 일은 $RSS + \lambda[(1-alpha)(sum\ |Bj|2)/2 + alpha(sum\ |Bj|)])/N$을 최소화하는 것이다.

이제 이 기법들을 실험해보자. 앞으로 언급할 비즈니스 사례에 적합한 피처와 모형을 선택하는 데는 leaps와 glmnet, caret 패키지들을 주로 사용할 것이다.

비즈니스 사례

이번 장에서는 암 – 전립선암 사례를 사용한다. 이는 97개의 관찰 기록과 9개의 변수밖에 없는 작은 데이터 세트지만, 규제화 기법을 사용하면 이전과 어떻게 달라지는지 비교하면서 이해하는 데 충분할 것이다. 먼저 최량 부분 집합 방법을 사용해 피처를 골라내고 앞으로의 비교에 기준값으로 사용하기로 한다.

비즈니스 이해하기

스탠포드 의료 센터에서 전립선 암 치료를 위해 전립선 절제 수술을 받게 될 97명의 환자가 PSA라 불리는 **전립선 특이항원**Prostate Specific Antigen에 관한 자료를 만든 것이 있다. 미국 암학회American Cancer Society, ACS는 2014년 한 해에만 3만 명가량의 미국인이 전립선 암으로 사망한다고 예측했다(http://ww.cancer.org). PSA는 전립선에서 만들어지는 단백질로, 혈액 속에 들어 있다. 이번 모형의 목적은 환자가 받은 임상 조치를 통해 PSA를 예측하는 것이다. 무엇보다 PSA는 환자가 수술을 받은 후에 어떻게 나아질 것인지에 관한 효과적인 선행 척도가 될 수 있다. 수술 후에 환자의 PSA 수의 값을 서로 다른 간격을 둬 측정한 후 이 값을 여러 수식에 대입해 환자의 암이 없어졌는지 판단한다. 여기에는 없지만, 수술 이후에 관한 데이터가 있다면 수술 이전 데이터와 함께 예측 모형을 만들어 해마다 수천 명의 치료를 개선할 수 있을 것이다.

데이터의 이해와 준비 과정

97명 남성 환자에 관한 데이터에는 다음과 같은 10개의 변수가 있다.

- lcavol: 암 부피의 로그 값
- lweight: 전립선 무게의 로그 값
- age: 연 단위로 표기된 환자의 나이
- lbph: 암은 아니지만 전립선이 커진 것을 말하는, **전립선 비대**Benign Prostatic Hyperplasia, BPH 크기의 로그 값
- svi: 정낭 침범seminal vesicle invasion. 암 세포가 전립선 바깥에 있는 정낭에 침범했는 지를 나타내는 변수. 1 = 예. 0 = 아니요
- lcp: 암 세포가 전립선 표면에서 얼마나 확장했고, 내부로 얼마나 침투했는지를 나타내는 로그 값
- gleason: 환자의 글리슨Gleason 점수. 암세포가 얼마나 비정상적으로 보이는지 생 체 검사를 통해 병리학자가 2에서 10 사이의 점수를 매긴다. 이 점수가 높을수록 더 공격적인 암이라고 여겨진다.
- pgg45: 글리슨 패턴 4 또는 5(높은 단계의 암).
- lpsa: PSA의 로그 값
- train: 학습 데이터인지, 테스트 데이터인지 구별하는 값의 벡터

이 데이터 세트는 R 패키지 ElemStatLearn에 들어 있다. 필요한 패키지를 불러오고 데이 터를 읽어 들인 후 변수를 살펴보고 어떤 관계가 있을 수 있는지 찾아보자.

```
> library(ElemStatLearn) # 이 패키지에 원하는 데이터가 있다.
> library(car) # 분산 팽창 인수(Variance Inflation Factor)를 계산하는 데 사용하는 패키지
> library(corrplot) # 상관관계를 도표로 보여준다.
> library(leaps) # 최량 부분 집합 회귀
> library(glmnet) # 능형 회귀 분석과 LASSO, 일래스틱넷을 사용할 수 있게 한다.
> library(caret) # 매개변수 조정
```

패키지를 불러왔으니 prostate 데이터 세트를 읽어 들이고 어떤 구조로 돼 있는지 살펴보자.

```
> data(prostate)
> str(prostate)
'data.frame':97 obs. of 10 variables:
$ lcavol : num -0.58 -0.994 -0.511 -1.204 0.751 ...
$ lweight: num 2.77 3.32 2.69 3.28 3.43 ...
$ age : int 50 58 74 58 62 50 64 58 47 63 ...
$ lbph : num -1.39 -1.39 -1.39 -1.39 -1.39 ...
$ svi : int 0 0 0 0 0 0 0 0 0 0 ...
$ lcp : num -1.39 -1.39 -1.39 -1.39 -1.39 ...
$ gleason: int 6 6 7 6 6 6 6 6 6 6 ...
$ pgg45 : int 0 0 20 0 0 0 0 0 0 0 ...
$ lpsa : num -0.431 -0.163 -0.163 -0.163 0.372 ...
$ train : logi TRUE TRUE TRUE TRUE TRUE TRUE ...
```

데이터를 살펴보니 몇 가지 확인해야 할 점이 눈에 띈다. svi와 lcp, gleason, pgg45를 보면 처음 10개의 관찰값이 극히 일부를 제외하고 같게 나타난다. 이들이 피처로서 가치가 있는 것인지 확인하기 위해 도표와 표를 사용해 살펴보자. 먼저 plot() 함수에 전체 데이터를 넣으면 산점도를 행렬로 보여준다.

```
> plot(prostate)
```

결과는 다음과 같다.

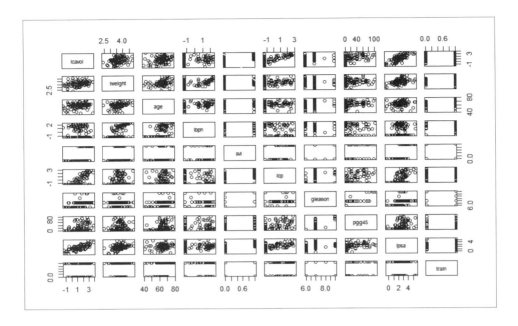

이렇게 많은 변수를 하나의 그림에 보여주니 한 번에 이해하기가 어려울 수도 있을 것이다. 좀 더 자세히 살펴보자. 먼저 lpsa와 lcavol 사이에 뚜렷한 선형 관계가 있는 것처럼 보인다. 앞서 몇 가지 피처의 값이 다양하지 않아 보인다고 우려했는데, 위 그림을 보니 각 값이 잘 흩어져 있다. gleason 점수를 제외하고는 각 피처 값이 학습 데이터와 테스트 데이터 양쪽에 골고루 분포돼 있는 것처럼 보인다. 이 데이터 세트에 나오는 gleason 점수는 네 가지 값밖에 없다. train과 gleason이 만나는 곳에 있는 산점도를 보면 학습 데이터나 테스트 데이터 중 하나는 세 가지 gleason 점수만 갖는다. 이는 나중에 데이터를 분석하는 데 문제가 될 수 있으므로 변환이 가능한지 살펴보자. 다음과 같이 gleason 피처만을 이용해 도표를 만들어보자.

```
> plot(prostate$gleason)
```

결과는 다음과 같다.

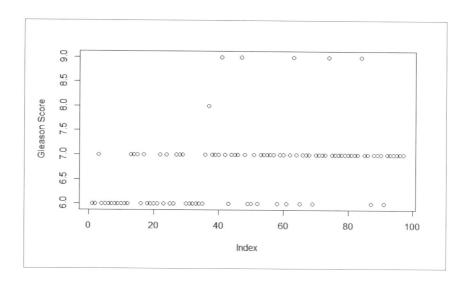

문제가 하나 생겼다. 위 도표에서 각 점은 관찰값을 나타내는데, **글리슨 점수**가 8.0인 것이 1개, 9.0인 것이 5개밖에 없다. 각 값이 몇 번 나타나는지 다음과 같이 표를 만들어보자.

```
> table(prostate$gleason)

 6  7  8  9
35 56  1  5
```

이제 어떻게 해야 할까? 우리가 할 수 있는 선택은 다음과 같다.

- 이 피처를 완전히 뺀다.
- 점수 8.0과 9.0만 뺀다.
- 이 피처를 바꿔 지시 변수를 만든다.

글리슨 점수와 PSA의 로그 값을 이용해 박스플롯을 만들어보면 도움이 될 것 같다. 앞 장에 나온 것처럼 ggplot2 패키지로 박스플롯을 만들 수도 있지만, 여기서는 R에 기본으로 들어 있는 함수를 사용한다.

```
> boxplot(prostate$lpsa ~ prostate$gleason, xlab = "Gleason Score", ylab = "Log
of PSA")
```

다음과 같은 결과가 나왔다.

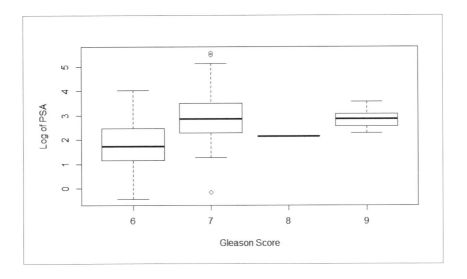

이 피처를 없애면 모형의 예측 능력을 떨어뜨릴 수 있고, 앞으로 glmnet 패키지를 사용할 때 동작하지 않을 수 있다. 위 그림을 보니 이 피처를 지시 변수로 바꾸는 게 가장 나아 보인다. 지시 변수는 글리슨 점수가 6일 때는 0, 7 이상인 경우에는 1의 값을 갖도록 한다.

지시 변수로 바꾸는 것은 ifelse( ) 명령을 사용해 단 한 줄의 코드로 만들 수 있다. 데이터 세트에서 바꾸고 싶은 열이 어떤 것인지 지정하고, ifelse( )에서 원하는 조건과 조건이 맞을 때의 값, 틀릴 때의 값을 지정한다.[2]

```
> prostate$gleason <- ifelse(prostate$gleason == 6, 0, 1)
```

---

2 gleason 값이 6인 경우에만 0을 지정하고 그 외에는 1로 변환하는데, 여기서는 맞는 방법이지만 다른 데이터의 경우에는 좀 더 범위를 분명하게 지정해 변환해야 한다. — 옮긴이

매번 했던 것처럼 원하는 대로 변환됐는지 표를 만들어 확인하자.

```
> table(prostate$gleason)
0 1
35 62
```

완벽하게 됐다. 앞서 사용했던 산포도 행렬 도표가 알아보기 어려웠으므로 이번에는 각 피처 사이에 상관관계가 있는지, 독립적인지를 보여주는 상관 도표correlation plot를 사용한다. cor( ) 함수를 사용해 상관관계 객체를 만들고, corrplot 라이브러리에 있는 corrplot.mixed( )를 부른다.

```
> p.cor = cor(prostate)
> corrplot.mixed(p.cor)
```

결과는 다음과 같다.

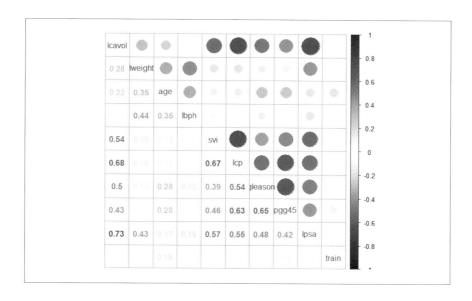

몇 가지가 눈에 띈다. 첫째, PSA의 로그 값(lpsa)과 암 부피의 로그 값(lcavol)은 매우 연관 돼 있다. 앞서 산포도 행렬을 봤을 때도 둘 사이에 깊은 선형 관계가 있는 것처럼 보였던 것이 생각날 것이다. 둘째, 다중 공선성이 문제가 될 것 같다. 예를 들어, lcavol은 lcp, lcp는 svi와 상관 있다. 이는 매우 흥미 있는 머신 러닝의 예라고 할 수 있다.

학습을 시작하기 전에 학습 데이터와 테스트 데이터를 먼저 만들자. train 변수에 각 관찰 결과가 학습용인지 아닌지 표시돼 있기 때문에 subset( ) 명령을 사용해 train 값이 TRUE 면 학습 데이터, FALSE면 테스트 데이터로 분류한다. 여기서 train은 앞으로 피처로 사용 하지 않을 것이므로 삭제하는 것을 잊지 말자.

```
> train <- subset(prostate, train == TRUE)[, 1:9]
> str(train)
'data.frame':67 obs. of 9 variables:
$ lcavol : num -0.58 -0.994 -0.511 -1.204 0.751 ...
$ lweight: num 2.77 3.32 2.69 3.28 3.43 ...
$ age : int 50 58 74 58 62 50 58 65 63 63 ...
$ lbph : num -1.39 -1.39 -1.39 -1.39 -1.39 ...
$ svi : int 0 0 0 0 0 0 0 0 0 0 ...
$ lcp : num -1.39 -1.39 -1.39 -1.39 -1.39 ...
$ gleason: num 0 0 1 0 0 0 0 0 0 1 ...
$ pgg45 : int 0 0 20 0 0 0 0 0 0 30 ...
$ lpsa : num -0.431 -0.163 -0.163 -0.163 0.372 ...
> test <- subset(prostate, train == FALSE)[, 1:9]
> str(test)
'data.frame':30 obs. of 9 variables:
$ lcavol : num 0.737 -0.777 0.223 1.206 2.059 ...
$ lweight: num 3.47 3.54 3.24 3.44 3.5 ...
$ age : int 64 47 63 57 60 69 68 67 65 54 ...
$ lbph : num 0.615 -1.386 -1.386 -1.386 1.475 ...
$ svi : int 0 0 0 0 0 0 0 0 0 0 ...
$ lcp : num -1.386 -1.386 -1.386 -0.431 1.348 ...
$ gleason: num 0 0 0 1 1 0 0 1 0 0 ...
$ pgg45 : int 0 0 0 5 20 0 0 20 0 0 ...
$ lpsa : num 0.765 1.047 1.047 1.399 1.658 ...
```

▍ 모형화와 평가

데이터가 다 준비됐으니 모형을 만드는 작업을 시작해보자. 비교를 위해 이전 두 장에서 한 것과 비슷하게 최량 부분 집합 회귀를 이용해 모형을 만든 후, 규제화 기법을 활용해보자.

최량 부분 집합

다음 코드의 대부분은 2장, '선형 회귀 – 머신 러닝의 기본 기술'에서 개발한 것을 재사용한 것이다. regsubsets() 명령을 사용해 학습 데이터를 이용해 최량 부분 집합 객체를 만든다. 이 과정에서 선택된 변수로 모형을 테스트 데이터에 적용한 후 최소 제곱 차이를 계산해 평가한다.

여기서 만드는 모델은 lspa ~ .로 나타낸다. 여기서 ~와 마침표는 우리가 갖고 있는 데이터에서 반응 변수를 제외한 남은 모든 변수를 사용하는 것을 말한다.

```
> subfit <- regsubsets(lpsa ~ ., data = train)
```

모형을 만들었으면 최량 부분 집합 회귀는 두 줄의 코드로 할 수 있다. 첫 번째 줄은 summary 모형을 다른 객체로 변환하는 것이다. 이 객체에서 다양한 subset를 추출한 후 which.min() 명령을 사용해 가장 좋은 것을 골라낼 수 있다. 여기서는 2장, '선형 회귀 – 머신 러닝의 기본 기술'에서 언급한 적이 있는 BIC를 사용한다.

```
> b.sum <- summary(subfit)
> which.min(b.sum$bic)
[1] 3
```

위 결과에 따르면, 세 가지 피처를 사용한 모형이 가장 낮은 BIC 값을 갖는다. 다음 명령을 사용해 여러 가지 부분 집합 조합 중 가장 성능이 좋은 것을 보여주는 도표를 만들어보자.

```
> plot(b.sum$bic, type = "l", xlab = "# of Features", ylab = "BIC", main = "BIC
score by Feature Inclusion")
```

결과는 다음과 같다.

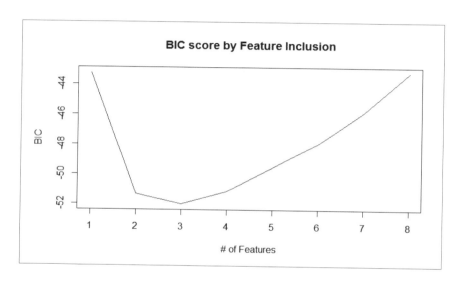

실제 모델 객체로 도표를 만들어 좀 더 자세하게 비교할 수 있다.

```
> plot(subfit, scale = "bic", main = "Best Subset Features")
```

결과는 다음과 같다.

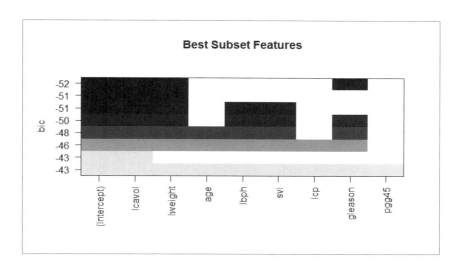

위에 나온 도표를 보니 가장 낮은 BIC를 갖는 피처 3개는 lcavol, lweight, gleason이다. 여기서 나온 모든 모형의 조합에 lcavol이 있다는 것에 주목하자. 이는 앞서 데이터를 살펴볼 때 나온 것과 일관된다. 이제 이 모형을 테스트 데이터에 적용할 준비가 돼 있다. 그러나 먼저 적합한 값과 실제 값을 도표로 만들어 앞에서 도출한 모델에 선형성이 있는지 살펴보자. 이는 분산이 일정하게 나오는지 검사하는 것이다. 이 세 가지 피처만 갖고 선형 모형을 만들어보자. OLS를 위해, 이 모형을 ols라는 이름의 객체로 만든다. 여기에 학습용 데이터를 적용해 모형에서 나온 값과 실제 값을 비교해보자.

```
> ols <- lm(lpsa ~ lcavol + lweight + gleason, data = train)
> plot(ols$fitted.values, train$lpsa, xlab = "Predicted", ylab = "Actual", main =
"Predicted vs Actual")
```

결과는 다음과 같다.

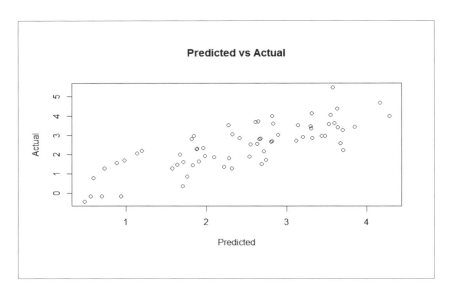

위 도표를 보면 학습 데이터에 선형으로 적합하게 됐고, 일정하지 않은 분산값은 큰 문제
가 아닌 것으로 보인다. 이제 predict( ) 함수를 사용해 이 모형이 테스트 데이터에도 잘
적용되는지 살펴보자.

```
> pred.subfit <- predict(ols, newdata = test)
> plot(pred.subfit, test$lpsa , xlab = "Predicted", ylab =
"Actual", main = "Predicted vs Actual")
```

predict( )로 만들어진 객체에 있는 값으로 예상값과 실제 값을 비교하는 도표를 만들었
는데, 그 결과는 다음과 같다.

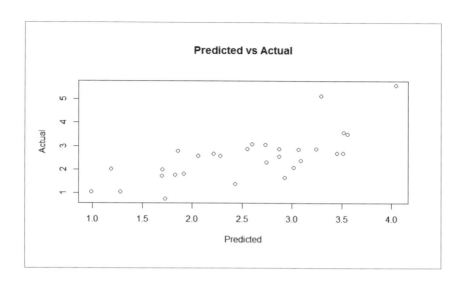

이 도표를 보니 결과가 아주 나쁘진 않다. 대부분 선형에 가깝게 적합화되긴 했는데, PSA 값이 높은 범위에 있을 때 동떨어진 결과가 나온 두 경우가 눈에 띈다. 이 절을 마무리하기 전에 **평균 제곱 차이**^{Mean Squared Error, MSE}를 계산해 앞으로 사용할 기법들과 비교하는 데 사용하자. 이는 간단하게 예상값과 실제 값의 차이를 새로운 객체에 넣고, 그 값들의 제곱 평균을 계산해 구할 수 있다.

```
> resid.subfit <- test$lpsa - pred.subfit
> mean(resid.subfit^2)
[1] 0.5084126
```

여기서 얻은 MSE 값 0.508을 앞으로 비교의 기준으로 삼는다.

능형 회귀 분석

능형 회귀 분석을 할 때는 모델에 있는 8개의 피처를 모두 사용한다. 따라서 최량 부분 집합 모델과 흥미 있는 비교가 된다. 여기서 사용할 패키지는 이미 로드돼 있는 glmnet이다. 이 패키지를 사용하려면 입력 피처는 데이터 프레임 형태가 아닌 행렬의 형태로 돼 있어야 한다. 능형 회귀 분석은 다음 명령을 사용한다.

$$glmnet(x = 입력\ 데이터\ 행렬, y = 반응값, family = 분포\ 방법, alpha{=}0)$$

여기서 alpha는 능형 회귀고, 분석을 하는 경우 0, LASSO의 경우는 1이다. glmnet에서 사용할 수 있도록 train 데이터 세트를 변환하는 것은 간단하다. 다음과 같이 입력 데이터는 as.matrix( )를 사용해 준비하고, 반응 변수용으로 벡터를 만든다.

```
> x <- as.matrix(train[, 1:8])
> y <- train[, 9]
```

예상했겠지만, ridge라는 이름의 객체를 만들어 능형 회귀를 시작해보자. 여기서 알아둬야 할 것은 glmnet 패키지는 람다 값을 계산하기에 앞서 입력값을 표준화하고, 나중에 계수값을 비표준화한다는 것이다. 여기서 반응 변숫값이 연속이기 때문에 반응 변수의 분포는 가우시안 분포로 지정하고, 능형 회귀를 하는 것이기 때문에 alpha는 0으로 설정한다.

```
> ridge <- glmnet(x, y, family = "gaussian", alpha = 0)
```

이 객체 안에 능형 회귀가 잘됐는지 평가하는 데 필요한 정보가 모두 들어 있다. 가장 먼저 print( ) 명령을 사용해 0이 아닌 계수의 숫자, 편차의 백분율, 람다의 값을 표시해보자. 이 패키지에 있는 알고리즘은 기본적으로 학습을 100회하도록 돼 있다. 하지만 람다 값을 바꿨을 때 편차의 백분율이 크게 나아지지 않으면, 즉 알고리즘의 최적 답에 수렴하면 그 전에 멈출 수도 있다. 지면을 아끼기 위해 결과 중에서 처음 5개와 마지막 10개만을 보여준다.

```
> print(ridge)
Call: glmnet(x = x, y = y, family = "gaussian", alpha = 0)
Df %Dev Lambda
[1,] 8 3.801e-36 878.90000
[2,] 8 5.591e-03 800.80000
[3,] 8 6.132e-03 729.70000
[4,] 8 6.725e-03 664.80000
[5,] 8 7.374e-03 605.80000
.........................
[91,] 8 6.859e-01 0.20300
[92,] 8 6.877e-01 0.18500
[93,] 8 6.894e-01 0.16860
[94,] 8 6.909e-01 0.15360
[95,] 8 6.923e-01 0.13990
[96,] 8 6.935e-01 0.12750
[97,] 8 6.946e-01 0.11620
[98,] 8 6.955e-01 0.10590
[99,] 8 6.964e-01 0.09646
[100,] 8 6.971e-01 0.08789
```

마지막 100번째 결과를 보자. 0이 아닌 계수의 숫자, 다르게 말하면 사용하는 피처의 수는 여전히 8개다. 앞서 말했듯이 능형 회귀를 사용하면 항상 이렇게 된다. 여기에 나온 편차의 백분율은 0.6971이고, 람다 값은 0.08789다. 테스트 데이터를 사용할 때 어떤 람다 값을 사용할지 결정하자. 앞서 나온 0.08789를 사용할 수도 있지만, 좀 더 간단하게 0.10으로 설정한다. 이해하는 데 도움이 되도록 이쯤에서 도표를 몇 개 살펴보자. 먼저 기본으로 있는 도표에 라벨을 붙여 살펴보자.

```
> plot(ridge, label = TRUE)
```

결과는 다음과 같다.

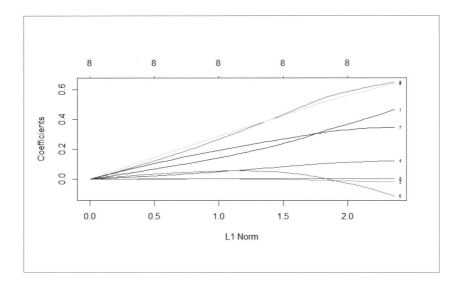

이 기본 도표에서 y축은 **계수**의 값이고, x축은 L1-norm이다. 즉, 이 도표는 계수의 값과 L1-norm의 관계를 그래프로 보여준다. 도표 위에 있는 두 번째 x축은 이 모델에 있는 피처 수를 나타낸다. 좀 더 이해를 돕기 위해 람다 값이 바뀜에 따라 계수의 값이 어떻게 바뀌는지 알아보자. plot( ) 명령을 내릴 때 xvar="lambda"를 추가하면 된다. 람다를 dev로 바꾸면 편차의 백분율과 계수의 관계를 볼 수 있다.

```
> plot(ridge, xvar = "lambda", label = TRUE)
```

결과는 다음과 같다.

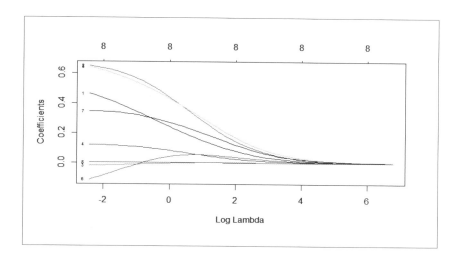

이 도표는 의미가 있는데, 람다 값이 줄어듦에 따라 축소 벌점이 줄어들고 계수의 절댓값이 올라간다. 특정 람다 값을 사용했을 때 계수의 값을 보고 싶으면 coef( ) 명령을 사용하면 된다. 여기서 원하는 람다 값은 "s=0.1"로 지정한다. 또한 "exact=TRUE"를 지정하는데, 이는 glmnet이 지정한 람다 값을 사용해 다시 모형에 적합화하는 과정을 거친다. 그렇지 않으면 그 양쪽의 람다 값에 따른 결과를 사용해 계수의 값을 보간법으로 추측한다.

```
> ridge.coef <- coef(ridge, s = 0.1, exact = TRUE)
> ridge.coef
9 x 1 sparse Matrix of class "dgCMatrix"
1
(Intercept) 0.13062197
lcavol 0.45721270
lweight 0.64579061
age -0.01735672
lbph 0.12249920
svi 0.63664815
lcp -0.10463486
gleason 0.34612690
pgg45 0.00428580
```

여기서 주목할 것은 age, lcp, pgg45에 관한 계수가 0에 가깝기는 하지만, 0에 아주 가까운 건 아니라는 것이다. 편차와 계수의 관계도 도표로 살펴보자.

```
> plot(ridge, xvar = "dev", label = TRUE)
```

결과는 다음과 같다.

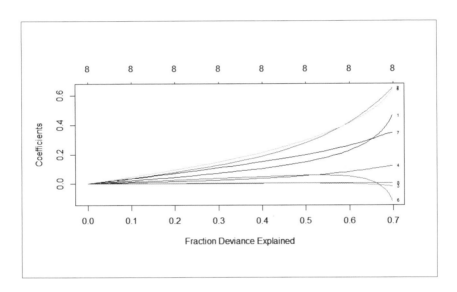

앞서 나온 두 도표를 살펴보면 람다 값이 감소할수록 계수의 값이 증가하고, 편차의 백분율도 증가하는 것을 볼 수 있다. 여기서 람다를 0으로 설정하면 축소 벌점이 없어지고, 이 모델은 OLS와 같아진다.

이를 테스트 데이터를 통해 살펴보자. 앞의 학습 데이터에서처럼 피처 변환을 한다.

```
> newx <- as.matrix(test[, 1:8])
```

다음으로 predict 함수를 사용해 ridge.y라는 객체를 만드는 데 type = "response"을 지정하고, 람다는 0.1로 설정한다. 그리고 예상값과 실제 값으로 도표를 만든다.

```
> ridge.y <- predict(ridge, newx = newx, type = "response", s = 0.1)
> plot(ridge.y, test$lpsa, xlab = "Predicted", ylab = "Actual",main = "Ridge
Regression")
```

결과는 다음과 같다.

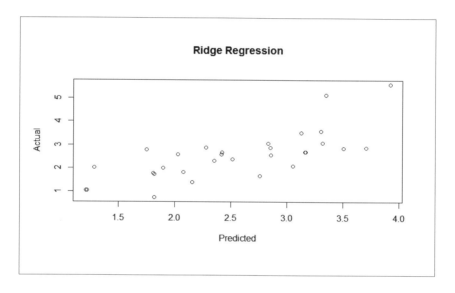

능형 회귀를 통해 얻은 예상값과 실제 값의 도표는 앞서 최량 부분 집합 방법을 사용해 얻은 것과 매우 비슷하다. 이는 PSA 수치가 높았을 때 동떨어진 2개의 특이점이 있는 것도 같다. 실제로 일을 하는 경우에 이런 특이점이 나타난다면 그것이 정말 특별한 경우인지, 뭔가 빠트리고 있는 게 있는지 더 조사하라고 할 것이다. 이때 이 분야의 전문 지식이 필요하다. MSE 값을 비교해보면 뭔가 다른 게 나올 수도 있다.

```
> ridge.resid <- ridge.y - test$lpsa
> mean(ridge.resid^2)
[1] 0.4789913
```

능형 회귀를 통해 좀 더 나은 MSE 값을 얻었다. 이제 LASSO를 사용해 에러를 더 줄일 수 있는지 살펴보자.

LASSO

LASSO는 간단하게 능형 회귀 모형에서 숫자 하나만 바꿔 간단하게 실행할 수 있다. glmnet( )을 부를 때 alpha=0을 alpha=1으로 바꾼다. 이 코드를 실행한 결과에서 처음 5개와 마지막 10개를 보자.

```
> lasso <- glmnet(x, y, family = "gaussian", alpha = 1)
> print(lasso)
Call: glmnet(x = x, y = y, family = "gaussian", alpha = 1)
Df %Dev Lambda
[1,] 0 0.00000 0.878900
[2,] 1 0.09126 0.800800
[3,] 1 0.16700 0.729700
[4,] 1 0.22990 0.664800
[5,] 1 0.28220 0.605800
.....................
[60,] 8 0.70170 0.003632
[61,] 8 0.70170 0.003309
[62,] 8 0.70170 0.003015
[63,] 8 0.70170 0.002747
[64,] 8 0.70180 0.002503
[65,] 8 0.70180 0.002281
[66,] 8 0.70180 0.002078
[67,] 8 0.70180 0.001893
[68,] 8 0.70180 0.001725
[69,] 8 0.70180 0.001572
```

모형을 만들다가 람다 값[3]이 줄어드는 데도 편차[4]가 더 이상 나아지지 않아 69번째만에 멈췄다. 또 다른 점으로는 Df 열의 값이 람다와 함께 바뀐다는 것이다. 그냥 보면 이 모델은 람다 값으로 0.001572을 쓰고, 8개의 피처를 모두 사용해야 할 것 같다. 그렇지만 그냥 한 번 더 적은 7개의 피처만을 사용하는 모형을 찾아 실험해보자. 결과물을 보면 람다가 약 0.045일 때 피처를 8개가 아니라 7개를 사용하는 것이 보인다. 이 람다 값으로 테스트 데이터를 이용해 평가해보자.

```
[31,] 7 0.67240 0.053930
[32,] 7 0.67460 0.049140
[33,] 7 0.67650 0.044770
[34,] 8 0.67970 0.040790
[35,] 8 0.68340 0.037170
```

능형 회귀 때와 마찬가지로 다음과 같이 결과를 도표로 만들어본다.

```
> plot(lasso, xvar = "lambda", label = TRUE)
```

---

3 위 데이터의 세 번째 열 – 옮긴이

4 위의 데이터에서 두 번째 값, %Dev – 옮긴이

결과는 다음과 같다.

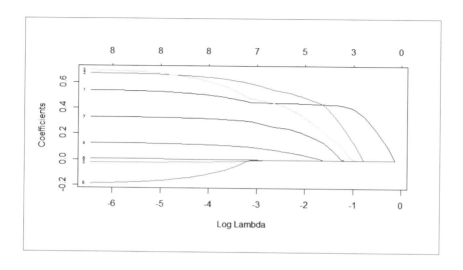

이건 상당히 흥미 있는 도표로, LASSO가 실제로 어떻게 동작하는지 보여준다. 8, 3, 6 라벨이 붙은 선들이 어떻게 움직이는지 살펴보자.[5] 이들은 각각 pgg45, age, lcp 피처에 해당한다. lcp가 사용하는 피처로 추가되기 전까지 lcp에 해당하는 계수는 0이거나 거의 0에 가깝다. 능형 회귀 때와 마찬가지로 coef( )를 사용해 7개의 피처를 사용하는 모형의 계수의 값을 살펴보자.

```
> lasso.coef <- coef(lasso, s = 0.045, exact = TRUE)
> lasso.coef
9 x 1 sparse Matrix of class "dgCMatrix"
                        1
(Intercept)   -0.1305852115
lcavol         0.4479676523
lweight        0.5910362316
age           -0.0073156274
lbph           0.0974129976
svi            0.4746795823
```

---

5 그림 안의 선 왼쪽에 붙은 숫자 – 옮긴이

```
lcp               .
gleason           0.2968395802
pgg45             0.0009790322
```

LASSO 알고리즘을 사용하면 lambda가 0.045일 때, lcp의 계수를 0으로 만들어 버린다. 이를 테스트 데이터에 적용해본다.

```
> lasso.y <- predict(lasso, newx = newx, type = "response", s = 0.045)
> plot(lasso.y, test$lpsa, xlab = "Predicted", ylab = "Actual", main = "LASSO")
```

결과는 다음과 같다.

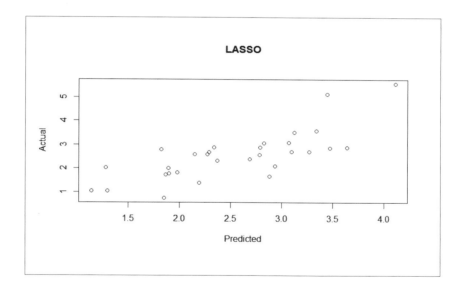

이전과 마찬가지로 MSE를 계산해보자.

```
> lasso.resid <- lasso.y - test$lpsa
> mean(lasso.resid^2)
[1] 0.4437209
```

여기서 얻은 도표는 앞서 얻은 도표와 유사하고, MSE가 아주 조금 개선됐다. 뭔가 큰 개선이 있을 수 있을까? 마지막 희망을 일래스틱넷에 걸어보자. 마지막까지 계속 glmnet 패키지를 사용하지만, 조금 바꿔야하는 게 있다. 람다와 함께 일래스틱넷에 있는 알파를 구해야 한다. 다시 말해, 알파가 0이면 능형 회귀 벌점, 1이면 LASSO벌점이 된다. 일래스틱넷에서 사용하는 알파 값은 $0 \le alpha \le 1$ 범위에 있다. 이 두 가지 값을 동시에 구하는 것은 매우 복잡하다. 하지만 R의 듬직한 친구인 caret 패키지가 도움을 줄 것이다.

일래스틱넷

caret이라는 패키지 이름은 분류classification와 회귀regression를 합친 말이다. 이 패키지가 어떤 일을 할 수 있는지는 다음 웹 사이트에 잘 나와 있다.

http://topepo.github.io/caret/index.html

이 패키지에는 유용한 함수가 많고, 그중 몇 가지는 나중에 나올 장에서 다시 살펴본다. 일단 여기서는 람다와 일래스틱넷의 혼합 설정 인자인 알파의 가장 최적값을 찾는 데 주력하자. 이것은 다음 세 단계 과정을 거친다.

1. R에 기본으로 있는 expand.grid() 함수를 사용해 조사하고 싶은 모든 알파와 람다의 조합을 벡터로 만든다.
2. caret 패키지에 있는 trainControl() 함수를 사용해 어떤 재샘플링 방법을 사용할지 결정한다. 2장, '선형 회귀 – 머신 러닝의 기본 기술'에서처럼 LOOCV를 사용한다.
3. caret에 있는 train() 함수인 glmnet()을 이용해 모형을 학습시켜 알파와 람다를 선택한다.

이 설정 인자를 선택한 후에는 앞서 능형 회귀와 LASSO에서 했던 것과 마찬가지로 그 값을 test 데이터에 적용해 평가한다.

TIP expand.grid()로 만들어내는 조합의 개수는 가장 좋은 모형을 찾을 수 있을 만큼 충분히 많아야 하지만, 너무 많아 계산이 불가능할 정도가 돼서는 안 된다. 이번 비즈니스 사례에 나오는 정도 크기의 데이터 세트에는 문제가 되진 않겠지만, 나중에 사용하는 경우를 위해 기억해두자.

여기서는 다음 값들을 시도해본다.

- Alpha : 0에서 1까지 0.2씩 증가. 다시 한 번 말하지만, 이 값의 범위는 0에서 1까지다.
- Lambda : 0.0에서 0.2까지 0.02씩 증가. 앞의 능형 회귀에서 0.1의 람다 값, LASSO에서 0.045의 람다 값을 얻었기 때문에 0.2까지라고 보면 충분할 것 같다.

수열을 만들고 expand.grid( ) 함수를 사용해 이들의 벡터를 만든다. caret 패키지는 다음 코드에서 만들어진 알파와 람다를 사용할 것이다.

```
> grid <- expand.grid(.alpha = seq(0, 1, by = .2), .lambda = seq(0.00, 0.2, by =
0.02))
```

table( ) 함수로 방금 만든 66개의 조합을 살펴보자.

```
> table(grid)
.lambda
.alpha 0 0.02 0.04 0.06 0.08 0.1 0.12 0.14 0.16 0.18 0.2
0 1 1 1 1 1 1 1 1 1 1 1
0.2 1 1 1 1 1 1 1 1 1 1 1
0.4 1 1 1 1 1 1 1 1 1 1 1
0.6 1 1 1 1 1 1 1 1 1 1 1
0.8 1 1 1 1 1 1 1 1 1 1 1
1 1 1 1 1 1 1 1 1 1 1 1
```

알파는 0부터 1, 람다는 0부터 0.2까지 우리가 원하는 값이 맞는지 확인했다.

재샘플링 방법으로 LOOCV를 지정한다. 이것 외에도 부트스트래핑(bootstraping)이나 K-겹 교차 검증과 같은 다른 재샘플링 방법이 있고, trainControl()에서 사용할 수 있는 많은 옵션이 있는데, 이들은 나중에 살펴본다.

trainControl( )을 사용할 때 selectionFunction( )을 통해 모형을 선택하는 기준을 설정할 수 있다. 반응 변수가 양적인 경우, 알고리즘은 기본으로 RMSE, 즉 **평균 제곱 차이의 근** Root Mean Square Error을 사용한다. 이는 지금의 사용 목적에 부합한다.

```
> control <- trainControl(method = "LOOCV")
```

이제 train( )을 사용해 일래스틱넷의 최적 설정 인자를 찾을 차례다. 이 함수는 lm( )과 비슷한데, 여기에 다음을 추가한다.

```
method="glmnet", trControl=control, tuneGrid=grid
```

이 객체를 enet.train에 저장한다.

```
> enet.train <- train(lpsa ~ ., data = train, method = "glmnet", trControl =
control, tuneGrid = grid)
```

이 객체를 부르면 가장 낮은 RMSE 값이 나온 설정 인자가 무엇인지 표시해준다.

```
> enet.train
glmnet
67 samples
8 predictor
No pre-processing
Resampling:
Summary of sample sizes: 66, 66, 66, 66, 66, 66, ...
```

```
Resampling results across tuning parameters:
alpha lambda RMSE Rsquared
0.0 0.00 0.750 0.609
0.0 0.02 0.750 0.609
0.0 0.04 0.750 0.609
0.0 0.06 0.750 0.609
0.0 0.08 0.750 0.609
0.0 0.10 0.751 0.608
.....................
1.0 0.14 0.800 0.564
1.0 0.16 0.809 0.558
1.0 0.18 0.819 0.552
1.0 0.20 0.826 0.549
```

가장 최적의 모형을 선택하는 데는 RMSE가 사용됐다. 이 모형에서 최종적으로 고른 값은 알파는 0, 람다는 0.08이다.

이 실험용으로 만든 디자인에서 최적화된 인자값은 alpha = 0, lambda = 0.08이 나왔으며, 이는 glmnet에서 s = 0.08로 지정한 능형 회귀와 같다. 앞서 glmnet으로 능형 회귀를 할 때 람다를 s = 0.10으로 지정했고, R-squared는 61%(0.609)가 나왔다.

이를 test 데이터를 이용해 검증하는 방법은 이전과 같다.

```
> enet <- glmnet(x, y, family = "gaussian", alpha = 0, lambda = .08)
> enet.coef <- coef(enet, s = .08, exact = TRUE)
> enet.coef
9 x 1 sparse Matrix of class "dgCMatrix"
1
(Intercept) 0.137811097
lcavol 0.470960525
lweight 0.652088157
age -0.018257308
lbph 0.123608113
svi 0.648209192
lcp -0.118214386
gleason 0.345480799
```

```
pgg45 0.004478267
> enet.y <- predict(enet, newx=newx, type="response", s=.08)
> plot(enet.y, test$lpsa, xlab="Predicted", ylab="Actual", main="Elastic Net")
```

결과는 다음과 같다.

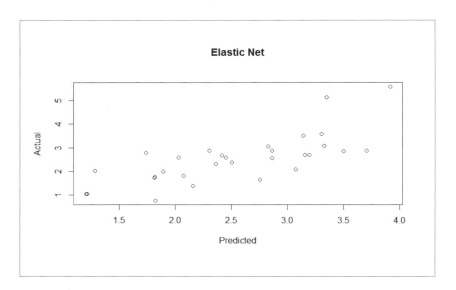

앞과 마찬가지로 MSE를 계산해보자.

```
enet.resid <- enet.y - test$lpsa
> mean(enet.resid^2)
[1] 0.4795019
```

이 MSE 값은 능형 회귀 때 얻은 값과 거의 같다. test 데이터에 적용했을 때 지금까지 LASSO 모형이 가장 낮은 MSE 값을 냈다. 혹시 과적합을 하는 것은 아닐까? 피처를 3개만 사용한 최량 부분 집합 모형이 설명하기에 가장 쉽고, 오차를 보더라도 다른 기법에 비해 용인할 만한 수준이다. glmnet에 있는 교차 검증 기능을 사용해 더 나은 방법이 있는지 찾아보자.

glmnet을 사용한 교차 검증

앞서 caret 패키지와 함께 LOOCV를 사용했고, 이제 K−겹 교차 검증을 해보자. glmnet 패키지는 cv.glmnet( )을 이용해 람다를 예측할 때 기본적으로 10−겹을 사용한다. K−겹 교차 검증에서는 데이터를 같은 수의 집합(겹)으로 나누고, K−1개의 부분 집합을 이용해 서로 다른 모형을 만든다. 따로 준비해둔 나머지 집합으로 테스트한 후에 그 결과를 평균내 최종적으로 설정 인자를 결정한다.

이 방법에서 각 집합은 test 세트용으로 한 번씩만 사용된다. glmnet 패키지는 이 과정을 아주 쉽게 할 수 있도록 해주며, 람다 값과 그에 따른 MSE를 보여준다. 알파의 기본값은 1로 돼 있으므로 능형 회귀나 일래스틱넷을 사용하고 싶다면 알파를 별도로 지정해야 한다. 가능하면 입력 피처의 수를 줄이고 싶기 때문에 알파의 기본값은 바꾸지 않는다. 여기서는 학습 데이터의 수가 적기 때문에 3−겹만 시도해본다.

```
> set.seed(317)
> lasso.cv = cv.glmnet(x, y, nfolds = 3)
> plot(lasso.cv)
```

결과는 다음과 같다.

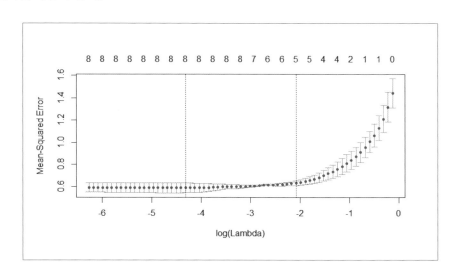

교차 검증으로 나온 도표는 glmnet에서 봐온 다른 도표와는 많이 다른데, lambda의 로그 값과 MSE^{Mean-Squared Error}의 관계를 피처 수와 함께 보여준다. 세로로 그린 점선은 2개인데, 왼쪽 선은 MSE가 최솟값을 나타낸 것이고, 오른쪽 선은 최솟값에서 표준 오차만큼 떨어져 있는 값을 나타낸 것이다. 과적합 문제가 있다면 표준 오차만큼 떨어진 곳에서 시작하는 것이 좋다. 이 두 경우의 람다를 정확하게 알고 싶다면 다음과 같이 하자.

```
> lasso.cv$lambda.min # 최소
[1] 0.0133582
> lasso.cv$lambda.1se # 최소에서 표준 오차만큼 떨어져 있는 곳
[1] 0.124579
```

lambda.1se 값으로 계수를 살펴보고, 테스트 데이터를 모델에 적용해보자.

```
> coef(lasso.cv, s = "lambda.1se")
9 x 1 sparse Matrix of class "dgCMatrix"
1
(Intercept) -0.13543760
lcavol 0.43892533
lweight 0.49550944
age .
lbph 0.04343678
svi 0.34985691
lcp .
gleason 0.21225934
pgg45 .
> lasso.y.cv = predict(lasso.cv, newx=newx, type = "response", s = "lambda.1se")
> lasso.cv.resid = lasso.y.cv - test$lpsa
> mean(lasso.cv.resid^2)
[1] 0.4465453
```

이렇게 해서 age, lcp, pgg45를 뺀[6] 5개의 피처를 사용한 모형을 통해 약 0.45의 MSE 값을 얻었다.

모형 선택

지금까지 같은 데이터 세트를 이용해 다섯 가지 모형을 만들어 평가했다. 다음은 각 모형마다 test 세트를 적용했을 때의 오차값이다.

- 최량 부분 집합: 0.51
- 능형 회귀: 0.48
- LASSO: 0.44
- 일래스틱넷: 0.48
- 교차 검증을 이용한 LASSO: 0.45

단순히 오차만을 고려한다면 7개의 피처를 이용한 LASSO가 가장 좋은 성능을 보였다. 그렇다고 해서 이것이 가장 좋은 모형이라고 할 수 있을까? 이것보다는 람다를 0.125로 지정하고, 교차 검증을 이용한 LASSO를 사용해 찾은 모형이 더 적당할 수도 있다. 개인적인 취향으로는 후자가 해석하기에 낫기 때문에 더 좋다고 본다.

이렇게 말하고 보니 어떤 모형이 가장 말이 되는지 이해하려면 종양 전문의를 비롯해 비뇨기과 전문의, 병리학자들의 전문 지식이 꼭 필요하다. 또한 더 많은 데이터도 필요하다. 이렇게 적은 데이터를 사용하면 난수 생성기를 바꾸거나 train 데이터 세트와 test 데이터 세트를 다르게 구분하는 것만으로도 결과가 크게 바뀔 수 있다(직접 해보기 바란다). 결국은 이를 통해 얻은 결과가 문제에 답을 해주기보다 더 많은 질문을 만들 수도 있다. 그렇다고 우리가 나쁜 일을 한 것일까? 나는 아니라고 생각한다. 프로젝트를 시작할 때 실제로할 수 있는 것 이상을 한다면서 지킬 수 없는 약속을 한 게 아니라면 말이다.

---

6 계수가 0이 돼 제외됐다. – 옮긴이

▮ 규제화와 분류

지금까지 살펴본 규제화 기법은 분류 문제에서도 (이항과 다항 모두) 동작한다. 이 장을 마무리하기 전에 로지스틱 회귀 문제에 직접 적용해보자. 이전 장에서 사용한 유방암 데이터를 다시 살펴보자. 양적 반응 변수를 사용하는 회귀에서 고차원적인 데이터를 다루는 것은 매우 중요한 기술이다.

로지스틱 회귀의 예

앞서 유방암 데이터를 분석할 때 종양이 악성이 될 확률은 다음과 같은 로지스틱 함수로 표시할 수 있다고 했다.

$$P(악성) = 1 \ / \ 1 + e^{-(B0 + B1X1 + BnXn)}$$

이 함수에 선형 요소들이 있기 때문에 L1과 L2 규제화 기법을 모두 사용할 수 있다. 이를 보여주기 위해 이전 장에서 한 것과 비슷하게 유방암 데이터를 읽어 들이고 준비 작업을 한다.

```
> library(MASS)
> biopsy$ID = NULL
> names(biopsy) = c("thick", "u.size", "u.shape", "adhsn", "s.size", "nucl",
"chrom", "n.nuc", "mit", "class")
> biopsy.v2 <- na.omit(biopsy)
> set.seed(123)
> ind <- sample(2, nrow(biopsy.v2), replace = TRUE, prob = c(0.7, 0.3))
> train <- biopsy.v2[ind==1, ]
> test <- biopsy.v2[ind==2, ]
```

이 데이터를 입력용 행렬과 라벨로 쪼갠다.

```
> x <- as.matrix(train[, 1:9])
> y <- train[, 10]
```

cv.glmnet( ) 함수를 부를 때 family는 이항binomial, measure는 곡선 아래 면적area under the curve, AUC으로 설정하고 5-겹 검증을 사용한다.

```
> set.seed(3)
> fitCV <- cv.glmnet(x, y, family = "binomial", type.measure = "auc", nfolds = 5)
```

fitCV를 도표로 그려보면 lambda에 따른 AUC를 보여줄 것이다.

```
> plot(fitCV)
```

결과는 다음과 같다.

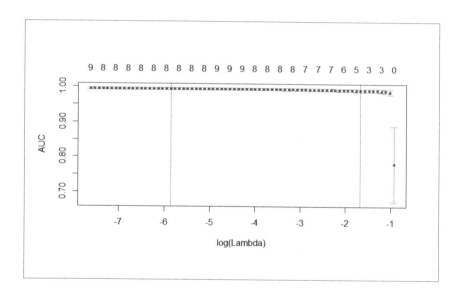

매우 흥미 있는 결과가 나왔다. 피처를 하나 추가하자 AUC가 바로 개선되는 것이 보인다. 표준 오차만큼 떨어진 곳에서 계수가 어떤지 살펴보자.

```
> fitCV$lambda.1se
[1] 0.1876892
> coef(fitCV, s = "lambda.1se")
10 x 1 sparse Matrix of class "dgCMatrix"
1
(Intercept) -1.84478214
thick 0.01892397
u.size 0.10102690
u.shape 0.08264828
adhsn .
s.size .
nucl 0.13891750
chrom .
n.nuc .
mit .
```

위에서 사용한 네 가지 피처는 thickness, u.size, u.shape, nucl이다. 이전 장에서 한 것과 마찬가지로 테스트 데이터 세트를 적용해 오차와 AUC를 보자.

```
> library(InformationValue)
> predCV <- predict(fitCV, newx = as.matrix(test[, 1:9]), s = "lambda.1se", type = "response")
actuals <- ifelse(test$class == "malignant", 1, 0)
misClassError(actuals, predCV)
[1] 0.0622
> plotROC(actuals, predCV)
```

결과는 다음과 같다.

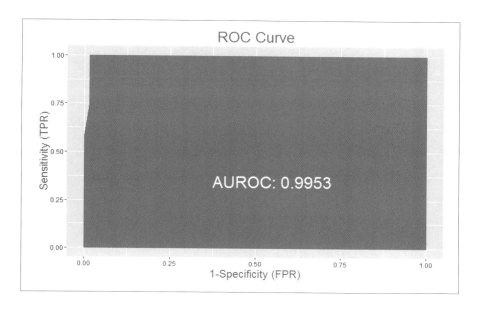

결과를 보니 이전에 한 로지스틱 회귀에 필적할 만하다. `lambda.1se`가 최적의 값으로 보이지 않으니 `lambda.min`을 사용하면 좀 더 나아지는지 살펴보자.

```
> predCV.min <- predict(fitCV, newx = as.matrix(test[, 1:9]), s = "lambda.min",
type = "response")
> misClassError(actuals, predCV.min)
[1] 0.0239
```

바로 이거다. 오류율은 3장, '로지스틱 회귀와 판별 분석'에서 한 것만큼 좋게 나왔다.

▌ 요약

이 장에서는 작은 데이터 세트를 이용해 선형 모형을 만들 때 피처를 더 잘 선택하는 고급 기술을 실제로 적용하는 방법을 살펴봤다. 우리가 사용한 데이터의 결과물은 정량적인 것이었지만, glmnet 패키지는 정성적인 분석도 할 수 있다(이항 분류나 다항 분류 같은 것). 규제화가 무엇인지 설명하고, 규제화를 하는 세 가지 기법 소개했으며, 이를 이용해 모형을 만들고 서로 비교했다. 규제화는 계산 효율을 늘릴 뿐만 아니라 다른 모델링 기법과 비교했을 때 의미 있는 피처를 뽑아낼 수도 있는 강력한 기법이다. 그 외에도 caret 패키지를 사용해 모형을 학습할 때 여러 설정을 최적화하는 것을 살펴봤다. 지금까지는 선형 모형에 관해서만 이야기했다. 다음 여러 장에서는 분류와 회귀 문제를 다루는 비선형적인 모델을 살펴본다.

05

다른 분류 기법들 – K-최근접 이웃법과 서포트 벡터 머신

"언젠가는 통계적 사고가 글을 쓰고 읽는 능력만큼이나 유능한 시민의 필수 조건 이 될 것이다."

— 웰스^{H.G. Wells}

3장, '로지스틱 회귀와 판별 분석'에서 예측한 관찰값이 어떤 범주형 반응에 속할 확률을 결정하는 일, 즉 분류 문제에 로지스틱 회귀를 이용하는 법에 관해 논했다. 로지스틱 회귀 는 더 좋은 예측을 하기 위한 많은 기법의 출발선상에 있다.

이 장에서 우리는 비선형 기법인 **K-최근접 이웃법**^{K-Nearest Neighbors, KNN}과 **서포트 벡터 머신** **Support Vector Machines, SVM**을 심도 있게 공부할 것이다. 이러한 기법들은 선형성이어야 한다는 가정을 완화했기 때문에, 다시 말해 결정 분계선^{descision boundary}을 정의하기 위해 피처들의 선형 결합이어야 한다는 가정을 필요로 하지 않기 때문에 이전에 우리가 논했던 기법들에 비해 더 세련되다. 그러나 미리 경고하지만 이 세련된 기법이 예측 성능이 더 뛰어날 것이라는 것을 의미하는 것은 아니다. 추가로, 이러한 비선형 모형들은 비즈니스 파트너들에게 해석을 하는 데 어려움이 많을 뿐만 아니라 계산할 때도 비효율적이다. 현명하게 잘 쓰이면 이 책에서 다루는 다른 도구들을 보완하는 강력하고 좋은 기법이 될 수 있다. 또한 분류 문제뿐만 아니라 연속적인 결과값을 가질 때도 쓰일 수 있다. 그러나 이 장의 목적에 맞게, 지금은 분류 문제에만 초점을 맞춘다.

이 두 기법의 난해한 이론적 배경을 살펴본 후 비즈니스 사례를 제시하고, 두 방법 중 어느 것이 나을지 보이기 위해 두 기법 모두 테스트한다. 우선 KNN부터 시작해보자.

▌ K-최근접 이웃법

앞서 공부했던 내용에서 우리는 계수가 있는 모형을 구축했다. 다시 말하면, 모형에 포함된 피처 각 모수를 추정한 셈이다. K-최근접 이웃법은 소위 말하는 인스턴스 기반 학습 instance-based learning이기 때문에 모수가 없다. 간략히 말하면, "라벨이 달린 사례들(즉, 입력과 그에 상응하는 출력 라벨)이 저장된 후 새로운 입력 패턴이 출력값을 요구할 때까지 아무런 액션도 취하지 않는다."(Battiti and Brunato, P.11, 2014). 이 방법은 흔히 **게으른 학습**lazy learning이라고도 하는데, 그 이유는 어떠한 모형의 모수도 생성되지 않기 때문이다. train 이라는 데이터 인스턴스는 그 자체로 지식을 의미한다. 어떤 새로운 인스턴스(즉, 새로운 데이터 점)을 예측하기 위해 새 인스턴스를 가장 닮은 인스턴스를 train 데이터에서 검색한다. K-최근접 이웃법이 분류 문제를 위해 바로 이런 방법을 취하는데, 가장 가까운 점들, 즉 최근접 이웃들을 들여다보고 적합한 클래스를 결정한다. k는 알고리즘이 얼마나 많은 이웃을 검사해야 하는지를 정하는데, 만일 $k = 5$였다면 5개의 가장 가까운 점들을 검사할 것이다. 이 기법의 취약점은 5개의 점이 설령 학습을 하는 데 적절하지 않다고 하더라도 알고리즘에서는 모두 똑같은 가중값을 갖는다는 사실이다. R을 이용해 이 기법을 자세히 알아보고, 이러한 취약점을 해소해보자.

KNN이 어떻게 작동하는지는 간단한 이진 분류 학습 문제의 시각적 예시를 보면 이해하기가 쉽다. 다음 그림은 2개의 예측 피처에 기반을 두고 종양이 **양성**인지 **음성**인지를 그림으로 그린 것이다. 그림에서 X는 우리가 예측하고자 하는 새로운 관찰값을 나타낸다. 만일, 알고리즘이 k = 3의 경우를 고려한다면, 우리가 점수를 매기고 싶은 점에 가장 가까운 값인 세 관찰값을 원 모양 안에 담는다. 이 원 안의 점들 중에 **악성**[1]이 다수이므로 X라는 데이터 점은 **악성**으로 분류된다. 다음 그림을 보면 이해가 될 것이다.

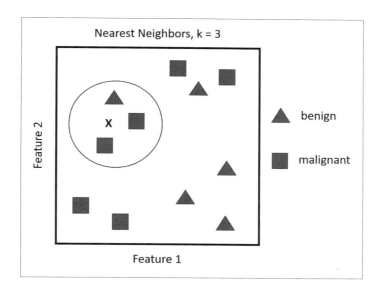

위와 같은 간단한 예제에서조차 주변 이웃을 정하는 *k*를 어떤 수로 선택하느냐가 결정적이라는 것을 명확히 알 수 있다. 만일, *k*가 너무 작으면, test 세트의 바이어스가 매우 작더라도 분산은 매우 높을 수 있다. 한편, *k*가 점점 커짐에 따라 분산은 줄어들 수 있지만, 바이어스가 받아들일 수 없을 만큼 커질 수도 있다. 적당한 *k* 값을 정하려면 교차 검증이 필요하다.

---

1 네모 표시, malignant – 옮긴이

피처 공간에서 데이터 점들의 거리 또는 근접 정도를 계산하는 일에 관해 강조하고자 한다. 디폴트로 사용하는 거리는 **유클리디안 거리**Euclidean Distance다. 이는 단순히 두 점 A와 B 사이의 직선 거리로, 대응하는 점 사이의 거리를 제곱한 값들의 합에 제곱근을 씌워 구하는 공식을 활용할 수 있다. 점 A와 B가 각각 좌표 $p_1, p_2, ..., p_n$ 및 $q_1, q_2, ..., q_n$으로 주어졌을 때, 두 점 사이의 유클리드 거리는 다음과 같다.

$$\text{Euclidean Distance (A, B)} = \sqrt{\sum_{i=1}^{n}(p_i - q_i)^2}$$

이 거리는 피처를 측정할 때 사용한 스케일에 매우 종속적이므로 스케일을 표준화하는 일은 매우 중요하다. 다른 거리 계산법이나 가중값 또한 거리에 따라 사용할 수도 있다. 이 내용은 다음 예제에서 살펴보자.

▍ 서포트 벡터 머신

솔직히 말하면 서포트 벡터 머신Support Vector Machine, SVM이란 말을 처음 들었을 때, 그게 무슨 의미인지 몰라 어리둥절할 수밖에 없었다. 학계에서 일부러 모호하게 만든 전문 용어이거나 그들만의 농담인줄 알았다. 그러나 열린 마음으로 SVM을 들여다보고 나니, 자연스레 떠올랐던 의심은 이 기법에 관한 무한한 존경으로 바뀌었다.

"SVM은 여러 다양한 환경에서 좋은 성능을 보여왔고, 별다른 조정 없이 바로 쓸 수 있는 가장 좋은 기법 중 하나다."(James, G. 2013) 이 주제를 실용적으로 이해하기 위해 또 다른 간단한 시각적 예제를 살펴보자. 다음 그림에서 분류 작업은 선형적으로 분리 가능함을 볼 수 있을 것이다. 그러나 이 그림의 점선과 실선은 무한히 많은 가능한 선형 해법 중 단 두 가지에 불과하다.

2차원보다 높은 차원에서의 문제라면 선 대신 분리하는 초평면hyperplane을 갖는다.

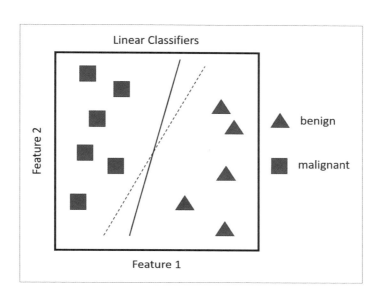

수많은 해법을 일반화해야 할 때는 문제점이 드러나는데, 그 이유는 어떠한 해법을 선택해도 새로운 관찰값이 위 그림에서 분리선의 오른쪽에 오면 **양성**, 왼쪽에 오면 **악성**으로 분류가 될 것이기 때문이다. 그러므로 훈련(train) 데이터에서는 두 선 모두 분리선이 편향되지 않았어도, 다른 데이터로 테스트하면 에러가 매우 큰 분산을 보일 수 있다. 바로 이럴 때가 서포트 벡터 머신이 개입하면 좋은 상황이다. 어떤 점이 분리선의 틀린 쪽으로 떨어질 확률이 실선보다 점선의 경우에 더 높았다면, 실선이 분류를 위해 더 높은 안전의 한계margin of safety를 보인다는 의미다. 따라서 Battiti와 Brunato가 말하듯, "SVM은 가능한 한 넓은 한계 마진을 가진 선형 분리선separator이고, 서포트 벡터 점들은 안전 한계 구역에 양방향으로 접하고 있는 점들을 말한다."

이 개념을 이해하기 위해 다음 그림을 보자. 세 선 중 가운데의 가는 실선이 앞서 언급했던 가능한 최대의 마진을 만드는 최적의 선형 분리선이다. 새 관찰값이 이 분리선의 양쪽 구역 중 예측이 옳은 쪽에 위치할 가능성을 높인다. 양쪽의 두꺼운 선은 안전 한계 마진에 해당하는데, 이 선 옆에 색이 칠해진 데이터 점들이 서포트 벡터를 나타낸다. 만일, 서포트 벡터들이 이동하면 안전 한계가 바뀌고, 결과적으로 결정 분계선 또한 바뀐다. 두 분리선 사이의 거리를 **마진**margin이라 부른다.

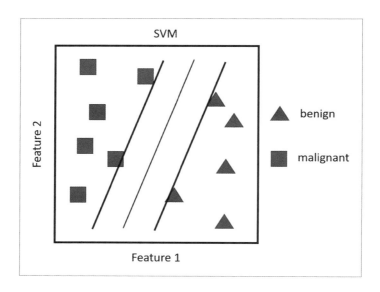

이런 분류 방법도 좋고 깔끔하지만, 현실 세계의 문제들은 그렇게 깔끔하게 나뉘지 않는다.

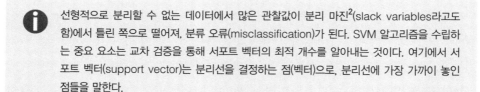

선형적으로 분리할 수 없는 데이터에서 많은 관찰값이 분리 마진[2](slack variables라고도 함)에서 틀린 쪽으로 떨어져, 분류 오류(misclassification)가 된다. SVM 알고리즘을 수립하는 중요 요소는 교차 검증을 통해 서포트 벡터의 최적 개수를 알아내는 것이다. 여기에서 서포트 벡터(support vector)는 분리선을 결정하는 점(벡터)으로, 분리선에 가장 가까이 놓인 점들을 말한다.

---

2 마진은 서로 다른 클래스에 속하는 점들 사이의 최단 거리를 말하며, 분리선은 그 사이에 놓인다. 분리선(피처의 차원에 따라 분리면, 분리 초평면)으로 선을 긋는다는 식이 아닌 양쪽 데이터 클러스터를 분리하는 넓은 테이프나 리본처럼 간격(마진)을 둔다고 할 수 있다. 마진은 그 테이프의 너비를 말하며, 클래스가 확연히 잘 분리돼 있는 데이터 세트라면 테이프 폭이 넓을 것이고, 아슬아슬하게 분리된 데이터라면 좁을 것이다. 가능한 한 이 마진을 최대로 만드는 분리선을 구하는 것이 목표다. SVM을 'maximum margin hyperplane'이라고도 한다. 또한 서포트 벡터에서 벡터는 점, 즉 각 관찰값을 뜻하고(3차원 데이터라면 점은 3개의 좌표를 갖는 벡터), 서포트 벡터는 분리면에 가장 가까이 놓인 점들을 말한다. 이런 점들이 결국 가장 분류하기 어려운 점들에 해당하고 분리면을 찾기 어렵게 만듦과 동시에 분리면을 정하는 조건이 된다. 여기에서 서포트(support, 지지하다, 떠받치다)라는 단어가 쓰인 이유는 클래스를 가르는 분리선이 균형점을 찾을 때까지 이러한 서포트 벡터 점들이 분리면 쪽으로 힘을 가하며 떠받치고 있는 것처럼 보이기 때문이다. 서포트 벡터가 아닌 점들, 즉 이미 확실하게 분류돼 있고 분리면에서 멀리 떨어져 있는 점들은 이 분리선에 영향을 미치지 않는다. 바로 이런 SVM의 특징이 선형 회귀나 신경망 알고리즘과 대비된다. 선형 회귀나 신경망 기법의 경우에는 영향력이 모든 점에서 균일하진 않을지라도 모든 관찰값이 최적해를 구하는 데 관여하기 때문이다. – 옮긴이

에러의 개수를 나타내는 조정 매개변수$^{tuning\ parameter}$가 너무 크면, 즉 서포트 벡터 개수가 너무 많으면 큰 편향과 작은 분산이라는 문제를 겪게 된다. 한편, 만일, 조정 매개변수가 너무 작을 경우에는 반대의 현상이 일어난다. James 등(2013)의 책에서는 매개변수를 C로 나타내고 있는데, 이 C 값이 감소함에 따라 관찰값이 마진의 틀린 쪽으로 위치할 수 있는 허용 오차^{tolerance}가 줄어들고, 마진 폭은 좁아진다. C 값을 0으로 고정하면, 어떠한 관찰값도 마진을 넘어서지 못하도록 해를 제한한다.

SVM의 또 다른 중요한 측면은 입력 피처의 2차 또는 그 이상의 다항식을 통해 비선형성을 모형화할 수 있다는 점이다. 이런 기법은 SVM에서 **커널 기법**$^{kernel\ trick}$이라 부른다. 이 다항식은 교차 검증을 통해 추정 및 선택할 수 있다. 향후 예제에서 이를 대체할 방법도 살펴볼 것이다.

여느 모형과 마찬가지로, 여러 차수의 항, 상호작용 항, 기타 다른 도출 방식을 이용해 피처의 개수를 늘릴 수 있다. 매우 큰 데이터 세트에서는 경우의 수가 통제하지 못할 정도로 금방 늘어난다. SVM의 커널 기법을 이용하면, 선형 분리에 가까운 방법을 목표로 하면서도 피처 공간을 효과적으로 확장할 수 있다.

이런 방법이 어떻게 가능한지 점검하기 위해, 우선 SVM 최적화 문제와 제약조건을 살펴보자. 우리는 다음과 같은 목표를 이루고자 한다.

- 마진을 최대화하는 가중값을 찾는다.
- 제약조건하에 어떠한 관측값도(할 수 없다면 가능한 한 최소한으로) 마진 내에 놓여서는 안 된다.

이제 가중값이 각 관찰값에 곱해지는 선형 회귀와 달리, SVM에서 가중값은 서포트 벡터 관측값의 내적$^{inner\ product}$에 적용된다.

이게 무슨 뜻일까? 두 벡터의 내적은 단순히 쌍을 이루는 관찰값을 곱해 더한 값을 의미한다. 예를 들어, 첫 번째 벡터가 *(3, 4, 2)*고, 두 번째 벡터가 *(1, 2, 3)*이라면, 두 벡터의 내적은

*(3×1)+(4×2)+(2×3)=17*이다. *n*개의 관찰값이 있을 때 SVM에서 서로 다른 두 관찰값의 내적을 구하면 총 *n×(n-1)/2*개의 조합이 존재한다. 관찰값이 *10*개뿐이라면, *45*개의 내적이 구해진다. 그러나 SVM에서는 전체 관찰값이 아닌 서포트 벡터인 관찰값과 그에 상응하는 가중값만 관여한다. 선형 SVN 분류기에서는 다음과 같은 공식을 따른다.

$$f(x) = \beta_o + \sum_{i=1}^{n} \alpha(x, x_i)$$

여기서 (x, x_i)는 두 서포트 벡터의 내적을 나타내고, α는 관찰값이 서포트 벡터일 경우에만 0이 아닌 값이 된다.

이에 따르면 분류 알고리즘에서 훨씬 적은 수의 항만 필요하고, 커널 함수kernel function를 이용할 수 있게 되는데, 이를 흔히 '커널 기법'이라 부른다.

여기에서 기법trick이란, 커널 함수가 피처들을 있는 그대로 만들어내기보다 고차원에서의 변환transformation을 통해 수학적으로 간략화하는 방법을 말한다. 단순히 말하면, 커널 함수는 두 벡터의 내적을 구하는 것이라 할 수 있다. 이 기법의 장점은 당면한 최적화 문제를 효율적으로 계산할 수 있으면서도 고차원의 비선형 공간과 결정 분계선decision boundary을 형성한다는 것이다. 커널 함수는 고차원 공간에서의 내적을 고차원 공간으로 변환하지 않으면서도 계산한다.

자주 쓰이는 커널의 표기는 피처들의 내적(inner product 또는 dot product)으로 표현되는데, x_i와 x_j는 벡터, γ와 c는 매개변수다.

- 선형, 비변환, $K(x_i, x_j) = x_i \cdot x_j$
- 다항식, d는 다항식의 차수, $K(x_i, x_j) = (\gamma x_i \cdot x_j + c)^d$
- 방사 기저 함수, $K(x_i, x_j) = e(-\gamma|x_i - x_j|^2)$
- 시그모이드 함수, $K(x_i, x_j) = tanh(\gamma x_i \cdot x_j + c)$

172

어떤 비선형 기법을 선택할지는 시행착오를 거쳐야 알게 되겠지만, 다양한 선택 방법에 관해 차근차근 알아본다.

▍비즈니스 사례

다음 절에서 다룰 사례에서 KNN과 SVM에 똑같은 데이터 세트를 적용해볼 것이다. 이렇게 함으로써 같은 문제에 관해 두 기법의 R 코드와 학습 기법을 비교할 수 있다. 또한 혼동 행렬confusion matrix을 심도 있게 학습하고 모형의 정확도를 비교할 몇 가지 통계량을 비교한다.

비즈니스 이해하기

우리가 검사할 데이터는 본래 **국립 당뇨, 소화기 및 신장병 연구소**National Institute of Diabetes and Digestive and Kidney Diseases, NIDDK에서 수집한 것으로, 532개 관찰값과 8개의 입력 피처 그리고 출력은 Yes/NO의 값을 갖는다. 이 연구에서 환자들은 남중부 아리조나의 피마 인디언Pima Indian 후손들이다. 연구자들은 NIDDK 데이터를 이용해 지난 30년간 비만이 당뇨병의 발달에 중요한 위험 요인임을 밝혀냈다. 피마 인디언들을 선택한 이유는 성인 피마 인디언의 절반이 당뇨병을 앓고 있고, 이 당뇨를 앓는 이들의 95%가 과체중이었기 때문이다. 분석은 성인 여성에만 초점을 맞출 것이다. 당뇨 여부는 세계 보건 기구WHO의 기준에 따라 진단됐고, 진단이 내려진 유형은 '2형 당뇨(type 2)'였다. 이런 유형의 당뇨에서 췌장은 여전히 기능을 하고 있고 인슐린을 분비하며, 따라서 비인슐린 의존형non-insulin-dependent 당뇨라 불린다.

우리가 할 일은 이 인구 집단에서 당뇨를 앓거나 당뇨 위험 인자를 갖고 있는 개인들의 자료를 검사하고 당뇨병을 예측하는 것이다. 미국에서는 주로 앉아 일을 하는 생활 방식과 고칼로리 식단으로 인해 당뇨가 유행병처럼 빈발하고 있다. **미국 당뇨병 학회**American Diabetes Association, ADA에 따르면, 당뇨병은 과소 진단되고 있음에도 불구하고 2010년에 미국에서 일곱 번째 주된 사망 원인이었다. 또한 당뇨병은 고혈압, 이상 지질 혈증, 뇌졸중, 안과 질환 그리고 신장 질환 등의 동반 질환을 극적으로 증가시킨다. 당뇨병과 합병증이 초래하는 비용은 어마어마하다. 미국 당뇨병 학회가 2012년에 추산한 당뇨병의 비용은 대략 4,900억 달러에 달한다. 이 문제에 관한 자세한 정보는 다음 링크의 미국 당뇨병 학회 웹 사이트를 참고하기 바란다.

http://www.diabetes.org/diabetes-basics/statistics/

데이터의 이해와 준비 과정

성인 여성 532명의 데이터는 2개의 다른 데이터 프레임에 들어 있다. 주요 관심 변수는 다음과 같다.

- npreg: 임신 횟수
- glu: 구강 포도당 내성 검사에서 혈장 포도당 농도(혈당값)
- bp: 확장기 혈압(mm Hg)
- Skin: 삼두근 피하 지방 두께(mm)
- bmi: 체질량 지수
- ped: 당뇨 가족력 함수
- age: 연령
- type: 당뇨병 여부, Yes 또는 No

데이터 세트는 R의 MASS 패키지에 포함돼 있다. 데이터 프레임은 Pima.tr과 Pima.te다. 이들을 각각 훈련(train)용 데이터 세트와 테스트(test)용 데이터 세트로 쓰는 대신, 두 데이터 프레임을 합쳐 새로운 데이터 세트를 만든 후 이런 분석 작업을 R로 어떻게 수행할지 알아본다.

우선, 예제를 위해 다음 패키지들을 불러오자.

```
> library(class) # k-근접 이웃법
> library(kknn) # 가중 k-근접 이웃법
> library(e1071) # SVM
> library(caret) # 인자 조정 선별
> library(MASS) # 데이터를 담고 있는 라이브러리
> library(reshape2) # 박스플롯을 생성하는 데 도움
> library(ggplot2) # 박스플롯 생성
> library(kernlab) # SVM 피처 선택에 도움
```

이제 두 데이터 세트를 불러와서 데이터 구조가 같은지 Pima.tr부터 점검을 시작한다.

```
> data(Pima.tr)
> str(Pima.tr)
'data.frame': 200 obs. of  8 variables:
 $ npreg: int 5 7 5 0 0 5 3 1 3 2 ...
 $ glu : int 86 195 77 165 107 97 83 193 142 128 ...
 $ bp : int 68 70 82 76 60 76 58 50 80 78 ...
 $ skin : int 28 33 41 43 25 27 31 16 15 37 ...
 $ bmi : num 30.2 25.1 35.8 47.9 26.4 35.6 34.3 25.9 32.4 43.3 ...
 $ ped : num 0.364 0.163 0.156 0.259 0.133 ...
 $ age : int 24 55 35 26 23 52 25 24 63 31 ...
 $ type : Factor w/ 2 levels "No","Yes": 1 2 1 1 1 2 1 1 1 2 ...
> data(Pima.te)
> str(Pima.te)
'data.frame': 332 obs. of  8 variables:
 $ npreg: int 6 1 1 3 2 5 0 1 3 9 ...
 $ glu : int 148 85 89 78 197 166 118 103 126 119 ...
 $ bp : int 72 66 66 50 70 72 84 30 88 80 ...
 $ skin : int 35 29 23 32 45 19 47 38 41 35 ...
 $ bmi : num 33.6 26.6 28.1 31 30.5 25.8 45.8 43.3 39.3 29 ...
 $ ped : num 0.627 0.351 0.167 0.248 0.158 0.587 0.551 0.183 0.704 0.263 ...
 $ age : int 50 31 21 26 53 51 31 33 27 29 ...
 $ type : Factor w/ 2 levels "No","Yes": 2 1 1 2 2 2 2 1 1 2 ...
```

데이터 구조를 살펴보니, 두 데이터 세트를 하나로 통합할 수 있을 것 같다. rbind( ) 함수로 매우 쉽게 통합할 수 있는데, 이 함수명은 행 결합^{row binding}과 데이터 첨부를 뜻한다. 만일, 각 프레임이 똑같은 관찰점을 갖고 있고, 여기에 피처를 추가하고 싶다면 cbind( )를 이용해 열 결합^{column binding}을 수행해야 한다. 새로 생성된 데이터 프레임은 다음 구문으로 새 이름을 준다.

```
newdata = rbind(dataframe1, dataframe2)
```

우리가 작업 중인 코드에서는 다음과 같을 것이다.

```
> pima <- rbind(Pima.tr, Pima.te)
```

언제나 그렇듯이, 데이터의 구조를 재확인한다. 다음과 같이 아무런 문제가 없음을 알 수 있다.

```
> str(pima)
'data.frame': 532 obs. of  8 variables:
 $ npreg: int 5 7 5 0 0 5 3 1 3 2 ...
 $ glu : int 86 195 77 165 107 97 83 193 142 128 ...
 $ bp : int 68 70 82 76 60 76 58 50 80 78 ...
 $ skin : int 28 33 41 43 25 27 31 16 15 37 ...
 $ bmi : num 30.2 25.1 35.8 47.9 26.4 35.6 34.3 25.9 32.4 43.3 ...
 $ ped : num 0.364 0.163 0.156 0.259 0.133 ...
 $ age : int 24 55 35 26 23 52 25 24 63 31 ...
 $ type : Factor w/ 2 levels "No","Yes": 1 2 1 1 1 2 1 1 1 2 ...
```

이제 이 데이터 프레임으로 박스플롯을 생성해 탐색적 분석을 시행하자. 이를 위해 출력 변수 "type"을 우리의 ID 변수로 쓰고 싶다. 로지스틱 회귀에서 했던 것처럼, melt( ) 함수를 이용해 ID 변수를 지정하고 박스플롯을 출력하기 위한 데이터 프레임으로 만들 수 있다. 이 새로 생성될 데이터 프레임은 pima.melt라고 명명하자.

```
> pima.melt <- melt(pima, id.var = "type")
```

ggplot2 패키지를 이용한 박스플롯의 레이아웃은 매우 효과적이므로 이 방법을 사용하자. 사용할 데이터, x와 y 변수, 박스플롯의 종류를 ggplot( ) 함수 내에 명시해, 일련의 도표를 2개의 열로 생성한다. 다음 코드에서 반응 변수를 x, 그 값을 y로 aes( ) 내에 지정한다. 그런 다음, geom_boxplot( )을 이용해 박스플롯을 그린다. 마지막으로, facet_wrap( )을 이용해 박스플롯을 두 열로 생성할 것이다.

```
> ggplot(data = pima.melt, aes(x = type, y = value)) +
  geom_boxplot() + facet_wrap(~ variable, ncol = 2)
```

위 명령을 실행한 결과는 다음과 같다.

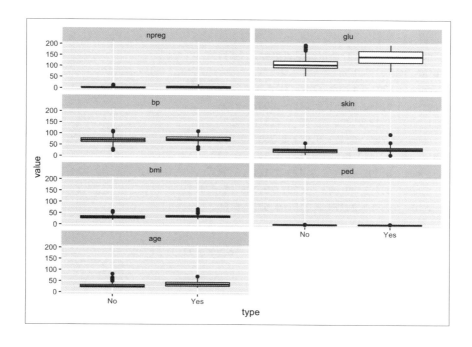

이 도표는 아마도 **혈당**^{glu} 이외에는 극적인 차이를 찾기 어렵다는 점에서 흥미로운 도표다. 공복 혈당값이 현재 당뇨병으로 진단된 환자들에서 유의미하게 높을 것이라고 의심했을 것이다. 여기서 주된 문제점은 플롯들이 똑같은 y축 스케일을 쓰고 있다는 사실이다. 이 문제는 변수의 값들을 표준화^{standardize}하고 다시 도표를 생성함으로써 해결할 수 있다. R에 포함된 scale( )을 이용하면 평균은 0, 표준편차는 1이 되도록 변수의 값들을 변환할 수 있다. 이렇게 변환한 데이터는 모든 피처에 스케일 변환을 하고, 반응 변수인 type은 생략해 새로 pima.scale이라는 이름으로 저장하자. KNN 분석을 할 때는 피처들이 평균 0, 표준편차 1이라는 똑같은 스케일로 만드는 일이 중요하다. 만일, 이를 따르지 않으면 최근접 이웃법의 거리 계산에 오류가 생긴다. 어떤 하나의 피처가 1:100의 비율로 크기 조정이 이뤄졌다면 1:10의 비율로 조정한 다른 피처에 비해 더 큰 효과를 보일 것이다. 데이터 프레임에 비율 변환을 가하면 데이터 타입이 자동으로 매트릭스로 바뀐다. data.frame( ) 함수를 이용하면 이 매트릭스를 다시 데이터 프레임 형식으로 바꿀 수 있다.

```
> pima.scale <- data.frame(scale(pima[, -8]))
> str(pima.scale)
'data.frame': 532 obs. of  7 variables:
 $ npreg: num 0.448 1.052 0.448 -1.062 -1.062 ...
 $ glu : num -1.13 2.386 -1.42 1.418 -0.453 ...
 $ bp : num -0.285 -0.122 0.852 0.365 -0.935 ...
 $ skin : num -0.112 0.363 1.123 1.313 -0.397 ...
 $ bmi : num -0.391 -1.132 0.423 2.181 -0.943 ...
 $ ped : num -0.403 -0.987 -1.007 -0.708 -1.074 ...
 $ age : num -0.708 2.173 0.315 -0.522 -0.801 ...
```

이제 반응 변수를 데이터 프레임에 다음과 같이 포함시켜야 한다.

```
> pima.scale$type <- pima$type
```

melt( )와 ggplot( )을 이용해 박스플롯을 생성하는 과정을 반복하자.

```
> pima.scale.melt <- melt(pima.scale, id.var = "type")
> ggplot(data = pima.scale.melt, aes(x = type, y = value)) +
      geom_boxplot() + facet_wrap(~ variable, ncol = 2)
```

다음과 같은 그림이 출력될 것이다.

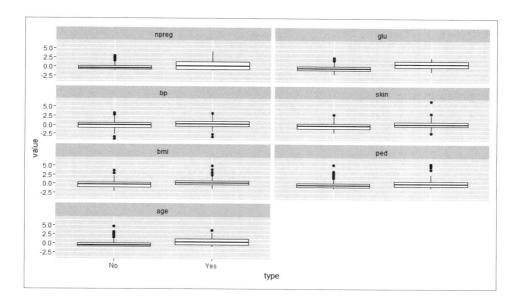

피처를 비율 변환하고 나니 도표를 읽기가 더 쉬워졌다. 혈당값 외에도 다른 피처들이 type에 따라 차이가 나 보이고, 특히 age 피처에서 차이가 나타난다.

이 데이터 세트를 훈련과 테스트 세트로 나누기 전에, R에 내장된 함수인 cor( )를 이용해 피처 간의 상관관계를 들여다보자. 이 함수는 피어슨 상관관계 도표를 출력하는 대신 상관관계 매트릭스를 생성할 것이다.

```
> cor(pima.scale[-8])
 npreg glu bp skin bmi
npreg 1.000000000 0.1253296 0.204663421 0.09508511 0.008576282
glu 0.125329647 1.0000000 0.219177950 0.22659042 0.247079294
bp 0.204663421 0.2191779 1.000000000 0.22607244 0.307356904
skin 0.095085114 0.2265904 0.226072440 1.00000000 0.647422386
bmi 0.008576282 0.2470793 0.307356904 0.64742239 1.000000000
ped 0.007435104 0.1658174 0.008047249 0.11863557 0.151107136
age 0.640746866 0.2789071 0.346938723 0.16133614 0.073438257
 ped age
npreg 0.007435104 0.64074687
glu 0.165817411 0.27890711
bp 0.008047249 0.34693872
skin 0.118635569 0.16133614
bmi 0.151107136 0.07343826
ped 1.000000000 0.07165413
age 0.071654133 1.00000000
```

여기서 npreg/age와 skin/bmi의 두 가지 상관관계에 주목하라. 제대로 훈련되고 하이퍼파라미터가 제대로 조정됐다는 전제하에 이런 다중 공선성은 대체로 이러한 분류 방법에서는 문제가 되지 않는다.

이제 훈련 세트와 테스트 세트를 생성할 때가 됐는데, 그 전에 늘 반응 변숫값에서 Yes와 No의 비율을 점검하길 권한다. 데이터가 균형 있게 나뉘어야 한다는 점이 중요한데, 결과값 둘 중에 하나가 희소한 경우에 문제가 될 수 있다. 다수를 차지하는 클래스와 소수 클래스를 가르는 분류기에 편향을 초래할 수 있다. 부적절한 균형이 어떤 것인지에 관한 엄격한 규칙은 없다. 쓸 만한 경험 법칙은 가능한 결과값 사이에 적어도 2:1의 비율은 유지하도록 노력해야 한다는 것이다(He and Wa, 2013).

```
> table(pima.scale$type)
 No Yes
355 177
```

비율이 2:1로 나타났으므로 이제 늘 쓰던 구문대로, 70/30 비율로 갈라 train과 test 세트를 다음과 같이 생성할 수 있다.

```
> set.seed(502)
> ind <- sample(2, nrow(pima.scale), replace = TRUE, prob = c(0.7, 0.3))
> train <- pima.scale[ind == 1, ]
> test <- pima.scale[ind == 2, ]
> str(train)
'data.frame': 385 obs. of 8 variables:
 $ npreg: num 0.448 0.448 -0.156 -0.76 -0.156 ...
 $ glu : num -1.42 -0.775 -1.227 2.322 0.676 ...
 $ bp : num 0.852 0.365 -1.097 -1.747 0.69 ...
 $ skin : num 1.123 -0.207 0.173 -1.253 -1.348 ...
 $ bmi : num 0.4229 0.3938 0.2049 -1.0159 -0.0712 ...
 $ ped : num -1.007 -0.363 -0.485 0.441 -0.879 ...
 $ age : num 0.315 1.894 -0.615 -0.708 2.916 ...
 $ type : Factor w/ 2 levels "No","Yes": 1 2 1 1 1 2 2 1 1 1 …
> str(test)
'data.frame': 147 obs. of 8 variables:
 $ npreg: num 0.448 1.052 -1.062 -1.062 -0.458 ...
 $ glu : num -1.13 2.386 1.418 -0.453 0.225 ...
 $ bp : num -0.285 -0.122 0.365 -0.935 0.528 ...
 $ skin : num -0.112 0.363 1.313 -0.397 0.743 ...
 $ bmi : num -0.391 -1.132 2.181 -0.943 1.513 ...
 $ ped : num -0.403 -0.987 -0.708 -1.074 2.093 ...
 $ age : num -0.7076 2.173 -0.5217 -0.8005 -0.0571 ...
 $ type : Factor w/ 2 levels "No","Yes": 1 2 1 1 2 1 2 1 1 1 ...
```

모든 과정이 잘 진행돼 보이므로 이제 KNN 기법부터 시작해 예측 모형을 구축하고 평가할 수 있다.

모형화와 평가

이제 모형화와 그 모형의 평가에 관해 다양한 면모를 논의해본다.

최근접 이웃(KNN) 모형화

앞서 언급했듯이, 최근접 이웃 기법을 사용할 때는 가장 적절한 매개변수(k 또는 K)를 선택하는 일은 매우 중요하다. k를 구하기 위해 caret 패키지를 다시 한 번 사용하자. 실험을 위해 k의 입력값을 위한 격자망grid을 2부터 20까지 1씩 증가하도록 만든다. expand.grid( )와 seq( ) 함수를 이용하면 쉽게 만들 수 있다. KNN 함수와 함께 쓰이는 caret 패키지의 매개변수는 간단하게 .k다.

```
> grid1 <- expand.grid(.k = seq(2, 20, by = 1))
```

매개변수를 선택하기 위해서는 caret 패키지의 trainControl( ) 함수에 교차 검증법을 이용해 control이라는 오브젝트를 만든다.

```
> control <- trainControl(method = "cv")
```

이제 caret 패키지에 포함돼 있는 train( ) 함수를 이용해 최적의 k 값을 구하기 위한 오브젝트를 생성할 수 있다. 무슨 종류의 무작위 추출하더라도 반드시 다음과 같이 먼저 랜덤 시드(seed)를 설정해야 함을 기억하기 바란다.

```
> set.seed(502)³
```

train( ) 함수로 생성된 오브젝티브에는 모형 공식model formula, 훈련시킬 데이터 이름 그리고 적절한 방법을 명시해야 한다. 모형 공식은 이전에 썼던 것과 같이, y ~ x다. 방법method은 knn이라고 지정하면 된다. 다음 코드는 최적의 k 값을 보여줄 오브젝트를 생성할 것이다.

---

3 이전의 훈련 데이터와 테스트 데이터로 나눌 때 이미 set.seed(502)를 한 번 시행했고, 이어서 train( ) 함수를 사용해야 다음과 같은 출력값이 보일 것이다. 시드를 반복해 502로 똑같이 설정하고 다음 코드를 실행하면 k가 17이 아닌 10으로 값이 다르게 나타날 것이다. - 옮긴이

```
> knn.train <- train(type ~ ., data = train,
  method = "knn",
  trControl = control,
  tuneGrid = grid1)
```

위의 오브젝트를 호출하면 우리가 찾고자 했던 k 매개변숫값, k = 17을 보여준다.

```
> knn.train
k-Nearest Neighbors

385 samples
 7 predictor
 2 classes: 'No', 'Yes'

No pre-processing
Resampling: Cross-Validated (10 fold)
Summary of sample sizes: 347, 346, 346, 346, 347, 347, ...
Resampling results across tuning parameters:

 k Accuracy Kappa
 2 0.7272605 0.3570644
 3 0.7609312 0.4074548
 4 0.7559379 0.3990411
 5 0.7689609 0.4310457
 6 0.7740216 0.4414537
 7 0.7633603 0.4089695
 8 0.7741565 0.4332602
 9 0.7688934 0.4221411
 10 0.7742240 0.4302685
 11 0.7740891 0.4296907
 12 0.7635628 0.4013065
 13 0.7714575 0.4228694
 14 0.7662618 0.4076214
 15 0.7791498 0.4356485
 16 0.7767206 0.4297836
 17 0.7921727 0.4658974
 18 0.7895412 0.4629186
```

```
19  0.7843455  0.4456477
20  0.7817139  0.4404934
```

Accuracy was used to select the optimal model using the largest value.
The final value used for the model was k = 17.

---

k = 17이라는 결과와 함께, Accuracy와 카파 통계량[Kappa Statistics]으로 구성된 테이블이 제공된다. 정확도[Accuracy]는 모형이 제대로 분류한 관찰값의 비율을 나타낸다. 여기서 카파는 Cohen's Kappa 통계량을 가리킨다. 이 카파 통계량은 흔히 두 평가자가 관찰값을 분류할 때 서로 동의하는 정도를 재는 척도로 쓰인다. 카파 통계량은 정확도 점수를 조정함으로써 당면 문제에 관한 통찰력을 제공한다. 이때 조정은 평가자가 모든 분류를 정확히 맞췄을 경우에서 단지 우연히 맞췄을 경우를 빼는 방식으로 이뤄진다. 카파 통계량의 공식은 다음과 같다.

$$Kappa = \frac{(percent\ of\ agreement - percent\ of\ chance agreement))}{(1 - percent\ of\ chance agreement)}$$

이 공식에서 동의 비율[percest of agreement]은 두 평가자가 클래스에 관해 동의할 비율(정확도)을 나타내고, 우연히 동의할 비율[percent of chance agreement]은 두 평가자가 무작위로 동의하는 경우의 비율을 나타낸다. 카파 통계량의 값이 높을수록 평가자들의 성능이 높은 것이고, 가능한 최댓값은 1이다. 우리가 만든 모형을 테스트 데이터에 적용할 때, 예를 들어 차근차근 설명한다.

이를 위해 class 패키지에 내장된 knn( ) 함수를 활용할 것이다. 이 함수를 쓸 때는 적어도 다음의 4개의 아이템을 명시해야 한다. 훈련 입력, 테스트 입력, 훈련 데이터 세트에 들어있는 올바른 라벨 그리고 k 값이다. 우리는 이 작업을 knn.test라는 오브젝트를 생성해 수행하고, 성능이 어떤지 살펴볼 것이다.

```
> knn.test <- knn(train[, -8], test[, -8], train[, 8], k = 17)
```

생성된 오브젝트로 혼동 행렬을 점검하고 정확도와 카파 통계량을 계산하자.

```
> table(knn.test, test$type)
knn.test No Yes
 No 77 26
 Yes 16 28
```

정확도는 제대로 분류된 관찰값 개수를 전체 관찰값 개수로 나눈 값이다.

```
> (77 + 28) / 147
[1] 0.7142857
```

테스트 데이터에 관한 정확도는 71%인데, 거의 80%에 달했던 훈련train 데이터의 정확도보다 낮다. 이제 카파 통계량을 다음과 같이 계산해보자.

```
> # Kappa 계산
> prob.agree <- (77 + 28) / 147 # 정확도
> prob.chance <- ((77 + 26) / 147) * ((77 + 16) / 147)
> prob.chance
[1] 0.4432875
> kappa <- (prob.agree - prob.chance) / (1 - prob.chance)
> kappa
[1] 0.486783
```

카파 통계량값 0.49는 훈련 데이터 세트로 달성했던 값이다. 알트만Altman(1991)은 이 통계량의 값을 해석하기 위한 경험적 기법을 다음 표와 같이 제공한다.

K 값	동의의 강도
〈 .20	Poor(약함)
0.21 − 0.40	Fair(약간 동의)
0.41 − 0.60	Moderate(어느 정도 동의)
0.61 − 0.80	Good(상당히 동의)
0.81 − 1.00	Very Good(매우 동의)

우리가 구한 카파 값은 어느 정도 동의^{moderate} 수준이고, 정확도는 테스트 세트에서 70%를 겨우 넘으므로 가중값 이웃법을 활용하면 성능을 증진시킬 수 있을지 알아봐야 한다. 가중값을 부여하는 스키마는 관찰값에 가까이 있는 이웃 점들의 영향력을 멀리 위치한 점들보다 높인다. 공간 속의 한 점에서 관찰값이 멀리 떨어져 있을수록 그 영향력은 벌점을 부가받는다. 이러한 기법을 실현하기 위해 kknn 패키지의 train.kknn( ) 함수를 이용해 최적의 가중값 부여 정책을 선택할 것이다.

train.kknn( ) 함수는 이 전의 장에서 공부했던 LOOCV$^{Leave-one-out, 교차 검증법}$를 이용해 최선의 k 이웃$^{k neighbors}$을 선택하고, 다음에 언급할 두 가지 거리 측도 중 하나를 선택하며, 커널^{kernel} 함수를 결정한다.

앞서 논했듯이, 우리가 생성한 가중값 없는 k 이웃 알고리즘은 유클리드 거리를 사용한다. kknn 패키지에는 차이의 절댓값 합과 유클리드 거리를 비교할 수 있는 옵션이 있다. 이 패키지에서는 전자의 거리 계산을 Minkowski 매개변수라 부른다.

거리에 가중값을 부여할 때는 여러 가지 기법을 활용할 수 있다. 우리의 목적을 위해 kknn 패키지에서 쓸 수 있는 방법은 열 가지인데, 여기에는 무가중값$^{(가중값을 부여하지 않는 방법)}$도 포함된다. 이 방법들은 직각형^{rectangular}$^{(무가중값과 같음)}$, 삼각형^{triangular}, 에파네츠니코프^{Epanechnikov}, 쌍가중^{biweight}, 삼가중^{triweight}, 코사인^{cosine}, 역변환^{inversion}, 가우시안^{Gaussian}, 랭크^{rank} 그리고 최적^{optimal} 등이다. 이들 가중값 기법에 관한 자세한 논의는 Hechenbichler K. and Schliep K.P.$_{(2004)}$를 참고하기 바란다.

간단히 설명하기 위해 triangular와 epanechnikov, 두 가지 방법에만 초점을 맞추자. 가중값을 배정하기 전에, 알고리즘은 0와 1 사이에 값이 오도록 모든 거리를 표준화한다. 삼각 가중값 방법은 관측 거리값에 (1 − 관측 거리값)을 곱한다. 에파네츠니코프 방법에서는 거리에 ¾을 곱하고 (1 − 거리 제곱)을 곱한다. 우리의 문제를 풀기 위해 이 두 가지 가중값 방법과 함께 표준적인 무가중값 버전을 비교 대상으로 쓰겠다.

랜덤 시드를 명시한 후 kknn( )을 이용해 훈련 세트인 train 오브젝트를 생성할 것이다. 이 함수는 k 값의 최댓값$_{(kmax)}$, 거리$_{(distance, 이때 1은 유클리드, 2는 절댓값 합)}$, 커널$_{(kernel)}$

을 입력하도록 요구할 것이다. 우리가 만들 모형에서는 kmax를 25로, distance를 2로 지정한다.

```
> set.seed(123)
> kknn.train <- train.kknn(type ~ ., data = train, kmax = 25, distance = 2,
 kernel = c("rectangular", "triangular", "epanechnikov"))
```

이 패키지의 장점은 도표를 생성해 결과들을 비교할 수 있게 해준다는 점이다.

```
> plot(kknn.train)
```

위 명령을 실행한 결과는 다음과 같다.

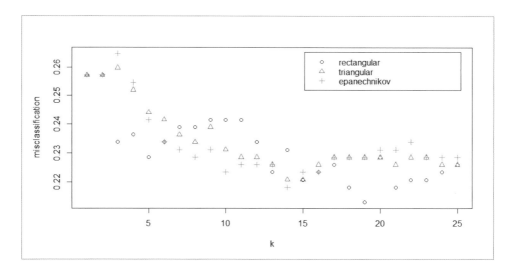

이 플롯은 k 값을 x축, 각 커널에 의해 잘못 분류된 관찰값의 비율을 y축에 표시하고 있다. 놀랍게도 k가 19일 때의 **무가중값 기법**rectangular이 가장 오류가 낮은 것으로 나타났다. 다음과 같이 오브젝트를 호출하면 분류 오류율과 최적 매개변숫값을 알 수 있다.

```
> kknn.train
Call:
train.kknn(formula = type ~ ., data = train, kmax = 25, distance = 2,
      kernel = c("rectangular", "triangular", "epanechnikov"))
Type of response variable: nominal
Minimal misclassification: 0.212987
Best kernel: rectangular
Best k: 19
```

따라서 이 데이터로는 훈련 시에 거리에 가중값을 주는 방법이 오히려 모형의 정확도를
개선하지 못하며, 다음 출력에서 볼 수 있듯이 테스트 데이터에서도 좋은 성능을 내지 못
하고 있다.

```
> kknn.pred <- predict(kknn.train, newdata = test)
> table(kknn.pred, test$type)
kknn.pred No Yes
 No 76 27
 Yes 17 27
```

다른 가중값법도 이용할 수 있지만, 미리 다른 가중값으로 실행해봤을 때는 위 결과보다
정확도가 더 좋지 않았다. 따라서 KNN으로는 개선의 여지가 없다. 독자들 스스로도 다른
여러 매개변수로 직접 실험해보고 성능이 어떠한지 살펴보기 바란다.

서포트 벡터 머신 모형화

서포트 벡터 머신[SVM] 모형을 구축하기 위해 e1071 패키지를 사용할 것이다. 선형 SVM 분
류기부터 시작해 비선형 모형으로 옮겨갈 것이다. e1071 패키지에는 tune.svm( )이라는
멋진 함수가 있는데, 조정 매개변수[tuning parameters] 및 커널 함수를 선택하는 데 도움을 준
다. 이 tune.svm( )은 교차 검증법을 이용해 조정 매개변수를 최적화한다. linear.tune이
라는 이름으로 오브젝트를 생성하고 summary( ) 함수로 호출해보자.

```
> linear.tune <- tune.svm(type ~ ., data = train,
  kernel = "linear",
  cost = c(0.001, 0.01, 0.1, 1, 5, 10))
> summary(linear.tune)
Parameter tuning of 'svm':
- sampling method: 10-fold cross validation
- best parameters:
  cost
  0.01
- best performance: 0.2052632
- Detailed performance results:
  cost error dispersion
1 1e-03 0.3192308 0.04875705
2 1e-02 0.2052632 0.05381760
3 1e-01 0.2128880 0.06712176
4 1e+00 0.2128880 0.06712176
5 5e+00 0.2128880 0.06712176
6 1e+01 0.2128880 0.06712176
```

이 문제에서 최적의 cost 함수는 0.01로 나타났고, 분류 오류 비율은 대략 21% 정도다.[4]

predict( ) 함수에 newdata = test를 인자로 주면, test 데이터로 예측을 실행할 수 있다.

```
> best.linear <- linear.tune$best.model
> tune.test <- predict(best.linear, newdata = test)
> table(tune.test, test$type)

tune.test No Yes
  No 82 24
  Yes 11 30
> (82 + 30)/147
[1] 0.7619048
```

---

4   위 결과는 랜덤 함수에 영향을 받아 실행할 때마다 값이 다르게 나올 수 있다. - 옮긴이

선형 서포트 벡터 분류기가 KNN보다 훈련 데이터와 테스트 데이터 모두에서 약간 성능이 좋았다. 이제 비선형 방법을 이용해 성능을 개선하고, 교차 검증을 이용해 조정 매개변수를 선택할 것이다.

맨 먼저 적용해볼 커널 함수는 polynomial로, 다항식의 차수(degree)와 커널 계수(coef0), 2개의 매개변수를 조정할 것이다. 다음 코드에서와 같이, polynomial의 차수는 3, 4, 5의 값을 주고, 커널 계수는 0.1부터 4까지의 숫자를 준다.

```
> set.seed(123)
> poly.tune <- tune.svm(type ~ ., data = train,
 kernel = "polynomial",
 degree = c(3, 4, 5),
 coef0 = c(0.1, 0.5, 1, 2, 3, 4))
> summary(poly.tune)
Parameter tuning of 'svm':
- sampling method: 10-fold cross validation
- best parameters:
 degree coef0
      3   0.1
- best performance: 0.2310391
```

이 모형은 다항식의 차수 degree의 값으로 3, 커널 계수는 0.1을 선택했다. 선형 SVM에서와 마찬가지로 테스트 데이터 세트로 앞서 찾은 매개변숫값을 이용해 다음과 같이 예측을 수행할 수 있다.

```
> best.poly <- poly.tune$best.model
> poly.test <- predict(best.poly, newdata = test)
> table(poly.test, test$type)
poly.test No Yes
 No 81 28
 Yes 12 26
> (81 + 26) / 147
[1] 0.7278912
```

이는 선형 모형 만한 성능을 보이지 못했다. 다음으로 방사 기저 함수^{Radial basis function}를 사용한다. 이 경우에 풀어야 할 매개변수는 gamma로, 최적값을 찾기 위해 0.1부터 4까지 증가시켜본다. gamma 값이 너무 작을 때는 모형이 결정 분계선^{decision boundary}을 제대로 포착하지 못할 수 있고, 값이 너무 클 때는 모형이 지나치게 과적합될 수 있다.

```
> set.seed(123)
> rbf.tune <- tune.svm(type ~ ., data = train,
 kernel = "radial",
 gamma = c(0.1, 0.5, 1, 2, 3, 4))
> summary(rbf.tune)
Parameter tuning of 'svm':
- sampling method: 10-fold cross validation
- best parameters:
 gamma
 0.5
- best performance: 0.2284076
```

방사 기저 함수의 경우, 최적의 gamma 값은 0.5고, 이때의 분류 성능은 서포트 벡터 머신 모형들에 비해 개선되지 않았다.

```
> best.rbf <- rbf.tune$best.model
> rbf.test <- predict(best.rbf, newdata = test)
> table(rbf.test, test$type)
rbf.test No Yes
 No 73 33
 Yes 20 21
> (73+21)/147
[1] 0.6394558
```

성능이 너무 좋지 않게 나왔다. 성능 개선을 위해 마지막 수단으로 커널 함수를 시그모이드^{sigmoid}로 설정해볼 수 있다(kernel = "sigmoid"). 2개의 매개변수인 감마^{gamma}와 커널 계수(coef0)가 최적의 값이 되도록 계산해본다.

```
> set.seed(123)
> sigmoid.tune <- tune.svm(type ~ ., data = train,
 kernel = "sigmoid",
 gamma = c(0.1, 0.5, 1, 2, 3, 4),
 coef0 = c(0.1, 0.5, 1, 2, 3, 4))
> summary(sigmoid.tune)
Parameter tuning of 'svm':
- sampling method: 10-fold cross validation
- best parameters:
 gamma coef0
 0.1 2
- best performance: 0.2080972
```

이 방법에서 오류율은 선형 모형에서와 비슷하다. 이제 테스트 데이터 세트에서 분류 성능이 좋을지, 나쁠지를 확인하는 일만 남았다.

```
> best.sigmoid <- sigmoid.tune$best.model
> sigmoid.test <- predict(best.sigmoid, newdata = test)
> table(sigmoid.test, test$type)

sigmoid.test No Yes
 No 82 19
 Yes 11 35
> (82+35)/147
[1] 0.7959184
```

자, 이 결과를 보라! 드디어 훈련 데이터에서만큼의 성능을 보이는 테스트 성능을 관찰하게 됐다. 이제 시그모이드 커널 모형을 제일 좋은 예측기로 선택할 수 있다.

모형 선택

지금까지 두 종류의 서로 다른 모형화 테크닉을 살펴봤는데, 여러 시도와 조정에도 불구하고 KNN의 성능은 뒤처지게 나타났다. KNN이 테스트 데이터 세트에 관해 이룰 수 있었던 최대 정확도는 71%에 불과했다. 반면, SVM으로는 80%에 가까운 정확도를 얻을 수 있었다. 단순히 더 높은 정확도를 보인 모형, 우리 예제에서는 시그모이드 커널 SVM을 선택하는 대신, 혼동 행렬을 더 깊이 들여다보면서 모형들을 비교해보자.

이 예제를 위해 우리에게 익숙한 caret 패키지의 confusionMatrix( ) 함수를 활용해보자. 이전에 3장에서 같은 이름의 함수를 InformationValue 패키지에 들어 있는 것으로 사용한 적이 있다. 그러나 caret 패키지에 들어 있는 버전이 더 많은 세부 정보를 제공할 뿐만 아니라 모형을 평가하고 제일 좋은 모형을 선택하는 데 필요한 모든 통계량을 산출한다. 마지막으로 구축했던 모형부터 시작해보자. 문법은 positive 클래스를 명시해줘야 한다는 것만 빼고는 기본적인 table( ) 함수에 들어가는 것과 같다.

```
> confusionMatrix(sigmoid.test, test$type, positive = "Yes")
Confusion Matrix and Statistics
 Reference
Prediction No Yes
 No 82 19
 Yes 11 35
 Accuracy : 0.7959
 95% CI : (0.7217, 0.8579)
 No Information Rate : 0.6327
 P-Value [Acc > NIR] : 1.393e-05
 Kappa : 0.5469
 Mcnemar's Test P-Value : 0.2012
 Sensitivity : 0.6481
 Specificity : 0.8817
 Pos Pred Value : 0.7609
 Neg Pred Value : 0.8119
 Prevalence : 0.3673
 Detection Rate : 0.2381
 Detection Prevalence : 0.3129
 Balanced Accuracy : 0.7649
 'Positive' Class : Yes
```

이 함수는 정확도Accuracy나 카파 등 앞에서 이미 다뤘던 항목을 포함해 다음과 같은 통계량들을 생성한다.

- No Information Rate는 가장 큰 클래스의 비율을 나타낸다. 63%가 당뇨병을 앓지 않고 있다.

- P-Value는 정확도가 No Information Rate보다 낮다는 가설을 검정하는 데 쓰인다.

- 우리는 여기서 Mcnemar's Test는 신경 쓰지 않을 것이다. 이 테스트는 주로 역학 분야의 연구에서 대응 짝matched pairs을 분석할 때 쓰인다.

- Sensitivity(민감도)는 참 양성률true positive rate을 나타낸다. 이 예제에서는 당뇨 환자가 아니라는 사실이 제대로 밝혀진 비율이다.

- Specificity(특이도)는 참 음성율true negative rate을 나타낸다. 이 예제에서는 당뇨 환자라는 사실이 제대로 밝혀진 비율이다.

- 양의 예측값(Pos Pred Value)은 모집단에 속한 어떤 사람이 당뇨 환자로 분류됐을 때 실제로 당뇨 환자일 확률이다. 공식은 다음과 같다.

$$PPV = \frac{sensitivity * prevalence}{(sensitivity * prevalence) + (1 - specificity) * (1 - prevalence)}$$

- 음의 예측값(Neg Pred Value)는 모집단에 속한 어떤 사람이 당뇨 환자가 아닌 것으로 분류됐을 때 실제로 당뇨가 아닐 확률을 나타낸다. 공식은 다음과 같다.

$$NPV = \frac{specificity * (1 - prevalence)}{((1 - sensitivity) * (prevalence)) + (specificity) * (1 - prevalence)}$$

- 유병률(Prevalence)은 모집단에서 추정된 질병의 유병률로, 이 문제에서는 두 번째 열(Yes 칼럼)의 합을 전체 관찰값의 총합으로 나눈 값이다.[5]

---

5 유병률은 특정 시간에 전체 인구 중에서 질병을 갖고 있는 사람의 비율. 특정 시점에 한 개인이 질병에 걸려 있을 확률의 추정값을 의미한다. – 옮긴이

- 질병 검출 비율(Detection Rate)은 참 양성[true positive]으로 나타난 비율로, 우리 예에서는 35를 총 관찰값 개수로 나눈 값이다.
- 질병 검출 유병률(Detection Prevalence)은 예측된 유병률로, 우리의 예에서는 맨 아래쪽 행을 전체 관찰값 수로 나눈 값이다.
- 균형 정확도(Balance Accuray)는 모든 클래스로부터 얻은 평균 정확도다. 이 통계량은 분류 알고리즘에 내재된 잠재 편향을 설명하는 척도인데, 이 잠재 편향 때문에 가장 빈도가 높은 클래스를 과도하게 예측할 가능성이 있다. 이 값은 단순히 민감도와 특이도를 더해 2로 나눈 값이다.

우리가 만든 모형의 민감도는 기대만큼 높지 않고, 이는 실제 당뇨 환자의 발견 비율을 개선할 수 있도록 해줄 어떤 피처가 데이터 세트에서 빠져 있다는 이야기다. 이제 위 결과를 선형 서포트 벡터 머신 모형의 결과와 비교해본다.

```
> confusionMatrix(tune.test, test$type, positive = "Yes")
Confusion Matrix and Statistics
 Reference
Prediction No Yes
 No 82  24
 Yes 11 30
 Accuracy : 0.7619
 95% CI : (0.6847, 0.8282)
 No Information Rate : 0.6327
 P-Value [Acc > NIR] : 0.0005615
 Kappa : 0.4605
 Mcnemar's Test P-Value : 0.0425225
 Sensitivity : 0.5556
 Specificity : 0.8817
 Pos Pred Value : 0.7317
 Neg Pred Value : 0.7736
 Prevalence : 0.3673
 Detection Rate : 0.2041
 Detection Prevalence : 0.2789
```

```
Balanced Accuracy : 0.7186
'Positive' Class : Yes
```

두 모형을 비교해보면 알 수 있듯이, 선형 SVM은 모든 측도에서 정확도가 떨어지는 방법으로 드러났다. 확실한 승자는 시그모이드 커널 서포트 벡터 머신이다. 그러나 어떠한 피처 선택에서도 적용되는, 우리가 한 가지 간과한 사실이 있다. 우리가 지금까지 한 일은 모든 변수를 피처 입력 공간에 모조리 집어넣고 블랙박스 서포트 벡터 머신의 계산 결과로 분류를 예측하게 한 것이다. 서포트 벡터 머신에 관한 문제점 중 하나는 찾은 결과를 해석하기가 매우 어렵다는 점이다. 5장의 범위는 벗어나는 감이 있지만, 이처럼 해석하기 어렵다는 문제를 피해가는 방법이 몇 가지 있다. 지금까지 개요로 설명했던 기본적인 내용을 독자들이 숙지해 편안하게 느끼게 되면 반드시 이런 문제에 관해 스스로 탐험하고 배워야 할 것이다.

▌ 서포트 벡터 머신에서의 피처 선택

그러나 피처 선택이 모든 면에서 희망이 없는 것은 아니고, 지금부터 지면을 따로 할애해 이 문제에 관해 짧게 짚고 넘어가고자 한다. 독자의 입장에서는 시행착오를 통한 학습이 필요할 것이다. caret 패키지를 kernlab 패키지에 기반해 한 번 더 선형 서포트 벡터 머신에 관한 교차 검증을 실행할 것이므로 이 문제에 도움이 될 것이다.

먼저 랜덤 시드를 설정해주고, caret 패키지의 rfeControl() 함수에 교차 검증의 방법을 명시해주고, rfe() 함수로 반복적인 피처 선택을 시행하고, 그런 다음 테스트 데이터 세트에 관한 모형의 성능을 검사한다. rfeControl() 함수 안에는 현재 사용하는 모델에 기반한 함수 이름을 명시해줘야 한다. 우리가 쓸 수 있는 몇 가지 함수가 있다. 이 예제에서는 lrFuncs가 필요하다. 사용 가능한 함수들의 목록을 보는 데에는 ?rfeControl과 ?caretFuncs처럼 도움말 명령어로 설명 문서를 불러 참고하는 것이 가장 나은 방법일 것이다. 이 예제를 위해 다음과 같은 코드를 실행하자.

```
> set.seed(123)
> rfeCNTL <- rfeControl(functions = lrFuncs, method = "cv", number = 10)
> svm.features <- rfe(train[, 1:7], train[, 8],
 sizes = c(7, 6, 5, 4),
 rfeControl = rfeCNTL,
 method = "svmLinear")
```

svm.features 오브젝트를 생성할 때 중요한 것은 입력 데이터와 반응 인자response factor, sizes를 이용한 입력 피처의 개수 지정 그리고 kernlab으로부터 선형 방법으로 svmLinear 문법을 명시해줘야 한다. 이 방법에는 예를 들어 svmPoly처럼, 선택 가능한 다른 옵션도 있다. 그러나 시그모이드 커널을 위한 방법은 없다. 오브젝트를 호출하면 다양한 피처 크기에서 성능이 어떠한지를 확인할 수 있다.

```
> svm.features
Recursive feature selection
Outer resampling method: Cross-Validated (10 fold)
Resampling performance over subset size:
 Variables Accuracy Kappa AccuracySD KappaSD Selected
 4 0.7797 0.4700 0.04969 0.1203
 5 0.7875 0.4865 0.04267  0.1096 *
 6 0.7847 0.4820 0.04760 0.1141
 7 0.7822 0.4768 0.05065 0.1232
The top 5 variables (out of 5):
 glu, ped, npreg, bmi, age
```

직관에 어긋나 보이지만, 5개의 변수만으로 내는 성능이 skin과 bp가 추가로 포함됐을 때 정도로 좋다. 완전 모형full model에서 정확도가 76.2%였음을 상기하면서 이제 테스트 세트에도 적용해보자.

```
> svm.5 <- svm(type ~ glu + ped + npreg + bmi + age,
 data = train,
 kernel = "linear")
> svm.5.predict <- predict(svm.5, newdata = test[c(1, 2, 5, 6, 7)])
```

```
> table(svm.5.predict, test$type)
svm.5.predict No Yes
 No 79 21
 Yes 14 33
```

이 결과는 완전 모형만큼 좋은 성능을 보이지 않는다. 이 기법으로 어떻게 피처의 중요성을 간단히 밝혀낼 수 있는지는 시행착오를 거치면 알 수 있다. 만일, 독자들이 이 문제에 적용할 수 있는 다른 기법과 방법을 탐험해보고 싶다면, 특히 블랙박스 기법을 살펴보고 싶다면, 이 주제에 관한 Guyon and Elisseeff(2003)의 논문(An Introduction to Variable and Feature Selection)을 먼저 읽어보기 바란다.

▌ 요약

5장에서 우리는 두 가지 새로운 분류 기법, 최근접 이웃법KNN과 서포트 벡터 머신SVM에 관해 배웠다. 학습 목표는 이 기법들의 작동법과 두 기법 사이의 차이점을 발견하기 위해 당뇨병 데이터로 개인의 당뇨 여부를 예측하기 위한 공통된 데이터 세트로 모형을 만들어 성능을 비교했다. 최근접 이웃법에서는 비가중 및 가중 최근접 이웃 알고리즘을 모두 살펴봤다. 이 방법들은 개인의 당뇨병 여부 예측에서 서포트 벡터 머신만큼 좋은 성능을 보이지는 못했다.

마지막으로, caret 패키지를 이용해 간단하게 피처 선택을 하는 방법에 관해 다뤘는데, 그 이유는 서포트 벡터 머신과 같은 블랙박스 기법에 적용하기에는 어려운 내용이기 때문이다. 이러한 기법들을 향후에 사용하려면 블랙박스라는 사실이 주요한 도전으로 다가올 것인데, 독자들은 손에 주어진 비즈니스 문제를 해결하는 데 얼마나 실행 가능한 기법인지를 고려해 적용해야 할 것이다.

06

분류 트리와 회귀 트리

"가장 좋다고 알려진 분류기는 랜덤 포레스트 방식random forest이다. 그중에서 R로 구현돼 있고, caret에서 사용할 수 있는 것 중에 가장 좋은 결과를 낸 것은 데이터 세트의 84.3% 만으로 정확도 90%를 넘겨 최대 94.1% 정확도를 보였다."

– 페르난데스–델가도 등Fernández-Delgado et al.(2014)

위의 글은 머신 러닝 연구 저널Journal of Machine Learning Research에 실린 페르난데스–델가도 등의 글에서 인용한 것이다. 이 장에서 설명할 기법이 분류 문제에서 매우 효과적이라는 것을 잘 보여주기 때문에 인용했다. 물론 이 방법들이 항상 최상의 결과를 내지는 않지만, 좋은 결과를 내는 출발점은 될 수 있다.

앞에서 수량을 예측하거나 라벨을 분류하는 데 사용하는 기법을 예로 들었다. 이제부터는 그 기법들을 두 가지 종류의 문제에 적용한다. 이전의 장과 달리 실제 비즈니스 문제에도 적용해볼 것이다. 우리의 예측 방법을 향상할 수 있는지 알기 위해 새로운 문제를 정의하기보다 이미 다뤘던 이슈에 이 기법을 적용할 것이다. 또한 이 장에서는 앞서 선택한 모형을 개선할 수 있는지 알아보기 위해 실제 비즈니스 사례에 사용할 것이다.

첫 번째로 기본적인 의사결정 트리에 관해 논의한다. 이 방식은 만들기도 간단하고 이해하기도 쉽다. 하지만 의사결정 트리 1개만으로는 앞서 배웠던 방식들 만큼 결과가 좋지 않을 것이다. 예를 들어, 서포트 벡터 머신이나 앞으로 배우게 될 신경망 방식보다 못할 것이다. 그렇기 때문에 의사결정 트리 여러 개, 심지어 수백 개의 의사결정 트리를 만들어 각 결과를 엮는 방법에 관해 설명한다. 이렇게 하면 단일 의사결정 트리를 사용하는 것보다 나은 예측을 할 수 있게 된다.

이 장의 처음에 나온 논문처럼 이 방법은 이 책에 나온 방법 중에서 가장 성능이 좋다. 보통은 **랜덤 포레스트**random forests나 **그레이디언트 부스트 트리**gradient boosted tree라고 부른다. 우선 비즈니스 사례를 다루기에 앞서 피처(설명 변수)를 선택하거나 생략하는 것에 도움이 될 수 있도록 데이터 집합에 랜덤 포레스트 방법을 적용하는 방법을 설명한다.

▌ 개괄적인 방법

이제 회귀 트리와 분류 트리, 랜덤 포레스트, 그레이디언트 부스트 방법을 간단히 살펴보고 난 후에 실제 비즈니스 사례에 적용할 것이다.

회귀 트리

트리 기반 방식을 이해하려면 정량적인 결과부터 설명하는 것이 더 쉬울 것이다. 그 후에 분류 문제에 대해 동작하는 방식을 설명한다. 트리 기법의 핵심은 피처들을 나누는 것이다. 분할을 하면 잔차 제곱합RSS 값이 개선된다. 트리의 마지막까지 계속 둘로 분할한다. 그런 다음, 전체 데이터 세트를 나누지 않고 앞서 분할한 트리의 아랫부분에 관해서만 분할한다. 이런 하향식top-down 과정을 '재귀적 분할'이라고 한다. 또 이 과정을 **탐욕적**greedy라고도 하는데, 머신 러닝 방법에 관해 공부하다 보면 알게 될 것이다. 이 분할 과정에서 사용한 알고리즘이 뒤에 더 좋은 결과가 나올 수 있는 분할 방식을 고려하지 않고, 잔차 제곱합만을 가장 크게 줄일 수 있는 것에만 집중한다고 해서 탐욕적이라고 부르는 것이다. 결과적으로 전체 트리의 불필요한 가지 부분까지 진행되기 때문에 편향은 낮고, 분산은 높게 나타난다. 이를 제대로 다루려면 전체 트리를 만든 후에 적당히 잘라내어 최적화된 크기로 만들어야 한다.

그림 6.1에서 이 기법의 동작 방식을 시각화했다. 데이터는 30개의 가설 관찰값이고 1에서 10까지의 범위에 있다. 0부터 10까지의 범위값을 갖는 2개의 피처(예측 변수)를 $X1$과 $X2$라고 가정해보자. 전체 트리를 세 번 분할해서 총 4개의 단말 노드가 있다. 각 분할은 기본적으로 if … then 구문이나 R의 문법인 ifelse( )를 사용하는 것과 같다. 첫 번째 분할에서 $X1$이 3.5보다 작으면 응답은 평균값이 2.4인 4개의 관찰값과 나머지 26개의 관찰값으로 나뉜다. 4개의 관찰값을 가진 왼쪽 갖는 더 나눠봤자 잔차 제곱합을 크게 개선할 수 없기 때문에 단말 노드가 됐다. 이 트리 분할에서 4개 관찰값의 예측값은 평균값이 된다. 그런 다음, $X2 < 4$로 분할하고, 마지막은 $X1 < 7.5$로 끝난다.

이 방법의 장점은 매우 높은 비선형 관계를 다룰 수 있다는 것이다. 하지만 잠재적인 단점도 몇 개 있다. 첫 번째 단점은 관찰값이 단말 노드 다음 값의 평균값으로 돼 있다는 것이다. 이는 전체적인 예측 성능에 해를 끼친다. 즉, 높은 편향을 만든다. 뒤집어 생각하면, 낮은 편향을 얻기 위해 계속 데이터를 분할해 나가면 높은 분산이 문제가 될 것이다. 다른 방법과 마찬가지로 적절한 트리 깊이를 정하기 위해 교차 검증을 사용할 수 있다.

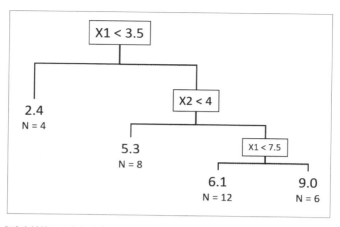

그림 6.1 3번의 분할로 4개의 단말 노드가 있는 회귀 트리. 각 노드는 관찰값의 수와 평균을 나타낸다.

분류 트리

분류 트리는 회귀 트리와 같은 원리로 동작한다. 다만, 잔차 제곱합이 아니라 오차율에 의해 분할을 한다는 것만 차이가 난다. 사용한 오차율은 흔히 생각하는 계산 오차가 아니라 잘못 분류된 관찰값의 수를 전체 관찰값의 수로 나눈 값이다. 트리를 분할할 때 잘못 분류한 비율이 저절로 드러나기 때문에 분할을 하면서 정보를 얻는 상황에 놓인다. 하지만 잘못 분류한 비율을 개선할 수는 없다. 다음 예제를 보자.

노드 하나를 N0라고 하자. '아니요'라는 라벨을 붙인 관찰값이 7개, '예'라는 라벨을 붙인 관찰값이 3개 있다. 잘못 분류한 비율을 30%라고 할 수 있다. 이를 염두에 두고 오차를 측정하는 방법 중 흔히 쓰는 **지니 인덱스**^{Gini index}로 계산해보자.

단일 노드의 지니 인덱스의 공식은 다음과 같다.

$$Gini = 1 - (probability\ of\ Class\ 1)^2 - (probability\ of\ Class\ 2)^2$$

N0에 관해 계산하면 잘못 분류한 비율은 30%에 관해 지니 인덱스는 *1-(.7)²-(.3)² = 0.42*가 된다.

예를 좀 더 들어보자. Class1에 해당하는 3개의 관찰값, Class 2에 해당하는 관찰값이 없는 노드 *N1*, Class 1에 속하는 4개의 관찰값, Class 2에 속하는 3개의 관찰값을 가진 노드 *N2*를 나란히 만들어보자. 이제 이 가지에서 전체적으로 잘못 분류한 비율은 여전히 30%지만, 전체적인 지니 인덱스는 개선됐다.

- *Gini(N1) = 1 − (3/3)² - (0/3)²=0*
- *Gini(N2) = 1 − (4/7)² - (3/7)²=0.49*
- 지니 인덱스 = *(N1의 비율 x Gini(N1)) + (N2의 비율 x Gini(N2))*이므로 *(0.3 x 0) + (0.7 x 0.49) = 0.343*이 된다.

대리 정보 오차율surrogate error rate을 나누는 방식으로 우리 모형의 불순율을 *0.42*에서 *0.343*으로 낮출 수 있다. 하지만 잘못 분류한 비율은 여전히 바뀌지 않았다. 이 장에서 사용할 rpart( ) 패키지에서는 이 기법을 사용해 분류한다.

랜덤 포레스트(무작위의 숲)

우리의 모형의 예측력을 크게 향상하려면 아주 많은 트리를 만들고 결과를 결합하면 된다. 랜덤 포레스트 기법에서는 두 가지 방법을 사용해 모형을 개발하는데, 첫 번째 방법은 **자발적 응집**bootstrap aggregation 또는 **자루 담기**bagging, 배깅라고 부르는 방법이다.

자루 담기 방법은 전체 관찰값 3분의 2 정도의 데이터 집합에서 무작위로 샘플을 선정해 트리를 만드는 방법이다. 여기서 남은 3분의 1 정도의 관찰값을 oobout-of-bag라고 한다. 이 방식으로 수십 회에서 수백 회를 반복한 후에 결과를 평균 낸다. 각 트리는 특정 오차 측정 기법을 사용해 잘라내지도 않고 계속 크게 자라게 한다. 이렇게 되면 개별 트리의 분산값은 높게 나타난다. 하지만 전체 결과를 평균 내면 편향값을 증가하지 않고도 분산값을 낮출 수 있다.

랜덤 포레스트 기법에서 사용하는 두 번째 방법은 개별 분할에서 입력 피처(예측 변수)를 무작위로 선정하는 방법이다. 랜덤 포레스트 패키지를 사용하는 경우, 예측 변수를 무작위로 선정할 때 사용하는 디폴트 랜덤 값은 다음과 같이 정한다. 분류 문제를 풀 때는 전체 예측 변수 수의 제곱근을 한 값을 쓰고, 회귀 분석 문제를 풀 때는 전체 예측 변수 수를 3으로 나눈 값을 사용한다. 각 분할에서 알고리즘이 무작위로 선택하는 예측 변수 수는 모형을 세부 조정하는 과정에서 바뀔 수 있다.

각 분할에서 피처를 무작위로 선택하는 방법론을 사용함으로써 상관관계가 매우 높은 예측 변수가 자루 담기bootstrapped를 한 모든 트리에서 주요 동인driver이 되는 효과를 완화할 수 있다. 해당 예측 변수가 주요 동인이 되면 자루 담기를 통해 분산값을 낮추려고 한 것이 소용없게 된다. 서로 상관관계가 적은 트리를 계속해서 평균 냄으로써 단지 자루 담기bagging만 사용한 방법보다 더 보편적이고 특이점에 강한 방법이 된다.

그레이디언트 부스트(경사 부양 기법)

부스트boosting 기법은 배우거나 이해하기에 매우 복잡할 수도 있다. 하지만 내부에서 일어나는 기본적인 동작 방식은 꼭 기억해둬야 한다. 기본 아이디어는 기본 학습자인 선형, 곡선, 트리 모형과 같은 기본 모형을 만든 후 잔차residuals를 검사하고 소위 **손실 함수**loss function에 맞춰 이 잔차를 바탕으로 모형을 적합fit하게 하는 것이다. 손실 함수는 모형과 원하던 예측값과 불일치를 계산하는 단순한 함수다. 예를 들면 회귀regression 분석에서는 오차의 제곱, 분류에서는 로지스틱 함수를 손실 함수로 사용할 수 있다. 적합하게 하는 과정은 특정 기준에 이를 때까지 계속 반복한다. 이는 학생이 연습 시험을 봐서 100문제 중에서 30문제를 틀린 경우에 결국 틀린 30문제만 다시 공부하는 것과 같다. 다음 연습 시험에서 30문제 중에 10문제를 틀리면 다시 틀린 10문제에만 집중하는 방식이다. 이 과정의 내부를 좀 더 공부하려면 저널 Frontiers in Neurorobotics에 실린 Gradient boosting machines, a tutorial, Natekin A., Knoll A. (2013)를 참고하라(http://www.ncbi.nlm.nih.gov/pmc/articles/PMC3885826/).

조금 전에 이야기한 것처럼 부스트 기법은 다양한 기본 학습자에 적용할 수 있다. 하지만 우리는 **트리 기반 학습**의 세부 사항에만 집중할 것이다. 각 트리에서 반복은 작으며 상호작용 깊이interaction depth라는 세부 조정 인자 중 하나를 사용해 얼마나 작은 값을 사용할지 결정한다. 실제로 그루터기stump라고도 하는 한 번의 분할만큼 작은 값이 될 수도 있다.

손실 함수에 따라 지정한 트리의 수(멈춰야 할 기준)에 이를 때까지 잔차에 순차적으로 트리를 적합하게 한다.

Xgboost 패키지(eXtreme Gradient Boosting)를 사용해 모형을 만드는 과정에서 조정해야 할 인자parameter가 많다. 이 패키지는 성능이 좋기 때문에 온라인 데이터 콘테스트에서 매우 인기가 있다. 다음 웹 사이트에는 부스트 트리와 Xgboost에 관한 훌륭한 배경 자료가 있다.

http://xgboost.readthedocs.io/en/latest/model.html

우리는 비즈니스 사례를 통해 하이퍼파라미터hyperparameters를 최적화하고, 의미 있는 결과와 예측값을 만드는 방법을 보여줄 것이다.[1] 이 인자들은 서로 상호 작용할 수 있으며, 다른 인자를 고려하지 않고 인자를 사용하면 모형의 성능을 악화시킬 수 있다. caret 패키지를 사용하면 인자를 조정하는 과정에 도움이 될 것이다.

▌ 비즈니스 사례

이 사례에서 전체적인 비즈니스 목표는 이전 장에서 이미 작업한 몇 가지 사례에 관한 예측력을 개선할 수 있는지 확인하는 것이다. 회귀 분석을 위해 4장, '선형 모형에서 고급 피처 선택'에서 사용했던 전립선 암 데이터 세트를 다시 살펴볼 것이다. 개선의 여부의 기준으로 삼는 평균 제곱 오차는 0.444다.

---

1 머신 러닝 알고리즘에는 사용자가 지정해야 할 값이 많다. 이런 세부 조정값을 하이퍼파라미터라고 한다. - 옮긴이

분류에 사용하기 위해 3장, '로지스틱 회귀와 판별 분석'의 유방암 생체 조직 검사 데이터와 5장 '다른 분류 기법들 – K-최근접 이웃법과 서포트 벡터 머신'의 피마 인디언의 당뇨병 데이터를 활용할 것이다. 유방암 데이터에서 97.6%의 예측 정확도를 달성했다. 당뇨병 데이터의 경우, 79.6%의 정확도를 향상시키기 위해 노력하고 있다.

랜덤 포레스트 기법과 부스트 기법을 3개의 데이터 세트에 적용할 것이다. 하지만 단순 트리 기법은 4장, '선형 모형에서 고급 피처 선택'에서 사용한 유방암과 전립선 암의 데이터 세트만 적용한다.

모형화 및 평가

모형화 프로세스를 수행하기 위해 7개의 R 패키지를 로드해야 한다. 그런 다음, 각 기법을 살펴보고 이전 장에서 사용했던 방법으로 분석한 데이터를 얼마나 잘 다뤘는지 비교할 것이다.

회귀 트리

전립선 암 데이터 세트부터 다뤄본다. 우선 필요한 R 패키지를 로드해야 한다. 패키지를 로딩하기 전에 해당 라이브러리부터 먼저 설치해야 한다.

```
> library(rpart) # 분류 및 회귀 트리
> library(partykit) # 트리 출력
> library(MASS) # 유방암 및 피마 인디언 데이터
> library(ElemStatLearn) # 전립선 암 데이터
> library(randomForest) # 랜덤 포레스트
> library(xgboost) # 그레이디언트 부스트
> library(caret) # 하이퍼파라미터 조정
```

먼저 4장, '선형 모형에서 고급 피처 선택'에서 했던 것처럼 전립선 암 데이터를 사용해 회귀 분석을 수행하고 준비한다. 이 과정에서 데이터 세트를 호출하고 ifelse() 함수를 사

용해 gleason 점수를 지표 변수로 사용하도록 코딩한다. 그런 다음, test 및 train 세트를 만든다. train 세트는 pros.train이 되고, test 세트는 다음과 같이 pros.test가 된다.

```
> data(prostate)
> prostate$gleason <- ifelse(prostate$gleason == 6, 0, 1)
> pros.train <- subset(prostate, train == TRUE)[, 1:9]
> pros.test <- subset(prostate, train == FALSE)[, 1:9]
```

그리고 train 세트 데이터로 회귀 트리를 만들기 위해 R의 party 패키지에 있는 rpart( ) 함수를 사용할 것이다. 문법은 다른 모형화 기법에서 사용한 것과 매우 비슷하다.

```
> tree.pros <- rpart(lpsa ~ ., data = pros.train)
```

트리의 최적의 분할 횟수를 정하기 위해 이 객체를 호출해 분할 횟수당 오차를 계산한다.

```
> print(tree.pros$cptable)
    CP nsplit rel error  xerror    xstd
1 0.35852251   0 1.0000000 1.0364016 0.1822698
2 0.12295687   1 0.6414775 0.8395071 0.1214181
3 0.11639953   2 0.5185206 0.7255295 0.1015424
4 0.05350873   3 0.4021211 0.7608289 0.1109777
5 0.01032838   4 0.3486124 0.6911426 0.1061507
6 0.01000000   5 0.3382840 0.7102030 0.1093327
```

이는 분석할 때 매우 중요한 테이블이다. CP라고 표시한 첫 번째 열은 비용 복잡도 인자$^{\text{complexity parameter}}$고, nsplit이라고 표시한 두 번째 열은 트리의 분할 횟수를 표시한 것이다. 상대 오차의 약자인 rel error로 표시한 열은 분할 횟수에 따른 RSS의 값을 분할하지 않았을 때의 RSS 값으로 나눈 값으로, *RSS(k)/RSS(0)*으로 표시한다. xerror와 xstd 열은 10-겹 교차 검증$^{\text{10-fold cross validation}}$에서 나온 값으로 xerror는 평균 오차고, xstd는 교차 검증 과정의 표준편차다. 전체 데이터 세트에서는 다섯 번 분할하면 가장 낮은 오차를 얻을 수 있지만, 교차 검증을 사용한 경우에 네 번 분할에서 약간 더 낮은 오차를 얻을 수 있다는 것을 알 수 있다. 이는 plotcp( )를 사용해 확인할 수 있다.

```
> plotcp(tree.pros)
```

위 명령을 실행한 결과는 다음과 같다.

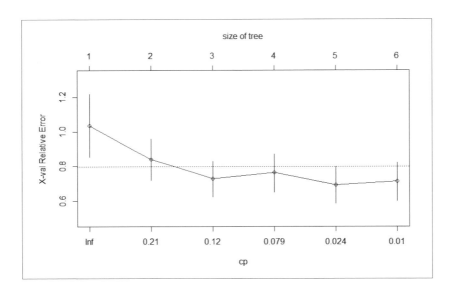

위 그림은 트리 크기에 따른 상대 오차를 오차 막대로 표시한 것이다. 그림 중간의 수평선은 최소 표준 오차의 상한선을 그린 것이다. 트리 크기 5인 트리(4번 분할을 한)를 선택해 테이블에서 잘라낸 트리와 연관된 cp에 관한 객체를 생성함으로써 가지치기를 통해 xerror를 최소화한 트리 객체를 만들 수 있다.

```
> cp <- min(tree.pros$cptable[5, ])
> prune.tree.pros <- prune(tree.pros, cp = cp)
```

생성한 후에 그림을 그려 전체 트리와 가지치기를 한 트리와 비교해보자. 트리를 그리는 것은 party 패키지를 사용해 그리는 것보다 partykit 패키지를 사용해 그리는 것이 훨씬 보기 좋다. Plot( ) 함수 안에 as.party( ) 함수를 래퍼 함수로 사용하면 된다.

```
> plot(as.party(tree.pros))
```

위 명령을 실행한 결과는 다음과 같다.

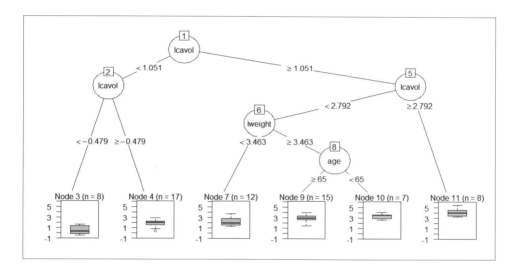

이제 가지치기를 한 트리를 as.party( ) 함수로 그려보자.

```
> plot(as.party(prune.tree.pros))
```

수행 결과는 다음과 같다.

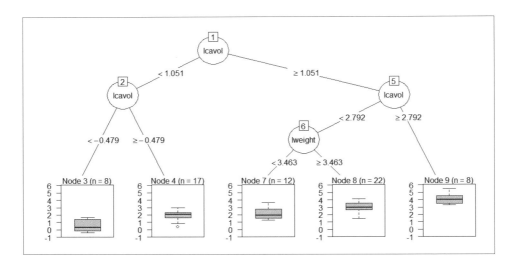

마지막 분할을 빼고는 두 트리의 분할이 정확히 같다는 것을 알 수 있다. 전체 트리의 마지막 분할에 age 변수가 더 들어 있다. 흥미롭게도 첫 번째와 두 번째의 분할은 암 부피의 로그 값lcavol과 관련 있다. 이 그림은 분할 구조, 노드, 노드별 관찰값과 예측하려는 결과를 박스플롯 형태로 보여주기 때문에 매우 유용하다.

이제 가지치기를 한 트리가 test 데이터를 이용해 얼마나 잘 수행하는지 살펴보자. 먼저 predict( ) 함수를 사용해 예측값을 담을 객체를 생성하고 테스트 데이터를 통합한다. 그런 다음, 오차(예측값에서 실제 값을 뺀 값)를 계산하고 평균 제곱 오차MSE를 계산한다.

```
> party.pros.test <- predict(prune.tree.pros, newdata = pros.test)
> rpart.resid <- party.pros.test - pros.test$lpsa
> mean(rpart.resid^2) # 평균 제곱 오차를 계산한다.
[1] 0.5267748
```

앞서 4장, '선형 모형에서 고급 피처 선택'에서는 기본 평균 제곱 오차인 0.44와 비교했을 때 가지치기한 트리로는 예측값을 개선하지 못했다. 하지만 가치 없는 기술이란 없다. 우리가 만든 트리 그림을 한 번 보면 반응 변수 뒤에 어떤 것이 주요 동인^{driver}인지 쉽게 설명할 수 있다. 도입부에서 언급한 것처럼 트리는 해석하거나 설명하기에 매우 쉽다. 여러 경우에 있어 정확도보다 중요할 수 있다.

분류 트리

분류 문제를 풀기 위해 3장, '로지스틱 회귀와 판별 분석'에서 했던 것과 동일한 식으로 유방암 데이터를 준비할 것이다. 데이터를 로딩한 후에 환자 ID를 삭제하고, 피처의 이름을 바꾸고, 빠진 값 몇 개를 삭제한 후에 train/test 데이터 세트를 생성한다. 다음 코드를 보자.

```
> data(biopsy)
> biopsy <- biopsy[, -1] # ID 삭제
> names(biopsy) <- c("thick", "u.size", "u.shape", "adhsn","s.size", "nucl",
"chrom", "n.nuc", "mit", "class") # 피처 이름 변경
> biopsy.v2 <- na.omit(biopsy) # 값이 없는 관찰값을 삭제
> set.seed(123) # 난수 발생기 초기화
> ind <- sample(2, nrow(biopsy.v2), replace = TRUE, prob = c(0.7, 0.3))
> biop.train <- biopsy.v2[ind == 1, ] # 학습 데이터 세트
> biop.test <- biopsy.v2[ind == 2, ] # 테스트 데이터 세트
```

데이터를 적절하게 설정한 후에는 앞서 회귀 분석 문제를 다룰 때 했던 방식과 비슷한 명령을 사용할 것이다. 하지만 분류 트리를 만들기 전에 결과가 Factor인지 확인할 필요가 있다. 먼저 str() 함수를 사용해 다음과 같이 실행한다.

```
> str(biop.test[, 10])
Factor w/ 2 levels "benign","malignant": 1 1 1 1 1 2 1 2 1 1 ...
```

먼저 트리를 만들고 최적의 분할 횟수를 정하기 위한 테이블을 검토해본다.

```
> set.seed(123)
> tree.biop <- rpart(class ~ ., data = biop.train)
> tree.biop$cptable
CP nsplit rel error xerror xstd
1 0.79651163 0 1.0000000 1.0000000 0.06086254
2 0.07558140 1 0.2034884 0.2674419 0.03746996
3 0.01162791 2 0.1279070 0.1453488 0.02829278
4 0.01000000 3 0.1162791 0.1744186 0.03082013
```

테이블을 보면 두 번만 분할했을 때(출력 데이터의 세 번째 행) 교차 검증 오차^{xerror}가 제일 작다는 것을 알 수 있다. 그러면 트리를 가지치기하고 출력해 어떻게 test 데이터 세트를 처리했는지 살펴보자.

```
> cp <- min(tree.biop$cptable[3, ])
> prune.tree.biop <- prune(tree.biop, cp = cp)
> plot(as.party(prune.tree.biop))
```

위 명령을 실행한 결과는 다음과 같다.

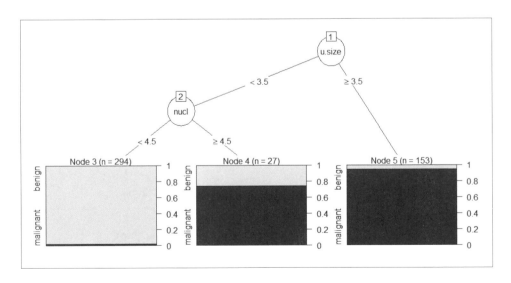

트리 그림을 살펴보면 세포 크기의 균등성$^{u.size}$이 첫 번째 분할이었고, 나핵^{nucl}이 두 번째 분할 기준이라는 것을 알 수 있다. 가지치기 전 전체 트리에서는 세포 두께도 분할 기준에 포함돼 있었다. 그러면 predict( ) 함수에서 type="class"를 다음과 같이 사용해 test 관측값을 예측할 수 있다.

```
> rparty.test <- predict(prune.tree.biop, newdata = biop.test, type ="class")
> table(rparty.test, biop.test$class)
rparty.test benign malignant
benign     136      3
malignant    6     64
> (136+64)/209
[1] 0.9569378
```

단지 두 번 분할한 기본 트리만으로도 거의 96%의 정확도를 얻을 수 있다. 이 값은 로지스틱 회귀 분석 기법을 사용했을 때의 97.6%에 비교하면 낮은 값이지만, 이를 개선할 수 있는 더 나은 방법이 있다고 할 정도의 값은 된다. 그러면 랜덤 포레스트에 관해 알아보자.

랜덤 포레스트 회귀 분석(random forest regression)

여기서는 전립선^{prostate} 암 데이터를 다시 집중적으로 다룬다. 이후에 유방암 데이터와 피마 인디언 데이터 세트를 다룰 예정이다. 사용할 패키지 이름은 randomForest다. random forest 객체를 생성하는 보통의 방법은 randomForest( ) 함수를 사용하는 것이다. 계산 공식과 데이터 세트를 2개의 인자로 전달한다. 회귀 트리에서 트리를 순회할 때마다 표본을 추출할 때 사용하는 기본값은 p/3이고, 분류 트리에서는 p의 제곱근이다. 여기서 p는 데이터 프레임 안의 예측 변수 수다. 더 큰 데이터 세트에서는 p의 관점에서 mtry 인자를 조정해 트리를 순회할 때마다 표폰 추출할 p의 수를 결정한다. 이들 예제에서 p가 10보다 작으면 이 과정을 생략한다. p가 더 큰 데이터 세트에서 mtry를 최적화하려면 caret 패키지를 사용하거나 randomForest 에 있는 tuneRF( ) 함수를 사용하면 된다. 이를 이용해 다음과 같이 랜덤 포레스트를 생성하고 결과를 검증해보자.

```
> set.seed(123)
> rf.pros <- randomForest(lpsa ~ ., data = pros.train)
> rf.pros
Call:
randomForest(formula = lpsa ~ ., data = pros.train)
Type of random forest: regression
Number of trees: 500
No. of variables tried at each split: 2
Mean of squared residuals: 0.6792314
% Var explained: 52.73
```

위 코드에서 rf.pros 객체를 호출하면 매 분할마다 2개의 변수를 샘플링해 (디폴트로) 500 개의 각기 다른 트리를 랜덤 생성해 돌려준다. 결과값은 MSE가 약 0.68이고, 설명 분산 explained variance은 53%에 가깝게 나왔다. 그러면 트리 생성 기본값을 개선할 수 있는지 알아보자. 트리가 너무 많아지면 과적합overfitting이 될 수 있다. 당연하게도 얼마나 많이 만들어야 하는지는 데이터에 따라 크게 달라진다. 도움이 될 만한 방법이 두 가지가 있다. 하나는 rf.pros를 그림으로 그려보는 것이다. 다른 하나는 최소 MSE를 계산해보는 것이다.

```
> plot(rf.pros)
```

위 명령을 실행한 결과는 다음과 같다.

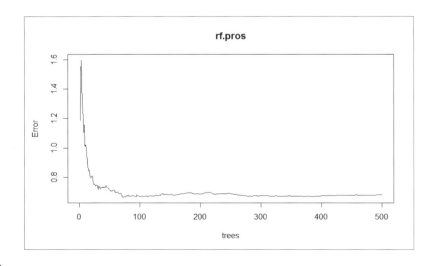

이 그림은 해당 모형에서 트리 수에 따른 MSE의 값을 나타내고 있다. 트리의 수가 늘어나는 초반에 MSE가 크게 개선되는 모습을 볼 수 있다. 생성한 트리 수가 100개가 넘어가면서 큰 변화 없이 유지되는 결과가 나왔다.

명확하면서도 최적의 트리를 which.min( ) 함수를 이용해 찾아낼 수 있다.

```
> which.min(rf.pros$mse)
[1] 75
> set.seed(123)
> rf.pros.2 <- randomForest(lpsa ~ ., data = pros.train, ntree
=75)
> rf.pros.2
Call:
randomForest(formula = lpsa ~ ., data = pros.train, ntree = 75)
Type of random forest: regression
Number of trees: 75
No. of variables tried at each split: 2
Mean of squared residuals: 0.6632513
% Var explained: 53.85
```

위 결과를 보면 MSE와 설명 분산값이 약간 개선됐다는 것을 알 수 있다. 모형을 테스트하기에 앞서 다른 그림을 살펴보자. 자루 담기 방식으로 샘플링하고 2개의 랜덤 예측 변수만으로 생성한 75개의 서로 다른 트리를 결합하고자 한다면 결과의 주요 동인을 결정할 방법이 필요할 것이다. 트리 하나만으로는 이 그림을 설명할 수 없지만, 변수 중요도variable importance plot 도표와 대응 변수 목록을 만들 수는 있다. y축은 중요도의 내림차순으로 변수를 나열한 것이고, x축은 MSE의 개선 정도를 백분율로 나타낸 것이다. 분류 문제에서는 이것이 지니 인덱스를 개선하는 것이 된다는 점에 주목해야 한다. 변수 중요도를 그리는 함수는 varImpPlot( )이다.

```
> varImpPlot(rf.pros.2, scale = T,
main = "Variable Importance Plot - PSA Score")
```

위 명령을 실행한 결과는 다음과 같다.

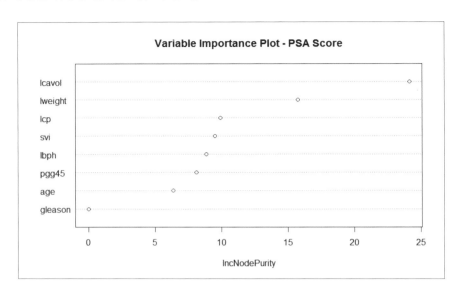

트리 하나만 놓고 보면 lcalvol 변수가 가장 중요한 변수고, lweight 변수가 두 번째로 중요한 변수가 된다. 만약, 실제 수의 값을 보려면 importanc() 함수를 사용하면 된다.

```
> importance(rf.pros.2)
IncNodePurity
lcavol 24.108641
lweight 15.721079
age 6.363778
lbph 8.842343
svi 9.501436
lcp 9.900339
gleason 0.000000
pgg45 8.088635
```

그러면 test 데이터로는 어떤 결과가 나오는지 알아보자.

```
> rf.pros.test <- predict(rf.pros.2, newdata = pros.test)
> rf.resid = rf.pros.test - pros.test$lpsa # 잔차 계산
> mean(rf.resid^2)
[1] 0.5136894
```

계산으로 나온 MSE 값은 0.51로 앞서 4장, '선형 모형에서 고급 피처 선택'에서 LASSO로 계산해 얻었던 0.44에 비하면 여전히 높은 값이고, 개별 트리보다도 나쁜 값이다.

랜덤 포레스트 분류

랜덤 포레스트 회귀 모형의 성능에 실망했겠지만, 이 기법은 분류 문제에서 진짜 힘을 발휘할 수 있다. 그러면 유방암 진단 데이터에 이 기법을 활용해보자. 진행 과정은 앞서 회귀 분석 문제에서 했던 것과 거의 동일하다.

```
> set.seed(123)
> rf.biop <- randomForest(class ~. , data = biop.train)
> rf.biop
Call:
randomForest(formula = class ~ ., data = biop.train)
Type of random forest: classification
Number of trees: 500
No. of variables tried at each split: 3
OOB estimate of error rate: 3.16%
Confusion matrix:
benign malignant class.error
benign 294 8 0.02649007
malignant 7 165 0.04069767
```

수행 결과 OOB[out-of-bag] 오차율은 3.16%로 나왔다. 이 값은 500개의 트리 전체를 분석해 나온 값이다. 그러면 트리 수에 따른 오차를 그려보자.

```
> plot(rf.biop)
```

위 명령을 실행한 결과는 다음과 같다.

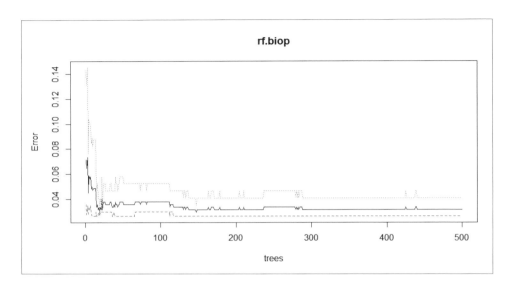

이 그림을 보면 단지 트리 몇 개만으로도 최소 오차와 표준 오차의 최저값을 얻을 수 있다는 것을 알 수 있다. 그러면 which.min() 함수를 사용해 정확한 트리 수를 계산해보자. 앞서 했던 방법과 한 가지 다른 점은 오차율을 얻어내기 위해 첫 번째 열(칼럼)을 지정해야 한다는 것이다. 첫 번째 칼럼은 총체적 오차율overall error rate이며, 클래스 식별값(label) 마다 각 오차율을 나타내는 칼럼이 추가될 것이다. 하지만 지금은 필요 없는 값들이다. 그리고 MSE는 더 이상 계산할 수 없지만, err.rate를 대신 사용할 수 있다. 다음 명령을 실행해보자.

```
> which.min(rf.biop$err.rate[, 1])
[1] 19
```

모형 정확도를 최적화하기에 필요한 트리 수가 19면 된다는 결과를 얻었다. 다음 명령을 실행해보고 어떤 결과가 나왔는지 살펴보자.

```
> set.seed(123)
> rf.biop.2 <- randomForest(class~ ., data = biop.train, ntree = 19)
> print(rf.biop.2)
Call:
randomForest(formula = class ~ ., data = biop.train, ntree = 19)
Type of random forest: classification
Number of trees: 19
No. of variables tried at each split: 3
OOB estimate of error rate: 2.95%
Confusion matrix:
benign malignant class.error
benign 294 8 0.02649007
malignant 6 166 0.03488372
> rf.biop.test <- predict(rf.biop.2, newdata = biop.test, type = "response")
> table(rf.biop.test, biop.test$class)
rf.biop.test benign malignant
benign 139 0
malignant 3 67
> (139 + 67) / 209
[1] 0.9856459
```

자, 어떤 결과가 나왔는가? train 세트의 OOB의 오차가 3%보다 낮게 나와 test 세트를 이용해 했던 것보다 더 나은 결과가 나왔다. 209개 중에 3의 관찰값만 잘못 분류했고, 허위 양성[2]false positive은 하나도 없었다. 지금까지 가장 결과가 좋았던 로지스틱 회귀 분류의 97.6% 정확도와 비교해보면 98.6%의 정확도로, 이 방법이 유방암 데이터에 관해서는 최고의 성능을 내는 것처럼 보인다. 다음 주제로 넘어가기 전에 변수 중요도를 그려 살펴보자.

```
> varImpPlot(rf.biop.2)
```

---

2 1종 오류, 유방암 분류에서 건강한 사람을 암 환자로 분류하는 것 – 옮긴이

위 명령을 실행한 결과는 다음과 같다.

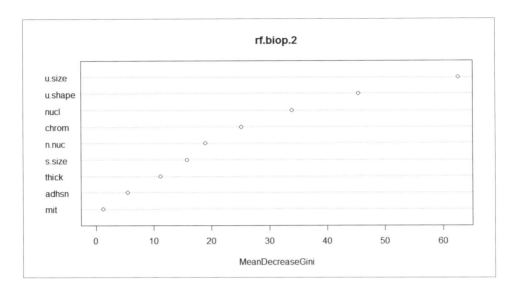

이 그림에서 중요한 부분은 각 변수들의 지니 인덱스 평균 감소^{mean decrease}에 관한 기여도다. 이는 단일 트리의 분할에서 살펴봤던 것과는 조금 다른 모습이다. 전체 트리^{full tree}는 (랜덤 포레스트 기법에 따라) 특정 크기^{u.size}로 분할됐고, 그런 다음 나핵의 크기에 따라 분할됐으며, 끝으로 두께^{thick}에 따라 분할됐던 것을 떠올리기 바란다. 이는 랜덤 포레스트를 만드는 기법이 예측 능력뿐만 아니라 피처 선택에 있어서도 얼마나 강력한지 보여준다.

좀 더 어려운 문제인 피마 인디언 당뇨병 모형을 다뤄보자. 먼저 다음과 같은 방식으로 데이터를 준비해야 한다.

```
> data(Pima.tr)
> data(Pima.te)
> pima <- rbind(Pima.tr, Pima.te)
> set.seed(502)
> ind <- sample(2, nrow(pima), replace = TRUE, prob = c(0.7, 0.3))
> pima.train <- pima[ind == 1, ]
> pima.test <- pima[ind == 2, ]
```

이제 다음과 같은 방법으로 모형을 만들어보자.

```
> set.seed(321)
> rf.pima = randomForest(type~., data=pima.train)
> rf.pima
Call:
randomForest(formula = type ~ ., data = pima.train)
Type of random forest: classification
Number of trees: 500
No. of variables tried at each split: 2
OOB estimate of error rate: 20%
Confusion matrix:
No Yes class.error
No 233 29 0.1106870
Yes 48 75 0.3902439
```

만든 모형으로 20%의 오분류율^{misclassification rate} 오차[3]를 얻었다. 이전에 train 세트로 했던 결과보다 좋지 않다. 트리 크기를 최적화하면 결과를 크게 개선할 수 있는지 알아보자.

```
> which.min(rf.pima$err.rate[, 1])
[1] 80
> set.seed(321)
> rf.pima.2 = randomForest(type~., data=pima.train, ntree=80)
> print(rf.pima.2)
Call:
randomForest(formula = type ~ ., data = pima.train, ntree = 80)
Type of random forest: classification
Number of trees: 80
No. of variables tried at each split: 2
OOB estimate of error rate: 19.48%
Confusion matrix:
No Yes class.error
No 230 32 0.1221374
Yes 43 80 0.3495935
```

---

3 OOB 오차 – 옮긴이

80개의 트리를 만들었을 때가 OOB 오차가 가장 작았다. 그러면 랜덤 포레스트 기법이 test 데이터에 관해서도 기대에 부응할 수 있을까? 다음과 같이 해서 결과를 알아보자.

```
> rf.pima.test <- predict(rf.pima.2, newdata= pima.test, type = "response")
> table(rf.pima.test, pima.test$type)
rf.pima.test No Yes
No 75 21
Yes 18 33
> (75+33)/147
[1] 0.7346939
```

test 데이터에 관해서는 단지 73%의 정확도를 얻을 수 있었다. SVM을 사용해 얻었던 기법보다 나쁜 결과다.

랜덤 포레스트 기법이 당뇨병 데이터에 관해서는 실망스러운 결과가 나왔지만, 유방암 분석에 관해서는 지금까지의 방법 중 가장 좋은 분류기로 판명났다. 그러면 그레디언트 부스트 기법으로 넘어가보자.

익스트림 그레디언트 부스트 기법 – 분류

앞서 언급한 것처럼 이 절에서는 미리 로드해둔 xgboost 패키지를 사용한다. 잘 알려진 명성을 고려해 이 방법을 바로 당뇨병 데이터에 적용해보기로 한다.

부스트 기법의 개괄적 설명에서 말한 것처럼 우리는 여러 인자값을 세부 조정할 것이다.

- nrounds: 최대 반복 횟수(최종 모형에서의 트리 수)
- colsample_bytree: 트리를 생성할 때 표본 추출할 피처 수(비율로 표시됨). 기본값은 1(피처 수의 100%)
- min_child_weight: 부스트되는 트리에서 최소 가중값. 기본값은 1
- eta: 학습 속도. 해법에 관한 각 트리의 기여도를 의미. 기본값은 0.3

- gamma: 트리에서 다른 리프leaf 분할을 하기 위해 필요한 최소 손실 감소minimum loss reduction

- subsample: 데이터 관찰값의 비율. 기본값은 1(100%)

- max_depth: 개별 트리의 최대 깊이

 우리는 expand.grid() 함수를 사용할 때, caret 패키지의 학습 과정 중에 실행할 실험적인 그리드를 만들 것이다. 앞서 나온 인자에 기본값이라도 지정하지 않는다면 함수를 실행할 때 에러 메시지가 발생할 것이다. 다음 예제에 사용한 값은 이전에 수행했던 반복 학습 횟수에 기반을 둔 값이다. 자신만의 세부 조정값으로 시도해보길 권한다.

그러면 다음과 같이 그리드를 만들어보자.

```
> grid = expand.grid(
nrounds = c(75, 100),
colsample_bytree = 1,
min_child_weight = 1,
eta = c(0.01, 0.1, 0.3), # 0.3은 기본값이다.
gamma = c(0.5, 0.25),
subsample = 0.5,
max_depth = c(2, 3)
)
```

위 명령을 실행하면 caret 패키지가 세부 조정이 가장 잘된 인자를 결정하기 위해 실행할 24가지 모형의 그리드를 생성한다. 주의 사항은 다음과 같다. 우리가 작업해야 할 크기 정도의 데이터 세트에서 이 과정은 몇 초밖에 걸리지 않는다. 하지만 큰 데이터 세트에서는 몇 시간이 걸릴 수도 있다. 따라서 판단 결과를 적용하고 세부 조정 인자를 식별하려면 데이터를 좀 더 작은 표본으로 실험해야 한다. 시간이 필수 고려 대상이거나 저장 공간의 크기에 제약을 받는 상황이 될 수도 있기 때문이다.

caret 패키지의 train( ) 함수를 사용하기 전에 cntrl라는 객체를 생성해 trainControl 인자를 지정하고자 한다. 이 객체는 세부 조정 인자를 학습하기 위해 필요한 메서드를 저장한다. 여기서는 5-겹 교차 검증[5 fold cross-validation]을 사용할 것이다.

```
> cntrl = trainControl(
method = "cv",
number = 5,
verboseIter = TRUE,
returnData = FALSE,
returnResamp = "final"
)
```

train.xgb( ) 함수를 사용하기 위해서는 다른 모형에서 사용했던 공식을 그대로 적용하면 된다. train 데이터 세트 입력, 식별값, 메서드, 학습 제어, 실험 그리드 같은 것을 지정한다. 랜덤 시드값을 지정하는 것을 잊지 말기 바란다.

```
> set.seed(1)
> train.xgb = train(
x = pima.train[, 1:7],
y = pima.train[, 8],
trControl = cntrl,
tuneGrid = grid,
method = "xgbTree"
)
```

여기서 trControl에 지정한 cntrl 객체의 verboseIter 값을 TRUE로 지정했기 때문에 각 k-fold 안에서의 반복 학습 과정을 지켜봐야만 한다.

위의 객체를 호출하면 다음과 같이 최적화된 인자와 각 인자 설정에 따른 결과값을 돌려준다(출력 결과가 길어 내용을 줄였다).

```
> train.xgb
eXtreme Gradient Boosting
No pre-processing
Resampling: Cross-Validated (5 fold)
Summary of sample sizes: 308, 308, 309, 308, 307
Resampling results across tuning parameters:
eta max_depth gamma nrounds Accuracy Kappa
0.01 2 0.25 75 0.7924286 0.4857249
0.01 2 0.25 100 0.7898321 0.4837457
0.01 2 0.50 75 0.7976243 0.5005362
.................................................
0.30 3 0.50 75 0.7870664 0.4949317
0.30 3 0.50 100 0.7481703 0.3936924
Tuning parameter 'colsample_bytree' was held constant at a value of 1
Tuning parameter 'min_child_weight' was held constant at a value of 1
Tuning parameter 'subsample' was held constant at a value of 0.5
Accuracy was used to select the optimal model using the largest value.
The final values used for the model were nrounds = 75, max_depth = 2,
eta = 0.1, gamma = 0.5, colsample_bytree = 1,
min_child_weight = 1 and subsample = 0.5.
```

이렇게 하면 모형을 생성하기 위한 최적 인자들의 조합을 출력한다. 학습 데이터의 정확
도는 81%고, 카파는 0.55였다. 이제 약간 까다롭지만 최고의 실습이라고 생각하는 것을
해볼 차례다. 우선 xgboost 학습 함수인 xgb.train( )에서 사용할 인자 목록을 생성하고,
데이터 프레임을 입력 피처의 행렬과 숫자로 레이블을 붙인 결과 목록(0s와 1s)으로 변환
한다. 그런 다음, 피처와 식별값을 xgb.Dmatrix에서 사용할 입력값으로 변환한다. 다음
과 같이 해보자.

```
> param <- list( objective = "binary:logistic",
booster = "gbtree",
eval_metric = "error",
eta = 0.1,
max_depth = 2,
subsample = 0.5,
colsample_bytree = 1,
```

```
gamma = 0.5
)
> x <- as.matrix(pima.train[, 1:7])
> y <- ifelse(pima.train$type == "Yes", 1, 0)
> train.mat <- xgb.DMatrix(data = x, label = y)
```

준비가 끝나면 다음과 같은 모형을 만든다.

```
> set.seed(1)
> xgb.fit <- xgb.train(params = param, data = train.mat, nrounds = 75)
```

테스트 세트에 관한 결과를 보기 전에 변수 중요도를 그려 검토해보자. 항목은 gain, cover, frequency 이렇게 세 가지를 검사할 수 있다. Gain은 피처가 트리에 미치는 정확도의 향상 정도를 나타내는 값, Cover는 이 피처와 연관된 전체 관찰값의 상대 수치, Frequency는 모든 트리에 관해 피처가 나타난 횟수를 백분율로 나타낸 값이다. 다음은 기대한 결과를 출력하는 코드다.

```
> impMatrix <- xgb.importance(feature_names = dimnames(x)[[2]], model = xgb.fit)
> impMatrix
  Feature Gain Cover Frequency
1: glu 0.40000548 0.31701688 0.24509804
2: age 0.16177609 0.15685050 0.17156863
3: bmi 0.12074049 0.14691325 0.14705882
4: ped 0.11717238 0.15400331 0.16666667
5: npreg 0.07642333 0.05920868 0.06862745
6: skin 0.06389969 0.08682105 0.10294118
7: bp 0.05998254 0.07918634 0.09803922
> xgb.plot.importance(impMatrix, main = "Gain by Feature")
```

위 명령을 실행한 결과는 다음과 같다.

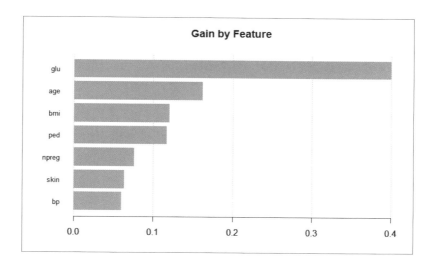

피처 중요도를 어떻게 다른 방법과 비교해야 할까?

다음은 테스트 세트에 관한 수행 결과를 보는 법이다. 테스트 세트에는 학습 데이터처럼 행렬에 들어 있어야 한다. 편의를 위해 InformationValue 패키지에서 도구를 가져오자. 이 코드는 라이브러리를 로드하고 모형의 성능을 분석하기 위한 출력을 생성한다.

```
> library(InformationValue)
> pred <- predict(xgb.fit, x)
> optimalCutoff(y, pred)
[1] 0.3899574
> pima.testMat <- as.matrix(pima.test[, 1:7])
> xgb.pima.test <- predict(xgb.fit, pima.testMat)
> y.test <- ifelse(pima.test$type == "Yes", 1, 0)
> confusionMatrix(y.test, xgb.pima.test, threshold = 0.39)
0 1
0 72 16
1 20 39
> 1 - misClassError(y.test, xgb.pima.test, threshold = 0.39)
[1] 0.7551
```

위 코드에서 `optimalCutoff()` 함수를 사용한 것을 알아차렸는가? `InformationValue` 패키지에 있는 함수인데, 오차를 최소화하기 위한 최적 확률 분계점threshold을 제공한다. 그래서 이 모형의 오차는 약 24% 정도가 된다는 것을 알 수 있다. 이는 SVM 모형에 비해 더나은 값이 아니다. 논외로 ROC() 커브를 보면 AUC 성취도가 0.8 이상인 것을 알 수 있다. 다음 코드는 ROC 커브를 생성한다.

```
> plotROC(y.test, xgb.pima.test)
```

위 명령을 실행한 결과는 다음과 같다.

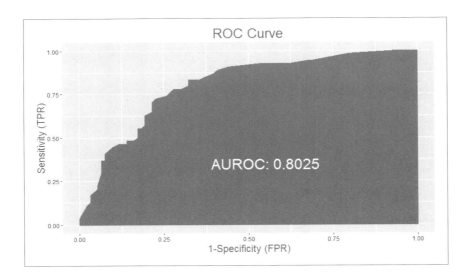

모형 선정

이 장에서 배우기로 한 목표를 다시 떠올려보자. 앞 장에서 했던 예측 능력을 향상시키기위해 트리 기반의 방법을 사용하고자 했다. 그래서 무엇을 배웠는가? 첫 번째로 이 방법이 4장, '선형 모형에서 고급 피처 선택'에서 선형 모형이 계량적 반응quantitative response에 관한 전립선 암 데이터를 이용해 예측한 것보다 더 좋게 개선할 수 없다는 것을 배웠다. 두 번째로 랜덤 포레스트 기법이 3장, '로지스틱 회귀와 판별 분석'에서 로지스틱 회귀 분석이 위스콘신 유방암 데이터를 이용해 예측한 것보다 좋은 결과를 냈다는 것이다. 끝으로 부스트 트리 기법으로는 SVM 모형으로 피마 인디언의 당뇨병 데이터를 이용해 예측한 것보다 아쉽지만 더 나은 결과를 내지 못했다.

결과적으로 전립선 암과 유방암 문제에 관해서 좋은 모형을 갖고 있었다는 것에 안도감을 가질 수 있다. 우리는 7장, '신경망과 딥러닝'에서 한 번 더 당뇨병 데이터를 이용해 예측 능력을 개선하고자 할 것이다. 이 장을 마치기 전에 랜덤 포레스트 기법을 사용해 피처를 제거하는 강력한 방법을 소개하고자 한다.

랜덤 포레스트를 사용한 피처 선택

지금까지 우리는 규제화^{regularization}, 최량 부분 집합^{best subsets}, 재귀적 피처 제거 등 여러 피처 선택 기법을 살펴봤다. 이제 랜덤 포레스트 기법을 사용해 분류 문제에 있어 효과적으로 피처 선택을 할 수 있는 방법을 소개하고자 한다. 이 기법은 Boruta 패키지에 들어 있다. 다음은 관련된 모든 피처를 제공하는 방법에 관해 자세히 기술한 논문이다.

Kursa M., Rudnicki W. (2010), Feature Selection with the Boruta Package, Journal of Statistical Software, 36(11), 1~13

여기서는 개괄적인 알고리즘에 관한 설명을 하고 다양한 데이터 세트에 적용해본다. 비즈니스 사례마다 맞춰 제공되진 않지만, 기법^{methodology}을 적용할 수 있는 템플리트^{template} 형태로는 제공된다. 이 방법이 매우 효과적이지만, 계산량이 매우 많다고 충고하고 싶다. 목적에 부합하지 않을 수 있지만, 중요하지 않은 피처를 효과적으로 제거해 좀 더 간단하면서도 효과적이고 통찰력 있는 모형을 만드는 데 집중할 수 있도록 한다.

알고리즘을 개괄적으로 보면 다음과 같다. 입력값 모두를 복사하고 관측값 간의 상관관계를 없애기 위해 순서를 섞어 **그림자 속성값**^{shadow attributes}을 만든다. 그리고 그림자 속성값을 포함해 모든 입력값과 각 피처에 관한 평균 정확도 손실^{mean accuracy loss}의 Z-점수를 이용해 랜덤 포레스트 모형을 만든다. 그림자 속성값과 비교해서 현저히 높은 Z-점수와 현저히 낮은 Z-점수를 가진 피처에 관해 각각 **중요**^{important}하거나 **중요하지 않다**^{unimportant}고 간주한다. 해당 그림자 속성값과 중요도가 결정된 피처는 삭제하고 모든 피처의 중요도가 정해질 때까지 이 과정을 계속 반복한다. 이 과정에서 랜덤 포레스트 반복의 최대 횟수를 지정할 수 있다. 이 알고리즘 수행이 끝나면 원래 피처들에 **확정**^{confirmed}, **보류**^{tentative}, **탈락**^{rejected}의 식별값을 붙인다. 이후 모형화하면서 보류한 피처를 포함할 것인지, 말 것인지 결정해야 한다. 각자 상황에 따라 다음과 같은 선택지가 있다.

- 랜덤 시드를 바꾸고 기법^{methodology}을 여러 번(k 회) 재실행한 후에 k회를 수행하는 도중에 확정된 피처들만 선택한다.
- 학습 데이터를 k개의 묶음^{fold}으로 나누고, 각 묶음에 관해서 별도로 기법을 반복한 후에 k개의 모든 묶음에서 확정된 피처들만 선택한다.

단지 몇 줄의 코드로 이 모든 것을 수행할 수 있다. 그러면 패키지 mlbench에서 가져온 Sonar 데이터에 적용해 예를 보여주는 코드를 살펴보자. 이 데이터는 208개의 관측값과 60개의 숫자로 된 입력 피처, 분류 용도로 사용할 식별값^{leabel}의 벡터로 구성돼 있다. 이 식별값은 sonar 객체가 바위^{rock}면 R, 광산^{mine}이면 M이라고 표시한 요인^{factor}들이다. 우선 데이터를 로드하고 매우 빠르게 데이터를 조사해본다.

```
> data(Sonar, package="mlbench")
> dim(Sonar)
[1] 208 61
> table(Sonar$Class)
M R
111 97
```

이 알고리즘을 실행하려면 Borute 패키지를 로드한 후 boruto( ) 함수 안에 공식을 생성하기만 하면 된다. 식별값이 요인으로 꼭 있어야 한다는 것을 명심해야 한다. 그렇지 않으면 알고리즘이 동작하지 않는다. 알고리즘 진행 상황을 추적하려면 doTrace=1이라 하면 된다. 랜덤 시드값을 지정하는 일을 잊지 말기 바란다.

```
> library(Boruta)
> set.seed(1)
> feature.selection <- Boruta(Class ~ ., data = Sonar, doTrace = 1)
```

앞 절에서 설명한 것처럼 이 과정은 계산량이 매우 많다. 낡은 노트북에서 얼마나 오래 걸리는지 보자.

```
> feature.selection$timeTaken
Time difference of 25.78468 secs
```

중요하다고 최종 결정된 피처의 수를 간단한 테이블로 얻을 수 있다. 이 테이블을 통해 피처 중 절반 정도를 안전하게 제거할 수 있다는 것을 알 수 있다.

```
> table(feature.selection$finalDecision)
Tentative Confirmed Rejected
12 31 17
```

이 결과를 이용해 선택한 피처를 사용해 새 데이터 프레임을 만드는 것은 간단히 할 수 있다. 우리는 피처의 이름을 얻기 위해 getSelectedAttributes() 함수를 사용했다. 이 예제에서 확정된 것만 선택해보자. 확정된 것과 보류된 것을 포함하려면 함수 안에 withTentative = TRUE라고 지정하기만 하면 된다.

```
> fNames <- getSelectedAttributes(feature.selection) # withTentative = TRUE
> fNames
 [1] "V1"  "V4"  "V5"  "V9"  "V10" "V11" "V12" "V13" "V15" "V16"
[11] "V17" "V18" "V19" "V20" "V21" "V22" "V23" "V27" "V28" "V31"
```

```
[21] "V35" "V36" "V37" "V44" "V45" "V46" "V47" "V48" "V49" "V51"
[31] "V52"
```

피처 이름을 사용해 Sonar 데이터의 서브 세트를 만들어보자.

```
> Sonar.features <- Sonar[, fNames]
> dim(Sonar.features)
[1] 208 31
```

이제 다 됐다. Sonar.features 데이터 프레임은 boruta 알고리즘을 사용해 확정된 모든 피처를 포함한다. 이제 더 의미 있는 데이터 조사 및 분석을 할 수 있게 됐다. 이 알고리즘 덕분에 코드 몇 줄과 약간의 인내심만 있으면 모형화를 하기 위한 노력과 통찰력을 만들어내는 것을 크게 향상시킬 수 있다.

▍요약

이 장에서는 분류 및 회귀 문제에 관한 트리 기반 학습 방법의 힘과 한계를 모두 배웠다. 단일 트리는 쉽게 만들고 해석할 수 있지만, 우리가 해결하려고 하는 많은 문제들에 관해 충분히 필요한 예측 능력을 갖지 못할 수도 있다. 예측 능력을 향상시키기 위해 랜덤 포레스트 및 그레이디언트 부스트 트리를 우리 마음대로 사용할 수 있다. 랜덤 포레스트 기법으로 수백 또는 수천 개의 트리가 만들어지고 종합적으로 예측하기 위해 결과를 취합한다. 랜덤 포레스트에서 각 트리는 예측 변수의 표본 추출 외에도 부트스트랩이라는 데이터 표본 추출법을 사용해 만들어진다. 그레이디언트 부스트 기법의 경우, 초반부터 상대적으로 작은 트리를 생성한다. 이 초반에 트리를 생성한 후 잔차나 오분류에 따라 후속 트리를 생성한다. 이런 기법에서 의도한 결과는 이 프로세스에서 이전 트리의 약점을 개선할 수 있는 일련의 트리를 만들어 편향 및 분산을 줄이는 것이다. 또한 R에서는 피처 선택 방법으로 랜덤 포레스트를 활용할 수 있음을 배웠다.

이 방법이 매우 강력하다고 해서 머신 러닝 세계의 모든 곳에 적용할 수는 없다. 데이터 세트가 달라지면 분석가는 어느 기법을 적용해야 하는지를 판단해야 한다. 분석에 적용될 기법과 세부 조정 인자를 선택하는 것은 모두 중요하다. 정교한 세부 조정이 좋은 예측 모델과 뛰어난 예측 모델 간의 차이를 만들어낸다.

다음 장에서는 R을 사용해 신경망과 딥러닝 모형을 만들어본다.

07

신경망과 딥러닝

> "인공지능은 잊어버려라. – 빅데이터의 멋진 신세계에서는 인공 멍청이를 조심해
> 야 한다."
>
> – 톰 챗필드Tom Chatfield

2012년 중반쯤에 참석한 회의였던 것으로 기억한다. 어떤 분석 결과를 두고 토의하는 그
룹에 속해 있었는데, 탁상에 둘러앉은 사람 중 한 명이 약간의 두려움과 분노가 섞인 목소
리로, "이거 일종의 신경망 아냐?"라고 말했다. 그 사람이 과거에 신경망과 싸웠던 전적과
신경망에 관한 깊은 불안감에 관해 알고 있었으므로 신경망에 관해 비꼬는 투로 이야기하
며 그의 불안을 덜어주려 했다. 신경망은 공룡들이 밟았던 멸종의 길을 따라간거나 마찬
가지라고…. 그때는 내 말에 아무도 반대하는 사람이 없었다. 몇 달 후 한 지역 회의에서
완전히 놀라 자빠질뻔 했는데, 그 모임에서는 다름 아닌 신경망neural networks과 이 불가해한

딥러닝deep learning이란 것에 초점을 맞추고 있었다. 머신 러닝의 선구자인 앤드류 응Andrew Ng, 힌튼Geoffrey Hinton, 살라쿠트디노프Ruslan Salakutdinov, 벤지오Yoshua Bengio 등이 신경망 이론을 소생시키고 성능을 향상시켰던 것이다.

이런 기법들에 페이스북, 구글, 넷플릭스 같은 하이테크 기업들이 수천 억 달러는 아니더라도 적어도 수백 억 달러를 투자하기로 했다는 이야기를 둘러싸고 미디어에서 대대적인 광고를 하고 있다. 이런 기법들이 음성 인식, 영상 인식 그리고 자동화에서 유망한 결과를 보이고 있다.

7장에서는 독자들이 신경망 및 딥러닝 기법을 주제로 한 대화가 가능할 만큼 숙지할 수 있도록 작동 원리, 장점 및 내재적인 문제점들에 관해 논의하려고 한다. 신경망 기법을 실제 비즈니스에 적용하며 단계적으로 살펴볼 것이다. 마지막으로, 딥러닝 기법을 클라우드 기반cloud-based으로 적용해볼 것이다.

▌ 신경망 소개

신경망neural nets은 몇 가지 연관된 기법들을 통칭하는 용어지만, 우리의 경우에는 이 중에서도 **역전파**backpropagation로 훈련시키는 **피드 포워드망**Feed Forward Nets에 초점을 맞춘다. 여기에서는 머신 러닝 방법론이 얼마나 생물학적 뇌의 작동과 유사하거나 다른지에 관해서는 다루지 않는다. 신경망이 무엇인지에 관한 유용한 정의로부터 시작하면 충분하다. 위키피디아wikipedia에서 해당 페이지를 참고하는 것도 좋은 출발점이라 생각한다.

머신 러닝과 인지 과학에서는 **인공 신경망**Artificial Neural Networks, ANNs은 생물학적 신경망(동물의 중추신경계, 특히 뇌)에 영감을 받아 만들어진 일군의 통계적 학습 모형인데, 많은 수의 입력값에 의존하는 함수나 일반적으로 정의되지 않은 함수를 추정estimate하거나 근사approximate하는 데 쓰인다.

https://en.wikipedia.org/wiki/Artificial_neural_network

인공 신경망을 쓰는 동기나 장점은 입력값 및 피처들과 반응 변수 사이의 매우 복잡한 관계, 특히 고도의 비선형적 관계를 모형화할 수 있게 해준다는 데 있다. 모형을 생성하거나 평가할 때 아무런 가정이 필요하지 않으며, 질적 반응 변수와 정량적 반응 변수 모두에 사용할 수 있다. 이런 장점을 양이라 부른다면, 음에 해당하는 공통된 비판은 결과가 블랙박스black box에 해당한다는 점이다. 다시 말해, 비즈니스 파트너와 함께 검사하거나 공유할 수 있는 공식이 없다는 뜻이다. 사실, 신경망의 결과는 거의 해석이 불가능하다. 다른 비판들로는 단지 무작위로 초기 입력값을 바꾸기만 해도 결과가 변할 수 있다는 것과 인공 신경망은 훈련에 계산 비용이 많이 들며 시간이 많이 소요된다는 것이다.[1]

신경망의 수학적 배경은 결코 간단치 않다. 그러나 적어도 무슨 일이 일어나고 있는지를 이해하는 것은 매우 중요하다. 직관적인 이해를 도울 출발점은 간단한 신경망의 도표를 그려보는 것이다.

이 간단한 신경망은 입력, 즉 설명 변수가 2개의 뉴런(노드)으로 이뤄져 있다. 그림에 1이라고 표시된 뉴런은 상수를 나타내는데, 정확히는 절편intercept이다. X1은 정량적 변수고, W1과 W2는 입력 노드의 값에 곱해지는 가중값이다. 이러한 입력값, 즉 상수와 X1의 값은 **은닉 노드**Hidden nodes에 관한 **입력 노드**Input nodes다. 여러 개의 은닉 노드를 가질 수도 있는데, 이때도 노드 1개에서와 같은 일이 일어난다. 은닉 노드 H1에서는 가중값과 입력된 값을 곱한 결과를 합산한다. 바로 그 다음에 마술같은 일이 벌어진다. **활성화 함수**Activation function는 이 합산된 값을 변환하는데, 즉 입력 신호를 출력 신호로 변환한다. 이 예제에서는 **은닉 노**

---

1 어떤 시스템의 내부 작동 원리를 모를 때 '블랙박스'라고 하는데, 신경망은 그런 의미에서 블랙박스가 아니다. 단지 모형의 복잡도가 너무 높아 훈련한 후에 내부 매개변수를 통해 결과를 설명하는 것이 분석가나 고객 모두가 이해할 수 없고 도움이 되지 않는다는 의미에서 블랙박스라는 표현을 쓴다. "이해할 수 있는 설명과 해석"은 "입력 변수"라는 맥락에서 예측 변수의 해석이 가능하느냐다. 예를 들어, 선형 회귀 모형과 같은 단순한 모형에서는 적합(fit)해 얻은 입력변수의 계수가 직접적인 해석력을 가지므로 분석을 의뢰한 고객에게 설명하기 쉽다. 하지만 신경망 모형을 입력 데이터로 훈련한 후에 구한 수많은 내부 인자값을 그대로 해석하려는 것은 무의미하다. 그러나 심층 신경망 모형이 만들어낸 결과가 사람에게 직접적인 영향을 미치는 상황이 빈번해짐에 따라(예를 들어, 신용 점수 평가, 법정에서의 선고 결과, 고용인을 구할 때 참고하는 백그라운드 체크 등) 영향을 받는 당사자가 부당한 판결에 관해 알고리즘의 결과에 관한 "해석(interpretation)"을 요구할 권리를 보장하는 법이 유럽에서 이미 만들어졌다. "설명을 요구할 권리(right to explanation)"을 검색해보라. 따라서 어떻게든 신경망의 예측 결과를 입력 변수를 통해 해석하는 기법을 둘러싸고 연구가 활발히 진행되고 있으며, 이미 개발돼 발표된 기법도 있다. 예를 들어, R의 lime 패키지가 있다. 그리고 신경망이 내놓는 해는 전체 최적해가 아니고 유일하지도 않으므로 국지적인 설명이 선형 회귀에서와 같은 의미를 지니는 것은 아니다. — 옮긴이

드가 단 하나이므로 이 은닉 노드에 가중값 W3를 곱해 반응 변수인 Y의 추정값이 된다. 지금까지의 과정이 신경망 알고리즘의 피드 포워드^{feed forward} 부분에 해당한다.

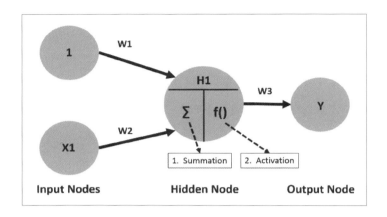

아직 다 끝난 게 아니다. 한 번의 주기(또는 세대)를 마치려면, 역전파^{backpropagation}가 일어나야 그때까지 학습된 것을 바탕으로 모형의 훈련을 마칠 수 있다. 역전파를 시작하려면 **오차 제곱합**^{Sum of Squared Error}이나 **교차 엔트로피**^{Cross Entropy} 등의 손실 함수^{loss function}에 기반을 두고 오류를 계산해야 한다. 가중값 W1과 W2는 *[-1, 1]*의 구간에서 무작위로 초깃값을 정하기 때문에 초기 오류는 높을 수도 있다. 처음과 역방향으로 계산하면서 가중값은 손실 함수의 오류가 줄어들도록 바꾼다. 다음 도표에 역전파 부분이 설명돼 있다.

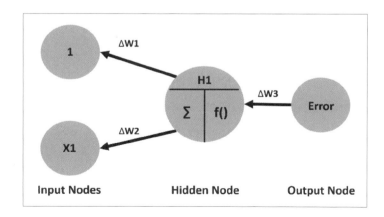

이로써 한 세대^{epoch} 계산을 완료했다. 이 과정이 반복적으로 계속돼, 경사 하강법^{gradient descent2}을 사용해 알고리즘이 최소 오류에 이르거나 미리 지정된 세대 수까지 반복되고 나서 멈춘다. 현재의 예에서 우리가 사용하는 활성화 함수를 단순히 선형이라고 가정하면, 모형은 $Y=W_3 \times (W_1 (1) + W_2 (X_1))$의 형태가 될 것이다.

여러 개의 입력 뉴런을 쓰고, 은닉 노드도 여러 층을 쓰기 시작하면 신경망은 매우 복잡해질 수 있다.[3]

한 뉴런의 출력값이 다음의 모든 뉴런에 연결되고, 이러한 연결에 가중값이 부여된다는 사실에 주목해야 한다. 그래서 모형의 복잡도^{complexity}가 크게 증가한다. 단지 은닉층을 하나 추가하고, 그 은닉층에 은닉 노드 개수를 증가시키는 것으로는 원하는 만큼 인공 신경망의 성능을 향상시키지 못한다. 따라서 딥러닝을 개발하게 됐는데, 이 기법에서는 노드들의 연결^{drop-connect}이나 일부 은닉 노드를 제거^{dropout}함으로써 복잡도를 어느 정도 완화한다.

활성 함수로 사용하고 시도해볼 수 있는 함수가 몇 가지 있는데, 단순한 선형 함수나 분류 문제에서 사용했던 시그모이드 함수^{sigmoid function}도 이에 포함된다. 3장에서 다뤘던 로지스틱 함수는 시그모이드 함수의 특별한 예다. 흔히 사용되는 다른 활성 함수로는 ReLU^{Rectified Linear Unit}(정류된 선형 유닛), 맥스아웃^{Maxout}, **하이퍼볼릭 탄젠트**^{hyperbolic tangent, tanh} 등을 들 수 있다.

시그모이드 함수는 R로 그릴 수 있는데, 먼저 시그모이드 함수의 값을 계산할 R 함수를 생성한다.

---

2 경사 하강법이란, 현재 값에서 함수의 기울기(gradient)를 계산해 그 값에 한 스텝 크기(step size)를 곱한 만큼 결과값의 음의 방향으로 경사진 면을 움직여 내려가면서 함수의 최솟값(또는 최소 근사값)을 찾는 반복적 알고리즘(iterative algorithm)이다. – 옮긴이

3 심층 신경망에서는 이 은닉 노드를 여러 층으로 쌓아올릴 수 있으며, 이를 은닉층(hidden layer)이라고 한다. 하나의 은닉층은 한 세트의 은닉 노드와 활성화 함수로 구성된다. 특정 은닉층의 입력은 이전 층의 출력이고, 출력은 다음 은닉층의 입력으로 들어간다. 정리하면, 첫 번째 은닉층의 입력은 X, 즉 신경망 전체에 관한 입력값이 되고, 마지막 은닉층의 출력은 곧 신경망 전체의 출력이 된다. – 옮긴이

```
> sigmoid = function(x) {
    1 / ( 1 + exp(-x) )
}
```

이제는 단순히 어떠한 범위의 값, 예를 들어 –5에서 5까지의 입력값에서 함수를 그리기만 하면 된다.

```
> x <- seq(-5, 5, .1)
> plot(sigmoid(x))
```

위 명령을 실행한 결과는 다음과 같다.

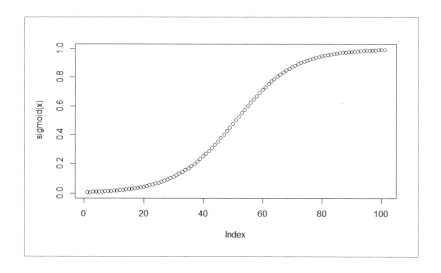

tanh(하이퍼볼릭 탄젠트) 함수는 로지스틱 시그모이드 함수를 출력값의 범위가 –1에서 1이 되도록 스케일을 재조정한 것이다. tanh 함수는 sigmoid 함수와 다음 공식과 같은 관계를 갖고 있다. 이때 x는 입력값이다.

$$tanh(x)=2 \times sigmoid(2x)-1$$

tanh와 sigmoid를 비교하기 위해 도표를 그려보자. ggplot 패키지를 이용해보자.

```
> library(ggplot2)
> s <- sigmoid(x)
> t <- tanh(x)
> z <- data.frame(cbind(x, s, t))
> ggplot(z, aes(x)) +
    geom_line(aes(y = s, color = "sigmoid")) +
    geom_line(aes(y = t, color = "tanh"))
```

위 명령을 실행한 결과는 다음과 같다.

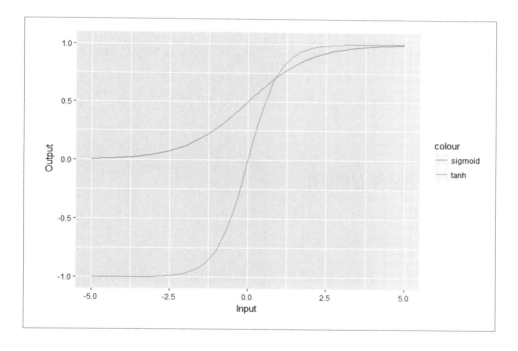

그런데 왜 sigmoid 대신 굳이 tanh 함수를 쓰는 것일까? tanh 함수가 신경망에서 인기 있는 것인가? 이 주제에 관해서는 여러 가지 의견이 존재하는 듯한데, 간단히 설명하면 데이터가 평균 0, 분산 1을 갖도록 스케일을 조정했을 때, tanh 함수를 쓰는 경우에는 가중값,

평균값이 0에 가까운 값을 갖도록 만든다. 따라서 편향은 피하고 수렴이 더 잘될 수 있다. 반면, 시그모이드 활성화 함수처럼, 이전 층의 출력 노드에서 다음 층의 입력 노드로의 가중값이 언제나 양의 값인 경우를 생각해보자. 역전파를 하는 동안, 두 층 사이의 가중값은 모두 양의 값이거나 모두 음의 값을 갖게 된다. 이런 현상이 성능에 문제를 일으킨다. 또한 시그모이드 함수 그래프의 꼬리 부근에서 기울기는 거의 0이기 때문에 역전파를 하는 동안 한 층의 노드에서 다른 층의 노드로 흘러야 할 신호가 거의 없게 된다는 뜻이다. 이에 관한 자세한 논의는 LeCun(1998)을 참고하기 바란다. 하지만 tanh 함수가 언제나 제일 좋은 선택은 아니라는 사실은 명심해야 한다.

지금까지의 이야기는 무척 매력적으로 들리지만, 인공 신경망은 떠들썩한 내용보다 성능이 좋지 않았고, 여러 은닉층과 노드를 사용해 심층망을 만들려고 시도했지만 결과가 나빴기 때문에 사람들의 기억 속에서 디스코 춤처럼 거의 잊혀질 뻔했다. 그러나 신경망 이론은 힐톤과 살라쿠트디노프(Hinton and Salakhutdinov, 2006)의 논문 덕분에 새로이 딥러닝deep learning이라는 이름을 달고 서서히 부활하기 시작한 것으로 보인다.

▌ 딥러닝, 간단히 살펴보기

신문에 매일 보도되고 주목을 끄는 딥러닝deep learning이란 도대체 무엇인가? 위키피디아에서 이해하기 쉬운 정의를 살펴보자.

> "딥러닝은 머신 러닝의 한 분과로, 일군의 알고리즘에 기반을 두고 여러 차례의 비선형 변환으로 이뤄져 있는 복잡한 구조를 이용해 (또는 복잡한 구조를 이용하지 않고도) 데이터의 고수준의 추상화를 시도하는 기법이다."

마치 변호사가 쓴 글처럼 이해하기 어렵다. 딥러닝의 특징은 인공 신경망에 기반을 둔 기법으로서 입력 변수들로부터 새로운 피처를 만드는 데 머신 러닝 기법들, 특히 주로 비지도학습unsupervised learning이 이용된다는 점이다. 앞으로 몇 장에 걸쳐 비지도학습 기법을 학습하겠지만, 간단히 설명하면 비지도학습이란, 반응 변수의 값이 없을 때 데이터에서 구조를 발견해내는 기법이라고 생각할 수 있다. 쉬운 비유로 원소 주기율표를 생각해보자. 이는 반응 관찰값이 명시되지 않았을 때 구조를 찾아내는 전형적인 예다. 인터넷에서 이 표를 찾아보면 원자의 구조에 기반을 두고 금속류가 한쪽, 비금속류가 다른 쪽에 정리돼 있음을 볼 수 있을 것이다. 이는 잠재한 분류와 구조를 바탕으로 만들어진 표다. 이렇게 잠재한 구조 또는 계층hierarchy을 밝히는 부분에서 딥러닝이 평범한 인공 신경망과 다르다 하겠다. 딥러닝은 "가공하지 않은 입력값보다 결과를 더 잘 설명할 수 있는 알고리즘이 있는가?"라는 질문에 관한 답이라 할 수 있다. 질문을 다시 표현하면, 유일한 입력값으로서 단순히 가공 전의 픽셀들만 갖고 그림을 분류할 수 있도록 모형을 훈련시킬 수 있을 것인가? 레이블label이 달린 반응 변수의 값은 적은 수로만 갖고 있지만, 레이블 없는unlabeled 입력 데이터는 많은 경우에 비지도학습법이 분류 작업에 큰 도움이 된다. 딥러닝 모형을 비지도학습법으로 훈련시킨 후에 이를 레이블 달린 데이터에 적용하거나 번갈아 반복할 수 있을 것이다.

이러한 잠재 구조를 밝혀내는 것은 수학적으로 결코 간단한 일이 아니지만, 4장, '선형 모형에서 고급 피처 선택'에서 공부했던 규제화regularization의 개념을 예로 들 수 있다. 딥러닝에서는 가중값을 $L1$(0이 아닌 가중값에 벌점 부과), $L2$(큰 가중값에 벌점 부과), 드롭아웃(무작위로 선택된 노드를 삭제하고 거기에 연결된 가중값을 0으로 처리) 등의 규제화 방법을 통해 가중값에 벌점을 부과할 수 있다. 기존 인공 신경망에는 이러한 규제화 방법이 적용되지 않았다.

잠재 구조를 밝혀내기 위한 또 다른 방법은 데이터의 차원 수dimensionality를 축소하는 방법이다. 그중 하나가 자동 인코더autoencoder라는 신경망인데, 입력값이 저차원의 가중값 행렬과 곱해져 축소된 차원의 잠재 변수로 변환된다. 자동 인코더는 구조적으로 대칭적인 형태인 두 부분으로 이뤄져 있다. 도식에 나타난 인코더encoder에서는 입력값의 차원 축소가 일어나고, 이와 대칭인 디코더decoder에서는 복원이 일어나도록 설계돼 있다.

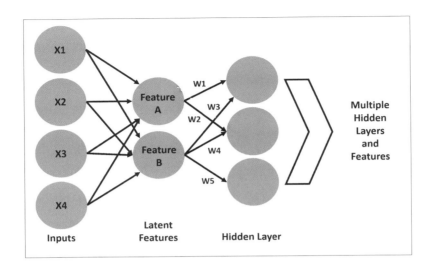

이러한 과정은 재귀적으로 반복 적용할 수 있고, 여러 은닉층을 이용해 학습이 이뤄질 수 있다. 이 경우에 관찰할 수 있는 것은 신경망이 층을 쌓아올릴 수 있으므로 피처의 피처를 만들어낼 수 있다는 사실이다. 즉, 전 단계의 층 출력이 그 다음 단계의 입력이 되는 구조이므로 입력값(피처)에서 새로운 잠재 피처latent features를 추상화해낼 수 있다. 딥러닝에서는 층 사이의 가중값을 순서대로 학습하는데, 이 가중값들을 세부 조정fine-tune하기 위해 역전파 과정을 거친다. 다른 피처 선택 기법으로는 **제한 볼츠만 머신**Restricted Boltzmann Machine , RBM 과 **희박한 코딩 모형**Sparse Coding Model이 있다. 자세한 사항은 이 책의 범위를 벗어나며, 좋은 자료도 많다. 출발점으로 다음의 인터넷 링크를 보라.

http://www.cs.toronto.edu/~hinton/

http://deeplearning.net/

딥러닝은 캐글Kaggle 콘테스트[4]에서 이기는 등, 많은 분류 문제에서 잘 작동해왔다. 심층 신경망도 여전히 인공 신경망ANNs의 문제점을 안고 있는데, 특히 블랙박스 문제를 갖고 있다. 사전 지식이 없는 사람들에게 신경망을 설명하려고 시도해보라. 설명이 되지 않을 것

---

4 머신 러닝을 이용해 주어진 문제를 푸는 콘테스트 – 옮긴이

이다. 그러나 "어떻게How"에 관한 설명이 필요 없고, "무엇What"에 관한 예측 문제인 경우에는 심층 신경망을 이용하는 것이 적절하다. 예를 들어, 자율 주행차가 보행자에게 달려드는 것을 피하는 이유나 피하지 않은 이유에 관해서 우리가 정말로 관심이 있는가? 파이썬 개발자 커뮤니티가 R 개발자 커뮤니티보다 딥러닝의 이용과 패키지에서 약간 앞서 있기는 하지만, 다음의 예제에서 보듯이 이 간격은 좁혀지고 있다.

딥러닝은 흥미로운 프로젝트이긴 하지만, 이 모형의 성능을 최대화해 이점을 취하려면 매우 높은 사양의 컴퓨터가 있어야 하고, 하이퍼파라미터를 미세 조정해 최상의 모형을 훈련시키기 위한 시간이 많이 소요된다. 다음은 심층 신경망 모형화에서 고려해야 할 사항이다.

- 활성화 함수
- 은닉층의 크기와 개수
- 차원 축소 방법. 즉, 제한 볼츠만 머신RBM을 쓸 것인지, 자동 인코더를 쓸 것인지
- 세대epoch 수
- 경사 하강법gradient descent learing의 학습 속도learning rate
- 손실 함수
- 규제화 방법

딥러닝을 위한 자료와 심화 기법

텐서플로TensorFlow는 딥러닝을 학습하고 설명하기 위해 시각적으로 매우 흥미로운 도구를 다음 링크에 제공하고 있다.

http://playground.tensorflow.org/

이 도구를 이용하면, 분류 문제든, 회귀 문제든 여러 가지 매개변수를 탐험하고 조작해볼 수 있으며, 이때 매개변수의 변화가 어떻게 반응 변수에 영향을 미치는지 살펴볼 수 있다. 재미있게 잘 만든 도구이므로 몇 시간이든 갖고 놀 수 있을 것이다.

현재 시점에서 가장 빨리 성장하고 있는 딥러닝 오픈소스 도구 두 가지가 바로 텐서플로와 MXNet이다. 나는 앞으로 공부하며 사용할 h2o 패키지를 선호하지만, 최신 발표된 기술을 이해하고 배우는 일은 무척 중요하다. 텐서플로는 R 언어로 접근할 수 있는데, 이를 위해서는 파이썬을 먼저 설치해야 한다. 다음 링크의 튜토리얼들은 설치와 실행에 이르기까지, 단계별로 독자들을 안내할 것이다.

https://rstudio.github.io/tensorflow/

MXNet은 파이썬을 설치할 필요 없고, 상대적으로 설치하고 운용하기가 쉽다. 또한 미리 훈련된pre-trained 모형을 몇 가지 제공하므로 사용자가 예측에 바로 사용할 수 있다. 몇 가지 R 튜토리얼은 다음 링크에서 구할 수 있다.

http://mxnet.io/

심층 신경망의 몇 가지 변형 모델과 각자 좋은 성능을 보이는 학습 작업을 다음에 나열했다.

컨볼루션 신경망 Convolutional Neural Networks, CNNs은 입력이 이미지(영상) 데이터라 가정하고 피처를 데이터의 작은 조각들로부터 생성하는데, 이 피처들을 통합해 피처 맵feature map으로 만든다. 그 작은 조각들을 신경망이 학습 과정에서 배우는 필터 또는 커널이라고 생각하라. CNNs를 위한 활성화 함수로는 정류된 선형 유닛ReLU이 쓰인다. ReLU는 $f(x) = max(0, x)$로 나타낼 수 있는데, 여기서 x는 뉴런으로 들어가는 입력값이다. CNNs는 이미지 분류, 오브젝트 탐지object detection 그리고 심지어 문장 분류sentence classification에서도 성능이 우수하다.

순환 신경망 Recurrent Neural Networks, RNNs은 순차적 정보sequential information를 이용하기 위해 생성된다. 전통적인 신경망에서는 입력과 출력이 서로 독립적이었다. RNNs에서는 출력이 이전 층의 계산에 종속적이어서 정보가 여러 은닉층을 통과하도록 지속되는 것이 가능하다.

따라서 뉴런(y)에서 출력을 하나 뽑으면, 이 값은 입력값(t)에만 종속적인 것이 아니라 그 앞에 오는 모든 층($t-1, t-2, ..., t-n$)에 관해서도 종속적이다. 이 모형은 필체 인식이나 음성 검출^{speech detection} 성능이 좋다.

장단기 메모리^{Long Short-Term Memory, LSTM}는 RNNs의 특별한 경우다. RNNs는 신호가 긴 데이터를 잘 처리하지 못한다는 단점이 있었다. 따라서 데이터 속의 복잡한 패턴을 포착하게 하려고 LSTM이 개발됐다. RNNs는 훈련 중에 이전 단계들로부터 얻어진 정보를 같은 방법으로 통합하는데, 어떤 단계에서의 정보가 다른 단계에서의 정보에 비해 더 가치가 있는지를 따지지 않는다. LSTM은 각 훈련의 단계에서 어떤 정보를 기억할지 결정함으로써 앞서 말한 RNNs의 한계를 극복하고자 한다. 가중값 행렬과 데이터 벡터를 곱하는 것을 가리켜 게이트^{gate}라 부르는데, 마치 정보를 거르는 필터처럼 작동한다. LSTM 속의 뉴런은 2개의 입력과 2개의 출력을 갖는다. 이전 출력으로부터 받은 입력과 이전 게이트에서 전달받은 메모리 벡터가 그 2개의 입력이다. 뉴런은 출력값과 출력 메모리를 그 다음 층에 입력값으로 건네준다. LSTM은 많은 양의 훈련 데이터가 필요하고, 처리해야 할 계산이 매우 많다는 한계가 있다. LSTM은 음성 인식^{speech recognition}의 문제에서 성능이 좋다.

 독자들이 MXNet으로 위의 모형들을 스스로 구축하기 위해 튜토리얼을 따라 해보기를 권한다.

자, 이제 실용적인 적용으로 옮겨가보자.

비즈니스의 이해

1988년 4월 20일, 고요하고 맑은 날 밤이었다. 나는 고향인 미네소타 주 세인트 폴의 시내 공항에서부터 노스 다코다주의 그랜드 폭스까지 날아갈 휴즈 500D 헬리콥터를 타고 있는 견습 비행사였다. 그 비행이 헬리콥터 계기 비행 증명^{instrument rating}을 따기 위한 마지막 비행이었다. 내 항공일지에는 항공로 Victor 2의 VOR로부터 35DME^{Distance Measuring} ^{Equipment}, 즉 35노트 마일 떨어져 있다고 보여주고 있었다. 이에 따르면 우리는 미네소타의 세인트 클라우드의 남/남동 쪽 어딘가에 위치하고, 내 기억으로는 해수면 고도 4,500피트쯤에서 대략 120노트의 속도로 운항하는 중이었다. 그 순간 사고가 일어났다. 콰콰콰과광! 정말 천둥과 같은 폭발에 이어 허리케인급의 바람이 얼굴에 몰아쳤다는 표현이 전혀 과장이 아니다.

이 모든 일은 비행 교관이 나한테 미네소타의 알렉산드리아로 우리 항공기가 예정대로 접근 중이냐고 일상적인 질문을 했을 때 일어났다. 우리는 항공기 제어를 서로 바꾸고, 나는 내 무릎보드^{kneeboard}의 계기 접근판을 살펴보기 위해 몸을 굽혔다. 내가 붉은색 렌지의 손전등을 킬 때 폭발이 일어났다. 내가 얼굴을 아래쪽으로 향하고 있었던 것과 폭발음, 연이어 불어닥친 바람 때문에 몇 가지 생각이 스쳤다. 헬리콥터가 부숴지고 있고, 나는 곧 죽음으로 곤두박질칠 거라고…. 고화질 영화로 봤던 챌린저 우주왕복선의 폭발 장면이 머릿속에 떠올랐다. 그때 우리가 비명 지르기를 멈추는 데 걸린 1.359초 사이, 내 앞에 있던 플렉시글래스 윈드스크린이 사실상 없어졌지만, 나머지는 모두 멀쩡하다는 사실을 우리는 깨달을 수 있었다. 헬리콥터의 속도를 줄인 후 재빨리 검사해본 결과, 조종석은 피와 내장과 깃털로 뒤범벅이었다. 미네소타 중부 상공에서 청둥오리를 치는, 정말 있을 법하지 않은 일을 저질렀고, 그러는 과정에 윈드스크린이 깨졌던 것이다. 내가 그 순간에 무릎보드를 내려다보지 않았더라면 얼굴에 피범벅 반죽을 뒤집어 썼을 것이다. 우리는 미네아폴리스 관제 센터에 비상사태를 선언하고 비행 계획을 취소했다. 마치 영화 멤피스 벨^{Memphis} ^{Belle}에서처럼 우리는 절뚝거리며 알렉산드리아로 향해 노스다코다 대학의 동지들이 우리를 구출해주기를 기다렸다.

내가 지금 무슨 이야기를 하려는 거냐고? 내가 얼마나 NASA의 팬이며, 나 자신이 우주비행사라는 것을 언급하고 싶었다. 찰나의 시간에 내가 계기를 확인하고 있던 그 공포스럽던 순간에 내 마음은 우주왕복선으로 흘러가고 있었다. 대개의 내 나이 또래 남성들은 조지 브랫^{George Brett}이나 웨인 그레츠키^{Wayne Gretzky}와 악수하고 싶은 로망이 있었다.[5] 하지만 나는 버즈 올드린^{Buzz Aldrin6}과 악수하고 싶어했고, 또 실제로 악수도 해봤다(사실 버즈 올드린은 당시 노스 다코다 대학 교수였다). 따라서 내가 MASS 패키지에서 우주왕복선 데이터^{shuttle}를 발견했을 때는 이 책에 그 데이터를 포함하지 않을 수 없었다. 그나저나 혹시 케네디 우주센터에 전시돼 있는 우주왕복선 아틀란티스를 볼 기회가 있으면 절대 놓치지 말기 바란다.

자, 이 문제에서는 우주왕복선이 자동 착륙 시스템을 써야 했을지, 말아야 했을지의 질문에 관한 답을 구하기 위해 신경망 모형을 만들어볼 것이다. 디폴트 결정은 항공기의 조종사가 착륙하도록 하는 것이다. 그러나 조종사가 무력한 상황이 됐거나 연장된 궤도 운항이후에 재진입을 시도할 때 중력의 역효과가 있는 상황에서는 자동 착륙 기능이 필요할수도 있다. 이 셔틀 데이터는 진짜 운항 데이터가 아니라 컴퓨터 시뮬레이션으로 만든 데이터다. 현실에서는 자동 착륙 시스템이 몇 차례 갖은 시련을 겪었는데, 대부분의 경우에 왕복우주선의 비행사가 착륙 과정을 책임지고 있었다. 좀 더 자세한 배경 정보는 다음 링크에서 찾을 수 있다.

http://www.spaceref.com/news/viewsr.html?pid=10518

https://waynehale.wordpress.com/2011/03/11/breaking-through/

▌ 데이터의 이해와 준비 과정

다음 4개의 패키지를 불러오는 것으로 시작한다. 데이터는 MASS 패키지에 들어 있다.

```
> library(caret)
> library(MASS)
> library(neuralnet)
> library(vcd)
```

5 두 사람은 야구 선수와 아이스하키 선수 – 옮긴이
6 아폴로 11호의 우주비행사 – 옮긴이

neuralnet 패키지는 신경망 모형 구축에 사용하고, caret은 데이터 준비 과정에 사용한다. vcd 패키지는 데이터 시각화에 이용할 것이다. 이제 데이터를 불러와 구조를 점검하자.[7]

```
> data(shuttle)
> str(shuttle)
'data.frame': 256 obs. of  7 variables:
 $ stability: Factor w/ 2 levels "stab","xstab": 2 2 2 2 2 2 2 2 2 2 ...
 $ error    : Factor w/ 4 levels "LX","MM","SS",..: 1 1 1 1 1 1 1 1 1 1 ...
 $ sign     : Factor w/ 2 levels "nn","pp": 2 2 2 2 2 2 1 1 1 1 ...
 $ wind     : Factor w/ 2 levels "head","tail": 1 1 1 2 2 2 1 1 1 2 ...
 $ magn     : Factor w/ 4 levels "Light","Medium",..: 1 2 4 1 2 4 1 2 4 1 ...
 $ vis      : Factor w/ 2 levels "no","yes": 1 1 1 1 1 1 1 1 1 1 ...
 $ use      : Factor w/ 2 levels "auto","noauto": 1 1 1 1 1 1 1 1 1 1 ...
```

데이터는 256개의 관찰값과 7개의 변수로 이뤄져 있다. 모든 변수가 범주형이고, 반응 변수는 자동(auto)과 비자동(noauto) 2개의 수준을 갖고 있음에 주목하라. 설명 변수는 다음과 같다.

- stability: 안정적인 위치 여부(stab/xstab)
- error: 오차의 크기(MM / SS / LX / XL)
- sign: 오차의 부호, 양(+) 또는 음(-)(pp/nn)
- wind: 바람 방향(head / tail)
- magn: 바람의 강도(Light / Medium / Strong / Out of Range)
- vis: 가시성visibility(yes / no)

---

7 neuralnet과 vcd 패키지는 미리 설치해야 한다. — 옮긴이

이제 테이블을 몇 개 만들어 데이터를 탐색해보자. 반응/결과부터 시작하자.

```
> table(shuttle$use)
  auto noauto
   145    111
```

거의 57%로 자주, 자동 착륙 기능을 사용하라는 결정이 내려진다. 범주형 데이터를 위해 표를 만드는 방법이 몇 가지 있다. table( ) 함수로 두 변수를 서로 비교하는 것은 아주 적절한 방법이지만, 세 번째 변수를 더하는 순간, 출력이 매우 지저분해진다. vcd 패키지에도 테이블과 플롯 생성하는 함수가 여러 개 있다. 그중 structable( ) 함수는 인수로 *(column1 + column2 ~ column3)* 형태의 공식을 쓰는데, 여기서 *column3*이 표에서의 열[row]이 된다.

```
> table1 <- structable(wind + magn ~ use, shuttle)
> table1
      wind  head                      tail
      magn Light Medium Out Strong Light Medium Out Strong
use
auto            19     19  16     18    19     19  16     19
noauto          13     13  16     14    13     13  16     13
```

여기서, 강도가 Light인 역풍[headwind]의 경우에는 각각 auto가 19번, noauto가 13번 일어났음을 볼 수 있다. vcd 패키지에는 mosaic( ) 함수가 들어 있는데, structable( ) 함수로 생성한 표를 그려주고, 카이제곱 검정을 위한 유의확률[p-value]을 제공한다.

```
> mosaic(table1, shade = T)
```

위 명령을 실행한 결과는 다음과 같다.

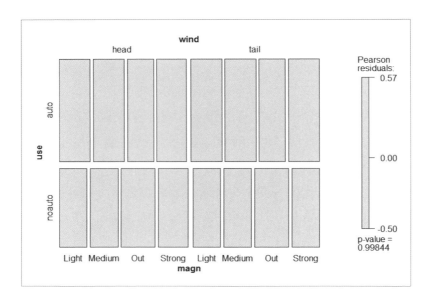

그림에서 각 타일은 반복 분할[recursive split]을 통해 만들어졌으며, 크기는 앞의 표에서 각 셀에 대응해 비례한다. 또한 유의확률이 유의하지 않게 나타났으므로 변수들은 독립이며, 이는 바람의 방향이나 세기를 알아도 자동 착륙을 써야 할지 예측하는 데 도움이 되지 않는다는 것을 의미한다. structable( ) 오브젝트를 쓰지 않고도 그림을 그릴 수 있는데, mosaic( ) 함수는 공식도 인수로 받아들이기 때문이다.

```
> mosaic(use ~ error + vis, shuttle)
```

위 명령을 실행한 결과는 다음과 같다.

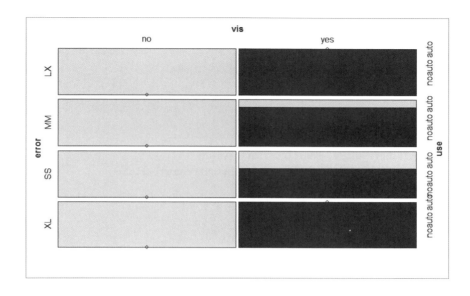

위 그림에서는 사각형이 두 가지 음영으로 표시된 것에 주목하기 바란다. 여기에는 귀무 가설의 기각과 변수의 종속성이 반영돼 있다. 도표는 먼저 가시성^{vis}을 받아 종축으로 쪼갠 다. 만일, 가시성이 no면 자동 착륙을 사용한다. 그림에서 왼쪽에 위치한 vis가 no인 열은 모두 밝은 회색으로 auto를 사용한다. 그 다음에는 횡축 방향으로 오류를 쪼개는데, 만일, vis가 yes일 때 error가 SS 또는 MM이면 자동 착륙을 추천할 수 있다. 즉, auto를 나타내 는 밝은 회색으로 표시된다. 다른 경우에는 추천하지 않는다. 회색으로 칠해진 부분이 유 의성을 나타내므로 p-value는 따로 표시할 필요가 없다.

table( )을 포장한 함수인 prop.table( ) 함수를 이용하면 비율로 나타낸 표를 확인할 수 있다.

```
> table(shuttle$use, shuttle$stability)
        stab xstab
  auto    81    64
  noauto  47    64
```

```
> prop.table(table(shuttle$use, shuttle$stability))
              stab      xstab
  auto    0.3164062 0.2500000
  noauto  0.1835938 0.2500000
```

카이제곱 검정하는 법이 기억나지 않을 수도 있겠지만, 사실 다음과 같이 매우 간단하게 실행할 수 있다.

```
> chisq.test(shuttle$use, shuttle$stability)
Pearson's Chi-squared test with Yates' continuity correction
data:  shuttle$use and shuttle$stability
X-squared = 4.0718, df = 1, p-value = 0.0436
```

신경망을 위해 데이터를 준비하는 과정은 매우 중요한데, 모든 설명 변수와 종속 변수들은 모두 수치형^{numeric}이어야 한다. 우리의 경우에 모든 입력 피처가 범주형이다. 그러나 caret 패키지를 이용하면 쉽게 입력 피처로 사용할 더미 변수$^{dummy\ variables}$를 만들 수 있다.

```
> dummies <- dummyVars(use ~ .,shuttle, fullRank = T)
> dummies
Dummy Variable Object
Formula: use ~ .
7 variables, 7 factors
Variables and levels will be separated by '.'
A full rank encoding is used
```

dummies 오브젝트를 기존의 데이터로 예측하고, 그 결과를 데이터 프레임에 저장하기 위해 as.data.frame( )을 이용한다. 이 함수는 원데이터가 데이터 프레임 타입이든, 아니든 결과물을 데이터 프레임으로 저장해준다.[8] 물론 이 작업에는 같은 shuttle 데이터가 필요하다.

---

8 predict( ) 함수를 쓰고 나면 결과물이 matrix 타입으로 생성되기 때문에 타입 변환이 필요했다. − 옮긴이

```
> shuttle.2 = as.data.frame(predict(dummies, newdata=shuttle))
> names(shuttle.2)
 [1] "stability.xstab" "error.MM"        "error.SS"
 [4] "error.XL"        "sign.pp"         "wind.tail"
 [7] "magn.Medium"     "magn.Out"        "magn.Strong"
[10] "vis.yes"

> head(shuttle.2)
  stability.xstab error.MM error.SS error.XL sign.pp
1               1        0        0        0       1
2               1        0        0        0       1
3               1        0        0        0       1
4               1        0        0        0       1
5               1        0        0        0       1
6               1        0        0        0       1
  wind.tail magn.Medium magn.Out magn.Strong vis.yes
1         0           0        0           0       0
2         0           1        0           0       0
3         0           0        0           1       0
4         1           0        0           0       0
5         1           1        0           0       0
6         1           0        0           1       0
```

이제 입력 피처 스페이스에 10개의 변수를 갖게 됐다. stability 변수는 이제 stab 대신 0의 값, xstab 대신 1의 값을 갖는다. 기준이 되는 오류는 LX고, 나머지 변수들(error.MM, error.SS, error.XL)은 다른 범주를 나타낸다.

반응 변수는 ifelse( ) 함수를 이용해 생성할 수 있다.

```
> shuttle.2$use <- ifelse(shuttle$use == "auto", 1, 0)
> table(shuttle.2$use)

  0   1
111 145
```

caret 패키지에는 훈련 데이터와 테스트 데이터를 생성하게 해주는 기능도 들어 있다. 각 관찰값을 train 또는 test로 색인을 달고, 같은 종류끼리 모으는 식으로 이뤄진다. 훈련 데이터와 테스트 데이터를 70대30의 비율이 되도록 나눠보자.

```
> set.seed(123)
> trainIndex <- createDataPartition(shuttle.2$use, p = .7, list = FALSE)
```

trainIndex에는 원데이터의 행 번호가 저장된다. 우리의 경우에는 shuttle.2의 전체 행 중에 70%가 들어 있다. 이 색인을 이용하면 간단히 훈련 데이터와 테스트 데이터로 구분할 수 있다.

```
> shuttleTrain <- shuttle.2[trainIndex, ]
> shuttleTest  <- shuttle.2[-trainIndex, ]
```

제대로 잘 생성됐다. 이제 신경망 모형을 구축할 준비가 됐다.

▌ 모형화와 평가

앞서 언급한 대로, 우리가 이용할 패키지는 neuralnet이다. 이 패키지에 들어 있는 함수는 다른 함수에서 이미 살펴봤던 것처럼, 예를 들어 $y \sim x1 + x2 + x3 + x4, data = df$와 같은 공식formula을 사용한다. 이전에 우리는 $y \sim$라는 표현을 이용해, 데이터의 y를 뺀 모든 변수를 명시했다.[9] 그러나 이 책을 쓰는 현 시점에 neuralnet에서는 이렇게 생략할 수 있는 신택스를 채택하지 않았다. 그러나 as.formula() 함수를 사용하면 이 한계를 돌아갈 수 있다. 변수명으로 오브젝트를 하나 생성한 후 이를 paste() 함수의 입력값으로 넣어 변수명의 덧셈 형식으로 만들고, 이를 공식의 오른쪽에 오도록 붙인다.

---

9 공식에서 y가 왼쪽에 오고, ~ 오른쪽에 아무것도 쓰지 않으면, 나머지 설명 변수 이름을 공식의 오른쪽에 적은 것과 같음. – 옮긴이

```
> n <- names(shuttleTrain)
> form <- as.formula(paste("use ~", paste(n[!n %in% "use"], collapse = " + ")))
> form
use ~ stability.xstab + error.MM + error.SS + error.XL + sign.pp +
    wind.tail + magn.Medium + magn.Out + magn.Strong + vis.yes
```

이 함수를 잘 기억했다가 나중에 활용하면 매우 편리할 것이다. neuralnet 패키지에서 우리가 사용할 함수는 역시 neuralnet( )이다. 앞서 만든 공식 이외에도 네 가지 중요한 함수 인자를 검토해야 한다.

- hidden: 은닉 층의 개수와 한 층에 들어 있는 뉴런의 개수로 이뤄진 벡터로, 층의 개수는 3개까지 가능하고, 기본값으로 1을 갖는다.
- act.fct: 이 인자는 활성화 함수를 가리킨다. 미분 가능한 함수를 직접 지정하거나, 문자열로 기본값인 'logistic'을 이용하거나, 'tanh'를 선택할 수도 있다.
- err.fct: 오류를 계산하는 데 사용하는 미분 가능한 함수로, 기본값으로 sse를 사용한다. 예제에서는 출력값이 이분 변수이므로 크로스-엔트로피를 뜻하는 ce 를 인자로 사용한다.
- linear.output: 논리값을 갖는 인자로, 활성 함수인 act.fct를 무시할 것인지에 관해 TRUE 또는 FALSE의 값을 준다. 기본값은 TRUE지만, 예제에서는 활성 함수를 사용하기 때문에 FALSE 값을 준다.

알고리즘도 명시할 수 있다. 기본값 설정이 역전파를 실행할 때 잘 작동하므로 그대로 따라 한다. 여기서 은닉층과 노드의 개수는 기본값 1을 갖는다.

```
> fit <- neuralnet(form, data = shuttleTrain, err.fct = "ce", linear.output =
FALSE)
```

실행 결과는 다음과 같다.

```
> fit$result.matrix
1
error                            0.009928587504
reached.threshold                0.009905188403
steps                          660.000000000000
Intercept.to.1layhid1           -4.392654985479
stability.xstab.to.1layhid1      1.957595172393
error.MM.to.1layhid1            -1.596634090134
error.SS.to.1layhid1            -2.519372079568
error.XL.to.1layhid1            -0.371734253789
sign.pp.to.1layhid1             -0.863963659357
wind.tail.to.1layhid1            0.102077456260
magn.Medium.to.1layhid1         -0.018170137582
magn.Out.to.1layhid1             1.886928834123
magn.Strong.to.1layhid1          0.140129588700
vis.yes.to.1layhid1              6.209014123244
Intercept.to.use                30.721652703205
1layhid.1.to.use               -65.084168998463
```

오류가 극히 작아 0.0099밖에 되지 않는 것을 볼 수 있다. 스텝 수steps는 660회였는데, 이는 알고리즘이 역치threshold까지 이르는 데 걸리는 반복 횟수로, 오류 함수 미분값의 절댓값이 역치(기본값은 0.1)보다 작아지면 훈련을 멈춘다. 첫 번째 뉴런의 가중값 중에 가장 큰 값은 vis.yes.to.1layhid1의 6.21이었다.

일반화된 가중값generalized weights이라 불리는 것도 들여다볼 수 있다. neuralnet 패키지의 저자에 따르면, 일반화된 가중값은 i 번째 설명 변수가 로그 오즈log-ods에 기여하는 양으로 다음과 같이 정의된다.

> 일반화된 가중값은 각 설명 변수 x_i가 미치는 효과를 표현하기 때문에 회귀 모형의 i 번째 모수의 해석에 비유된다. 그러나 일반화된 가중값은 다른 모든 변수에 종속적이다(Gunther and Fritsch, 2010).

TIP 가중값은 계산 후에 검사할 수 있다. 아래 출력에는 첫 네 변수의 결과값과 6개의 관찰값만으로 줄여 나타냈다. 각 행을 더하면 같은 수를 얻을 수 있는데, 이는 곧 가중값들이 각 설명 변수의 조합에 관해 같다는 뜻이다. 가중값 초기화가 무작위로 이뤄지기 때문에 독자의 결과가 다음의 결과와 조금 다를 수도 있다는 점에 유의하기 바란다.

결과는 다음과 같다.

```
> head(fit$generalized.weights[[1]])
             [,1]         [,2]          [,3]         [,4]
1    -4.374825405 3.568151106   5.630282059 0.8307501368
2    -4.301565756 3.508399808   5.535998871 0.8168386187
6    -5.466577583 4.458595039   7.035337605 1.0380665866
9   -10.595727733 8.641980909  13.636415225 2.0120579565
10  -10.270199330 8.376476707  13.217468969 1.9502422861
11  -10.117466745 8.251906491  13.020906259 1.9212393878
```

신경망 모델은 간단히 plot( ) 함수로 시각화할 수 있다.

```
> plot(fit)
```

위 명령을 실행한 결과는 다음과 같다.

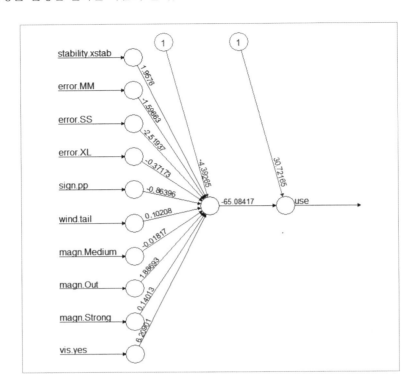

위 플롯에서 노드 사이의 연결선 위에 각 변수와 절편의 가중값이 나타나 있다. 일반화 가중값 또한 플롯으로 검사할 수 있다. vis.yes와 wind.tail을 비교해보자. wind.tail 이 전반적으로 낮은 가중값 중 하나다. 다음 코드로 생성할 플롯에서 vis.yes는 비대칭 으로 기운 분포를 보이는 반면, wind.tail은 고른 분포를 보이고 따라서 예측력이 없음 을 알 수 있다.

```
> par(mfrow = c(1, 2))
> gwplot(fit, selected.covariate = "vis.yes")
> gwplot(fit, selected.covariate = "wind.tail")
```

위 명령을 실행한 결과는 다음과 같다.

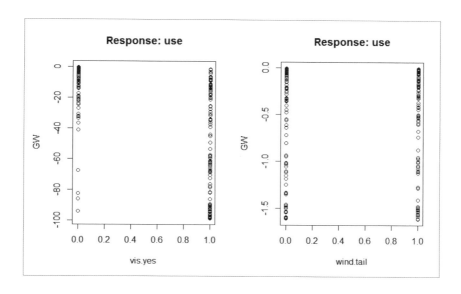

이제 모형의 성능을 평가해보자. compute( ) 함수로 성능을 평가하고 적합된 모델과 설명 변수들을 명시할 수 있다. 이 문법은 테스트 데이터로 하는 예측에서도 같다. 일단 계산이 되고 나면, $net.result로 예측값 목록이 작성된다.

```
> resultsTrain <- compute(fit, shuttleTrain[, 1:10])
> predTrain <- resultsTrain$net.result
```

결과는 확률값으로 표시되므로 이를 0 또는 1의 값으로 변환하고, 이를 혼동 행렬로 만들어보자.

```
> predTrain <- ifelse(predTrain >= 0.5, 1, 0)
> table(predTrain, shuttleTrain$use)
predTrain  0  1
        0 81  0
        1  0 99
```

이 놀라운 결과를 보라. 신경망 모델은 100%의 정확도를 보인다. 이제 과연 테스트 데이터로는 어떤 결과가 나올지 지켜보자.

```
> resultsTest <- compute(fit, shuttleTest[,1:10])
> predTest <- resultsTest$net.result
> predTest <- ifelse(predTest >= 0.5, 1, 0)
> table(predTest, shuttleTest$use)
predTest  0  1
       0 29  0
       1  1 46
```

테스트 데이터 세트로는 허위 양성이 딱 1개 나왔다. 만일, 어느 데이터에 관해 허위 양성이 나왔는지 확인하고 싶다면, which( ) 함수를 사용해 알아낼 수 있다.

```
> which(predTest == 1 & shuttleTest$use == 0)
[1] 62
```

테스트 세트에서는 62번째 열이고, 이는 전체 데이터 세트에서 203번 관찰값에 해당한다. 신경망으로 100% 정확도를 성취할 수 있을지는 독자들에게 맡긴다.

▌딥러닝 예제

이제 우주왕복선 문제를 마치고, 딥러닝의 실용적인 사례를 h2o 패키지를 이용해 풀어본다. UCI 대학의 머신 러닝 저장소UCI Machine Learning Repository에서 원데이터를 가져와 변형했고, 세부 설명은 다음 링크에서 구할 수 있다.

https://archive.ics.uci.edu/ml/datasets/Bank+Marketing/

여기에서 크기가 작은 편인 bank.csv 데이터 세트를 이용해, 수치 변수들의 스케일을 평균을 0, 분산을 1로 조정한 후 캐릭터character 타입의 변수와 성긴 숫자sparse numerics는 더미 변수를 만들고, 거의 0에 가까운 분산을 갖는 변수를 제거했다. 이렇게 변형한 데이터는 깃허브의 https://github.com/datameister66/data/ 디렉터리에 bank_DL.csv라는 이름으로 업로드해놓았다. 이번 절에서는 데이터를 H2O 플랫폼에 업로드하는 방법과 고객이 마케팅 전략에 반응을 하는지를 예측하는 분류기를 만들기 위해 딥러닝 코드를 실행하는 데 초점을 맞춘다.

H2O의 배경

H2O 는 소스가 공개된 예측 분석 기술 플랫폼으로, K–최근접 이웃법, 그레이디언트 부스트 머신, 딥러닝 등 사전에 구축된 알고리즘을 탑재하고 있다. 데이터를 Hadoop, AWS, Spark, SQL, noSQL을 통하거나 직접 하드 드라이브로부터 플랫폼으로 업로드할 수 있다. 이 패키지가 좋은 것은 사용자의 로컬 컴퓨터에서 R 언어로 머신 러닝 알고리즘을 훨씬 큰 규모로 활용할 수 있다는 점이다. 좀 더 자세한 내용을 배우고 싶다면, 다음 웹 사이트를 참고하기 바란다.

http://h2o.ai/product/

H2O를 R에 설치하는 과정은 기존 패키지와는 좀 다르다. 2017년 2월 25일 현재 기준으로 최신 버전의 코드를 반영했다. 독자는 이 코드를 이용해 최신 버전을 재설치하거나 다음 웹 사이트에서 코드를 다운로드해 사용해도 된다.

http://h2o-release.s3.amazonaws.com/h2o/rel-lambert/5/docs-website/Ruser/Rinstall.html/

최신 버전을 설치하려면 다음 코드를 실행하라.

```
# 다음의 두 명령은 이전에 설치된 H2O의 R 버전 패키지를 삭제할 것이다.
if ("package:h2o" %in% search()) { detach("package:h2o", unload=TRUE) }
if ("h2o" %in% rownames(installed.packages())) { remove.packages("h2o") }

# 그런 다음, H2O 설치에 필요한 다른 패키지를 다운로드할 것이다.
```

```
if (! ("methods" %in% rownames(installed.packages()))) {
    install.packages("methods") }
if (! ("statmod" %in% rownames(installed.packages()))) {
    install.packages("statmod") }
if (! ("stats" %in% rownames(installed.packages()))) {
    install.packages("stats") }
if (! ("graphics" %in% rownames(installed.packages()))) {
    install.packages("graphics") }
if (! ("RCurl" %in% rownames(installed.packages()))) {
    install.packages("RCurl") }
if (! ("jsonlite" %in% rownames(installed.packages()))) {
    install.packages("jsonlite") }
if (! ("tools" %in% rownames(installed.packages()))) {
    install.packages("tools") }
if (! ("utils" %in% rownames(installed.packages()))) {
    install.packages("utils") }

# 이제 H2O 패키지 R버전을 다운로드해 설치하고 초기화를 진행할 것이다.
install.packages("h2o", type="source",
    repos=(c("http://h2o-release.s3.amazonaws.com/h2o/rel-tverberg/5/R")))
```

데이터를 H2O에 업로드하기

bank_DL.csv 파일이 독자의 작업 디렉터리에 저장돼 있다고 가정하고 진행한다. getwd( ) 함수는 현재 작업 디렉터리의 경로를 알려준다는 것을 기억하라. 이제 패키지를 불러오고 데이터가 들어 있는 작업 디렉터리 경로를 담을 오브젝트를 생성하자.

```
> library(h2o)
> mydir <-getwd()
> path <- paste0(mydir,"/bank_DL.csv")
```

이제 H2O에 접속해 클러스터에 인스턴스를 하나 시작한다. nthreads = -1이라고 명시하면, 우리가 만든 인스턴스가 모든 클러스터의 모든 CPU를 사용하도록 요청할 것이다.

```
> localH2O = h2o.init(nthreads = -1)
```

H2O의 함수인 h2o.uploadFile( ) 함수는 파일을 H2O 클라우드로 업로드할 수 있게 해준다. 업로드하기 위해 다음 함수들도 사용할 수 있다.

- h2o.importFolder
- h2o.importURL
- h2o.importHDFS

다음 코드처럼 간단히 파일을 업로드할 수 있다. 표시자가 진행 상황을 %로 보여준다.

```
> bank <- h2o.uploadFile(path = path)
|============================================================| 100%
```

데이터는 이제 H2OFrame 안에 들어 있는데, class( ) 함수를 이용하면 확인할 수 있다.

```
> class(bank)
      [1] "H2OFrame"
```

H2O에 들어 있는 여러 가지 R 명령어는 독자가 실행할 때 여기서 보이는 것과 다른 출력을 보일 수도 있다. 예를 들면, 데이터 구조를 보라(다음 출력은 뒤쪽을 축약한 것이다).

```
> str(bank)
  Class 'H2OFrame' <environment: 0x0000000032d02e80>
  - attr(*, "op")= chr "Parse"
  - attr(*, "id")= chr "bank_DL_sid_95ad_2"
  - attr(*, "eval")= logi FALSE
  - attr(*, "nrow")= int 4521
  - attr(*, "ncol")= int 64
  - attr(*, "types")=List of 64
```

bank 데이터는 4,521개의 관찰값(nrow)과 64개의 열(ncol)로 구성돼 있음을 알 수 있다. 한편, head( ) 함수와 summary( ) 함수는 보통 R에서와 똑같이 작동한다. 데이터 세트를 나누기 전에 반응 변수의 분포를 관찰해보자. y라는 이름의 열이 반응 변수다.

```
> h2o.table(bank$y)
    y Count
1 no  4000
2 yes   521
[2 rows x 2 columns]
```

은행의 고객 중 521명이 제안에 yes라고 대답했고, 4,000은 no라고 대답했다. 이 반응은 조금 불균형하게 보인다. 불균형 반응 레이블을 다루는 기법은 다중 클래스 학습을 다루는 11장에서 논의한다. 지금의 예제에서는 레이블 불균형의 경우에 딥러닝의 성능이 어떠할지 지켜보자.

훈련 및 테스트 데이터 세트 생성

H2O의 데이터 분할 기능을 이용해 훈련 데이터와 테스트 데이터를 생성할 수 있다. 맨 먼저 전체 데이터bank와 같은 길이의 벡터에 균일 분포에서 무작위로 추출한 숫자를 생성해 저장한다.

```
> rand <- h2o.runif(bank, seed = 123)
```

그런 다음, 분할된 데이터를 만들고 원하는 키 이름key name을 할당한다.

```
> train <- bank[rand <= 0.7, ]
> train <- h2o.assign(train, key = "train")
> test <- bank[rand > 0.7, ]
> test <- h2o.assign(test, key = "test")
```

이제 두 데이터 세트가 생성됐으므로 훈련 세트와 테스트 세트가 균형 있게 만들어지면 좋을 것이다. 이를 확인하기 위해 h2o.table( ) 함수를 사용하자. 우리 예제에서는 반응 변수 y가 데이터의 64번 열에 해당한다.

```
> h2o.table(train[, 64])
    y Count
1  no  2783
2 yes   396
[2 rows x 2 columns]
> h2o.table(test[, 64])
     y Count
1  no  1217
2 yes   125
[2 rows x 2 columns]
```

yes와 no의 비율이 두 세트에서 비슷해 보이므로 잘 분할된 것 같다. 이제 모형화 과정을 시작해보자.

모형화

딥러닝을 위한 함수는 사용자가 조정할 수 있는 인자와 매개변수가 상당수 있다. 이 패키지에서 좋았던 점은 이 부분을 최대한 단순화하고 많은 부분을 기본값으로 작동하게 만들었다는 점이다. 기본값 이외에 시도할 수 있는 옵션을 보고 싶다면, 도움말을 보거나 다음과 같은 명령어를 실행시켜보자.

```
> args(h2o.deeplearning)
```

모든 함수 인자와 조정 매개변수에 관한 설명 문서는 다음 링크에 올라와 있다.

http://docs.h2o.ai/h2o/latest-stable/h2o-docs/index.html

demo("method")의 형식으로 method에 방법을 지정한 후 실행하면 다양한 머신 러닝 방법의 데모를 실행해볼 수 있다. 예를 들어, demo(h2o.deeplearning)를 실행하면 딥러닝 데모를 볼 수 있다.

다음 목표는 무작위 탐색^{random search}을 이용해 하이퍼파라미터를 조정하는 것이다. 이 방법은 완전 격자 탐색^{full grid search}보다 시간이 덜 걸린다. 활성화 함수로 tanh 함수를 사용하고, 세 가지 서로 다른 은닉층과 노드 조합을 사용하고, 드롭아웃을 적용하거나 적용하지 않고 실행하며, 드롭아웃을 적용하는 경우에는 두 가지 학습 속도를 사용할 것이다.

```
> hyper_params <- list(
     activation = c("Tanh", "TanhWithDropout"),
     hidden = list(c(20,20),c(30, 30),c(30, 30, 30)),
     input_dropout_ratio = c(0, 0.05),
     rate = c(0.01, 0.25)
)
```

리스트 안에 무작위 탐색을 위한 기준을 명시해줘야 한다. 무작위 탐색을 할 것이므로 전략은 RandomDiscrete라고 명시한다. 완전 격자 탐색이었다면 Cartesian이라고 적는다. 또한 무작위 탐색에는 하나 이상의 조기 종료^{early stopping} 방법을 알려줄 것을 권장하는데, 예를 들어 max_runtime_secs, max_models 등이다. 또한 훈련 중에 연속적인 최상위 5개 모델 사이의 오류가 1% 이내로 근접할 때 훈련을 종료하도록 명시한다.

```
> search_criteria = list(
        strategy = "RandomDiscrete", max_runtime_secs = 420,
        max_models = 100, seed = 123, stopping_rounds = 5,
        stopping_tolerance = 0.01
)
```

이제 다음의 h2o.grid() function에서 마술같은 일이 일어난다. 이 함수에 인자로 전달할 사항은 알고리즘으로 딥러닝을 쓴다는 것, 테스트 데이터 세트, 검증^{validation} 데이터 세트

(우리는 테스트 세트로 검증할 것이다), 입력 피처 그리고 반응 변수 등이다.

```
> randomSearch <- h2o.grid(
        algorithm = "deeplearning",
        grid_id = "randomSearch",
        training_frame = train,
        validation_frame = test,
        x = 1:63,
        y = 64,
        epochs = 1,
        stopping_metric = "misclassification",
        hyper_params = hyper_params,
        search_criteria = search_criteria
      )
  |=====================================================| 100%
```

진행 사항을 표시 막대로 보여주는데, 이 데이터 세트는 작으므로 몇 초 걸리지 않을 것이다.

이제 최상위 5개 모형의 결과를 검토하자.

```
> grid <- h2o.getGrid("randomSearch",sort_by = "auc", decreasing = TRUE)
> grid
 H2O Grid Details
        ================
        Grid ID: randomSearch
        Used hyper parameters:
         - activation
         - hidden
         - input_dropout_ratio
         - rate
        Number of models: 71
        Number of failed models: 0
        Hyper-Parameter Search Summary: ordered by decreasing auc
               activation         hidden input_dropout_ratio rate
1 TanhWithDropout [30, 30, 30]         0.05 0.25
2 TanhWithDropout [20, 20]             0.05 0.01
```

```
3 TanhWithDropout [30, 30, 30]        0.05 0.25
4 TanhWithDropout [40, 40]            0.05 0.01
5 TanhWithDropout [30, 30, 30]        0.0  0.25
              model_ids                      auc
1 randomSearch_model_57   0.8636778964667214
2 randomSearch_model_8    0.8623894823336072
3 randomSearch_model_10   0.856568611339359
4 randomSearch_model_39   0.8565258833196385
5 randomSearch_model_3    0.8544026294165982
```

위 출력물에 따르면, #57번 모형이 제일 우수하며, 활성 함수는 TanhWithDropout이었고, 3개의 은닉층에 각각 30개의 노드를 갖고 있으며, 드롭아웃 비율은 0.05, 학습 속도는 0.25 그리고 AUC는 거의 0.864가 나왔다.

이제 혼동 행렬로 검증/테스트 데이터의 오류 비율을 살펴보자.

```
> best_model <- h2o.getModel(grid@model_ids[[1]])
> h2o.confusionMatrix(best_model, valid = T)
 Confusion Matrix (vertical: actual; across: predicted) for max f1 @
   threshold = 0.0953170555399435:
          no yes  Error      Rate
 no    1128  89 0.073131 =  89/1217
 yes     60  65 0.480000 =  60/125
 Totals 1188 154 0.111028 = 149/1342
```

비록 11%의 오류밖에 일어나지 않았지만, yes 레이블에 관해서는 오류 비율이 높았고, 허위 양성과 허위 음성의 비율도 높았다. 이런 결과는 클래스 불균형class imbalance의 문제를 제시하고 있을 가능성이 있다. 하이퍼파라미터를 조정하는 과정은 이제 시작일 뿐이고, 결과를 향상시키기 위해서는 지금부터 해야 할 일이 많다. 이는 독자에게 숙제로 맡긴다.

이제 교차 검증을 이용한 모형을 구축할지 알아보자. h2o.deeplearning() 함수의 내부에 하이퍼파라미터가 어떻게 포함돼 있는지 눈여겨보기 바란다. 여기서 학습 속도learning rate만 빠져 있는데, 이는 상태에 맞춰 변화하는 것으로 명시됐기 때문이다. 수가 적은 클

래스는 업샘플링^{up-sampling}(추출 비율을 높이는 방법)해 훈련 중에 레이블 비율이 균형 잡히도록 하는 기능도 포함했다.[10] 또한 교차 검증의 폴드^{fold}는 반응 변수에 기반한 층별 표집 stratified sample이다.

```
> dlmodel <- h2o.deeplearning(
      x = 1:63,
      y = 64,
      training_frame = train,
      hidden = c(30, 30, 30),
      epochs = 3,
      nfolds = 5,
      fold_assignment = "Stratified",
      balance_classes = T,
      activation = "TanhWithDropout",
      seed = 123,
      adaptive_rate = F,
      input_dropout_ratio = 0.05,
      stopping_metric = "misclassification",
      variable_importances = T
)
```

dlmodel 오브젝트를 호출하면 상당히 긴 출력물을 얻게 될 것이다. 이 중에서 홀드아웃 폴드$^{holdout\ fold}$(검증을 위해 유보해놓은 서브 세트)에 관한 성능을 검토해보자(출력의 전후 부분은 생략).

```
> dlmodel
Model Details:
==============

AUC:  0.8571054599
Gini: 0.7142109198
```

---

10 다음 코드의 함수 인자 중 fold_assignment = "Stratified"을 가리킴. – 옮긴이

```
Confusion Matrix (vertical: actual; across: predicted) for F1-optimal threshold:
         no yes   Error        Rate
no      2492 291 0.104563 = 291/2783
yes      160 236 0.404040 =  160/396
Totals 2652 527 0.141869 = 451/3179
```

이러한 결과로 보건데 하이퍼파라미터들, 특히 은닉층과 노드는 조정해야 할 여지가 남아 있다. 표본 외 성능을 확인하는 방법은 위의 함수와는 조금 다른데, h2o.performance( ) 함수를 사용하고 출력물은 좀 더 종합적으로 표현된다.

```
> perf <- h2o.performance(dlmodel, test)
> perf
H2OBinomialMetrics: deeplearning
MSE: 0.07237450145
RMSE: 0.2690250945
LogLoss: 0.2399027004
Mean Per-Class Error: 0.2326113394
AUC: 0.8319605588
Gini: 0.6639211175
Confusion Matrix (vertical: actual; across: predicted) for F1-optimal threshold:
no yes Error Rate
no 1050 167 0.137223 = 167/1217
yes 41 84 0.328000 = 41/125
Totals 1091 251 0.154993 = 208/1342
Maximum Metrics: Maximum metrics at their respective thresholds
metric threshold value idx
1 max f1 0.323529 0.446809 62
2 max f2 0.297121 0.612245 166
3 max f0point5 0.323529 0.372011 62
4 max accuracy 0.342544 0.906110 0
5 max precision 0.323529 0.334661 62
6 max recall 0.013764 1.000000 355
7 max specificity 0.342544 0.999178 0
8 max absolute_mcc 0.297121 0.411468 166
9 max min_per_class_accuracy 0.313356 0.799507 131
10 max mean_per_class_accuracy 0.285007 0.819730 176
```

전반적인 오류는 증가했지만, 허위 양성과 허위 음성의 비율은 줄어들었다. 앞의 경우처럼, 하이퍼파라미터를 추가로 조정해야 한다.

마지막으로, 변수 중요도variable importance 또한 생성할 수 있는데, Gedeon 방법으로 계산된다.[11] 이때 명심해야 할 것은 이러한 결과들이 사용자를 호도할 수 있다는 것이다. 아래 표를 보면, 변수 중요도를 순서대로 볼 수 있지만, 이러한 순위는 랜덤 시드값을 달리 넣어 함수를 실행하면 상당히 다른 결과를 보일 수 있다. 다음 결과에는 최상위 변수 5개를 나열했다.

```
> dlmodel@model$variable_importances Variable Importances:
variable relative_importance scaled_importance percentage
1 duration 1.000000 1.000000 0.147006
2 poutcome_success 0.806309 0.806309 0.118532
3 month_oct 0.329299 0.329299 0.048409
4 month_mar 0.223847 0.223847 0.032907
5 poutcome_failure 0.199272 0.199272 0.029294
```

이로써 R 언어로 H2O 패키지를 활용해 딥러닝의 소개를 마쳤다. 이 패키지는 사용하기 쉽고, 하이퍼파라미터의 미세 조정을 유연하게 할 수 있으며, 심층 신경망을 손쉽게 생성할 수 있다. 즐겨 사용하기 바란다.

▌요약

제 7장은 독자들이 신경망과 딥러닝이라는 흥미로운 세계에서 처음 분석을 시작할 수 있도록 이끄는 것을 목표로 했다. 이 기법의 작동 원리, 장점과 내재적인 단점을 2개의 데이터 세트에 적용해보면서 검토해봤다. 이런 기법은 데이터에 복잡하고 비선형적인 관계가 존재할 때 잘 작동한다. 그러나 이런 모형은 고도로 복잡하고, 수많은 하이퍼파라미터 조

---

11 Gedeon에 의해 제안된 방법으로, 처음 두 은닉층의 입력 가중값에 기반해 계산된다. - 옮긴이

정이 요구될 가능성이 있으며, 본질적으로 블랙박스의 성격을 띄고 있어서 해석이 매우 어렵다. 우리는 자율주행차가 왜 빨간색 불에서 우회전했는지 알 수 없고, 다만 적절히 그렇게 했을 뿐이라는 사실만 안다. 이 방법을 그 자체로도 적용해보고, 다른 기법과 앙상블 모형화를 통해 보조하는 방법으로도 사용해보길 바란다. 행운을 빈다. 이제 다음 장에서는 방향을 전환해 군집화부터 시작해 비지도학습법을 공부해보자.

08

군집화 분석

"어서 나에게 와인 한 잔 주게, 내 정신을 적시고 재치 있는 말을 할 수 있게 말야."

– 아리스토파네스^Aristophanes(아테네 극작가)

앞 장에서 우리는 유방암 진단이나 전립선 특이항원의 수치와 같은 결과값이나 반응 변수를 찾는 데 가장 효과적인 알고리즘을 배우는 것에 집중했다. 이런 경우, x에 관한 함수꼴의 y를 갖고 있었다. 즉, $y=f(x)$의 형식으로 표현할 수 있었다. 데이터 안에는 실재하는 y값이 있고, 그것을 이용해 x에 관해 학습시킬 수 있었다. 이러한 학습을 **지도학습**^supervised learning이라고 한다. 하지만 데이터에서 뭔가를 학습하고자 할 때, 실제로는 y가 존재하지 않거나 무시하는 경우가 많이 존재한다. 이제 **비지도학습**^unsupervised learning의 세계로 들어가보자. 이 세계에서는 알고리즘이 얼마나 비즈니스의 요구에 잘 맞는지, 얼마나 정확한지에 따라 알고리즘을 만들고, 선택한다.

왜 가르침 없이 학습하려고 할까? 첫 번째, 비지도학습은 데이터에서 값진 패턴을 찾거나 이해할 수 있게 도와줄 수 있다. 두 번째, 당신은 비지도학습으로 데이터를 변환해 지도학습의 결과를 더 좋아지게 할 수 있다.

이 장은 첫 번째 이유에 집중해 설명할 것이다. 두 번째 이유는 이 다음 장에서 다룬다.

이제, 유명하고 강력한 기법인 군집화 분석에 관한 이야기를 시작해보자. 군집화 분석의 목적은 관찰된 값을 일정 숫자의 집단(k-집단)으로 나누는 것이다. 이 집단 사이에는 서로 최대한 다른 관찰값을 가지되, 한 집단에 소속된 관찰값은 최대한 비슷하도록 나누는 것의 목표다. 이 기법으로 유용한 방법이 많지만, 몇 가지만 아래에 쓰도록 한다.

- 소비자 유형이나 계층을 생성
- 지도상 범죄율이 높은 지역 검출
- 이미지와 얼굴 인식
- 유전자 검사와 전사
- 석유와 지형 탐사

군집화 기법을 사용할 방법이 많지만, 군집화 기법들의 종류 또한 방대하다. 우리는 가장 일반적인 **계층적 군집화 기법**hierarchical과 **K-평균 군집화 기법**k-means에 집중할 것이다. 이 두 방법 모두 아주 효과적인 군집화 기법이지만, 당신이 갖고 있을 수 있는 크고 다채로운 정보를 가진 데이터 세트에는 적합하지 않을 수도 있다. 그래서 우리는 **가워 기반 계량 비유사성 행렬**Gower-based metric dissimilarity matrix을 입력값으로 사용하는 **중간점 구역 분할 군집화 기법**partitioning around medoids, PAM 또한 살펴볼 것이다. 그리고 마지막으로 우리는 내가 최근 익히고 적용해봤던, **랜덤 포레스트 기법**을 사용해 데이터를 변형할 것이다. 이렇게 변형된 데이터는 다시 비지도학습의 입력값으로 사용될 수 있다.

다음 내용으로 넘어가기 전에 한마디만 하겠다. 이 학습이 비지도 방식으로 이뤄지기 때문에 이러한 기법이 과학이 아닌 기술이라 생각할 수 있을 것이다. 내 생각에는 그러한 질문에 관한 명확한 답은 '상황에 따라 다르다'는 것이다. 2016년 초에 인디애나 R 사용자 그룹의 모임에서 이 기법에 관한 발표를 한 적이 있었다. 비지도학습으로 얻은 결과를 의미 있게 하고 3개의 군집을 만들어야 할지, 4개를 만들어 학습해야 할지 결정하는 것은 분석가와 그 비즈니스의 사용자라는 것에 내 발표에 참석했던 사람들 모두 동의했다. 다음 인용문이 내 말을 잘 정리해준다.

> "왜 사용자가 데이터를 군집화하고자 하는지 그리고 군집화가 끝난 후에 결과물로 무엇을 하고 싶어하는지, 군집화 알고리즘의 효과를 이러한 맥락을 고려하지 않고 평가하는 것이 어렵다는 점이 군집화 알고리즘을 사용하는 데 있어 가장 큰 장애물이다. 군집화는 실제 문제와 분리된 독립적인 수학 문제로 다루는 것이 아니라 그 군집화 결과물의 최종 용도에 맞게 연구돼야 하는 분야다."
>
> – 럭스버그 등Luxburg et al.(2012)

▌ 계층적 군집화

계층적 군집화 기법은 관찰값 사이의 비유사성 측정값dissimilarity measure을 기반으로 군집화한다. 일반적으로 사용되고 우리가 사용할 비유사성 측정 방법은 **유클리드 거리**Euclidean distance다. 다른 비유사성 측정 방법 또한 사용할 수 있다.

 계층적 군집화는 응집적 또는 상향적 기법이다. 즉, 군집화를 시작할 때 모든 관측점은 각자의 군집을 만든다는 것이다. 그런 다음, 알고리즘이 점진적으로 모든 관찰값 쌍들을 평가해, 가장 비슷한 2개의 군집을 찾아 합친다. 따라서 첫 번째 반복이 끝난 시점에는 n−1개의 군집이 있고, 두 번째 반복이 끝난 시점에서는 n−2개의 군집으로 줄어드는 식으로 계속 반복한다.

알고리즘이 이러한 방식으로 계속되면, 거리 측정 방법뿐만 아니라 관찰값의 군집들 사이의 연결 방법linkage 또한 정해야 한다. 다른 형식의 데이터는 군집들을 다른 방법으로 연결하는 것이 필요할 것이다. 연결 방법을 실험하면서 어떤 연결 방법은 몇몇 군집에 아주 많은 수의 관찰값이 모이는 것을 보게 될 것이다. 예를 들어, 당신이 30개의 관찰값을 갖고 있다면, 어떤 기법은 당신이 몇 개의 군집을 만들도록 지정하는 것과는 관계없이 모든 관찰값을 전부 포함하는 1개의 군집만을 만들어낼 수도 있다. 이런 상황에서는 데이터와 비즈니스 상황에 따라 어떤 군집 연결 방식을 쓰는 것이 가장 적절할지 판단해야 할 것이다.

아래의 표는 일반적으로 사용되는 군집 연결 방법을 나열하고 있다. 하지만 항상 다른 방법들도 존재한다는 것을 알아야 한다.

연결 방법	설명
와드(Ward)의 측정법	이 방법은 군집에 속한 점들의 중점으로부터의 오차 제곱합(sum of squared error)으로 측정되는 총 군집 내 분산(total within-cluster variance)을 최소화한다. 즉, 두 군집의 각 관측점이 소속하는 군집을 두 군집의 오차 제곱합이 최소화되게 변경한다.
완전 측정법(complete)	한 군집에 속해 있는 관측점 하나와 다른 군집에 속한 관측점 사이의 거리의 최댓값이 두 군집 간의 거리가 된다.
단일 측정법(single)	한 군집에 속해 있는 관측점 하나와 다른 군집에 속한 관측점 사이의 거리의 최솟값이 두 군집 간의 거리가 된다.
평균 측정법(average)	한 군집에 속해 있는 관측점 하나와 다른 군집에 속한 관측점 사이의 거리 평균이 두 군집 간의 거리가 된다.
중점 측정법(centroid)	두 군집의 중점 간의 거리가 두 군집 간의 거리가 된다.

계층적 군집화의 결과물은 나무 같은 모양으로 다양한 군집들이 어떻게 나뉘어졌는지를 나타내는 계통도(dendrogram)가 될 것이다.

곧 알게 되겠지만, 몇 개의 군집을 만드는 것이 좋은지는 명쾌한 답이 나오지 않는다. 당신은 또 다시 비즈니스의 맥락에 집중하면서 자연스럽게 반복하면서 결정해야만 한다.

거리 계산

앞에서 말했다시피, 유클리드 거리는 흔히 계층적 군집화에 사용되는 입력값을 만들어내는 데 사용된다. 유클리드 거리를 2개의 변수/피처와 2개의 관찰값으로 계산하는 간단한 예제를 살펴보자.

관찰값 A의 무게가 3파운드고, 가격이 $5.00라고 가정해보자. 또한 관찰값 B는 무게가 5파운드고, 가격이 $3.00라고 가정해보자. 이 값을 유클리드 거리 공식에 대입해 계산할 수 있다.

'A와 B 사이의 거리는 각 변수의 차이의 제곱합을 제곱근한 값과 같다.'

따라서 위 경우에는 다음과 같을 것이다.

$d(A,B)$ = 제곱근$((5 - 3)^2 + (3 - 5)^2)$이므로 2.83과 같다.

이 2.83이라는 값은 그 값만 갖고서는 아무런 의미가 없지만, 다른 거리들과 함께 보면 중요한 의미를 가진다. 이 계산은 R의 `dist( )` 함수의 기본 계산 방법이다. 필요하다면, 다른 거리 계산 방법(최댓값, 맨해튼Manhattan, 캔버라Canberra, 이진binary, 민코프스키Minkowski)를 지정할 수 있다. 유클리드 거리 계산이 아닌 다른 계산 방식을 사용해야 하는 상황이나 이유에 관해서는 해당 영역에 국한된 이야기가 될 수 있어 깊게 설명하지 않고 넘어가도록 한다. 예를 들면, 유전자 지도 연구 같이 아주 고차원의 데이터를 다룰 때는 유클리드 거리만 갖고는 충분하지 않을 수 있다. 적절한 거리 함수를 찾기 위해서는 그 분야에 관한 지식을 갖고 있거나 시행착오를 겪어야 할 것이다.

 마지막으로, 당신의 데이터의 평균이 0이 되고 표준편차가 1이 되게 변형해 거리 함수의 계산 결과를 비교할 수 있게 하라. 그렇지 않으면, 값의 규모가 큰 변수가 거리값의 계산 결과에 더 큰 영향을 미칠 것이다.

▌ K-평균 군집화

K-평균 군집화를 이용하려면, 우리가 원하는 군집의 개수를 지정해야 한다. 그러면 알고리즘은 각 관찰값이 k개의 군집 중 하나의 군집에만 속할 때까지 반복을 계속할 것이다. 알고리즘의 목표는 유클리드 거리의 제곱의 합으로 정의된 군집 내 분산을 최소화하는 것

이다. 따라서 k 번째 군집의 분산은 군집에 속한 관찰값의 모든 관찰값 쌍에 관한 유클리드 거리의 제곱을 더해 군집에 속한 관찰값의 수로 나눈 것이다.

이러한 반복적인 과정을 통하기 때문에 같은 군집 수를 지정했다고 해도 한 K−평균 군집화의 결과가 다른 K−평균 군집화의 결과와 크게 다를 수 있다. 어떻게 이 알고리즘이 작동하는지 알아보자.

1. 만들고자 하는 군집의 개수(k)를 지정한다.
2. 시작 평균으로 사용될 k개의 점들을 임의로 초기화한다.
3. 다음의 내용을 반복한다.
   ○ 각 관찰값을 가장 가까운 군집에 할당하는 방식으로 k개의 군집을 만든다(군집 내 분산을 최소화할 수 있도록).
   ○ 각 군집의 중점이 새로운 평균이 된다.
   ○ 각 군집의 중점이 더 이상 변하지 않을 때까지 이 과정을 반복한다.

최종 결과는 첫 번째 초기화 단계의 결과에 따라 다르게 나타날 것이다. 따라서 여러 개의 초기화를 만들어두고 소프트웨어가 가장 좋은 결과를 찾아내게 하는 것이 중요하다. 지금부터 보겠지만, 이것은 R에서는 간단한 작업이다.

▌ 가워와 중간점 구역 분할

실제로 군집화 분석을 해보면, 계층적 군집화나 K−평균 군집화가 혼합 데이터 세트를 다루는 데 적합하지 않다는 것을 알게 될 것이다. 혼합 데이터 세트란, 정량적이면서도 정성적인 데이터 세트를 말한다. 예를 들면, 명목형이거나, 순서형이거나, 구간이나 비율로 구성된 데이터를 말한다.

당신이 사용하게 될 데이터 세트의 실재는 아마도 혼합 데이터를 갖고 있을 것이라는 점이다. 이러한 데이터 세트를 다루는 방법으로는 **주성분 분석**PCA을 이용해 잠재 변수를 만들고, 그 값을 군집화나 비유사성 측정에 이용하는 방법 등이 있다. 주성분 분석은 다음 장에서 다룰 것이다.

R의 강력함과 간단함을 이용하면, **가워 비유사성 계수**Gower dissimilarity coefficient를 이용해 혼합 데이터를 적당한 피처 공간으로 변형할 수 있다. 이 방법을 이용하면, 질적 요인 또한 입력 변수로 추가할 수 있다. K-평균 군집화 대신 **중간점 구역 분할 군집화**PAM clustering를 사용할 것을 추천한다.

PAM(중간점 구역 분할) 군집화 알고리즘은 K-평균 군집화와 비슷하지만, 몇 가지 장점을 제공한다. 장점은 다음과 같다.

- 중간점 구역 분할 군집화는 비유사성 행렬을 입력으로 받아 혼합 데이터를 사용할 수 있게 한다.
- 중간점 구역 분할 군집화는 유클리드 거리의 제곱합이 아닌 비유사도의 합을 이용함으로써 특이점과 비대칭적인 데이터에 관해 더 로버스트하다(Reynolds, 1992).

이 말 때문에 가워 비유사성 계수와 중간점 구역 분할을 함께 사용해야 한다는 것은 아니다. 원한다면, 가워 비유사성 계수를 계층적 군집화에 사용할 수도 있다. 그리고 가워 비유사성 계수를 K-평균 군집화에도 사용해야 한다는 주장과 사용하지 말아야 한다는 주장 모두 살펴봤다. 게다가 중간점 구역 분할 군집화 또한 다른 연결 방법을 적용할 수 있다. 하지만 가워 비유사성 계수와 중간점 구역 분할 군집화를 함께 사용할 때, 혼합 데이터를 다루는 데 있어 효과적인 기법이 된다. 이 두 가지 방법에 관해 간단하게 짚고 넘어가자.

가워 비유사성 계수

가워 계수는 변수 쌍들 사이의 기여도의 가중평균을 비교해 변수 쌍 사이의 비유사성을 계산한다. i와 j, 두 변수의 경우 가워 계수는 다음과 같이 정의된다.

$$S_{ij}=sum(W_{ijk}*S_{ijk})/sum(W_{ijk})$$

여기서, S_{ijk}는 아래에서 설명할 k 번째 변수가 제공하는 기여도^{contribution}고, W_{ijk}는 k 번째 변수가 타당^{vaild}하면 1, 그렇지 않다면 0이 된다.

순서형과 연속적인 변수에 관해 r_k가 k 번째 변수가 가질 수 있는 값의 범위일 때, $S_{ijk} = 1-(x_{ij}$의 절댓값$-x_{ik})/r_k$로 정의된다.

명목형^{nominal} 변수일 때, $x_{ij}=x_{jk}$이면 $S_{ijk} = 1$, 다른 경우에는 0이 된다.

이진 변수형일 때, S_{ijk}는 그 속성이 존재하는 경우(+)와 존재하지 않는 경우(−)에 따라 다음 표를 참고해 산정된다.

Variables	Value of attribute k			
Case i	+	+	−	−
Case j	+	−	+	−
Sijk	1	0	0	0
Wijk	1	1	1	0

중간점 구역 분할 군집화(PAM)

중간점 구역 분할 군집화에 관해 알아보기 전에, 먼저 **중간점**이 뭔지 정의해보자.

 중간점은 한 군집에 속해 있는 다른 관찰값과 비유사성 수의 값의 총합을 최소화하는 관찰값을 말한다. 우리의 경우에는, 중간점을 선택하는 데 사용하는 비유사성을 가워 비유사성 측도를 이용해 계산한다. 따라서 K−평균 군집화와 비슷하게 5개의 군집을 목표로 지정하면 데이터를 5개의 구역으로 분할하게 될 것이다.

모든 관찰값이 자신과 가장 가까운 중간점과의 비유사성을 최소화하는 것을 목표로 해, 중간점 구역 분할 군집화는 다음과 같은 단계들을 반복한다.

- 초기 중간점으로 k개의 관찰값을 임의로 정한다.
- 각 관찰값을 가장 가까운 중간점에 할당한다.
- 중간점과 중간점이 아닌 관찰값을 바꿔가면서 비유사성 측도를 계산한다.
- 비유사성 값의 총합을 최소화하는 설정을 선택한다.
- 더 이상의 중간점 변화가 없을 때까지 2~4번을 반복한다.

가위와 중간점 구역 분할 군집화 둘 다 R의 cluster 패키지를 이용해 사용할 수 있다. 가위 비유사성 계수를 사용하는 경우, daisy( ) 함수를 사용해 비유사성 행렬을 계산하고, pam( ) 함수를 사용해 분할할 것이다. 자, 이제 이 기법들을 시험해보자.

█ 랜덤 포레스트

지저분하다고도 할 수 있는 혼합 데이터를 다루는 데 가위 측도를 사용한 것과 비슷하게, 랜덤 포레스트를 비지도적인 방법으로 적용할 수도 있다. 이 방법을 선택하는 것은 다음과 같은 장점이 있다.

- 특이점과 비대칭적인 변수에 관해 로버스트하다.
- 데이터를 변형하거나 비율을 바꿀 필요가 없다.
- 수의 값과 요인으로 이뤄진 혼합 데이터를 다룰 수 있다.
- 결측(측정하지 못한) 데이터에 잘 대응할 수 있다.
- 많은 수의 변수를 갖고 있는 데이터에 사용할 수 있고, 변수의 중요도를 비교해 필요 없는 피처를 제거할 수도 있다.
- 랜덤 포레스트를 통해 만들어진 비유사성 행렬은 이 장에서 다뤘던 계층적 군집화, K-평균 군집화, 중간점 구역 분할 군집화 등 다른 기법의 입력값으로 사용될 수 있다.

몇 가지 주의할 점이 있다. 랜덤 포레스트를 각 트리 분할에서 사용되는 변수 수(함수의 mtry=? 값)와 학습할 트리의 개수를 적당하게 조절하는 데 여러 번의 시행착오가 있을 수 있다. 여러 가지 연구 결과에 따르면, 어느 정도까지는 학습시킨 트리의 수가 늘어날수록 더 나은 성능을 보여줬다. 일반적으로는 2,000개의 트리를 학습하는 것에서부터 시작하는 것이 좋다(Shi, T. & Horvath, S., 2006).

다음은 식별값이 없는 데이터 세트를 랜덤 포레스트가 어떻게 학습하는지를 설명한다.

- 현재 관찰하고 있는 관찰값을 클래스 1로 명명한다.
- 두 번째 (합성된) 관찰값이 현재 관찰값과 같은 길이로 생성된다. 이 관찰값은 현재 관찰값의 피처마다 임의 표본을 추출해 만든다. 따라서 당신의 현재 관찰값이 20개의 관측된 피처를 갖고 있다면, 20개의 합성된 관찰값을 만들 것이다.
- 합성된 데이터를 클래스 2로 명명하고, 랜덤 포레스트를 인공적인 분류 문제의 하나로 사용할 수 있게 한다.
- 랜덤 포레스트 모형을 만들어 위의 2개의 분류를 구분하게 한다.
- 합성된 데이터는 버리고, 학습이 완료된 모형의 관찰값에 관한 근접성 측도를 비유사성 행렬로 바꾼다.
- 비유사성 행렬을 군집화의 입력 피처로 사용한다.

그래서 이 근접성 측도가 정확히 무엇인가?

 근접성 측도는 모든 관찰값의 쌍에 관한 거리 측도다. 만약, 2개의 관찰값이 같은 단말 노드에서 멈춘다면, 두 관찰값의 근접성 점수는 1이 되고, 그렇지 않으면 0이 된다.

랜덤 포레스트의 실행이 멈출 때, 각 관찰값에 관한 근접성 측도는 총 트리의 개수로 나눠 정규화된다. 결과로 나오는 NxN 크기의 행렬은 대각선 값들이 모두 1이고, 다른 값들이 0에서 1 사이의 값을 갖게 된다. 여기까지다. 이것은 내가 몇 년 전에 알았더라면 좋아했을 만한 효과적인 기법이지만, 가치에 비해 자주 사용되지 않는다.

비즈니스 이해하기

몇 주 전까지만 해도, 난 전 세계에 마스터 소믈리에가 300명이 되지 않는다는 사실을 모르고 있었다. 마스터소믈리에협회에 의해 치러지는 마스터 소믈리에 시험은 그 난이도와 높은 탈락률로 악명 높다.

그 자격을 얻기 위해 몇몇 개인들이 거치는 시험과 시련 그리고 보상은 비평가들의 호평을 받은 다큐멘터리인 '소메Somm'에 잘 그려져 있다. 그래서 이번 예제에서는 마스터 소믈리에가 되고자 하는 한 가상의 인물이 이탈리아 와인들의 잠재적 구조를 찾는 일을 도와주고자 한다.

데이터 이해와 준비 과정

이 장에 사용하기 위한 R 패키지들을 불러오는 것부터 시작하자. 항상 그렇듯이, 불러오기 전에 설치를 했는지 확인하라.

```
> library(cluster) # 군집 분석 수행
> library(compareGroups) # 기술적 통계표 생성
> library(HDclassif) # 데이터를 담고 있는 라이브러리
> library(NbClust) # 군집 유효성 측정
> library(sparcl) # 계통수 그리기
```

우리가 사용할 데이터 세트는 설치된 HDclassif 패키지 안에 있다. 따라서 우리는 데이터를 불러온 후 str( ) 함수를 이용해 구조를 확인할 수 있다.

```
> data(wine)
> str(wine)
'data.frame':178 obs. of 14 variables:
$ class: int 1 1 1 1 1 1 1 1 1 1 ...
$ V1 : num 14.2 13.2 13.2 14.4 13.2 ...
```

```
$ V2  : num 1.71 1.78 2.36 1.95 2.59 1.76 1.87 2.15 1.64 1.35
...
$ V3  : num 2.43 2.14 2.67 2.5 2.87 2.45 2.45 2.61 2.17 2.27 ...
$ V4  : num 15.6 11.2 18.6 16.8 21 15.2 14.6 17.6 14 16 ...
$ V5  : int 127 100 101 113 118 112 96 121 97 98 ...
$ V6  : num 2.8 2.65 2.8 3.85 2.8 3.27 2.5 2.6 2.8 2.98 ...
$ V7  : num 3.06 2.76 3.24 3.49 2.69 3.39 2.52 2.51 2.98 3.15
...
$ V8  : num 0.28 0.26 0.3 0.24 0.39 0.34 0.3 0.31 0.29 0.22 ...
$ V9  : num 2.29 1.28 2.81 2.18 1.82 1.97 1.98 1.25 1.98 1.85
...
$ V10 : num 5.64 4.38 5.68 7.8 4.32 6.75 5.25 5.05 5.2 7.22 ...
$ V11 : num 1.04 1.05 1.03 0.86 1.04 1.05 1.02 1.06 1.08 1.01
...
$ V12 : num 3.92 3.4 3.17 3.45 2.93 2.85 3.58 3.58 2.85 3.55 ...
$ V13 : int 1065 1050 1185 1480 735 1450 1290 1295 1045 1045 ...
```

데이터는 178개 와인의 화학 조성을 나타내는 13개의 변수와 포도의 품종으로 분류를 만든 식별값 1개의 변수로 이뤄져 있다. 이 식별값을 군집화하는 데 사용하지 않고, 모형의 성능을 테스트하는 데 사용할 것이다. 변수 V1부터 V13은 다음과 같은 화학 조성을 나타낸다.

- V1: 알콜
- V2: 말산
- V3: 재
- V4: 재의 알칼리성
- V5: 마그네슘
- V6: 페놀 총량
- V7: 플라보노이드
- V8: 비플라보노이드성 페놀
- V9: 프로안토시아닌
- V10: 색의 강도

- V11: 빛깔

- V12: OD280/OD315

- V13: 프롤린

모든 변수가 정량적이다. 변수들의 이름을 우리의 분석에 적합하게 바꿔줘야 한다. 이건 names( ) 함수를 이용해 쉽게 할 수 있다.

```
> names(wine) <- c("Class", "Alcohol", "MalicAcid", "Ash",
"Alk_ash", "magnesium", "T_phenols", "Flavanoids", "Non_flav",
"Proantho", "C_Intensity", "Hue", "OD280_315", "Proline")
> names(wine)
[1] "Class" "Alcohol" "MalicAcid" "Ash"
[5] "Alk_ash" "magnesium" "T_phenols" "Flavanoids"
[9] "Non_flav" "Proantho" "C_Intensity" "Hue"
[13] "OD280_315" "Proline"
```

변수들의 축척이 맞지 않기 때문에 scale( ) 함수를 사용해 비율을 맞춰줘야 한다. 이 함수는 각 열의 평균을 각 값에서 빼 데이터를 중심에 오게 맞춘다. 그 후 중심을 맞춘 데이터를 각 열의 표준편차로 나눈다. 이 변형을 이용하면 2열부터 14열까지의 데이터만 포함하고 식별값은 제외하도록 할 수 있다. 이 작업은 한 줄의 코드로 할 수 있다.

```
> df <- as.data.frame(scale(wine[, -1]))
```

자, 이제 데이터 구조가 의도한 대로 잘됐는지 확인해보자.

```
> str(df)
'data.frame':178 obs. of 13 variables:
$ Alcohol : num 1.514 0.246 0.196 1.687 0.295 ...
$ MalicAcid : num -0.5607 -0.498 0.0212 -0.3458 0.2271 ...
$ Ash : num 0.231 -0.826 1.106 0.487 1.835 ...
$ Alk_ash : num -1.166 -2.484 -0.268 -0.807 0.451 ...
```

```
$ magnesium : num 1.9085 0.0181 0.0881 0.9283 1.2784 ...
$ T_phenols : num 0.807 0.567 0.807 2.484 0.807 ...
$ Flavanoids : num 1.032 0.732 1.212 1.462 0.661 ...
$ Non_flav : num -0.658 -0.818 -0.497 -0.979 0.226 ...
$ Proantho : num 1.221 -0.543 2.13 1.029 0.4 ...
$ C_Intensity: num 0.251 -0.292 0.268 1.183 -0.318 ...
$ Hue : num 0.361 0.405 0.317 -0.426 0.361 ...
$ OD280_315 : num 1.843 1.11 0.786 1.181 0.448 ...
$ Proline : num 1.0102 0.9625 1.3912 2.328 -0.0378 ...
```

다음 단계로 넘어가기 전에, table을 사용해 간단하게 품종^{Class}의 분포를 확인해보자.

```
> table(wine$Class)
1 2 3
59 71 48
```

이제 모형화 단계로 넘어갈 수 있다.

▌ 모형화와 평가

데이터 프레임 df를 만들었으므로 이제 군집화 알고리즘 만들어보자. 계층적 군집화 알고리즘을 먼저 개발해보고, K-평균 군집화를 해볼 것이다. 그런 다음, 랜덤포레스트와 가워 비유사성 계수로 혼합 데이터를 사용하기 위해 데이터를 조금 변경할 것이다.

계층적 군집화

R에서 계층적 군집화 모형을 만들기 위해 stats 패키지에 있는 hclust( ) 함수를 사용할 수 있다. 이 함수를 이용하는 데 필요한 입력값 2개는 거리 행렬과 군집화 방법이다. 거리 행렬은 dist( ) 함수를 이용해 쉽게 얻을 수 있다. 거리는 유클리드 거리를 사용할 것이다. 다양한 군집화 방법을 사용할 수 있지만, hclust( )의 기본값은 완전 측정법$^{complete\ linkage}$이다.

여기서는 완전 측정법을 사용하지만, 와드의 측정법Ward's linkage도 추천한다. 와드의 방법이 각 군집에 속한 관찰값의 수를 비슷하게 만드는 경향이 있다.

완전 측정법은 한 군집에 속한 관찰값과 또 다른 하나의 군집에 속한 관찰값 쌍의 거리 중 최댓값을 반환한다. 와드의 측정법은 군집 내 제곱합의 값이 작아지도록 군집을 만들어낸다.

R의 ward.D2 기법이 제곱 유클리드 함수를 사용하므로 와드의 측정법과 동일하다는 것은 알아둘 만하다. R에서는 ward.D를 사용할 수도 있지만, 이 방법을 사용할 때는 거리 행렬이 제곱이 된 수치여야 한다. 우리는 제곱된 수들로 거리 행렬을 만들 것이 아니므로 ward.D2를 사용해야 한다.

자, 이제부터 몇 개의 군집을 만들 것인가? 도입부에서 말했듯이, 상황에 따라 달라진다. 앞으로 우리가 알아볼 군집 타당성 측도cluster validity measure를 이용해 이 딜레마를 풀어나가는 데 도움을 받을 수도 있지만, 군집의 수를 결정하는 것은 비즈니스의 맥락과 데이터에 관한 높은 이해와 시행착오다. 우리의 소믈리에 친구가 상상 속에만 있기 때문에 타당성 측도에 의지해야만 할 것이다. 그렇다고 해도, 수십 가지의 타당성 측도가 있기 때문에 군집의 수를 정하는 데 있어서 만병통치약은 존재하지 않는다.

수많은 군집의 타당성 측도의 장단점을 비교하는 것은 이 장의 목표를 벗어나는 것이기 때문에 몇 개의 논문과 R에게 이 역할을 넘길 것이다. 밀리건Miligan과 쿠퍼Cooper의 1985년 논문은 가상의 데이터에서 30가지의 다른 타당성 측도의 성능을 비교했다. 5개의 최상위 측도는 CH Index와 Data Index, Cindex, Gamma, Beale Index였다. 군집의 수를 결정하는 데 사용할 수 있는 또 다른 알려진 방법으로는 **격차 통계량**gap statistics(Tibshirani, Walther, Hastie, 2001)이 있다. 군집 타당성 측정에 관한 호기심이 지대하다면, 이 두 논문을 살펴보기 바란다.

R의 NbClust 패키지 안의 NbClust( ) 함수를 사용하면 밀리건과 쿠퍼의 논문에 나온 5개 지수와 격차 통계량을 포함한 23가지의 다른 지수 결과를 얻을 수 있다. 패키지의 도움말 파일에서 사용 가능한 모든 지수의 목록을 볼 수 있을 것이다. R을 이용해 타당성 측도를

선택하는 방법에는 두 가지가 있다. 하나는 R을 이용해 당신이 가장 좋아하는 지수만을 선택해 측정하는 것이고, 다른 하나는 모든 지수를 계산한 후 다수결의 법칙으로 결정하는 것이다. 두 번째 방법을 선택한다면, NbClust() 함수가 다수결의 결과와 몇 가지의 플롯까지 잘 정리해줄 것이다.

이제 무대가 준비됐으므로 완전 측정법을 이용해 예제를 풀어보자. 함수를 사용해 군집화할 때, 최대로 사용할 군집의 개수와 거리 측도와 사용할 지수를 연결 기법과 함께 제공해줘야 한다. 다음 코드에서 볼 수 있듯이, numComplete라는 오브젝트에 군집화 결과를 담을 것이다. 함수의 사양은 유클리드 거리, 최소 군집 개수 2개, 최대 군집 개수 6개 그리고 완전 연결 기법과 모든 지수를 사용하게 설정했다. 이 명령을 실행하면, 함수가 자동으로 여기서 볼 수 있는 것과 비슷한 그래프로 표현된 결과와 다수결의 결과를 모두 포함한 내용을 출력할 것이다.

```
> numComplete <- NbClust(df, distance = "euclidean", min.nc = 2,
max.nc=6, method = "complete", index = "all")
*** : The Hubert index is a graphical method of determining the
number of clusters.
In the plot of Hubert index, we seek a significant knee that
corresponds to a significant increase of the value of the
measure that is the significant peak in Hubert index second
differences plot.

*** : The D index is a graphical method of determining the number
of clusters.
In the plot of D index, we seek a significant knee (the significant peak in
Dindex second differences plot) that corresponds to a significant increase
of the value of the measure.

*******************************************************************
* Among all indices:
* 1 proposed 2 as the best number of clusters
* 11 proposed 3 as the best number of clusters
* 6 proposed 5 as the best number of clusters
```

```
* 5 proposed 6 as the best number of clusters

***** Conclusion *****

* According to the majority rule, the best number of clusters is 3
```

다수결의 결과를 따르면, 적어도 계층적 군집화에 관해서는 3개의 군집을 최적의 군집 개수로 사용할 수 있다. 그 결과 2개의 그림이 출력되는데, 각각 2개의 그래프를 갖고 있다. 앞의 결과가 말하듯이, 왼쪽의 그래프에서는 그래프가 심하게 꺾이는 부분을 찾고, 오른쪽 그래프에서는 최고점을 찾으면 된다. 이 도표가 **휴버트 지수**Hubert index 도표다.

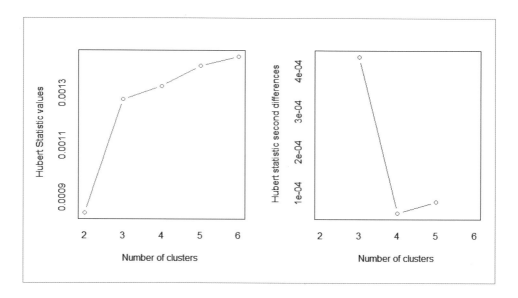

왼쪽 그래프에서 3개의 군집에서 그래프가 심하게 꺾이는 것을 볼 수 있을 것이다. 거기에, 오른쪽 그래프의 최댓값 또한 3개의 군집에 위치해 있는 것을 볼 수 있다. 다음의 **D 지수 도표**Dindex plot 또한 같은 이야기를 하고 있다.

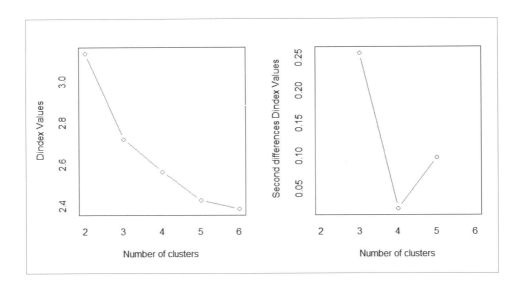

이 함수를 이용해 다양한 값을 볼 수 있지만, 꼭 보여주고 싶은 값이 있다. 이 출력은 각 지수에 관해 가장 좋은 결과를 보여줄 군집의 수를 보여주며, 그 군집의 수에 대응하는 지수의 결과값 또한 함께 보여준다. $Best.nc를 이용하면 된다. 다음 결과는 처음 9개의 지수 결과만을 남기고 생략했다.

```
> numComplete$Best.nc
KL CH Hartigan CCC Scott
Number_clusters 5.0000 3.0000 3.0000 5.000 3.0000
Value_Index 14.2227 48.9898 27.8971 1.148 340.9634
Marriot TrCovW TraceW Friedman
Number_clusters 3.000000e+00 3.00 3.0000 3.0000
Value_Index 6.872632e+25 22389.83 256.4861 10.6941
```

첫 지수(KL)는 최적의 군집의 수로 5개를 반환했지만, 두 번째 지수(CH)는 3개를 반환한 것을 볼 수 있을 것이다.

이제 추천받은 대로 3개의 군집을 사용해 거리 행렬를 계산하고, 계층적 군집 오브젝트를 만들 것이다. 이 코드가 거리 행렬를 계산할 것이다.

```
> dis <- dist(df, method = "euclidean")
```

다음으로, 이 행렬을 hclust( )의 입력값으로 사용해 실제 군집화할 것이다.

```
> hc <- hclust(dis, method = "complete")
```

계층적 군집화의 결과를 보는 일반적인 방법은 **계통도**^{dendrogram}를 그리는 것이다. plot 함수를 이용해 이 작업을 할 것이다. hang = -1 값이 관찰값을 도표 아래에 위치하도록 한다는 것에 주목하라.

```
> plot(hc, hang = -1, labels = FALSE, main = "Complete-Linkage")
```

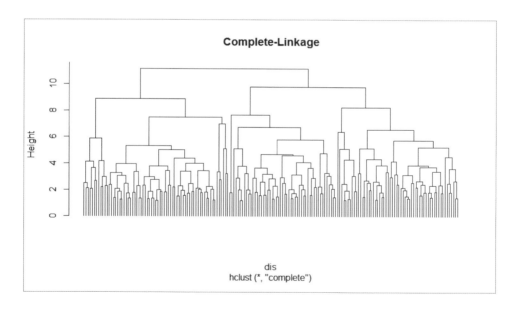

계통도는 관찰값이 어떻게 군집을 이루는지 보여주는 트리형 도표다. 연결선(혹은, 가지)이 배치된 모습을 보고 어떤 관찰값이 비슷한지 보여준다. 각 가지들의 높이는 관찰값이 서로 거리 행렬상에서 얼마나 다르거나 비슷한지를 나타낸다. lables = FALSE로 지정한 것에 유의하라. 관찰값이 많기 때문에 플롯의 해석을 용이하게 하기 위해 이렇게 했다. 40개의 관찰값 미만을 갖고 있는 좀 더 작은 데이터 세트에서는 행의 이름을 보여줄 수도 있다.

sparcl 패키지를 이용하면 군집의 시각화를 돕기 위해 색이 칠해진 계통도를 그릴 수 있다. 적절한 수의 군집을 칠하기 위해서는 cutree( ) 함수를 이용해 계통도의 트리를 적당한 수의 군집으로 분할해야 한다. 이렇게 함으로써 군집의 식별값 또한 만들어질 것이다.

```
> comp3 <- cutree(hc, 3)
```

이제 comp3 오브젝트를 사용해 색칠된 계통도를 그릴 수 있다.

```
> ColorDendrogram(hc, y = comp3, main = "Complete", branchlength = 50)
```

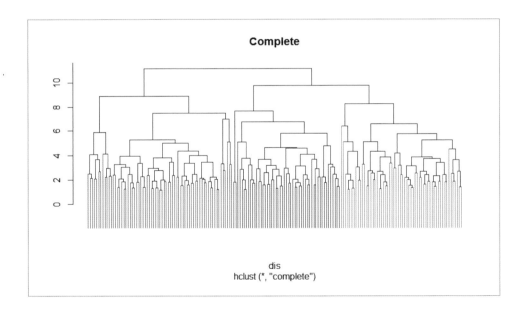

branchlength = 50을 지정한 것에 유의하라. 당신이 사용하는 데이터에 따라 알맞은 값을 사용해야 할 것이다. 군집의 식별값을 갖고 있으므로 각 군집별 군집에 속한 관찰값의 수를 보여주는 표를 만들어보자.

```
> table(comp3)
comp3
1 2 3
69 58 51
```

이 군집화 결과가 실제 cultivar 데이터 세트의 식별값과 얼마나 차이가 나는지 확인해보자.

```
> table(comp3,wine$Class)
comp3 1 2 3
1 51 18 0
2 8 50 0
3 0 3 48
```

이 표에서, 각 행은 만들어진 군집을 의미하고, 각 열은 cultivar의 식별값을 의미한다. 계층적 군집화 기법은 cultivar의 식별값과 84% 일치한다.[1] 우리의 목표는 cultivar의 식별값을 예측하는 것이 아니기 때문에 군집화의 결과를 cultivar의 식별값과 비교할 이유가 없다.

이제 와드의 측정법을 사용해보자. 몇 개의 군집을 만들지 결정해야 하기 때문에 전과 같은 코드를 사용하지만, 사용하는 method의 입력값을 Ward.D2로 변경한다.

---

1 행과 열이 같은 위치의 식별값 합을 전체 수로 나눈 값이다. 149/178 = 0.837, 즉 대각선상에 있지 않은 값이 모두 0인 경우, 100% 일치한다. — 옮긴이

```
> numWard <- NbClust(df, diss = NULL, distance = "euclidean",
min.nc = 2, max.nc = 6, method = "ward.D2", index = "all")

*** : The Hubert index is a graphical method of determining the number of
clusters.
In the plot of Hubert index, we seek a significant knee that corresponds to
a significant increase of the value of the measure i.e the significant peak
in Hubert index second differences plot.

*** : The D index is a graphical method of determining the number of
clusters.
In the plot of D index, we seek a significant knee (the significant peak in
Dindex second differences plot) that corresponds to a significant increase
of the value of the measure.


*******************************************************************
* Among all indices:
* 2 proposed 2 as the best number of clusters
* 18 proposed 3 as the best number of clusters
* 2 proposed 6 as the best number of clusters
                    ***** Conclusion *****
* According to the majority rule, the best number of clusters is 3
```

이번에도, 다수결의 결과는 3개의 군집이다. 휴버트 지수를 볼 때도 가장 좋은 결과는 3
개의 군집이다.

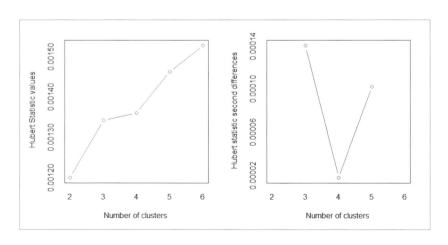

296

Dindex도 3개의 군집 결과를 지지한다.

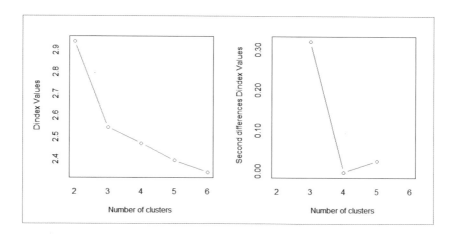

와드의 측정법을 이용한 군집화와 계통도 생성으로 넘어가보자.

```
> hcWard <- hclust(dis, method = "ward.D2")
> plot(hcWard, labels = FALSE, main = "Ward's-Linkage")
```

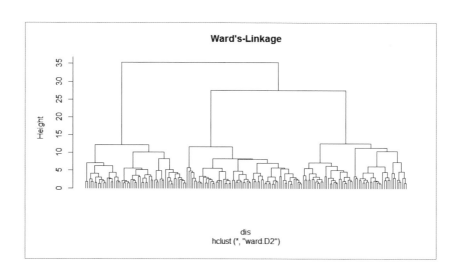

플롯에는 꽤 비슷한 크기의 3개의 군집이 있는 것이 눈에 띈다. 군집의 크기와 cultivar의 식별값과의 비교를 살펴보자.

```
> ward3 <- cutree(hcWard, 3)
> table(ward3, wine$Class)
ward3 1 2 3
1 59 5 0
2 0 58 0
3 0 8 48
```

첫 번째 군집이 64개의 관찰값을 갖고 있고, 두 번째 군집이 58개, 세 번째 군집이 56개의 관찰값을 갖고 있다. 와드의 측정법이 완전 연결 측정법보다 좀 더 cultivar의 분류에 비슷하게 나타난다(약 93%가 일치한다).

이렇게 얻은 테이블을 이용해 완전 측정법과 와드의 측정법 결과를 비교할 수 있다.

```
> table(comp3, ward3)
ward3
comp3 1 2 3
1 53 11 5
2 11 47 0
3 0 0 51
```

세 번째 군집의 결과는 비슷하지만, 나머지 2개의 군집은 꽤 다르다. 이제 '어떻게 해야 해석을 위한 의미 있는 차이를 찾아낼 수 있을까?'라는 질문을 해보자. 예제에서는 데이터 세트가 아주 작기 때문에 각 군집의 식별값을 직접 살펴볼 수 있지만, 현실에서는 불가능한 경우가 많다. 평균이나 중간값 같은 통계값을 aggregate( ) 함수를 이용해 취합하는 것이 좋은 비교 방법이다. 변환된 데이터의 통계값을 구하기보다 실제 데이터의 값을 이용해 해보자. aggregate( ) 함수에는 데이터 세트와 어떤 값을 바탕으로 집계할지 그리고 취합할 통계량이 무엇인지를 지정해줘야 한다.

```
> aggregate(wine[, -1], list(comp3), mean)
Group.1 Alcohol MalicAcid Ash Alk_ash magnesium T_phenols
1 1 13.40609 1.898986 2.305797 16.77246 105.00000 2.643913
2 2 12.41517 1.989828 2.381379 21.11724 93.84483 2.424828
3 3 13.11784 3.322157 2.431765 21.33333 99.33333 1.675686
Flavanoids Non_flav Proantho C_Intensity Hue OD280_315 Proline
1 2.6689855 0.2966667 1.832899 4.990725 1.0696522 2.970000 984.6957
2 2.3398276 0.3668966 1.678103 3.280345 1.0579310 2.978448 573.3793
3 0.8105882 0.4443137 1.164314 7.170980 0.6913725 1.709804 622.4902
```

이 코드는 데이터가 갖고 있는 13가지 변수의 평균을 각 군집별로 출력한다. 완전 측정법이 됐으므로 이제 와드의 측정법을 시도해보자.

```
> aggregate(wine[, -1], list(ward3), mean)
Group.1 Alcohol MalicAcid Ash Alk_ash magnesium T_phenols
1 1 13.66922 1.970000 2.463125 17.52812 106.15625 2.850000
2 2 12.20397 1.938966 2.215172 20.20862 92.55172 2.262931
3 3 13.06161 3.166607 2.412857 21.00357 99.85714 1.694286
Flavanoids Non_flav Proantho C_Intensity Hue OD280_315 Proline
1 3.0096875 0.2910937 1.908125 5.450000 1.071406 3.158437 1076.0469
2 2.0881034 0.3553448 1.686552 2.895345 1.060000 2.862241 501.4310
3 0.8478571 0.4494643 1.129286 6.850179 0.721000 1.727321 624.9464
```

값들이 매우 비슷하다. 와드의 측정법을 이용한 첫 번째 군집이 모든 변수에 관해 약간씩 높은 값들을 갖고 있다. 와드 측정법의 두 번째 군집은 Hue 값을 제외한 다른 변수들의 평균이 낮다. 이러한 것이 이 분야의 전문가에게 전달해 자료의 해석을 도울 수 있는 지식일 것이다. 두 기법의 각 군집에 관해 변수들의 평균을 그리는 것으로, 이것을 좀 더 용이하게 할 수 있다.

박스플롯boxplot은 분포를 비교하기에 좋은 그림이다. 박스플롯은 변수의 최솟값과 제1사분위값, 중간값, 제3사분위값과 최댓값 그리고 잠재적 특이점들을 보여준다.

우리가 각 군집의 Proline 값에 관한 비교를 하고 싶다고 가정하고, 비교를 위한 2개의 박스플롯을 만들어보자. 처음으로 할 것은 그래프가 나란히 그려질 수 있도록 그림 영역을 준비하는 것이다. par( ) 함수를 이용해 그래프를 나란히 그린다.

```
> par(mfrow =c (1, 2))
```

mfrow = c(1, 2) 구문을 이용해 1개의 행과 2개의 열로 이뤄진 그림 영역을 지정했다. 만약 2개의 행과 1개의 열로 이뤄진 그림 영역을 원한다면, mfrow = c(2, 1)을 사용하면 된다. boxplot( ) 함수에서는 y축의 값이 x축 값에 함수를 적용한 값이라는 것을 물결표(~)를 이용해 지정한다.

```
> boxplot(wine$Proline ~ comp3, data = wine, main="Proline by Complete Linkage")
> boxplot(wine$Proline ~ ward3, data = wine, main = "Proline by Ward's Linkage")
```

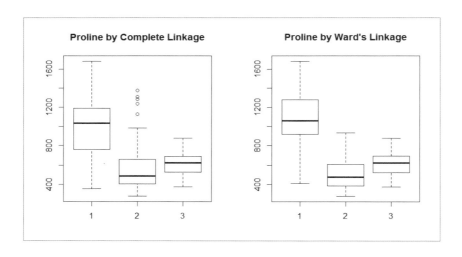

박스플롯을 보면, 두꺼운 상자는 제1사분위값, 중간값(상자 안의 굵은 가로선) 그리고 제3사분위값으로 이뤄진 **사분위 간 범위**interquartile range를 나타낸다. 흔히 **수염**whisker이라고 불리는 점선의 양 끝은 최솟값과 최댓값을 나타낸다. 완전 연결 측정법의 군집 2가 최댓값 위

300

에 5개의 작은 원들을 갖고 있는 것을 볼 수 있다. 이것들은 **특이점으로 의심되는 값**^{suspected}

^{outlier}으로 알려져 있으며, 사분위 간 범위의 1.5배와 제 3사분위값을 더한 값보다 크거나 사분위 간 범위의 1.5배를 제1사분위값에서 뺀 값보다 낮은 값일 때 특이점으로 의심되는 값이 된다.

사분위 간 범위의 3배와 제 3사분위값을 더한 값보다 크거나 사분위 간 범위의 3배를 제1사분위값에서 뺀 값보다 낮은 값일 때 특이점^{deemed outlier}으로 간주되고, 꽉찬 검은 점으로 표시한다. 와드의 측정법을 사용한 군집화 결과의 군집 1과 2는 더 좁은 사분위 간 범위를 갖고 있고, 특이점으로 의심되는 값도 없다.

> 모든 변수에 관한 박스플롯을 살펴보면 당신과 해당 분야의 전문가가 어떤 계층적 군집화 기법이 사용하기에 가장 좋은지 선택할 수 있다. 이것을 염두에 두고, K-평균 군집화로 넘어가 보자.

▎ K-평균 군집화

계층적 군집화에서 했던 것처럼, NbClust( ) 함수를 이용해 K-평균 군집화를 위한 최적의 군집의 수를 찾을 수 있다. NbClust( ) 함수에 method를 kmeans로 지정하기만 하면 된다. 그리고 군집의 최대 개수를 15개로 늘려보자. 다음 결과는 실제 결과 출력을 다수결의 결과 부분만 나오도록 줄인 것이다.

```
> numKMeans <- NbClust(df, min.nc = 2, max.nc = 15, method ="kmeans")
* Among all indices:
* 4 proposed 2 as the best number of clusters
* 15 proposed 3 as the best number of clusters
* 1 proposed 10 as the best number of clusters
* 1 proposed 12 as the best number of clusters
* 1 proposed 14 as the best number of clusters
```

```
* 1 proposed 15 as the best number of clusters

***** Conclusion *****

* According to the majority rule, the best number of clusters is 3
```

다시 한 번, 3개의 군집이 최적의 숫자처럼 보인다. 여기 있는 휴버트 플롯이 이 주장을 뒷받침한다.

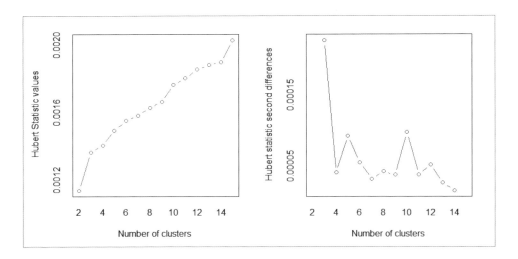

R에서는 kmeans( ) 함수를 이용해 K-평균 군집화 분석을 할 수 있다. 입력값 외에도, 몇 개의 군집을 만들 것인지를 지정하고, nstart를 통해 초기 임의 군집을 몇 개 생성할지 정할 수 있다.[2] 난수 생성기의 랜덤 시드^random seed 또한 지정해줘야 한다.

```
> set.seed(1234)
> km <- kmeans(df, 3, nstart = 25)
```

---

2 K-평균 군집화는 학습이 수렴하지 않을 가능성이 존재하기 때문에 초기화 단계에서 k개의 군집을 여러 개 만들어 그중 수렴되는 좋은 군집화 결과 중 하나를 선택한다. nstart는 그러한 초기 군집을 몇 벌 만들지 결정하는 인자다. nstart가 10이라면, K-평균 군집화를 한 번 할 것이고, 25라면 25벌의 초기 군집을 지정하고, 그중 가장 표현력이 좋은 군집을 선택할 것이다. - 옮긴이

군집들의 표를 만들면 관찰값이 어떻게 분포돼 있는지를 살펴볼 수 있다.

```
> table(km$cluster)
1 2 3
62 65 51
```

각 군집별 관찰값의 수가 잘 분배돼 있다. 더 많은 변수와 더 많은 수의 관찰값이 있는 데 이터 세트에서 어떠한 군집의 수로도 K-평균 군집화가 좋은 결과를 내지 못하는 것을 자 주 봤다. 군집화의 결과를 분석하는 다른 방법은 각 군집의 중심점을 표현한 행렬을 변수 별로 살펴보는 것이다.

```
> km$centers
Alcohol MalicAcid Ash Alk_ash magnesium T_phenols
1 0.8328826 -0.3029551 0.3636801 -0.6084749 0.57596208 0.88274724
2 -0.9234669 -0.3929331 -0.4931257 0.1701220 -0.49032869 -0.07576891
3 0.1644436 0.8690954 0.1863726 0.5228924 -0.07526047 -0.97657548
Flavanoids Non_flav Proantho C_Intensity Hue OD280_315
1 0.97506900 -0.56050853 0.57865427 0.1705823 0.4726504 0.7770551
2 0.02075402 -0.03343924 0.05810161 -0.8993770 0.4605046 0.2700025
3 -1.21182921 0.72402116 -0.77751312 0.9388902 -1.1615122 -1.2887761
Proline
1 1.1220202
2 -0.7517257
3 -0.4059428
```

군집 1이 평균적으로 높은 알코올 함량을 갖고 있는 것을 알 수 있다. 이전에 했던 것처 럼 K-평균 군집화의 군집별 알코올 함량의 분포를 와드의 측정법을 이용한 계층적 군집 화의 군집별 알코올 함량과 비교해보자.

```
> boxplot(wine$Alcohol ~ km$cluster, data = wine, main = "Alcohol Content,
K-Means")
> boxplot(wine$Alcohol ~ ward3, data = wine, main = "Alcohol Content, Ward's")
```

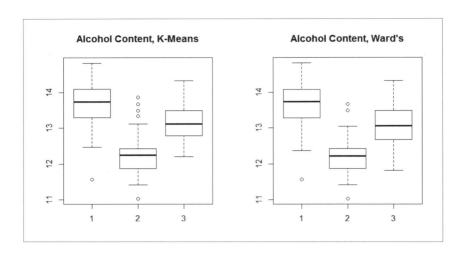

두 기법의 군집별 알코올 함량이 거의 동일하다. 이 결과는 표면적으로는 3개의 군집을 사용하는 것이 와인을 군집화하는 데 적절한 잠재 구조^{latent structure}로 보이며, K−평균 군집화의 결과와 와드의 측정법을 이용한 계층적 군집화의 결과 사이에 차이점이 적어 보인다. 마지막으로, K−평균 군집화의 결과를 cultivar 데이터의 식별값과 비교해보자.

```
> table(km$cluster, wine$Class)
1 2 3
1 59 3 0
2 0 65 0
3 0 3 48
```

이 결과는 와드의 측정법을 이용한 계층적 군집화의 결과와 비슷하며, 두 방법 모두 우리의 가상 소믈리에에게 충분한 결과를 낼 것이다.

하지만 수치적 데이터와 비수치적 데이터를 함께 갖고 있는 데이터 또한 군집화가 가능한 것을 보여주기 위해 몇 가지 예제를 더 풀어보자.

가워와 중간점 구역 분할

이 예제를 진행하려면 데이터를 변형해야 한다. 이 기법이 요인factor 형식의 변수를 사용하기 때문에 알코올 함량을 high나 low로 변형할 것이다. 변수를 요인으로 바꾸는 데는 ifelse( ) 함수를 이용한 한 줄의 코드면 충분하다. 다음 코드는 알코올 함량이 0보다 크면 High 값을 갖게 될 것이고, 0보다 작으면 Low 값을 갖게 될 것이다.

```
> wine$Alcohol <- as.factor(ifelse(df$Alcohol > 0, "High", "Low"))
```

이제 cluster 패키지의 daisy( ) 함수 method를 gower로 지정한 후 사용해 비유사성 행렬을 만들 준비가 다 됐다.

```
> disMatrix <- daisy(wine[, -1], metric = "gower")
```

군집 오브젝트(pamFit이라 부르자)의 생성은 cluster 패키지의 pam( ) 함수를 통해 이뤄진다. 이 예제에서는 3개의 군집을 만들고, 각 군집의 크기를 나타내는 표를 만들 것이다.

```
> set.seed(123)
> pamFit <- pam(disMatrix, k = 3)
> table(pamFit$clustering)
1 2 3
63 67 48
```

자, 이제 cultivar의 식별값과 비교해보자.

```
> table(pamFit$clustering, wine$Class)
1 2 3
1 57 6 0
2 2 64 1
3 0 1 47
```

이제 compareGroups 패키지를 이용해 위 결과를 바탕으로 한 기술 통계^{descriptive statistics} 표를 만들어보자. R에서 기본으로 제공되는 패키지만으로는 발표에 쓸 만한 표를 만드는 것이 꽤 어렵지만, compareGroups 패키지를 이용하면 쉽게 만들 수 있다. 표를 만들기 위한 첫 번째 단계는 이 패키지의 compareGroups( ) 함수를 이용해 생성된 군집에 관한 기술 통계 오브젝트를 생성하는 것이다. 그런 다음, 표를 외부로 내보내기 쉽게 createTable( ) 함수를 이용해 통계 결과를 .csv의 포맷으로 만들 것이다. 원한다면, PDF, HTML 또는 LaTex 포맷으로도 내보낼 수 있다.

```
> wine$cluster <- pamFit$clustering
> group <- compareGroups(cluster ~ ., data = wine)
> clustab <- createTable(group)
> clustab


--------Summary descriptives table by 'cluster'---------

_____
1 2 3 p.overall
N=63 N=67 N=48
-----------------------------------------------------------

Class 1.10 (0.30) 1.99 (0.21) 2.98 (0.14) <0.001
Alcohol: <0.001
High 63 (100%) 1 (1.49%) 28 (58.3%)
Low 0 (0.00%) 66 (98.5%) 20 (41.7%)
MalicAcid 1.98 (0.83) 1.92 (0.90) 3.39 (1.05) <0.001
Ash 2.42 (0.27) 2.27 (0.31) 2.44 (0.18) 0.001
Alk_ash 17.2 (2.73) 20.2 (3.28) 21.5 (2.21) <0.001
magnesium 105 (11.6) 95.6 (17.2) 98.5 (10.6) 0.001
T_phenols 2.82 (0.36) 2.24 (0.55) 1.68 (0.36) <0.001
Flavanoids 2.94 (0.47) 2.07 (0.70) 0.79 (0.31) <0.001
Non_flav 0.29 (0.08) 0.36 (0.12) 0.46 (0.12) <0.001
Proantho 1.86 (0.47) 1.64 (0.59) 1.17 (0.41) <0.001
C_Intensity 5.41 (1.31) 3.05 (0.89) 7.41 (2.29) <0.001
Hue 1.07 (0.13) 1.05 (0.20) 0.68 (0.12) <0.001
OD280_315 3.10 (0.39) 2.80 (0.53) 1.70 (0.27) <0.001
Proline 1065 (280) 533 (171) 628 (116) <0.001
```

```
comp_cluster 1.16 (0.37) 1.81 (0.50) 3.00 (0.00) <0.001
------------------------------------------------------------
```

이 표는 요인 변수에 관해 각 군집에서의 요인별 분포와 수치 변수의 평균과 표준편차를 나타내고 있다. 수치 변수의 표준편차는 괄호 안의 숫자로 표시했다. 이 표를 .csv 파일로 내보내려면, export2csv( ) 함수를 사용하기만 하면 된다.

```
> export2csv(clustab,file = "wine_clusters.csv")
```

내보낸 wine_clusters.csv 파일을 열면, 발표에 사용하기 좋고, 더 심도 있는 분석을 하기에도 용이한 표를 얻을 수 있다.

	1	2	3	p.overall
	N=60	N=69	N=49	
Alcohol:				<0.001
High	58 (96.7%)	6 (8.70%)	28 (57.1%)	
Low	2 (3.33%)	63 (91.3%)	21 (42.9%)	
MalicAcid	-0.31 (0.62)	-0.37 (0.89)	0.90 (0.97)	<0.001
Ash	0.28 (0.89)	-0.42 (1.14)	0.25 (0.67)	<0.001
Alk_ash	-0.75 (0.76)	0.24 (1.00)	0.58 (0.67)	<0.001
magnesium	0.43 (0.77)	-0.34 (1.18)	-0.05 (0.77)	<0.001
T_phenols	0.87 (0.54)	-0.06 (0.86)	-0.99 (0.56)	<0.001
Flavanoids	0.96 (0.40)	0.04 (0.70)	-1.23 (0.31)	<0.001
Non_flav	-0.58 (0.56)	0.00 (0.98)	0.71 (1.00)	<0.001
Proantho	0.55 (0.72)	0.05 (1.06)	-0.75 (0.72)	<0.001
C_Intensity	0.20 (0.53)	-0.87 (0.38)	0.99 (1.00)	<0.001
Hue	0.46 (0.51)	0.44 (0.89)	-1.19 (0.51)	<0.001
OD280_315	0.77 (0.50)	0.25 (0.69)	-1.30 (0.38)	<0.001
Proline	1.14 (0.74)	-0.72 (0.51)	-0.38 (0.37)	<0.001
comp_cluster	-0.94 (0.42)	-0.14 (0.59)	1.35 (0.00)	<0.001
ward_cluster	-1.16 (0.00)	0.11 (0.49)	1.27 (0.00)	<0.001
km_cluster	-1.16 (0.16)	0.06 (0.34)	1.33 (0.00)	<0.001
class:				<0.001
1	59 (98.3%)	0 (0.00%)	0 (0.00%)	
2	1 (1.67%)	69 (100%)	1 (2.04%)	
3	0 (0.00%)	0 (0.00%)	48 (98.0%)	

그럼 마지막으로, 랜덤 포레스트를 이용해 비유사성 행렬을 만들고 중간점 구역 분할 기법을 이용해 3개의 군집을 만들어보자.

랜덤 포레스트와 중간점 구역 분할

R에서는 randomForest( ) 함수를 사용해 이 기법을 적용할 수 있다. 랜덤 시드를 설정한 후에 모형 오브젝트를 만들면 된다. 다음 코드에서, 트리의 수를 2000개로 지정하고 근접성 척도를 TRUE로 지정했다.

```
> set.seed(1)
> rf <- randomForest(x = wine[, -1], ntree = 2000, proximity = T)
> rf
Call:
  randomForest(x = wine[, -1], ntree = 2000, proximity = T)
Type of random forest: unsupervised
Number of trees: 2000
No. of variables tried at each split: 3
```

rf를 호출하는 것만으로는 각 분할에서 표본으로 사용된 변수 수(mtry) 외의 의미 있는 다른 출력 결과를 제공하지 않는다. 그러면 해석을 위해 $N x N$ 행렬의 처음 5행과 5열의 값을 살펴보자.

```
> dim(rf$proximity)
[1] 178 178
> rf$proximity[1:5, 1:5]
1 2 3 4 5
1 1.0000000 0.2593985 0.2953586 0.36013986 0.17054264
2 0.2593985 1.0000000 0.1307420 0.16438356 0.11029412
3 0.2953586 0.1307420 1.0000000 0.29692833 0.23735409
4 0.3601399 0.1643836 0.2969283 1.00000000 0.08076923
5 0.1705426 0.1102941 0.2373541 0.08076923 1.00000000
```

이 값들은 같은 단말 노드에서 두 관찰값[3]이 함께 나타나는 비율을 나타낸 것으로 해석하면 된다. 변수 중요도variable importance를 보니 변형된 알코올 함량은 제거돼도 영향이 없어

---

3 행에 대응되는 관찰값, 열에 대응되는 관찰값 – 옮긴이

보인다. 예제를 간단하게 하기 위해 일단은 유지한다.

```
> importance(rf)
MeanDecreaseGini
Alcohol 0.5614071
MalicAcid 6.8422540
Ash 6.4693717
Alk_ash 5.9103567
magnesium 5.9426505
T_phenols 6.2928709
Flavanoids 6.2902370
Non_flav 5.7312940
Proantho 6.2657613
C_Intensity 6.5375605
Hue 6.3297808
OD280_315 6.4894731
Proline 6.6105274
```

이제 비유사성 행렬을 만들어내는 일만 남았다. 비유사성 행렬의 값은 근접성 척도에 *(square root(1 - proximity))*를 적용하면 된다.

```
> dissMat <- sqrt(1 - rf$proximity)
> dissMat[1:2, 1:2]
1 2
1 0.0000000 0.8605821
2 0.8605821 0.0000000
```

이제 입력 피처들이 있으므로 이전에 한 것처럼 중간점 구역 분할 기법을 적용해보자.

```
> set.seed(123)
> pamRF <- pam(dissMat, k = 3)
> table(pamRF$clustering)
1 2 3
62 68 48
```

```
> table(pamRF$clustering, wine$Class)

    1  2  3
1  57  5  0
2   2 64  2
3   0  2 46
```

이 결과는 다른 기법의 결과들과 비교해볼 만하다. 랜덤 포레스트를 조정해 결과를 향상시킬 수 있겠는가? 만약, 지저분한 데이터를 이용해 군집 문제를 풀어야 한다면, 랜덤 포레스트를 사용하는 것을 고려하라.

▍요약

이 장에서 우리는 비지도학습의 기법들을 살펴보는 것으로 시작했다. 우리는 데이터의 축소와 관찰값에 관한 데이터의 이해라는 결과를 얻기 위해 군집화 분석에 집중했다.

전통적인 계층적 군집화 기법과 K-평균 군집화 기법, 두 가지의 새로운 입력값(가워와 랜덤 포레스트)을 이용할 수 있는 중간점 구역 분할 군집화 기법의 네 가지 기법을 살펴봤다. 우리는 3개의 다른 품종으로부터 생산된 이탈리아 와인에 이 기법들을 적용해보고, 결과를 분석해봤다.

다음 장에서는 비지도학습을 계속 살펴볼 것이다. 하지만 이번에는 관찰값에서 구조를 찾아내는 것 대신 변수에서 새로운 구조를 찾아 지도학습에서 사용할 수 있는 새로운 피처를 만들어본다.

09

주성분 분석

"어떤 이들은 하키 퍽이 있는 곳으로 스케이트를 타지, 난 하키 퍽이 갈 곳으로 스케이트를 타."

— 웨인 그레츠키^{Wayne Gretzky}(캐나다 아이스하키 감독)

이 장은 비지도학습을 알아볼 두 번째 장이다. 전 장에서는 비슷한 관찰값의 모음을 만들어주는 군집화 분석에 관해 다뤘다. 이번 장에서는 어떻게 **주성분 분석**^{principle componenet analysis, PCA} 기법을 이용해 상관관계에 있는 변수의 모음을 만들어 데이터에 관한 이해를 향상하고, 데이터의 차원을 축소하는 방법에 관해 알아볼 것이다. 그런 다음, 우리는 지도학습에 주성분을 사용해본다.

특히 사회 과학에서 자주 보이는 현상인데, 다양한 변수가 서로 아주 높은 상관관계를 가진 채로 이뤄져 있는 데이터 세트들이 많이 존재한다. 이러한 데이터는 높은 차원이 가진 성질에 의해 고통받게 된다. 이는 **차원의 저주**curse of dimensionality라는 말로 더 유명하다. 차원의 저주는 입력 피처의 수가 늘어날수록 함수를 추산하는 데 필요한 표본의 수가 기하급수적으로 증가하는 문제점을 말한다. 이러한 데이터 세트에는 수입, 빈곤도, 우울함, 불안감처럼 같은 구조를 측정하는 중복적인 변수들이 존재할 수 있다. 따라서 목표는 주성분 분석 기법을 이용해 본래의 데이터 세트에서 가장 많은 정보를 포착할 수 있는 적은 수의 변수들을 만들어 데이터 세트를 간단하게 만들고 때때로 숨어 있던 정보를 통찰하는 데까지 이끌어 나가는 것이다. 이렇게 만들어진 새로운 변수들(주성분)은 서로 상관관계가 낮다. 지도학습에 더해, 이러한 주성분들은 데이터 시각화에서도 일반적으로 사용된다.

주성분 분석을 이용해 분석을 하거나 도와줬던 10년이 넘는 경험에 비춰 생각해보면, 주성분 분석은 폭넓은 분야에서 사용되지만, 특히 분석 결과를 사용하는 입장에 있는 사람일수록 주성분 분석 기법의 깊은 이해를 하고 있는 사람은 적었다. 다른 상관관계에 있는 변수들에서 새로운 변수들을 만들어낸다는 개념은 이해하기에 직관적이다. 하지만 주성분 분석 기법 자체는 비전문가를 겁주는 수학적 개념들과 잘못 이해될 수 있는 용어가 감싸고 있다. 이 장의 목표는 다음과 같은 내용을 다루면서 이해의 토대를 좋게 만들고 사용하는 방법을 제공하는 것이다.

- 주성분 분석을 위한 데이터 세트 준비하기
- 주성분 분석 사용하기
- 주성분 선택하기
- 주성분을 이용한 예측 모형 만들기
- 예측 모형을 이용해 표본 예측 이해하기

▌ 주성분의 개요

주성분 분석은 주성분을 찾아내는 과정이다. 그렇다면 주성분은 무엇인가?

성분component은 피처의 정규화한 선형 결합으로 해석할 수 있다(James, 2012). 데이터 세트의 첫 번째 주성분은 최대 분산의 값을 포착하는 선형 결합이고, 두 번째 성분은 첫 번째 성분의 방향에 직각인 방향으로 분산을 최대화하는 선형 결합을 선택하는 식으로 만든다. 그런 다음, 성분들도 변수 수만큼 같은 방법으로 만든다.

주성분 분석에 관한 몇 가지 가정을 짚고 넘어가자. 우선 주성분 분석의 중요한 가정 중 하나인 **선형 결합**linear combination에 관해 알아보자. 만약, 상관관계가 낮은 변수로 이뤄진 데이터 세트에 주성분 분석을 시도하면, 아마 의미 없는 결과로 끝날 것이다. 또 다른 중요한 가정은 변수들의 평균과 분산이 충분 통계량sufficient statistics이라는 것이다. 이것은 데이터가 정규분포를 따르며, 이는 공분산 행렬이 데이터 세트 전체를 설명하는 **다변량 정규성**multivariate normality을 가져야 한다는 것을 말한다. 주성분 분석은 정규적으로 분포하지 않은 데이터 세트에도 꽤 로버스트(일관된 결과를 내놓으며)하며, 이진 변수와의 결합에도 사용할 수 있어 결과를 해석할 수 있다.

이제, 위에서 말한 방향이 무엇을 의미하고 선형 결합이 어떻게 정해지는지 알아보자. 이 내용을 잘 이해하는 가장 좋은 방법은 시각화하는 것이다. 2개의 변수를 가진 작은 데이터 세트로 그림을 그려보자. 주성분 분석은 비례에 민감하므로 데이터는 0의 평균과 1의 표준편차를 갖도록 변형됐다. 다음 그림을 보면 각 데이터가 다이아몬드로 표현돼 전체 데이터 세트가 타원형을 그리고 있는 것을 볼 수 있다.

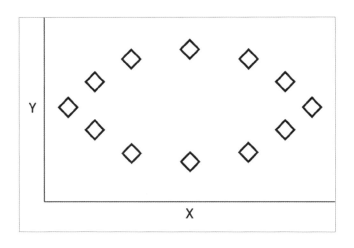

그림을 보면 데이터는 x축의 방향으로 가장 큰 분산을 갖고 있어, 다음 그림에서 볼 수 있듯이 수평 방향으로 점선을 그어 **첫 번째 주성분**을 그린다. 이 성분은 두 변수의 선형 결합으로 표시된다. 즉, $PC1 = \alpha_{11}X_1 + \alpha_{12}X_2$로 표현할 수 있다. 이 식에서의 계수들은 주성분에 관한 각 변수의 기여도가 된다. 이 계수들은 데이터가 가장 많이 분산된 방향으로 기저를 형성한다. 이 식은 임의의 큰 값을 선택하는 것을 막기 위해 1로 제한된다. 다른 관점으로는 점선이 각 데이터들과 자신 사이의 거리를 최소화하는 것으로 생각할 수 있다. 다음 그림에서 몇몇 점들에 관한 거리를 화살표로 표현했다.

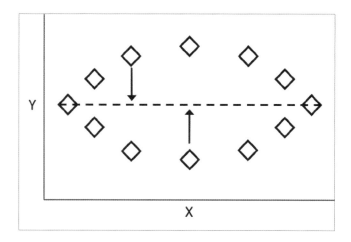

두 번째 주성분 또한 같은 방법으로 계산되지만, 이번에는 첫 번째 주성분과 상관관계가 없다. 두 번째 주성분의 방향은 첫 번째 주성분과 직각으로 만난다. 아래의 플롯은 두 번째 주성분을 촘촘한 점선으로 그려 표현하고 있다.

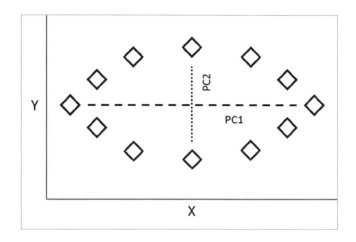

이제는 알고리즘에서 각 변수별로 계산된 주성분의 기여도를 갖고 주성분의 점수를 제공할 것이다. 이 점수는 관찰값마다 각 주성분에 관해 계산된다. **주성분1**과 첫 번째 관찰값에 관해, 주성분 점수는 이 식과 같을 것이다.

$$Z_{11} = \alpha_{11} * (X_{11} - average\ of\ X_1) + \alpha_{12} * (X_{12} - average\ of\ X_2)$$

주성분2와 첫 번째 관찰값에 관해서는 계산식이 다음과 같을 것이다.

$$Z_{12} = \alpha_{21} * (X_{11} - average\ of\ X_2) + \alpha_{22} * (X_{12} - average\ of\ X_2)$$

이 주성분 점수는 다른 분석에 사용할 새로운 피처 공간이 될 것이다.

알고리즘이 가능한 분산을 100% 모두 다루기 위해, 존재하는 변수 수만큼의 주성분을 만들 것이라는 점을 기억하라. 그래서 원래의 목적을 달성하기 위해서는 어떻게 주성분들을 줄여 나가야 할까? 곧 모형화 과정에서 보게 되겠지만, 주성분들을 선택하는 데 사용할 수 있는 휴리스틱이 몇 가지 있다. 하지만 일반적으로는 **고윳값**eigenvalue이 1보다 큰 경우에 주성분으로 선택한다. 고윳값과 **고유 벡터**^{eigenvector}를 추정하는 데 필요한 수학적 지식은 이 책이 다루는 내용이 아니지만, 고윳값과 고유 벡터가 무엇이고, 왜 주성분 분석에 사용되는지는 이야기할 필요가 있다.

 선형 대수적 방법을 통해 고유 벡터를 만들어낼 때 최적화된 선형 가중값들이 정해진다. 다른 어떠한 가중값의 조합으로도 변수의 분산을 고유 벡터를 계산하면서 만들어진 가중값들의 조합보다 더 잘 설명하는 것이 없기 때문에 최적이 된다. 따라서 어떠한 주성분의 고윳값은 데이터 세트 전체를 통틀어 그 주성분이 나타내는 분산의 총량이 된다.[1]

첫 번째 주성분의 계산식이 $PC1 = \alpha_{11}X_1 + \alpha_{12}X_2$였던 것을 떠올려보자. 첫 번째 주성분이 가장 큰 양의 분산을 나타내므로 첫 번째 주성분이 가장 큰 고윳값을 갖게 될 것이다. 두 번째 주성분은 두 번째로 큰 고윳값을 갖게 될 것이고, 나머지 주성분도 마찬가지다. 따라서 어떤 주성분의 고윳값이 1 이상이라는 것은 데이터 세트에 존재하고 있던 어떠한 변수가 나타내는 분산의 양보다 그 주성분이 나타내는 분산의 총량이 크다는 것을 의미한다. 만약, 주성분들의 고윳값 합을 1로 정규화한다면, 각 주성분이 전체 분산의 몇 %를 설명하고 있는지를 알 수 있을 것이다. 이 정보는 적은 수의 주성분을 적절히 선택해야 할 때 유용하다.

고윳값을 사용한 기준은 꼭 사용해야 하는 것이 아니며, 사용하는 데이터와 당면한 비즈니스 문제에 관한 이해와 함께 고려해야 한다. 몇 개의 주성분을 사용할지 정했다면, 주성분들을 회전시켜 주성분들의 해석을 간단하게 할 수 있다.

---

1 위의 2차원 데이터 세트의 예제에서 볼 수 있듯이, 주성분을 선으로 그렸을 때 그 선의 방향을 분산의 방향으로 이해할 수 있다. 그 방향의 분산의 총량은 각 관찰점에서 평균값을 지니며, 분산의 방향과 직교하는 직선과 관찰점 사이의 거리의 총합으로 생각할 수 있다. – 옮긴이

회전

주성분을 회전시켜야 하는가? 앞서 말한 것처럼, 회전은 각 변수의 기여도를 조정해 주성분의 해석을 용이하게 한다. 주성분이 나타내는 분산의 총합은 회전을 해도 변하지 않지만, 각 주성분이 그 분산의 총합에 기여하는 정도는 바뀐다. 회전을 통해 주성분의 변수별 기여도값이 0으로부터 멀어지거나 가까워지게 하며, 이론적으로는 그 주성분에게 중요한 변수를 찾아나가는 것을 보게 될 것이다. 이것은 오직 변수 하나에 하나의 주성분만을 연결하고자 하는 시도다. 이 문제가 비지도학습이라는 것을 기억하라. 우리는 가설을 입증하려는 것이 아니라 데이터를 이해하고자 하는 것이다. 간단히 말해, 회전이 데이터를 이해하는 것을 도와줄 것이다.

가장 잘 알려진 주성분의 회전은 **배리맥스**varimax다. **쿼티맥스**quartimax나 **이퀴맥스**equimax 같은 방법도 있지만, 우리는 배리맥스에 집중할 것이다. 경험상 다른 방법이 배리맥스보다 좋은 결과를 내는 것을 보지 못했다. 시행착오를 통해 결정하는 것이 회전 방법을 결정하는 가장 좋은 방법일 것이다.

 배리맥스에서는 변수 기여도의 제곱값 분산의 합을 최대화한다. 배리맥스는 데이터의 위치를 바꾸지 않은 채로 피처 공간의 축을 회전시킨다.

아마도 간단한 예를 통해 설명하는 것이 가장 좋을 것이다. 간단한 데이터 세트의 변수가 A부터 G로 이뤄져 있고, 2개의 주성분을 갖고 있다고 가정해보자. 데이터를 그려보면, 다음과 같은 그림을 갖게 될 것이다.

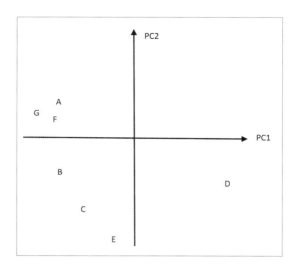

이를 설명하기 위해 변수 A의 PC1에 관한 기여도가 −0.4고, PC2에 관한 기여도가 0.1 이라고 가정해보자. 그리고 변수 D의 PC1에 관한 기여도가 0.4고, PC2에 관한 기여도가 −0.3이라고 가정해보자. 변수 E는 −0.05와 −0.7의 기여도를 갖고 있다고 가정해보자. 각 기여도가 대응되는 주성분의 방향을 따라 값이 변하는 것을 확인할 수 있다. 배리맥스를 적용한 후에 회전된 주성분들은 다음 그림과 같을 것이다.

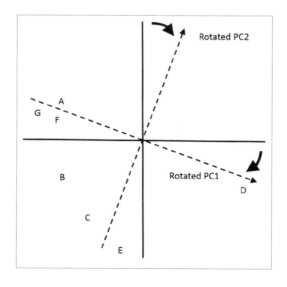

다음 값은 회전된 후의 PC1과 PC2에 관한 새로운 기여도값이다.

- 변수 A: −0.5와 0.02
- 변수 D: 0.5와 −0.3
- 변수 E: 0.15와 −0.75

기여도는 바뀌었지만, 관찰점들은 바뀌지 않았다. 이 예제로는 해석을 간단하게 만들었다고 볼 수 없지만, 주성분들을 회전하는 것이 어떤 의미인지 이해하는 데는 도움이 될 것이다.

▌ 비즈니스 이해하기

이번 예제에서는 스포츠의 세계를 살펴보자. 좀 더 정확히는, **북미 프로 아이스하키 리그**NHL에 관해서 말이다. 야구나 미식 축구에 관한 연구는 많다(머니볼 같은 영화나 책을 생각해보라). 두 종목 모두 미국과 세계의 사람들이 발로 뛰는 스포츠다. 노스 다코타의 얼어붙은 대초원에서 자란 덕분인지는 모르지만, 나는 아이스하키를 가장 재미 있는 스포츠라고 생각한다. 그러므로 이 분석은 머니퍽[2] 운동을 시작하기 위한 노력이라 볼 수 있다.

이 분석에서는 내가 www.nhl.com과 www.puckalytics.com에서 직접 모은 30개 NHL 팀의 통계 데이터를 살펴볼 것이다. 이번 예제를 통해 주성분 분석으로 만든 피처 공간을 활용해 팀의 총 점수를 예측하는 모형을 만들어 최고의 프로 팀이 되기 위해 필요한 것을 알아보고자 한다. 피츠버그 펭귄스Pittsburgh Penguins가 우승했던 2015−16 시즌의 데이터를 이용해 모형을 학습하고, 2017년 2월 15일 현재의 성과와 비교할 것이다. 데이터 파일들은 https://github.com/datameister66/data/에서 nhlTrain.csv와 nhlTest.csv를 다운로드하면 된다.

---

2 머니볼을 빗댄 말로, 퍽은 아이스하키에서 사용되는 고무 원반을 말한다. − 옮긴이

북미 프로 아이스하키 리그의 순위는 점수제로 운영되기 때문에 이 분석의 결과는 게임당 얻은 점수가 될 것이다. 북미 프로 아이스하키 리그에서 점수가 어떻게 주어지는지 이해하는 것이 중요하다. 승패만이 중요한 미식 축구나 야구와 달리, 프로 아이스하키는 각 게임마다 다음과 같은 점수 제도를 사용한다.

- 일반적인 승리나 추가 시간 동안의 승리 또는 숏아웃[3]으로 승리한 승자는 2점을 받는다.
- 일반적인 패자는 아무 점수도 받지 않는다.
- 추가 시간 동안의 패배나 숏아웃으로 패배한 패자는 패자 점수라는 1점을 받는다.

북미 프로 아이스하키 리그는 이 점수 제도를 2005년부터 시행했다. 이 제도가 논란이 없는 것은 아니지만, 아이스하키의 품위 있고 우아한 폭력을 훼손하지는 않았다.

데이터의 이해와 준비 과정

시작하기 전에 먼저 데이터를 다운로드하고 분석을 하기 위한 패키지를 불러와야 한다. 다음 패키지들을 불러오기 전에 미리 설치돼 있는지 확인하라.

```
> library(ggplot2) # 산포도 지원
> library(psych) # PCA 패키지
```

다음과 같이 read.csv( ) 함수를 활용해 학습 데이터를 읽기 위해, 당신이 작업하고 있는 폴더에 이전 절에서 말한 2개의 .csv 파일들을 미리 다운로드했다고 가정해보자.

```
> train <- read.csv("NHLtrain.csv")
```

---

3 축구에서 사용되는 승부차기와 유사한 추가 시간이 다 된 후에도 승부가 결정나지 않았을 때 사용되는 아이스하키에서의 승부 결정 방식 – 옮긴이

str( ) 구조 함수를 이용해 데이터를 조사하라. 아래에는 지면을 아끼기 위해 str( ) 명령의 처음 몇 줄의 결과만을 포함했다.

```
> str(train)
'data.frame': 30 obs. of 15 variables:
$ Team : Factor w/ 30 levels "Anaheim","Arizona",..: 1 2 3 4 5 6 7 8 9 10 ...
$ ppg : num 1.26 0.95 1.13 0.99 0.94 1.05 1.26 1 0.93 1.33 ...
$ Goals_For : num 2.62 2.54 2.88 2.43 2.79 2.39 2.85 2.59 2.6 3.23...
$ Goals_Against: num 2.29 2.98 2.78 2.62 3.13 2.7 2.52 2.93 3.02 2.78 ...
```

그런 다음, 변수들의 이름을 살펴봐야 한다.

```
> names(train)
[1] "Team" "ppg" "Goals_For" "Goals_Against" "Shots_For"
[6] "Shots_Against" "PP_perc" "PK_perc" "CF60_pp" "CA60_sh"
[11] "OZFOperc_pp" "Give" "Take" "hits" "blks"
```

각 변수가 무엇을 말하는지 알아보자.

- Team: 팀의 연고지

- ppg: 앞서 이야기했던 점수 제도에 기반한 게임당 점수의 평균

- Goals_For: 팀의 경기당 평균 득점

- Goals_Against: 팀의 경기당 평균 실점

- Shots_For: 경기당 팀이 골 근처에서 슛을 한 횟수

- Shots_Against: 경기당 팀이 골 근처에서 상대팀의 슛을 허용한 횟수

- PP_perc: 파워플레이[4] 상황에서 팀이 득점한 %

- PK_perc: 상대팀이 파워플레이 상황일 때 실점을 하지 않은 시간의 %

- CF60_pp: 팀의 파워플레이 60분당 Corsi 점수. Corsi 점수는 Shots_For와 상대

---

4 아이스하키에서 페널티로 인해 링크에서 뛰는 선수가 한 팀이 다른 팀보다 많은 상태 - 옮긴이

에게 막힌 것이나 네트를 벗어난 것의 개수를 합한 것이다.

- CA60_sh: 상대 팀의 파워플레이 60분당 Corsi 점수
- OZFOperc_pp: 팀이 파워플레이 상황일 때 공격자 지역에서 시합이 재개된 %
- Give: 팀이 경기당 퍽을 준 평균 횟수
- Take: 팀이 경기당 퍽을 가져온 평균 횟수
- hits: 팀의 경기당 보디체크 평균 횟수
- blks: 팀의 경기당 상대의 슛을 블로킹한 횟수의 평균

데이터는 0의 평균과 표준편차 1로 표준화standardized돼야 한다. 데이터의 표준화를 거친 후 psych 패키지에서 제공하는 cor.plot( ) 함수를 이용해 데이터의 각 입력 피처끼리의 상관관계를 그릴 수 있다.

```
> train.scale <- scale(train[, -1:-2])
> nhl.cor <- cor(train.scale)
> cor.plot(nhl.cor)
```

위 명령을 실행한 결과는 다음과 같다.

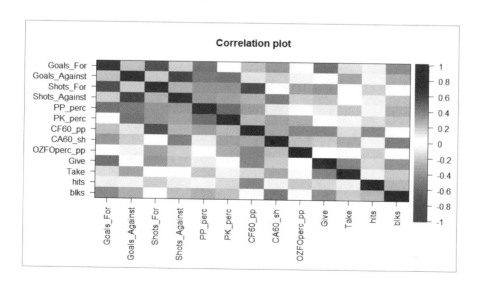

흥미로운 점이 몇 가지 있다. Shots_For가 Goals_For와 상관관계에 있고, 반대로 Shots_Against 또한 Goals_Against와 상관관계에 있는 것을 주목하라. 또한 PP_perc, PK_perc 두 피처와 Goals_Against 피처 사이에 음의 상관관계가 있다.

이러한 것으로 판단했을 때 이 데이터 세트는 주성분을 추출해내기에 적절한 데이터 세트로 볼 수 있다.

이 피처/변수들은 내가 정한 것들임을 알아두길 바란다. 당신이 모을 수 있고, 예측 능력을 향상시킬 수 있는지 확인해볼 수 있는 다른 통계량들 또한 많이 존재한다.

▋ 모형화와 평가

모형화를 하기 위해 다음과 같은 단계를 거친다.

- 성분 추출 및 남길 성분의 수를 결정한다.
- 남은 성분을 회전시킨다.
- 회전된 결과를 해석한다.
- 요인 점수를 생성한다.
- 요인 점수를 입력 변수로 사용해 회귀 분석을 하고, 테스트 데이터에 관한 평가를 한다.

R에서 주성분 분석을 할 수 있는 많은 방법과 패키지가 있지만, R의 기본 함수인 prcomp( )와 princomp( )가 가장 널리 쓰이고 있다. 하지만 나는 psych 패키지가 가장 유연하며 좋은 선택지라고 생각한다.

성분 추출

psych 패키지로 성분을 추출하려면 principal() 함수를 사용하면 된다. 사용법은 성분을 추출할 데이터와 현재 단계에서 회전시킬지를 지정해주면 된다.

```
> pca <- principal(train.scale, rotate="none")
```

만든 pca 오브젝트를 실행해 성분들을 검사할 수 있다. 하지만 의도는 유지할 성분의 개수를 결정하는 것이다. 이 목적을 위해서는 산비탈 그림scree plot이면 충분할 것이다. 산비탈 그림을 통해 어떤 성분이 데이터의 분산을 가장 많이 설명하는지 평가할 수 있다. 이 그림은 성분의 숫자를 x축에 보여주고, 그 성분의 고윳값eigenvalues을 y축에 보여준다.

```
> plot(pca$values, type="b", ylab="Eigenvalues", xlab="Component")
```

위 명령을 실행한 결과는 다음과 같다.

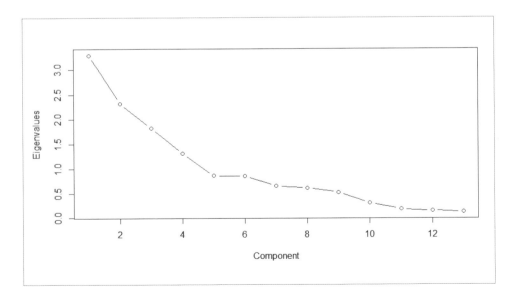

우리가 찾고 싶은 것은 산비탈 그림에서 변화율이 줄어드는 지점이다. 이 지점은 보통 그림의 '팔꿈치'나 '구부러진 부분'으로 불린다. 산비탈 그림의 팔꿈치가 의미하는 바는 그 지점을 지나 성분을 추가하는 것으로는 분산의 증가에 큰 차이를 보이지 않는다는 것이다. 다시 말하면, 그래프가 평평해지기 시작하는 구간을 의미한다. 이 그림에서는 5개의 성분만으로도 충분한 설득력이 있다.

경험을 통해 배운 또 한 가지는 선택한 성분들이 70% 이상의 분산을 차지해야 한다는 것이다. 즉, 각 성분이 설명하는 분산의 합이 모든 성분을 사용했을 때의 70% 이상 돼야 한다.

직각 회전과 해석

회전의 목적은 특정한 성분에 관해 변수의 기여도를 최대화함으로써 각 성분 사이의 상관관계를 줄여 해석을 간단하게 하는 것이다. 직각 회전을 하는 방식은 "배리맥스"로 알려져 있다. 요인과 성분 사이의 상관관계를 허용하는 비직각 방식의 회전 기법도 존재한다. 당신이 사용할 회전 기법의 선택은 적절한 문헌을 바탕으로 이뤄져야 하며, 그것은 이 책이 다룰 범위를 넘어선다. 이 데이터 세트를 이용해 자유롭게 실험해보라. 어느 기법을 사용할지 확실하지 않다면, 주성분 분석은 직각 회전으로 먼저 시작돼야 한다.

이 예제에서는 간단하게 principal( ) 함수를 조금 다른 사용법을 사용해 5개의 성분과 직각 회전을 실행한다.

```
> pca.rotate <- principal(train.scale, nfactors = 5, rotate = "varimax")

> pca.rotate
Principal Components Analysis
Call: principal(r = train.scale, nfactors = 5, rotate = "varimax")
Standardized loadings (pattern matrix) based upon correlation matrix

RC1 RC2 RC5 RC3 RC4 h2 u2 com
Goals_For -0.21 0.82 0.21 0.05 -0.11 0.78 0.22 1.3
Goals_Against 0.88 -0.02 -0.05 0.21 0.00 0.82 0.18 1.1
Shots_For -0.22 0.43 0.76 -0.02 -0.10 0.81 0.19 1.8
Shots_Against 0.73 -0.02 -0.20 -0.29 0.20 0.70 0.30 1.7
```

```
PP_perc   -0.73  0.46 -0.04 -0.15  0.04 0.77 0.23 1.8
PK_perc   -0.73 -0.21  0.22 -0.03  0.10 0.64 0.36 1.4
CF60_pp   -0.20  0.12  0.71  0.24  0.29 0.69 0.31 1.9
CA60_sh    0.35  0.66 -0.25 -0.48 -0.03 0.85 0.15 2.8
OZFOperc_pp -0.02 -0.18  0.70 -0.01  0.11 0.53 0.47 1.2
Give      -0.02  0.58  0.17  0.52  0.10 0.65 0.35 2.2
Take       0.16  0.02  0.01  0.90 -0.05 0.83 0.17 1.1
hits      -0.02 -0.01  0.27 -0.06  0.87 0.83 0.17 1.2
blks       0.19  0.63 -0.18  0.14  0.47 0.70 0.30 2.4
                    RC1  RC2  RC5  RC3  RC4
SS loadings          2.69 2.33 1.89 1.55 1.16
Proportion Var       0.21 0.18 0.15 0.12 0.09
Cumulative Var       0.21 0.39 0.53 0.65 0.74
Proportion Explained 0.28 0.24 0.20 0.16 0.12
Cumulative Proportion 0.28 0.52 0.72 0.88 1.00
```

결과물 중 이해하고 넘어가야 하는 중요한 부분이 있다. 첫 번째로 각 5개의 성분에 관한 변수들의 기여도는 RC1부터 RC5까지 열로 구분돼 있다. 성분 1은 Goals_Against와 Shots_Against 변수의 성분에 관한 기여도가 높은 양의 값이고, PP_perc와 PK_perc 변수의 기여도가 높은 음의 값인 것을 볼 수 있다. 성분 2에 관해서는 Goals_For 변수가 높은 기여도를 갖고 있다. 성분 5에 관해서는 Shots_For, CF60_pp 그리고 OZFOperc_pp가 높은 기여도를 보이고 있다. 성분 3은 take 변수만 연관이 있어 보이고, 성분 4는 hits 변수와 연관이 있어 보인다.

다음으로, SS loadings 제곱합으로 시작하는 표를 보면서 분석의 두 번째 부분으로 넘어가자. 이 표에서 숫자는 각 성분의 고윳값^{eigenvalues}이다. 이 고윳값이 정규화되면 Proportion Explained 행의 값이 된다. 아마도 추측했겠지만, 이 행의 값은 각 성분이 설명하고 있는 분산의 비율을 의미한다. 성분 1이 5개의 회전된 성분 모두가 설명하는 분산의 28%를 설명하는 것을 볼 수 있다. 이전 절에서 설명했던 선택한 성분들이 설명하는 분산의 총합이 최소한 전체 분산의 70%를 넘어야 한다는 휴리스틱 규칙을 기억하라. Cumulative Var 행을 보면, 5개의 성분은 총 74%의 분산을 나타내고 있으며, 이를 통해 우리의 성분의 개수 선택에 좀 더 확신을 가질 수 있게 됐다.

성분으로부터 요인 점수 생성

이제 회전된 성분들의 기여도를 각 팀의 요인 점수로 변환해야 한다. 이 점수는 각 관찰값(우리의 경우에는 아이스하키 팀들)이 어떻게 회전된 성분과 관련이 있는지를 나타낸다. 나중에 나올 회귀 분석에 필요한 요인 점수를 데이터 틀에 맞게 계산해보자.

```
> pca.scores <- data.frame(pca.rotate$scores)
> head(pca.scores)
RC1 RC2 RC5 RC3 RC4
1 -2.21526408 0.002821488 0.3161588 -0.1572320 1.5278033
2 0.88147630 -0.569239044 -1.2361419 -0.2703150 -0.0113224
3 0.10321189 0.481754024 1.8135052 -0.1606672 0.7346531
4 -0.06630166 -0.630676083 -0.2121434 -1.3086231 0.1541255
5 1.49662977 1.156905747 -0.3222194 0.9647145 -0.6564827
6 -0.48902169 -2.119952370 1.0456190 2.7375097 -1.3735777
```

이제 각 팀별 성분에 관한 점수를 알게 됐다. 이 값은 간단하게 각 관찰값의 변수의 값과 그 변수의 성분에 관한 기여도를 곱한 값을 합한 것이다. 이제 반응 변수(ppg)를 데이터의 열로 불러와보자.

```
> pca.scores$ppg <- train$ppg
```

여기까지 마쳤다면, 이제 예측 모형을 만드는 단계로 넘어갈 것이다.

회귀 분석

이 부분은 2장, '선형 회귀 – 머신 러닝의 기본 기술'에서 사용한 코드와 단계를 반복할 것이다. 아직 2장을 읽지 않았다면, 아래의 출력을 해석하는 방법을 이해하기 위해 먼저 읽어보길 바란다.

lm( ) 함수를 이용해 요인을 입력값으로 사용한 선형 모형을 만들고 결과를 요약하자.

```
> nhl.lm <- lm(ppg ~ ., data = pca.scores)
> summary(nhl.lm)
Call:
lm(formula = ppg ~ ., data = pca.scores)
Residuals:
Min 1Q Median 3Q Max
-0.163274 -0.048189 0.003718 0.038723 0.165905

Coefficients:
Estimate Std. Error t value Pr(>|t|)
(Intercept) 1.111333 0.015752 70.551 < 2e-16 ***
RC1 -0.112201 0.016022 -7.003 3.06e-07 ***
RC2 0.070991 0.016022 4.431 0.000177 ***
RC5 0.022945 0.016022 1.432 0.164996
RC3 -0.017782 0.016022 -1.110 0.278044
RC4 -0.005314 0.016022 -0.332 0.743003
---
Signif. codes: 0 '***' 0.001 '**' 0.01 '*' 0.05 '.' 0.1 ' ' 1

Residual standard error: 0.08628 on 24 degrees of freedom
Multiple R-squared: 0.7502, Adjusted R-squared: 0.6981
F-statistic: 14.41 on 5 and 24 DF, p-value: 1.446e-06
```

한 가지 좋은 소식은 수정 R제곱값이 거의 70%고, p 값이 1.446e-06이 나와 이 모형은 통계적으로 높은 유의성을 갖고 있다는 것이다. 나쁜 소식은 3개의 성분이 유의하지 않다는 것이다. 우리의 모형에 이 성분을 유지하기로 할 수 있지만, 이 3개의 성분을 제거하고 RC1과 RC2만 유지할 때 무슨 일이 일어나는지 알아보자.

```
> nhl.lm2 <- lm(ppg ~ RC1 + RC2, data = pca.scores)
> summary(nhl.lm2)
Call:
lm(formula = ppg ~ RC1 + RC2, data = pca.scores)
Residuals:
```

```
Min 1Q Median 3Q Max
-0.18914 -0.04430 0.01438 0.05645 0.16469

Coefficients:
Estimate Std. Error t value Pr(>|t|)
(Intercept) 1.11133 0.01587 70.043 < 2e-16 ***
RC1 -0.11220 0.01614 -6.953 1.8e-07 ***
RC2 0.07099 0.01614 4.399 0.000153 ***
---
Signif. codes: 0 '***' 0.001 '**' 0.01 '*' 0.05 '.' 0.1 ' ' 1

Residual standard error: 0.0869 on 27 degrees of freedom
Multiple R-squared: 0.7149, Adjusted R-squared: 0.6937
F-statistic: 33.85 on 2 and 27 DF, p-value: 4.397e-08
```

3개의 성분이 제거된 이 모형은 이전 모형의 수정 R제곱값과 거의 일치(이전 모형의 수정 R 제곱값의 99.37%)하고, 통계적으로 유의한 요인 상수를 갖고 있다. 진단 평가의 세부 내용은 독자에게 남겨둔다. 대신, 분석을 도와줄 도표를 몇 개 살펴보자. 다음과 같이 R의 기본 그래픽 기능을 이용해 예측값과 실제 값의 산포도를 그릴 수 있다.

```
> plot(nhl.lm2$fitted.values, train$ppg,
main="Predicted versus Actual",
xlab="Predicted",ylab="Actual")
```

위 명령을 실행한 결과는 다음과 같다.

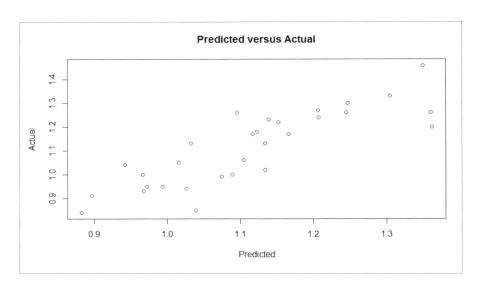

이 결과는 우리의 모형이 두 성분을 이용해 팀의 성공을 잘 예측한다는 것과 주성분과 팀의 경기당 득점이 강한 선형 관계를 갖고 있다는 것을 드러낸다. 그럼 이제 ggplot2 패키지를 사용해 팀의 이름을 산포도에 포함시키고 도표를 더 재미있게 만들어보자. 유일한 문제는 이 함수가 다양한 옵션이 있고 아주 강력하다는 것이다. ggplot( )의 미로에서 벗어날 수 있게 도와주는 많은 온라인 자료가 있지만, 다음 코드로도 당장은 충분할 것이다. 먼저 기준선이 될 도표를 ggplot( ) 함수를 사용해 만들어 p에 대입한 후 다양한 기능을 추가해보자.

```
> train$pred <- round(nhl.lm2$fitted.values, digits = 2)
> p <- ggplot(train, aes(x = pred,
y = ppg,
label = Team))

> p + geom_point() +
geom_text(size = 3.5, hjust = 0.1, vjust = -0.5, angle = 0) +
xlim(0.8, 1.4) + ylim(0.8, 1.5) +
stat_smooth(method = "lm", se = FALSE)
```

위 명령을 실행한 결과는 다음과 같다.

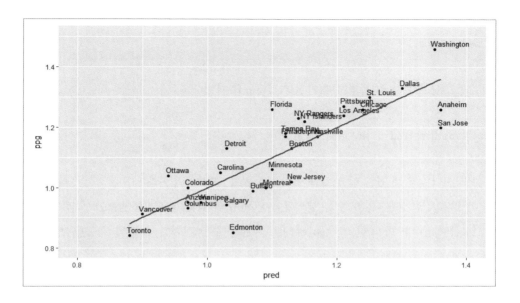

p를 만드는 구문은 간단하다. 데이터 틀을 지정하고 x축과 y축에 어떠한 값이 들어갈지 지정한 후, 식별값으로 사용할 변수를 지정해 aes( )에 전달했다. 그런 다음, 데이터 점과 같은 장식을 레이어로 추가했다. 다음과 같이 + 구문을 사용하면 도표에 원하는 것을 추가할 수 있다.

```
> p + geom_point() +
```

우리는 team 식별값을 희망하는 방식으로 표시될 수 있도록 지정했다. 글꼴 크기와 문자열이 표시되는 위치를 맞추려면 여러 번의 시행착오를 거쳐야 한다.

```
geom_text() +
```

이제, x축과 y축의 한계를 지정해 도표가 기본으로 설정된 x축의 한계값이나 y축의 한계값을 넘는 값들을 잘라내지 않도록 하자.

```
xlim() + ylim() +
```

마지막으로, 표준 오차 음영이 제거된 최적선을 추가했다.

```
stat_smooth(method = "lm", se = FALSE)
```

이 최적선의 위쪽에 있는 팀은 초과 성취를 이뤘고, 최적선의 아래에 있는 팀은 낮은 성취를 이뤘다고 볼 수 있다. 또 다른 분석은 요인 점수와 팀들의 관계를 **쌍렬도**^{biplot}라는 도표로 그리는 것이다. 다시 한 번, ggplot()이 이 분석을 할 것이다. 이전의 코드를 안내자로 삼아, 코드를 수정하고 결과를 보자.

```
> pca.scores$Team <- train$Team
> p2 <- ggplot(pca.scores, aes(x = RC1, y = RC2, label = Team))
> p2 + geom_point() +
geom_text(size = 2.75, hjust = .2, vjust = -0.75, angle = 0) +
xlim(-2.5, 2.5) + ylim(-3.0, 2.5)
```

위 명령을 실행한 결과는 다음과 같다.

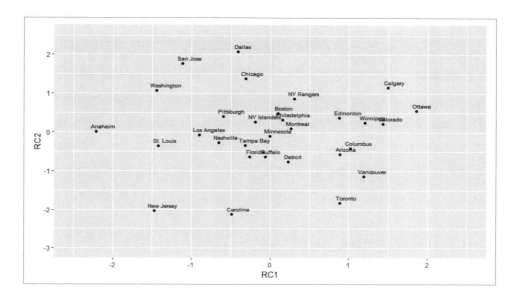

보이는 것처럼, *x*축은 각 팀의 RC1 성분에 관한 요인 점수, *y*축은 각 팀의 RC2 성분에 관한 요인 점수를 나타낸다. RC1에서 최저 점수를 보이고 RC2에서 평균적인 점수를 갖고 있는 Anaheim ducks를 살펴보자. 이게 무엇을 의미하는지 생각해보라. RC1이 파워플레이와 페널티 킬[5]에 관한 음의 기여도를 갖고 있고, Goals_Against에 관한 양의 기여도를 갖고 있다는 점을 생각해보면, 이 팀이 수비를 잘하고 수적 열세인 불리한 상황에서 효율적으로 대처한다는 것을 볼 수 있다. 그러면 스탠리 컵의 최종 우승자였던 Pittsburgh를 보자. 그들의 점수는 탄탄하지만 눈여겨볼 만한 점은 없다. 시즌 초기, 이 팀이 아주 좋지 않은 출발을 했고, 시즌을 함께 시작했던 코치를 해고했다는 사실을 염두에 둬라. 이 팀이 시즌의 초기 절반과 후기 절반에 어떤 성과를 냈는지 이 분석의 결과를 비교해보는 게 재미있을 것 같다.

---

5 페널티 영역에 선수가 있는 시간 – 옮긴이

이전에 했던 것처럼 모형의 오차를 평가할 수도 있다. **제곱근 평균 제곱 오차**^{Root Mean Squared} Error, RMSE를 살펴보자.

```
> sqrt(mean(nhl.lm2$residuals^2))
[1] 0.08244449
```

제곱근 평균 제곱 오차를 계산한 후엔 표본에서 어떻게 동작하는지를 확인해야 한다. 테스트 데이터를 불러와서 팀의 각 성분에 관한 요인 점수를 계산하고 선형 모형에 따라 예측할 것이다. psych 패키지의 predict 함수가 테스트 데이터의 비율을 자동으로 맞출 것이다.

```
> test <- read.csv("NHLtest.csv")
> test.scores <- data.frame(predict(pca.rotate, test[, c(-1:-2)]))
> test.scores$pred <- predict(nhl.lm2, test.scores)
```

위에서 했던 것처럼 팀 이름과 함께 결과를 도표에 그려보자. 하나의 데이터 틀 안에 이 모든 것을 담아보자.

```
> test.scores$ppg <- test$ppg
> test.scores$Team <- test$Team
```

그런 다음, ggplot( )의 힘을 빌려보자.

```
> p <- ggplot(test.scores, aes(x = pred, y = ppg, label = Team))
> p + geom_point() +
geom_text(size=3.5, hjust=0.4, vjust = -0.9, angle = 35) +
xlim(0.75, 1.5) + ylim(0.5, 1.6) +
stat_smooth(method="lm", se=FALSE)
```

위 명령을 실행한 결과는 다음과 같다.

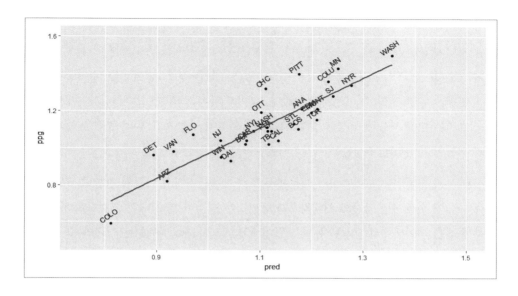

이해를 돕기 위해 테스트 데이터의 팀 이름을 축약했다. 우리의 모형이 예측한 이번 시즌 최고의 점수를 낼 팀은 워싱턴 캐피털Washington Capitals이고, 최저의 점수를 낼 팀은 콜로라도 아발란체Colorado Avalanche다. 실제로, 내가 이 데이터를 가져올 때, 콜로라도는 다섯 경기를 연속으로 지고 있었다. 콜로라도는 캐롤라이나와의 연장전 끝에 이긴 경기로 그 연패가 끝이 났다. 마지막으로, 제곱근 평균 제곱 오차를 확인하자.

```
> resid <- test.scores$ppg - test.scores$pred
> sqrt(mean(resid^2))
[1] 0.1011561
```

학습 데이터에 관한 0.08의 오차와 테스트 데이터에 관한 0.1의 오차를 비교하면, 이것은 나쁘지 않은 수치다. 이 정도면 이 모형을 타당한 모형이라고 선언할 수 있다. 하지만 예측 성능을 높이고 오차를 줄일 수 있게 추가할 수 있는 팀에 관한 통계량이 여전히 많이 있다. 난 계속해서 모형을 개선시켜 나갈 것이고, 당신도 그렇게 하면 좋겠다.

▌ 요약

이 장에서 우리는 주성분 분석이 무엇인지 알아보고, 실용적인 문제에 적용하며, 비지도 학습 기법에 관한 두 번째 시도를 해봤다. 주성분 분석이 차원을 축소하는 데 어떻게 사용될 수 있는지, 높은 상관관계를 가진 변수로 이뤄진 데이터 세트를 만났을 때 어떻게 데이터에 관한 이해를 높일 수 있는지 알아봤다. 그리고 북미 프로 아이스하키 리그에서 추출한 실제 데이터를 사용해 생성한 주성분을 회귀 분석에 사용해 각 팀의 총점을 예측했다. 이와 더불어 데이터와 주성분을 시각화하는 여러 방법을 살펴봤다.

주성분 분석 또한 비지도학습이기 때문에 비즈니스 동반자가 받아들일 만한 최적의 해답을 찾아내기 위해서는 약간의 시행착오를 동반하는 결정이 필요하다. 그렇다고 해도, 주성분 분석은 데이터에서 잠재된 통찰을 끌어내고 지도학습을 지원하는 강력한 도구다.

다음에는 우리는 비지도학습을 사용해 장바구니 분석market basket analysis과 주성분 분석이 큰 역할을 할 수 있는 추천 엔진recommendation engine을 만들어볼 것이다.

10

장바구니 분석,
추천 엔진과 순차적 분석

"구매 전환율을 두 배로 높여 당신의 사업을 두 배로 키우는 것이 거래를 두 배 늘리는 것보다 훨씬 쉽다."

— 제프 하이젠베르크Jeff Eisenberg(BuyerLegends.com의 CEO)

"난 홀푸드Whole Foods에 있는 사람들의 얼굴에서 미소를 찾을 수 없다."

— 워렌 버핏Warren Buffett

우리는 이 장에서 이야기할 기법의 결과를 매일 매 순간 마주친다. 이를 보지 않으려면 달의 반대쪽에서 살아야 할 것이다. 아마존을 방문하거나, 넷플릭스에서 영화를 보거나, 물건을 파는 웹 사이트에서 물건을 구매를 해봤다면 "관련 상품"이란 말이나 "이 물건을 봤으니…", "이 물건을 구매한 고객이 이런 것 또한 구매했다", "당신을 위한 추천 상품" 같은 말들을 보게 될 것이다. 예를 든 사이트들은 실시간이나 실시간에 가까운 대량의 구매 기록을 이용해 구매자의 수와 구매량을 늘리고자 한다.

이러한 일을 하는 기법은 두 가지의 부류로 나뉜다. 연관성 규칙들과 추천 엔진이다. 연관성 규칙 분석은 어떤 물건들이 함께 구매되는지 분석하는 '장바구니 분석'으로 불린다. 추천 엔진의 목적은 구매자가 이전에 구매한 물건이나 본 영화에 매긴 평점에 기반해 구매자가 만족할 만한 다른 상품을 제시하는 것이다.

기업이 사용할 수 있는 또 다른 기법은 물건이나 서비스를 소비자가 구매하거나 사용하는 순서를 이해하는 것이다. 이러한 분석 기법은 '순차적 분석 기법'이라 불린다. 이러한 기법의 대표적인 구현으로는 사용자가 다양한 웹 페이지나 링크를 어떠한 순서로 클릭하는지를 이해하는 것이다.

앞으로 나올 예제에서는 R을 이용해 어떻게 이런 알고리즘들을 개발하는지 탐색할 것이다. 알고리즘의 구현에 관한 설명은 이 책의 범위에서 벗어나므로 다루지 않을 것이다. 식료품점의 구매 습관에 관한 장바구니 분석으로 시작해, 웹 사이트 리뷰에 관한 추천 엔진을 만들고, 웹 페이지의 순서를 분석할 것이다.

▌ 장바구니 분석의 개요

장바구니 분석은 최적의 상품이나 서비스의 조합을 찾아내 이러한 지식을 바탕으로 마케터들이 상품 추천, 상품 배치의 최적화, 마케팅 프로그램 개발과 같은 방법으로 끼워팔기를 통한 이득을 볼 수 있게 해주는 데이터 마이닝 기법이다. 간단하게 말해, 어떤 품목들이 함께 팔리는지를 알아내 이득을 취하는 것이다.

이 분석의 결과물을 if ~ then 구문으로 생각해도 된다. 예를 들어, 소비자가 비행기 표를 구매하면, 46%의 확률로 호텔 방을 예약할 것이고, 또 그 소비자가 호텔 방까지 예약한다면, 33%의 확률로 렌터카를 빌릴 것이다.

하지만 이 기법이 영업과 마케팅만을 위한 것은 아니다. 장바구니 분석은 사기 검출^{fraud} ^{detection}과 의료 서비스에도 사용된다. 예를 들어, 환자가 A라는 치료를 받고 있다면, 26% 의 확률로 X라는 증상을 호소할 수 있다. 더 자세히 들여다보기 전에, 예제에서 사용하는 용어를 알아두자.

- 아이템 세트^{itemset}: 데이터 세트 안에서 1개 이상의 물품의 집합이다.
- 지지도^{support}: 관심 있는 아이템 세트를 포함하는 데이터에서 거래의 비율이다.
- 신뢰도^{confidence}: 어떤 사람이 x를 사거나 x로 어떤 행위를 했을 때, y를 사거나 y 로 어떤 행위를 하는 조건부 확률이다. x라는 행위를 하는 것은 선행 사건^{antecedent} 또는 좌변^{LHS}이라고 하고, y라는 행위를 하는 것은 결과^{consequence} 또는 우변^{RHS} 이라고 한다.
- 향상도^{lift}: 사건 x와 y가 함께 일어난 지지도^{support}를 사건 x와 y가 독립적이라 고 가정했을 때 동시에 일어날 수 있는 확률로 나눈 비율이다. 이 값은 신뢰도 ^{confidence}를 사건 x가 발생할 확률과 사건 y가 발생할 확률의 곱으로 나눈 값이다. 예를 들어, 사건 x와 y가 함께 일어날 확률이 10%, x가 일어날 확률이 20%, y가 일어날 확률이 30%라고 가정한다면, 향상도는 10%/(20% * 30%) 혹은 166.7%로 계산된다.

장바구니 분석을 하는 데 사용할 수 있는 R 패키지는 arules: Mining Association Rules and Frequent Itemsets다. 이 패키지는 규칙을 찾아내는 데 있어 두 가지 방법을 제공한다. 왜 군이 다른 방법을 사용해야 하는가? 간단하게 말하면, 당신이 갖고 있는 데이터 세트가 방 대해질수록 산술적으로 상품들의 가능한 모든 조합에 관한 규칙을 확인하는 것이 어려워 진다. 이 패키지가 지원하는 두 가지 알고리즘은 apriori와 ECLAT다. 장바구니 분석을 하 기 위한 다른 알고리즘이 존재하지만 apriori가 가장 자주 사용되고, 따라서 우리가 집중 적으로 살펴볼 것이다.

apriori의 핵심이 되는 원칙은 어떠한 아이템 세트가 자주 나타난다면, 그 아이템 세트의 모든 부분 집합 또한 자주 나타나야 한다는 것이다. 알고리즘이 실행되기 전 분석가가 최소 빈도(지지도)를 설정하며, 최소 빈도값이 정해진 후에는 다음과 같이 실행될 것이다.

- *k=1*로 둔다(아이템의 숫자).
- 지정된 지지도보다 같거나 더 긴 길이의 아이템 세트를 만든다.
- *k + 1* 부터 *k + n*까지 반복하면서 빈도가 낮은(지지도 보다 낮은) 아이템 세트를 제거한다.
- 새로운 아이템 세트가 발견되지 않을 때까지 반복한다.

빈도가 높은 순서로 정렬한 아이템 세트를 얻으면, 신뢰도와 향상도를 확인해 관심 있는 연관 규칙을 찾기 위해 더 분석해볼 수 있다.

▌ 비즈니스 이해하기

우리가 사용할 비즈니스 문제로, 식료품점에서 연관 규칙을 찾아보자. arules 패키지에서 제공하는 Groceries라는 데이터 세트를 사용할 것이다. 이 데이터 세트는 한 식료품점의 30일 동안 실제 거래를 기록한 것으로 9,835개의 구매 기록이다. 구매된 아이템은 빵, 와인, 고기 등의 169가지 범주로 분류돼 있다.

우리가 이제 막 식료품 아웃렛에서 판매를 시작하려고 하는 소규모 양조장이라고 가정하고, 잠재적인 소비자가 맥주와 함께 어떤 물건을 사려고 할지 이해하고자 한다고 가정해보자. 이러한 지식은 가게에서 어떤 물품을 맥주 옆에 진열하거나 끼워팔기 행사를 할 때 도움을 줄 것이다.

데이터의 이해와 준비 과정

이 분석을 위해서는 2개의 패키지와 Groceries 데이터 세트만 불러오면 된다.

```
> library(arules)
> library(arulesViz)
> data(Groceries)
> head(Groceries)
transactions in sparse format with
9835 transactions (rows) and
169 items (columns)
> str(Groceries)
Formal class 'transactions' [package "arules"] with 3 slots
..@ data :Formal class 'ngCMatrix' [package "Matrix"] with 5 slots
.. .. ..@ i : int [1:43367] 13 60 69 78 14 29 98 24 15 29 ...
.. .. ..@ p : int [1:9836] 0 4 7 8 12 16 21 22 27 28 ...
.. .. ..@ Dim : int [1:2] 169 9835
.. .. ..@ Dimnames:List of 2
.. .. .. ..$ : NULL
.. .. .. ..$ : NULL
.. .. ..@ factors : list()
..@ itemInfo :'data.frame': 169 obs. of 3 variables:
.. ..$ labels: chr [1:169] "frankfurter" "sausage" "liver loaf" "ham" ...
.. ..$ level2: Factor w/ 55 levels "baby food","bags",..: 44 44
44 44 44 44
44 42 42 41 ...
.. ..$ level1: Factor w/ 10 levels "canned food",..: 6 6 6 6 6 6
6 6 6 6
...
..@ itemsetInfo:'data.frame': 0 obs. of 0 variables
```

이 데이터 세트는 transaction 클래스로 알려진 희박 행렬 오브젝트^{sparse matrix object}로 구성돼 있다.

이 데이터 세트가 transaction 클래스로 이뤄져 있으므로 일반적인 탐험적 분석 기법들은 작동하지 않을 것이지만, arules 패키지는 데이터를 분석할 다른 방법들을 제공해준다. 그리고 만약 갖고 있는 데이터 프레임이나 행렬을 transaction 클래스로 변경하고 싶다면, 간단히 as( ) 함수를 사용하면 된다.

 다음 코드는 어떻게 사용하는지 설명하기 위한 것이므로 실행하지 않길 바란다.

```
> # transaction.class.name <-
as(current.data.frame,"transactions").
```

이 데이터를 탐험하는 가장 좋은 방법은 arules 패키지의 itemFrequencyPlot( ) 함수를 이용해 만든 아이템 빈도 도표를 이용하는 것이다. 이 함수를 사용하려면 transaction 데 이터 세트와 높은 빈도의 아이템을 몇 개까지 볼 것인지, 아이템의 빈도를 상대적인 값으 로 볼 것인지, 절대적인 값으로 볼 것인지를 지정해야 한다. 먼저 절대 빈도를 이용해 빈 도수가 높은 10개의 아이템만을 살펴보자.

```
> itemFrequencyPlot(Groceries, topN = 10, type = "absolute")
```

이 코드의 결과는 다음과 같다.

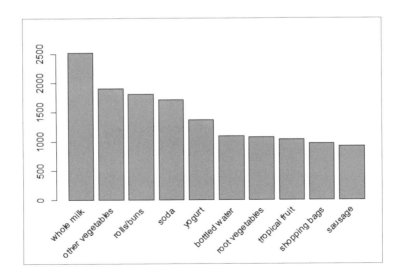

가장 자주 팔린 품목은 우유로 9,836개의 거래 결과들 중 약 2,500개의 장바구니에 포함돼 있었다. 빈도수가 높은 15개의 품목을 상대적인 빈도로 살펴보기 위해 다음 코드를 실행시켜보자.

```
> itemFrequencyPlot(Groceries, topN = 15)
```

위 명령을 실행한 결과는 다음과 같다.

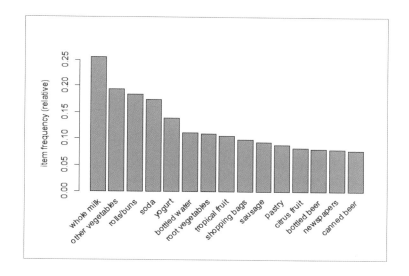

안타깝게도 이 상점에서는 맥주가 13번째와 15번째로 많이 팔리는 품목으로 나타나는 것을 볼 수 있다. 10% 미만의 소비자가 **병맥주**와 **캔맥주**를 구매한 거래 기록을 갖고 있다.

이번 예제로는 여기까지만 해도 된다. 따라서 모형화와 평가 단계로 바로 넘어가자.

▌ 모형화와 평가

맥주에 관한 연관 규칙을 살펴보기 전에 데이터를 분석해 전체적인 연관 규칙을 찾는 것부터 시작할 것이다. 모형화 과정을 통틀어 우리는 arules 패키지에서 제공하는 apriori() 함수를 활용해 apriori 알고리즘을 사용할 것이다. 이 함수를 사용하기 위해 제공해야 하는 두 가지의 값은 데이터 세트와 알고리즘의 모수다. 여기서 모수라 함은 최소 지지도, 최소 신뢰도, 아이템 세트가 가질 수 있는 장바구니의 크기의 최솟값이나 최댓값을 결정해줘야 할 것이다. 조금의 시행착오와 함께 아이템 빈도 플롯을 사용해 최소 지지도를 1000 거래 중 1거래로, 최소 신뢰도를 90%로 지정하자. 추가로, 최대로 연관될 수 있는 아이템들의 수를 4개로 제한하자. 아래는 rules라고 불리는 오브젝트를 생성하기 위한 코드다.

```
> rules <- apriori(Groceries, parameter = list(supp = 0.001, conf = 0.9,
maxlen=4))
```

이 오브젝트를 부르면 알고리즘이 얼마나 많은 규칙을 만들었는지 알려준다.

```
> rules
set of 67 rules
```

규칙을 확인하는 데는 여러 가지 방법이 있다. 가장 먼저 추천하는 건, R의 기본 함수 options()를 이용해 보이는 수를 소수점 두 번째 자리까지 보이도록 하는 것이다. 그런 다음, 다음과 같이 해 결과에서 볼 수 있는 향상도를 바탕으로 생성된 규칙들을 정렬하고 가장 좋은 5개를 찾아보자.

```
> options(digits = 2)
> rules <- sort(rules, by = "lift", decreasing = TRUE)
> inspect(rules[1:5])
lhs rhs support confidence lift
1 {liquor, red/blush wine} => {bottled beer} 0.0019
0.90 11.2
```

```
2 {root vegetables, butter, cream cheese } => {yogurt}
0.0010 0.91 6.5
3 {citrus fruit, root vegetables, soft cheese}=> {other vegetables}
0.0010 1.00 5.2
4 {pip fruit, whipped/sour cream, brown bread}=> {other vegetables}
0.0011 1.00 5.2
5 {butter,whipped/sour cream, soda} => {other vegetables}
0.0013 0.93 4.8
```

가장 큰 향상도를 보이는 규칙은 병맥주를 살 때 증류주나 레드 와인을 함께 구매하는 것이다. 이 결과는 의도된 결과가 아니다. 항상 말하는 것처럼, 운이 좋은 게 잘하는 것보다 좋다. 그렇지만, 1000거래당 1.9거래의 지지도는 그다지 보편적인 거래는 아니다.

지지도와 신뢰도로도 결과를 정렬할 수 있으므로 이번에는 높은 신뢰도를 가진 5개의 규칙을 내림차순으로 정렬해보자.

```
> rules <- sort(rules, by = "confidence", decreasing = TRUE)
> inspect(rules[1:5])
lhs rhs support confidence lift
1 {citrus fruit, root vegetables, soft cheese}=> {other vegetables}
0.0010 1 5.2
2 {pip fruit, whipped/sour cream, brown bread}=> {other vegetables}
0.0011 1 5.2
3 {rice, sugar} => {whole milk} 0.0012 1 3.9
4 {canned fish, hygiene articles} => {whole milk} 0.0011 1 3.9
5 {root vegetables, butter, rice} => {whole milk} 0.0010 1 3.9
```

표에서 볼 수 있듯이, 이 거래들의 신뢰도는 100%이다. 맥주에 관한 연구로 넘어가 arules 패키지의 crossTable( ) 함수를 이용해 교차표cross tabulation를 만든 후에 필요한 것을 확인할 수 있다. 첫 번째 단계는 우리의 데이터 세트를 이용해 교차표를 만드는 것이다.

```
> tab <- crossTable(Groceries)
```

만든 탭을 이용하면 아이템이 함께 등장하는 횟수를 확인할 수 있다. 여기서는 처음 세 행과 열만 살펴보자.

```
> tab[1:3, 1:3]
frankfurter sausage liver loaf
frankfurter 580 99 7
sausage 99 924 10
liver loaf 7 10 50
```

짐작했겠지만, 소비자들이 리버 로프(간으로 만든 미트 로프 같은 음식)를 구매한 횟수는 9,835번의 거래 중 50번에 지나지 않는다. 게다가 소비자들이 소시지를 구매한 924번 중 10번이나 리버 로프를 구매했다(극단적인 상황에서는 극단적인 방법이 필요하다). 특정 값에 관한 결과를 보고 싶다면, 행과 열 번호를 지정해주거나 문자로 적어 넣어줄 수 있다.

```
> table["bottled beer","bottled beer"]
[1] 792
```

이것은 병맥주가 포함된 거래가 792번 있었다는 것을 의미한다. 병맥주와 캔맥주가 함께 포함되는 거래의 수를 알아보자.

```
> table["bottled beer","canned beer"]
[1] 26
```

이 결과는 사람들이 병맥주나 캔맥주 중 하나를 주로 마신다는 가설과도 부합한다. 난 병맥주를 좋아한다.

이제 병맥주에 관한 규칙들을 추출해보자. apriori( ) 함수를 다시 사용할 것이지만, 이번에는 appearance라는 구문을 추가할 것이다. 이 말은 우리가 우변의 값을 병맥주를 구매할 확률로 지정하고, 좌변의 값을 우변의 값을 증가시키는 품목들로 지정할 것이라는 말이다. 다음 코드에서 support 항목과 confidence 항목을 조정한 것을 눈여겨보라. 당신의 설정으로 여러 가지 실험을 해보라.

```
> beer.rules <- apriori(data = Groceries, parameter = list(support = 0.0015,
confidence = 0.3), appearance = list(default = "lhs", rhs = "bottled beer"))
> beer.rules
set of 4 rules
```

이번에는 4개의 규칙을 찾아냈다. 하나는 이미 본 것이므로 다른 3개의 규칙을 향상도가 줄어드는 순서로 살펴보자.

```
> beer.rules <- sort(beer.rules, decreasing = TRUE, by = "lift")
> inspect(beer.rules)
lhs rhs support confidence lift
1 {liquor, red/blush wine} => {bottled beer} 0.0019 0.90 11.2
2 {liquor} => {bottled beer} 0.0047 0.42 5.2
3 {soda, red/blush wine} => {bottled beer} 0.0016 0.36 4.4
4 {other vegetables, red/blush wine} => {bottled beer}0.0015 0.31
3.8
```

예상대로, 모든 경우에 병맥주의 구매는 증류주나 레드 와인과 연관이 있다. 단지 흥미로운 점은 화이트 와인과 연관돼 있지 않다는 점이다. 와인의 종류별로 병맥주와 함께 구매되는 횟수를 살펴보자.

```
> tab["bottled beer", "red/blush wine"]
[1] 48
> tab["red/blush wine", "red/blush wine"]
[1] 189
> 48/189
[1] 0.25
> tab["white wine", "white wine"]
[1] 187
> tab["bottled beer", "white wine"]
[1] 22
```

```
> 22/187
[1] 0.12
```

흥미롭게도 레드 와인을 구매한 경우, 25%의 확률로 병맥주를 함께 구매했지만, 화이트 와인의 경우에는 그 확률이 12%로 줄어들었다. 이 분석만 갖고는 이유를 알 수 없지만, 식료품점의 상품 배치를 고민할 때는 도움이 될 것이다. 다음으로 넘어가기 전에 살펴볼 것은 규칙들을 도표로 그리는 것이다. arulesViz 패키지의 plot() 함수를 이용할 수 있다.

어떤 도표를 그릴지는 수많은 선택지가 제공돼 있다. 예를 들어, 신뢰도를 바탕으로 한 규칙을 이용해 향상도를 시각화시켜주는 그래프를 그려보자. 다음 구문이 그 일을 할 것이다.

```
> plot(beer.rules, method = "graph", measure = "lift", shading = "confidence")
```

위 명령을 실행한 결과는 다음과 같다.

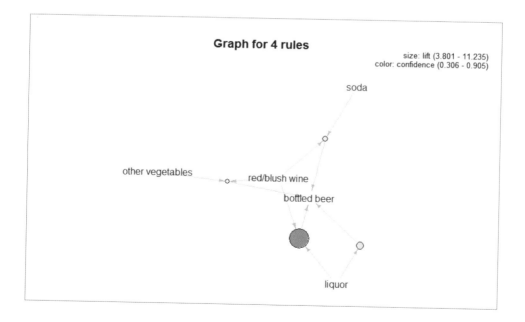

이 그래프는 **증류주와 레드 와인**이 가장 높은 **향상도**와 최상위의 **신뢰도**를 보여주는 것을 원의 크기와 색으로 알려주고 있다.

이번 예제에서 한 것들은 R에서 장바구니 분석을 하기가 얼마나 쉬운지 보여주기 위한 것이다. 이 기법을 활용한 분석의 가능성은 큰 상상을 필요로 하지 않는다. 예로, 소비자 분할이나 종적인 구매 기록, 광고 노출이나 끼워팔기 등 여러 가능성이 존재한다. 이제, 소비자들이 상품을 평가하고, 그걸 기반으로 한 추천 엔진을 만들고 실험하는 상황으로 넘어가보자.

▌ 추천 엔진의 개요

이제 우리는 사용자가 이전에 구매했거나 본 상품에 평점을 준 상황에 관해 알아보자. 추천 엔진에는 크게 다음 두 가지가 있다. 협업 필터링과 내용 기반 모형collaborative filtering and content-based(Ansari, Essegaier and Kohli, 2000)이다. 우리가 사용할 `recommenderlab`이라는 R 패키지가 집중하는 문제가 협업 필터링이므로 우리는 협업 필터링에 관해 자세히 알아볼 것이다.

내용 기반 접근법의 기본 개념은 사용자의 기호도를 아이템의 속성과 연결하는 것이다. 영화나 TV 쇼 추천에 있어, 이런 속성에는 장르, 출연진, 스토리 등이 있다. 그러므로 추천은 온전히 사용자가 제공하는 평점에 의존하며, 다른 사람이 어떤 것을 추천하는지와 관련 없이 추천한다. 이 방법은 새로운 아이템이 추가됐을 때 누군가 평가해주지 않으면 추천해줄 수 없는 협업 필터링과 달리 새로운 아이템이 추가돼더라도 이 아이템이 사용자의 정보와 맞기만 한다면 아이템을 추천해줄 수 있으므로 "첫 평가자 문제first rater problem"로부터 자유롭다. 하지만 내용 기반 기법은 아이템의 폭이 좁거나 사용자에 관한 정보가 부족할 때 좋은 성능을 기대하기 어렵다. 그래서 평범한 추천, 즉 나쁜 추천이 나올 수 있다(Lops, Gemmis and Semeraro, 2011).

협업 필터링에서의 추천은 데이터베이스에 존재하는 사용자들의 많은 평점을 기반으로 만들어진다. 근본적으로, 협업 필터링은 군중의 지식을 습득하려 한다.

협업 필터링의 다음 네 가지 방법에 관해 알아볼 것이다.

- 사용자 기반 협업 필터링User-based collaborative filtering, UBCF
- 아이템 기반 협업 필터링Item-based collaborative filtering, IBCF
- 특이값 분해Singular value decomposition, SVD
- 주성분 분석Principal component analysis, PCA

비즈니스 이해로 넘어가기 전에 이 기법에 관해 간단히 살펴보고 넘어갈 것이다. 그리고 recommenderlab이 실제 상용 목적으로 사용되기 위해 개발된 것이 아니라 새로운 알고리즘을 여러 다른 알고리즘의 결과와 비교하며 실험해보기 위해 만들어진 것이라는 점을 이해해야 한다.

사용자 기반 협업 필터링

사용자 기반 협업 필터링에서 알고리즘은 먼저 주어진 사용자와 비슷한 이웃인 사용자를 찾아 그들이 부여한 평점의 합을 이용해 주어진 사용자가 평점을 매기지 않은 아이템의 평점을 예측한다(Hahsler, 2011). 이웃인 사용자들은 K-최근접 이웃법KNN을 이용해 가장 가까운 사용자를 찾거나 사용자의 유사성 측정값이 분계점 초과 여부를 기반으로 찾는다. recommenderlab에서 사용 가능한 2개의 유사성 측정값은 **피어슨 상관계수**pearson correlation coefficient와 **코사인 유사도**cosine similarity다. recommenderlab 패키지의 문서에서 이 유사성 측정값의 공식을 볼 수 있으므로 여기에서 따로 설명하진 않는다.

이웃을 찾을 방법이 결정되고 나면, 알고리즘은 사용자의 이웃들을 찾아낸다. 이때, 알고리즘은 이웃을 알아내고자 하는 사용자와 이웃이 될 수 있는 사용자 모두가 평점을 매긴 아이템에 관한 정보만을 이용해 유사성을 측정한다. 특정 사용자와 아이템에 관한 평점을 예측하기 위해 평균과 같은 방법을 이용해 평점을 취합한다.

간단한 예제를 살펴보자. 아래의 행렬에는 나의 영화 매드 맥스Mad Max에 관한 평점을 제외하고, 6명의 사용자가 4개의 영화에 관한 평점을 매긴 결과가 있다. *k=1*로 두고 K-최근접 이웃법을 사용하면, 플랜더스Flanders가 내가 싫어한 만큼 어벤저스Avengers를 싫어하긴 했지만, 나의 가장 가까운 이웃은 **호머**Homer가 될 것이고, 두 번째로 가까운 이웃은 **바트**Bart가 될 것이다. 따라서 내가 영화 **매드 맥스**에 어떤 평점을 줄지, 호머의 매드 맥스에 관한 평점을 사용해 예측한다면, 4점이 될 것이다.

	Avengers	American Sniper	Les Miserable	Mad Max
Homer	3	5	3	4
Marge	5	2	5	3
Bart	5	5	1	4
Lisa	5	1	5	2
Flanders	1	1	4	1
Me	1	5	2	?

데이터의 각 값에 가중값을 두고 편향을 조절하는 방법은 여러 가지가 있다. 예를 들면, 플랜더스의 경우 다른 사용자보다 낮은 평점을 주는 경향이 있으므로 특정 아이템에 관한 평점에서 해당 사용자가 모든 아이템에 관해 준 평점의 평균을 뺀 값을 새로운 평점으로 사용하는 정규화 과정을 거친다면 좀 더 높은 정확도의 예측을 얻을 수 있을 것이다.

사용자 기반 협업 필터링UBCF의 약점은 가능한 모든 사용자로부터 유사성을 측정하기 위해 데이터베이스 전체가 메모리에 존재해야 하기 때문에 연산 비용이 많아지고 시간이 오래 걸릴 수 있다는 점이다.

아이템 기반 협업 필터링

눈치챘겠지만, 아이템 기반 협업 필터링IBCF은 사용자 간의 유사성이 아닌 아이템 간의 유사성을 사용해 추천한다. 이 접근법은 사용자가 좋아하는 다른 아이템들과 비슷한 아이템 역시 좋아할 것이라는 가정을 전제로 한 기법이다(Hahsler, 2011). 이 모형은 아이템 쌍

간의 유사성 측정값을 계산해 모든 아이템 사이의 유사성 행렬을 만드는 것으로 시작된다. 널리 사용되는 유사성 측정 방법은 피어슨 상관계수와 코사인 유사도다. 유사성 행렬의 크기를 줄이기 위해 k개의 가장 유사한 아이템만을 저장할 수도 있다. 하지만 이웃의 수를 줄이는 것은 알고리즘의 정확도를 낮춰, 사용자 기반 협업 필터링보다 나쁜 결과를 만들 수 있다.

좀 전의 예제로 되돌아가서 $k=1$로 지정해 아래의 행렬을 살펴보면 매드 맥스와 가장 비슷한 아이템은 아메리칸 스나이퍼고, 따라서 매드 맥스에 관한 나의 평점을 예측하기 위해 아메리칸 스나이퍼의 평점을 사용할 수 있다.

	Avengers	American Sniper	Les Miserable	Mad Max
Homer	3	5	3	4
Marge	5	2	5	3
Bart	5	5	1	4
Lisa	5	1	5	2
Flanders	1	1	4	1
Me	1	5	2	?

특이값 분해와 주성분 분석

사용자와 아이템의 수가 수백만 단위인 데이터 세트를 찾는 것이 어렵지만은 않다. 평점 행렬이 그다지 크지 않더라도, 원본 데이터의 정보를 최대로 담고 있는 더 작은 행렬lower-rank을 만들어 차원을 줄이는 것이 도움이 될 때가 많다. 이러한 과정을 통해 데이터 세트의 중요한 잠재 요인latent factor이나 가중값을 찾을 수 있다. 이러한 요인은 영화의 장르나 책의 주제와 같은 것을 평점 행렬에서 찾아낼 수 있는 중요한 통찰을 이끌어낼 수 있다. 의미 있는 요인을 분별할 수는 없더라도 이러한 기법들은 데이터 안에 있는 잡음noise을 제거하는 데 도움이 된다.

큰 데이터 세트의 문제 중 하나는 많은 평점이 빠진missing 희박 행렬sparse matrix을 얻을 가능성이 높다는 것이다. 이러한 기법의 약점 중 하나는 일부 빠진 데이터가 존재하는 행렬에는 사용할 수 없으므로 빠진 데이터를 대신할 뭔가가 있어야 한다. 어느 데이터 대체 작업에서든 평균이나 중간값을 사용하거나 빠진 값을 0으로 지정하는 등의 다양한 방식을 적용하고 실험해야 한다. recommenderlab 패키지의 기본값은 중간값median을 이용한 데이터 대체를 한다.

그러면 특이값 분해는 무엇인가? 특이값 분해는 간단하게 말해 행렬의 인수분해 기법이다. 이 방법을 통해 상호 연관이 있는 피처의 집합을 상호 연관이 사라진 독립적인 피처의 집합으로 변형할 수 있다. A라는 행렬이 있다고 가정해보자. 이 행렬은 U와 D, V^T라는 3개의 행렬로 인수분해될 것이다. U는 직교 행렬orthogonal matrix[1]이고, D는 음수가 아닌 대각 행렬diagonal matrix[2] 그리고 V^T는 직교 행렬의 전치transpose[3]이다. 이제, 우리가 사용하던 평점 행렬로 R에서 특이값 분해를 해보자.

처음으로 할 일은 평점 행렬을 새로 만드는 것이다.

```
> ratings <- c(3, 5, 5, 5, 1, 1, 5, 2, 5, 1, 1, 5, 3, 5, 1, 5, 4 ,2, 4, 3, 4, 2, 1, 4)
> ratingMat <- matrix(ratings, nrow = 6)
> rownames(ratingMat) <- c("Homer", "Marge", "Bart", "Lisa", "Flanders", "Me")
> colnames(ratingMat) <- c("Avengers", "American Sniper", "Les Miserable", "Mad Max")
> ratingMat
```

	Avengers	American Sniper	Les Miserable	Mad Max
Homer	3	5	3	4
Marge	5	2	5	3
Bart	5	5	1	4
Lisa	5	1	5	2
Flanders	1	1	4	1
Me	1	5	2	4

---

1 그 행렬의 전치 행렬과 역행렬이 서로 같을 때, 직교 행렬이라 한다. – 옮긴이

2 주대각선을 제외한 곳의 원소가 모두 0인 정사각 행렬 – 옮긴이

3 원래 행렬에서 열은 행으로, 행은 열로 바꾼 것 – 옮긴이

이제, R의 기본 함수인 svd( ) 함수를 사용해 위에서 말한 3개의 행렬을 만들자. R은 이행렬에 $d, $u 그리고 $v라는 이름을 붙였다. $u의 값을 특정 요인factor에 관한 사용자 개인의 기여도로 생각하고, $v의 값을 특정 차원에 관한 각 영화의 기여도로 생각할 수 있다. 예를 들어, 매드 맥스는 첫 번째 차원에 −0.116만큼의 기여도를 갖고 있다($v의 첫 번째 행, 네 번째 열).

```
> svd <- svd(ratingMat)
> svd
$d
[1] 16.1204848 6.1300650 3.3664409 0.4683445
$u
[,1] [,2] [,3] [,4]
[1,] -0.4630576  0.2731330  0.2010738 -0.27437700
[2,] -0.4678975 -0.3986762 -0.0789907  0.53908884
[3,] -0.4697552  0.3760415 -0.6172940 -0.31895450
[4,] -0.4075589 -0.5547074 -0.1547602 -0.04159102
[5,] -0.2142482 -0.3017006  0.5619506 -0.57340176
[6,] -0.3660235  0.4757362  0.4822227  0.44927622
$v
[,1] [,2] [,3] [,4]
[1,] -0.5394070 -0.3088509 -0.77465479 -0.1164526
[2,] -0.4994752  0.6477571  0.17205756 -0.5489367
[3,] -0.4854227 -0.6242687  0.60283871 -0.1060138
[4,] -0.4732118  0.3087241  0.08301592  0.8208949
```

이런 차원 축소를 통하면 얼마만큼의 분산이 설명됐는지 알아보기 쉽다. $d의 대각선 숫자들을 더한 후에 2개의 요인만으로 분산을 얼마나 설명할 수 있는지 알아보자.

```
> sum(svd$d)
[1] 26.08534
> var <- sum(svd$d[1:2])
> var
[1] 22.25055
```

```
> var/sum(svd$d)
[1] 0.8529908
```

4개의 요인 중 2개의 요인만으로도 전체 행렬이 갖는 분산의 85%를 설명할 수 있다. 이렇게 차원이 축소된 데이터를 바탕으로 예측할 때, 어떠한 결과가 나올지도 알 수 있다. 이를 위해 함수를 만들 것이다(www.stackoverflow.com에서 이 함수를 완성할 수 있게 도와준 모든 이들에게 감사한다). 이 함수는 우리가 예측에 몇 개의 요인을 사용할 것인지 선택할 수 있게 해준다. 이 함수는 예측된 평점을 $u 행렬, $v 행렬, $d 행렬을 차례대로 곱해 계산한다.

```
> f1 <- function(x) {
score = 0
for(i in 1:n )
score <- score + svd$u[,i] %*% t(svd$v[,i]) * svd$d[i]
return(score)}
```

n = 4로 지정하면, 본래의 평점 행렬을 만들어낼 수 있다.

```
> n = 4
> f1(svd)
[,1] [,2] [,3] [,4]
[1,] 3 5 3 4
[2,] 5 2 5 3
[3,] 5 5 1 4
[4,] 5 1 5 2
[5,] 1 1 4 1
[6,] 1 5 2 4
```

다른 방법으로, n = 2로 지정하고 반환되는 행렬을 살펴볼 수도 있다.

```
> n = 2
> f1(svd)
[,1] [,2] [,3] [,4]
```

```
[1,] 3.509402 4.8129937 2.578313 4.049294
[2,] 4.823408 2.1843483 5.187072 2.814816
[3,] 3.372807 5.2755495 2.236913 4.295140
[4,] 4.594143 1.0789477 5.312009 2.059241
[5,] 2.434198 0.5270894 2.831096 1.063404
[6,] 2.282058 4.8361913 1.043674 3.692505
```

특이값 분해를 이용하면, 데이터 세트의 차원을 축소할 수 있고, 의미 있는 잠재 요인을 찾을 수도 있다.

지난 장을 읽었다면, 주성분 분석과의 유사점을 볼 수 있을 것이다. 실제로, 이 두 기법은 모두 행렬의 인수분해를 이용해 깊이 연관돼 있고 종종 서로 바꿔 사용되기도 한다. 무엇이 차이점일까? 간단히 말하면, 주성분 분석은 대칭 행렬인 공분산 행렬covariance matrix을 사용한다. 즉, 데이터를 이용해 중심을 맞춘 데이터를 활용해 공분산 행렬을 계산한 후, 공분산 행렬을 대각화하고, 그 대각 행렬을 바탕으로 성분을 만들어낸다는 것이다.

이러한 차이점이 어떻게 나타나는지 보기 위해 지난 장에서 다뤘던 주성분 분석을 직접 우리의 평점 행렬에 적용해보자.

```
> library(psych)
> pca <- principal(ratingMat, nfactors = 2, rotate = "none")
> pca
Principal Components Analysis
Call: principal(r = ratingMat, nfactors = 2, rotate = "none")
Standardized loadings (pattern matrix) based upon correlation matrix

PC1 PC2 h2 u2
Avengers -0.09 0.98 0.98 0.022
American Sniper 0.99 -0.01 0.99 0.015
Les Miserable -0.90 0.18 0.85 0.150
Mad Max 0.92 0.29 0.93 0.071

PC1 PC2
SS loadings 2.65 1.09
```

```
Proportion Var 0.66 0.27
Cumulative Var 0.66 0.94
Proportion Explained 0.71 0.29
Cumulative Proportion 0.71 1.00
```

주성분 분석이 더 해석하기 쉬운 것을 볼 수 있다. 아메리칸 스나이퍼와 매드 맥스가 첫 번째 주성분에 관해 높은 기여도를 갖지만, 두 번째 주성분에 관해서는 어벤저스만 높은 기여도를 보이는 것에 주목하라. 게다가 이 두 성분이 데이터가 갖는 분산의 94%를 설명하고 있다.[4]

간단한 평점 행렬에 협업 필터링 기법을 적용해봤으므로 실제 데이터를 활용한 좀 더 복잡한 예제로 넘어가보자.

▌ 비즈니스 이해와 추천

이번 비즈니스는 문자 그대로 말장난이다. 아니, recommenderlab 패키지에서 제공하는 Jester5k라는 데이터를 사용할 것이니, 말장난들이라고 해야 더 맞는 표현이다. 이 데이터 세트는 제스터 온라인 농담 추천 시스템Jester Online Joke Recommender System에서 모은 100개의 농담 표본과 그에 관한 평점 5,000개로 이뤄져 있다. 이 데이터는 1999년 4월부터 2003년 5월까지 수집됐고, 모든 사용자가 적어도 36개의 농담들에 관한 평점을 매겼다 (Goldberg, Roeder, Gupta, and Perkins, 2001). 이 예제의 목표는 추천 알고리즘들을 비교하고 가장 좋은 것을 선택하는 것이다.

그러므로 올바른 마음가짐으로 예제를 시작하기 위해, 통계학적인 농담을 해야만 할 것 같다. 이 농담의 정확한 출처는 모르겠지만, 인터넷상에서 아주 유명하다.

---

4 위의 표에서 Cumulative Var 항목의 두 번째 값 - 옮긴이

통계학자의 아내가 쌍둥이를 가졌다. 그는 아주 기뻤다. 그는 목사에게도 이 사실을 알렸고, 목사도 아주 기뻐했다. 목사는 "쌍둥이를 데리고 일요일에 교회에 오면 세례를 해주겠다"라고 했다. 하지만 통계학자는 "싫습니다."라고 했다. "한 명만 세례를 해주세요. 다른 한 명은 대조군으로 둬야 합니다."

▌데이터의 이해와 준비 과정과 추천

이번 예제를 위해 필요한 라이브러리는 recommenderlab다. 이 패키지는 서던 메서디스트 대학교Southern Methodist University의 라일 엔지니어링 연구소Lyle Engineering Lab에서 개발됐고, 아주 잘 쓰여진 문서들은 다음 주소에 있다.

https://lyle.smu.edu/IDA/recommenderlab/

```
> library(recommenderlab)
> data(Jester5k)
> Jester5k
5000 x 100 rating matrix of class 'realRatingMatrix' with 362106 ratings.
```

평점 행렬은 총 36만 2,106개의 평점들을 갖고 있다. 한 사용자가 매긴 평점들을 보는 것은 꽤 쉽다. 10번째 사용자를 살펴보자. 다음의 결과는 첫 5개의 농담들에 관한 결과만 보여주도록 축약했다.

```
> as(Jester5k[10,], "list")
$u12843
j1 j2 j3 j4 j5 ...
-1.99 -6.89 2.09 -4.42 -4.90 ...
```

특정한 사용자(사용자 10)의 평점들 평균이나 특정 농담(농담 1)의 평점들 평균을 다음과 같이 확인할 수 있다.

```
> rowMeans(Jester5k[10,])
u12843
-1.6
> colMeans(Jester5k[,1])
j1
0.92
```

데이터에 관한 이해를 높이기 위한 방법 중 하나는 원본 데이터와 정규화된 데이터를 모두 히스토그램으로 그려보는 것이다. 이 경우, recommenderlab 패키지의 getRating() 함수를 활용할 수 있다.

```
> hist(getRatings(Jester5k), breaks=100)
```

위 명령을 실행한 결과는 다음과 같다.

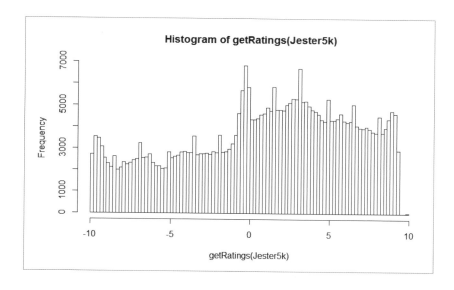

normalize() 함수는 특정 농담의 평점에서 그 농담의 평점 평균을 빼 중심을 맞춘다. 이전 결과가 좋은 평가 쪽으로 약간 편향돼 있었으므로 데이터를 정규화하면 그 편향을 낮

취 보다 정규분포에 가깝게 만들어주지만, 그래도 여전히 긍정적인 평가 쪽으로 편향된 모습을 보인다.

```
> hist(getRatings(normalize(Jester5k)), breaks = 100)
```

위 명령을 실행한 결과는 다음과 같다.

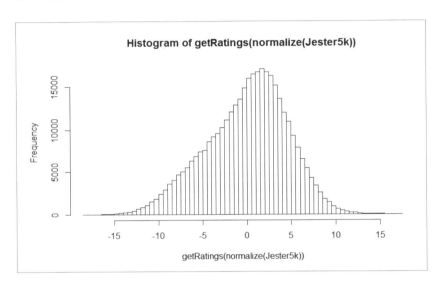

모형화와 평가에 들어가기 전에, 학습 데이터 세트와 테스트 데이터 세트를 recommenderlab 패키지의 evaluateScheme() 함수를 활용해 쉽게 만들 수 있다. 학습 데이터 세트와 테스트 데이터 세트는 80/20 분할로 만들어보자. 원한다면 K-겹 교차 검증k-fold cross-validation이 나 부트스트랩 재표본 수집bootstrap resampling을 해도 된다. 그리고 테스트 세트에 관한 알고 리즘이 농담에 15개의 평점 데이터만을 얻도록 할 것이다. 이 말은 얻지 못하는 다른 평점 데이터들은 오차를 계산하기 위해 사용될 것이라는 말이다. 여기에 더해, 5 이상의 평점이 좋은 평점이라는 분계값threshold을 지정해줄 것이다.

```
> set.seed(123)

> e <- evaluationScheme(Jester5k, method="split", train=0.8, given=15,
goodRating=5)
> e
Evaluation scheme with 15 items given
Method: 'split' with 1 run(s).
Training set proportion: 0.800
Good ratings: >=5.000000
Data set: 5000 x 100 rating matrix of class 'realRatingMatrix' with 362106
ratings.
```

학습 데이터와 테스트 데이터가 정리됐으므로 이제 사용자 기반, 아이템 기반, 인기도, 특이값 분해, 주성분 분석 그리고 무작위 기법과 같은 다양한 추천 방법을 이용해 모형화하고 평가해볼 것이다.

모형화와 평가 그리고 추천하기

추천 엔진을 만들고 평가하기 위해서는 이전과 같은 Recommender( ) 함수를 다른 설정을 사용해 불러주면 된다. 이 패키지가 할 수 있는 것이 무엇인지 살펴보고 싶거나 여섯 가지 기법에 어떤 매개변수를 사용해야 하는지 알아보려면 패키지의 저장소를 확인하라. 아래의 아이템 기반 협업 필터링의 문서를 보면, 이 함수는 기본 설정으로 빠진missing 데이터를 0으로 대치하지 않고, 데이터의 중심을 맞춘 후 코사인 유사도를 이용해 30개의 이웃을 찾는다.

```
> recommenderRegistry$get_entries(dataType = "realRatingMatrix")
$ALS_realRatingMatrix
Recommender method: ALS for realRatingMatrix
Description: Recommender for explicit ratings based on latent
factors, calculated by alternating least squares algorithm.
Reference: Yunhong Zhou, Dennis Wilkinson, Robert Schreiber, Rong Pan (2008).
```

Large-Scale Parallel Collaborative Filtering for the Netflix Prize, 4th Int'l
Conf. Algorithmic Aspects in Information and Management, LNCS 5034.
Parameters:
normalize lambda n_factors n_iterations min_item_nr seed
1 NULL 0.1 10 10 1 NULL

$ALS_implicit_realRatingMatrix
Recommender method: ALS_implicit for realRatingMatrix
Description: Recommender for implicit data based on latent factors,
calculated by alternating least squares algorithm.
Reference: Yifan Hu, Yehuda Koren, Chris Volinsky (2008).
Collaborative
Filtering for Implicit Feedback Datasets, ICDM '08 Proceedings of the 2008
Eighth IEEE International Conference on Data Mining, pages 263-272.
Parameters:
lambda alpha n_factors n_iterations min_item_nr seed
1 0.1 10 10 10 1 NULL

$IBCF_realRatingMatrix
Recommender method: IBCF for realRatingMatrix
Description: Recommender based on item-based collaborative
filtering.
Reference: NA
Parameters:
k method normalize normalize_sim_matrix alpha na_as_zero
1 30 "Cosine" "center" FALSE 0.5 FALSE

$POPULAR_realRatingMatrix
Recommender method: POPULAR for realRatingMatrix
Description: Recommender based on item popularity.
Reference: NA
Parameters:
normalize aggregationRatings aggregationPopularity
1 "center" new("standardGeneric" new("standardGeneric"

$RANDOM_realRatingMatrix
Recommender method: RANDOM for realRatingMatrix
Description: Produce random recommendations (real ratings).
Reference: NA

Parameters: None

$RERECOMMEND_realRatingMatrix
Recommender method: RERECOMMEND for realRatingMatrix
Description: Re-recommends highly rated items (real ratings).
Reference: NA
Parameters:
randomize minRating
1 1 NA

$SVD_realRatingMatrix
Recommender method: SVD for realRatingMatrix
Description: Recommender based on SVD approximation with column-mean
imputation.
Reference: NA
Parameters:
k maxiter normalize
1 10 100 "center"

$SVDF_realRatingMatrix
Recommender method: SVDF for realRatingMatrix
Description: Recommender based on Funk SVD with gradient descend.
Reference: NA
Parameters:
k gamma lambda min_epochs max_epochs min_improvement normalize
1 10 0.015 0.001 50 200 1e-06 "center"
verbose
1 FALSE

$UBCF_realRatingMatrix
Recommender method: UBCF for realRatingMatrix
Description: Recommender based on user-based collaborative
filtering.
Reference: NA
Parameters:
method nn sample normalize
1 "cosine" 25 FALSE "center"

다음은 train 데이터 세트를 이용해 각 알고리즘을 학습시키는 코드다. 코드를 간단하게 하기 위해 알고리즘의 매개변수는 기본 설정을 사용했다. 바꾸고자 하는 매개변수를 리스트 형식으로 넘겨주면 함수의 매개변수 설정을 조정할 수 있다.

```
> ubcf <- Recommender(getData(e,"train"), "UBCF")
> ibcf <- Recommender(getData(e,"train"), "IBCF")
> svd <- Recommender(getData(e, "train"), "SVD")
> popular <- Recommender(getData(e, "train"), "POPULAR")
> pca <- Recommender(getData(e, "train"), "PCA")
> random <- Recommender(getData(e, "train"), "RANDOM")
```

이제 predict( )와 getData( ) 함수를 사용해 test 데이터 세트에 있는 15개의 아이템들에 관한 평점들을 예측해볼 것이다.

```
> user_pred <- predict(ubcf, getData(e, "known"), type = "ratings")
> item_pred <- predict(ibcf, getData(e, "known"), type = "ratings")
> svd_pred <- predict(svd, getData(e, "known"), type = "ratings")
> pop_pred <- predict(popular, getData(e, "known"), type = "ratings")
> rand_pred <- predict(random, getData(e, "known"), type = "ratings")
```

이제 calcPredictionAccuracy( ) 함수를 사용해 예측한 결과와 test 데이터 세트의 알지 못하는 데이터와의 오차를 계산할 것이다. 모든 기법에 관해 RMS, MSE, MAE로 오차를 계산해 결과를 낼 것이다. 사용자 기반 협업 필터링UBCF의 결과를 먼저 살펴보자. 그런 다음, 다섯 가지 기법을 사용한 오브젝트를 모두 만들고, rbind( ) 함수를 사용해 그 결과를 표로 만들 수 있다. 그 표의 행 이름은 rownames( ) 함수를 통해 지정할 수 있다.

```
> P1 <- calcPredictionAccuracy(user_pred, getData(e, "unknown"))
> P1
RMSE MSE MAE
4.5 19.9 3.5
> P2 <- calcPredictionAccuracy(item_pred, getData(e, "unknown"))
```

```
> P3 <- calcPredictionAccuracy(svd_pred, getData(e, "unknown"))
> P4 <- calcPredictionAccuracy(pop_pred, getData(e, "unknown"))
> P5 <- calcPredictionAccuracy(rand_pred, getData(e, "unknown"))
> error <- rbind(P1, P2, P3, P4, P5)
> rownames(error) <- c("UBCF", "IBCF", "SVD", "Popular", "Random")
> error
RMSE MSE MAE
UBCF 4.5 20 3.5
IBCF 4.6 22 3.5
SVD 4.6 21 3.7
Popular 4.5 20 3.5
Random 6.3 40 4.9
```

결과를 살펴보면 사용자 기반 협업 필터링UBCF과 인기도 기반 알고리즘Popular이 아이템 기반 협업 필터링IBCF과 특이값 분해SVD의 결과를 뛰어넘는 성능을 보여준다. 또한 사용된 네가지 알고리즘 모두 무작위 추천의 성능을 뛰어넘는 것을 볼 수 있다.

또 다른 방법으로 evaluate( ) 함수를 사용해 기법들을 비교할 수 있다. evaluate( ) 함수를 이용해 비교하는 것은 성능 그래프와 같은 더 다양한 성능 수의 값을 확인할 수 있게 해준다. 사용자 기반 협업 필터링과 인기도 기반 알고리즘이 좋은 성능을 보여줬으므로 이번에는 이 두 가지와 아이템 기반 협업 필터링을 비교해보자.

이 작업의 첫 번째 단계는 다음과 같이 비교하고자 하는 알고리즘의 리스트를 만드는 것이다.

```
> algorithms <- list(POPULAR = list(name = "POPULAR"),
UBCF =list(name = "UBCF"), IBCF = list(name = "IBCF"))

> algorithms
$POPULAR
$POPULAR$name
[1] "POPULAR"

$UBCF
```

```
$UBCF$name
[1] "UBCF"

$IBCF
$IBCF$name
[1] "IBCF"
```

이 예제를 위해서는 최상위 5개, 10개, 15개의 농담 추천들을 비교해보자.

```
> evlist <- evaluate(e, algorithms, n = c(5, 10, 15))
POPULAR run
1 [0.07sec/4.7sec]
UBCF run
1 [0.04sec/8.9sec]
IBCF run
1 [0.45sec/0.32sec]
```

이 명령을 실행하면 각 알고리즘들이 실행하는 데 얼마가 소요됐는지 알려주는 것을 눈여겨봐라. 이제 avg( ) 함수를 사용해 성능을 확인해볼 수 있다.

```
> set.seed(1)
> avg(evlist)
$POPULAR
   TP   FP    FN   TN precision recall   TPR    FPR
5  2.07 2.93 12.9 67.1     0.414  0.182 0.182 0.0398
10 3.92 6.08 11.1 63.9     0.393  0.331 0.331 0.0828
15 5.40 9.60  9.6 60.4     0.360  0.433 0.433 0.1314

$UBCF
   TP   FP     FN    TN precision recall   TPR    FPR
5  2.07 2.93 12.93  67.1     0.414  0.179 0.179 0.0398
10 3.88 6.12 11.11  63.9     0.389  0.326 0.326 0.0835
15 5.41 9.59  9.59  60.4     0.360  0.427 0.427 0.1312

$IBCF
```

```
TP FP FN TN precision recall TPR FPR
5 1.02 3.98 14.0 66.0 0.205 0.0674 0.0674 0.0558
10 2.35 7.65 12.6 62.4 0.235 0.1606 0.1606 0.1069
15 3.72 11.28 11.3 58.7 0.248 0.2617 0.2617 0.1575
```

인기도 기반 알고리즘과 사용자 기반 협업 필터링의 성능 측정값이 비슷한 것을 확인하라. 구현이 더 간단한 인기도 기반 알고리즘이 더 좋은 모형이라고도 할 수 있다. 참 양성률(TPR)과 거짓 양성률(FPR) 혹은 정확도/재현도recall로 불리는 수의 값을 **수신자 조작 특성 곡선**Receiver Operating Characteristic Curves, ROC을 그려 결과를 비교할 수 있다.

> plot(evlist, legend = "topleft", annotate = TRUE)

위 명령을 실행한 결과는 다음과 같다.

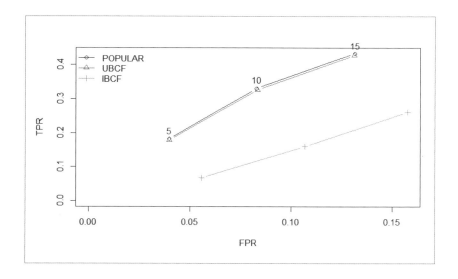

정확도/재현도 곡선을 그리기 위해서는 plot 함수에서 "prec"만 지정해주면 된다.

> plot(evlist, "prec", legend = "bottomright", annotate = TRUE)

위 명령을 실행한 결과는 다음과 같다.

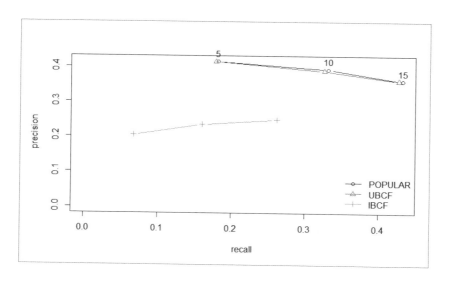

이 도표를 통해 인기도 기반 알고리즘과 사용자 기반 협업 필터링의 결과가 거의 같고, 아이템 기반 협업 필터링의 결과보다 좋다는 것을 볼 수 있다. annotate = TRUE 매개변수를 지정해주면 알고리즘이 예측한 추천 평점의 수를 도표상의 점 옆에 보여준다.

여기까지는 간단하지만, 특정 개인에 관한 추천은 어떻게 할 것인가? 이것 또한 꽤 쉽게 구현할 수 있다. 먼저 데이터 세트의 모든 데이터를 이용해 "popular" 모형을 학습시키자. 그런 다음, 처음 두 명의 사용자에 관한 5개의 가장 잘 맞는 추천을 예측해보자. Recommend( ) 함수를 전체 데이터 세트에 적용할 것이다.

```
> R1 <- Recommender(Jester5k, method = "POPULAR")
> R1
Recommender of type 'POPULAR' for 'realRatingMatrix'
learned using 5000 users.
```

이제, 처음 두 명의 사용자에 관한 5개의 가장 잘 맞는 추천을 얻어 리스트로 만들자.

```
> recommend <- predict(R1, Jester5k[1:2], n = 5)
> as(recommend, "list")
$u2841
[1] "j89" "j72" "j76" "j88" "j83"
$u15547
[1] "j89" "j93" "j76" "j88" "j91"
```

predict( ) 함수의 구문에 어떤 농담을 살펴볼 것인지 지정해준 후에 특정 사용자의 지정한 농담에 관한 평점을 얻어 행렬에 담는 것도 가능하다. 10명의 사용자와(사용자 300번부터 309번까지) 3개의 농담에(농담 71번부터 73번까지) 대한 평점을 구해 행렬에 담아보자.

```
> rating <- predict(R1, Jester5k[300:309], type = "ratings")
> rating
10 x 100 rating matrix of class 'realRatingMatrix' with 322 ratings.
> as(rating, "matrix")[, 71:73]
        j71    j72    j73
u7628  -2.042  1.50  -0.2911
u8714   NA     NA     NA
u24213 -2.935  NA    -1.1837
u13301  2.391  5.93   4.1419
u10959  NA     NA     NA
u23430 -0.432  3.11   NA
u11167 -1.718  1.82   0.0333
u4705  -1.199  2.34   0.5519
u24469 -1.583  1.96   0.1686
u13534 -1.545  2.00   NA
```

이 행렬의 숫자들은 대응되는 농담에 관한 사용자의 평점 예측값이다. NA는 사용자가 해당 농담을 이미 평가했다는 뜻이다.

끝으로 이 데이터를 사용해 하고자 하는 것은 평점이 이진 데이터(좋으면 1, 싫으면 0)일 때의 추천 모형을 만들어보는 것이다. 먼저 평점이 5보다 높은 것을 1, 5보다 낮은 것을 0으로 바꿔야 한다. 이 작업은 recommenderlab의 binarize( ) 함수의 매개변수를 minRating = 5로 지정해 사용하면 쉽게 된다.

```
> Jester.bin <- binarize(Jester5k, minRating = 5)
```

이제, 데이터가 알고리즘이 학습하는 데 알맞은 값을 갖도록 각 농담에 관한 평점의 수를 1로 맞춰야 한다. 그것을 하기 위해, 일단 평점이 10개보다 많으면 1로 지정하자. 이러한 데이터를 만들어내는 코드는 다음과 같다.

```
> Jester.bin <- Jester.bin[rowCounts(Jester.bin) > 10]
> Jester.bin
3054 x 100 rating matrix of class 'binaryRatingMatrix' with 84722 ratings.
```

알고리즘의 학습을 확인하기 위해서는 evaluationScheme을 만들어야 한다. 예제의 경우에는 cross-validation을 사용할 것이다. 함수에서 k-fold의 기본값은 10이지만, 이번에는 5를 사용해 보다 계산량을 줄여 빠르게 했다.

```
> set.seed(456)
> e.bin <- evaluationScheme(Jester.bin, method = "crossvalidation", k = 5, given
= 10)
```

비교를 위해, 무작위 추천, 인기도 기반 추천 그리고 사용자 기반 협업 필터링 알고리즘을 평가할 것이다.

```
> algorithms.bin <- list("random" = list(name = "RANDOM", param =
NULL), "popular" = list(name = "POPULAR", param = NULL), "UBCF" =
list(name = "UBCF"))
```

이제 다음과 같이 추천 모형을 만들 시간이다.

```
> results.bin <- evaluate(e.bin, algorithms.bin, n = c(5, 10, 15))
RANDOM run
1 [0sec/0.41sec]
```

```
2 [0.01sec/0.39sec]
3 [0sec/0.39sec]
4 [0sec/0.41sec]
5 [0sec/0.4sec]
POPULAR run
1 [0.01sec/3.79sec]
2 [0sec/3.81sec]
3 [0sec/3.82sec]
4 [0sec/3.92sec]
5 [0.02sec/3.78sec]
UBCF run
1 [0sec/5.94sec]
2 [0sec/5.92sec]
3 [0sec/6.05sec]
4 [0sec/5.86sec]
5 [0sec/6.09sec]
```

성능을 비교하기 위해 도표를 그려보자.

```
> plot(results.bin, legend = "topleft")
```

위 명령을 실행한 결과는 다음과 같다.

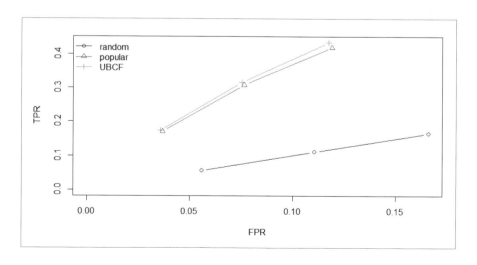

```
> plot(results.bin, "prec", legend = "bottomright")
```

위 명령을 실행한 결과는 다음과 같다.

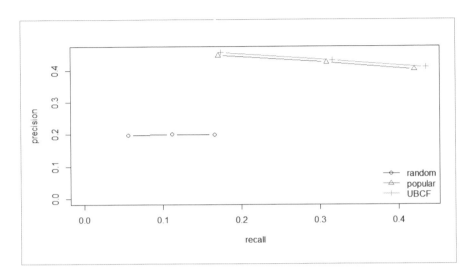

사용자 기반 알고리즘이 인기도 기반 알고리즘을 약간의 차이로 앞서고, 두 기법 모두 무작위 추천보다 월등히 우월하다. 우리의 비즈니스 문제에서 어느 알고리즘을 사용하느냐는 의사결정 권한을 가진 팀이 결정하게 될 것이다.

▌ 순차적 데이터 분석

알려진 지식이 있다. 이것은 우리가 알고 있다는 것을 인지하고 있다. 알려진 미지도 존재한다. 이것은 우리가 모르고 있다는 것을 인지하고 있다. 하지만 미지 속의 미지도 존재한다. 이것은 우리가 모르고 있다는 것을 인지하지 못하고 있다.

– 도널드 럼스펠드Donald Rumsfeld(전 미국 국방장관)

이 책의 초판이 발행되고 난 후 가장 먼저 들었던 비즈니스적인 질문은 상품의 순차적 분석이었다. 그 팀은 분석에 관한 통찰을 얻기 위해 복잡한 엑셀 스프레드시트와 피봇 테이블, 엄청난 SAS 코드를 사용했다. 이러한 문제를 듣고, R을 이용해 할 수 있는 것이 뭔지 살펴보다가 이런 작업을 위해 만들어진 TraMineR 패키지를 발견하고 매우 기뻤다. R을 이용한 순차적 분석이 분석의 과정을 아주 간단하게 해줄 것이라 믿는다.

이 패키지는 사회 과학을 위해 설계됐지만, 관찰값의 상태가 시간의 흐름이나 사건들을 거침에 따라 어떤 식으로 바뀌는지를 관찰하는 종적인 데이터longitudinal data(불연속적인 기간이나 이벤트)를 분석하는 상황에는 대부분 사용할 수 있다. 일반적인 경우로는 위에서 언급했던 것과 같이 소비자의 물품 구매에 관한 이해를 높이기 위해 사용될 수 있다. 이러한 모형은 논리적인 상품 제시라고도 불리는, 다음에 살 물건에 관한 확률을 만들어주는 추천 엔진을 만드는 데 이용할 수 있다. 또 다른 예로 의료 서비스의 경우, 환자가 투약이나 치료를 받는 순서를 살펴보는 것이다. 나는 간단하거나 복잡한 마르코프 연쇄Markov chain를 사용한 모형을 만들어 예측하는 이러한 작업을 해본 적이 있다. 사실, 이러한 모형을 사용하는 것을 지원하기 위해 TraMineR 패키지는 마르코프 연쇄 전이 행렬transition matrix을 생성할 수 있다.

우리가 살펴볼 코드는 시간의 흐름에 따라 변하는 다양한 상태 전이의 조합을 공변량covariate까지 포함해 만들고, 빈도를 세고, 도표를 그려준다. 여기서는 이러한 것에 집중하겠지만, 비유사도dissimilarity 행렬을 만들어 군집화 분석을 할 수 있다는 것도 염두에 둬라. 다음의 실용적인 예제에서 다룰 핵심 기능은 다음과 같다.

- 전이률
- 각 상태의 지속 기간
- 전이 순서의 빈도

그럼 시작해보자.

순차적 데이터 분석의 적용

이 예제를 위해 데이터 세트를 만들어냈다. 예제를 따라하기 위해서는 데이터 세트를 아래의 깃허브 주소에서 다운로드하면 된다.

https://github.com/datameister66/data/blob/master/sequential.csv

패키지에 튜토리얼과 함께 제공되는 데이터 세트도 있다. 나의 의도는 내가 겪었던 상황을 반영하는 데이터 세트를 만드는 것이다. 약간 방향성을 준 무작위 분포에서 데이터 세트를 만들었으므로 이 데이터 세트는 현실의 어떤 데이터와도 관련이 없다. 데이터 세트는 소비자의 구매 기록과 9개의 변수로 이뤄진 5,000개의 관찰값으로 구성됐다.

- Cust_segment -- 이 소비자를 포함한 분할을 의미하는 요인factor 변수(8장, '군집화 분석' 참고)
- Purchase1부터 Purchase8로 이름 붙인 8개의 개별적인 구매 사건. 이것이 시간 기반이 아닌 것에 주목하자. 8개의 구매 사건이 모두 있다는 것은 한 소비자가 8개의 물건을 한 번에, 특정한 순서로 구매할 수도 있다는 것을 의미한다.

각 구매 변수에는 구매 가능한 일곱 가지 상품 중 구매한 상품의 이름이 있다. 이 상품은 Product_A에서부터 Product_G까지의 이름을 갖고 있다. 이 상품이 무엇인지는 중요하지 않다. 상상의 나래를 펼치거나 당신의 상황에 맞게 바꿔보라. 만약, 소비자가 1개의 상품만을 구매했다면, Purchase1이 그 상품의 이름을 갖고 있고, 나머지 다른 Purchase 변수는 NULL을 갖게 된다.

이 코드를 이용해 파일을 불러와 데이터로 사용할 수 있다. 데이터의 구조는 이해를 돕기 위해 간략화했다.

```
> df <- read.csv("sequential.csv")
> str(df)
'data.frame': 5000 obs. of 9 variables:
```

```
$ Cust_Segment: Factor w/ 4 levels "Segment1","Segment2",..: 1 1 1 1 1 1 1 1 1 1 ...
$ Purchase1   : Factor w/ 7 levels "Product_A","Product_B",..: 1 2 7 3 1 4 1 4 4 4 ...
```

각 소비자 분할의 크기와 소비자가 처음으로 구매한 물건을 알아보는 것으로 데이터 탐험을 시작해보자.

```
> table(df$Cust_Segment)
Segment1 Segment2 Segment3 Segment4
2900 572 554 974
> table(df$Purchase1)
Product_A Product_B Product_C Product_D Product_E Product_F Product_G
1451 765 659 1060 364 372 329
```

Segment1이 가장 큰 분할이고, 처음에 산 물건으로 가장 많이 산 품목은 Product A이다. 그렇다면, 구매 전체를 통틀어 가장 많이 산 품목은 무엇일까? 다음 코드가 그 답을 알려줄 것이다.

```
> table(unlist(df[, -1]))
Product_A Product_B Product_C Product_D Product_E Product_F Product_G
3855 3193 3564 3122 1688 1273 915 22390
```

그렇다. Product A가 가장 많이 팔렸다. 22390은 NULL 값이 나온 횟수다.

다른 요약 또한 쉽게 만들 수 있다. 다음 코드에서는 dplyr 패키지의 count( ) 함수와 arrange( ) 함수를 사용해 첫 번째 구매와 두 번째 구매 쌍의 빈도를 확인했다.

```
> dfCount <- count(df, Purchase1, Purchase2)
> dfCount <- arrange(dfCount, desc(n))
> dim(dfCount)
[1] 56 3
> head(dfCount)
Source: local data frame [6 x 3]
```

```
Groups: Purchase1 [4]

Purchase1 Purchase2 n
<fctr>   <fctr>   <int>
1 Product_A Product_A 548
2 Product_D          548
3 Product_B          346
4 Product_C Product_C 345
5 Product_B Product_B 291
6 Product_D Product_D 281
```

가장 흔한 구매 순서가 Product A를 두 번 연속으로 구매하는 것이고, 그 다음으로 흔한 구매가 Product D만을 구매하는 것이라는 점을 알 수 있다. 흥미로운 점은 비슷한 상품을 구매하는 경우의 빈도다.

이제 TraMineR 패키지를 이용해 더 깊게 확인해보자. seqdef( ) 함수를 이용해 sequence 클래스의 오브젝트에 데이터를 넣어줘야 한다. 이 데이터는 순차적 데이터로만 이뤄져야 하고 공변량covariate이 없어야 한다. 도표 함수의 눈금 사이의 거리는 xstep=n을 통해 지정할 수 있다. 여기서는 모든 사건에 관한 눈금을 그릴 것이다.

```
> seq <- seqdef(df[, -1], xtstep = 1)
> head(seq)
Sequence
1 Product_A-Product_A------
2 Product_B-------
3 Product_G-Product_B-Product_B-Product_C-Product_B-Product_B-Product_B-Product_
G
4 Product_C-------
5 Product_A-------
6 Product_D-------
```

이제 데이터를 더 심도 있게 분석해보자. 처음 10개의 관찰값이 갖는 순서를 표시해주는 식별값 도표를 보자. 원하는 만큼의 사건 구간과 관찰값을 확인하기 위해 원하는 구간을 지정해주면 된다.

```
> seqiplot(seq)
```

위 명령을 실행한 결과는 다음과 같다.

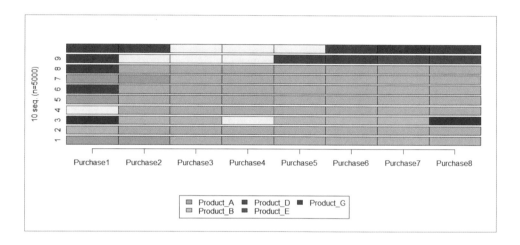

seqIplot( ) 함수를 이용해 데이터 세트 전체에 관한 관찰값 도표를 그려볼 수는 있지만, 데이터 세트의 크기를 고려하면 그것은 큰 의미를 갖지 못한다. 상태에 따른 분포를 나타낸 도표가 더 큰 의미가 있다.

```
> seqdplot(seq)
```

위 명령을 실행한 결과는 다음과 같다.

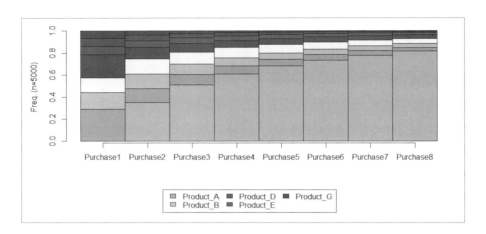

이 플롯은 상태에 따라 어떤 상품들이 구매됐는지를 확인하기에 좋다. 이 도표를 각 사용자 분할에 관해 다시 그려 어떠한 차이가 있는지 확인할 수 있다.

```
> seqdplot(seq, group = df$Cust_Segment)
```

위 명령을 실행한 결과는 다음과 같다.

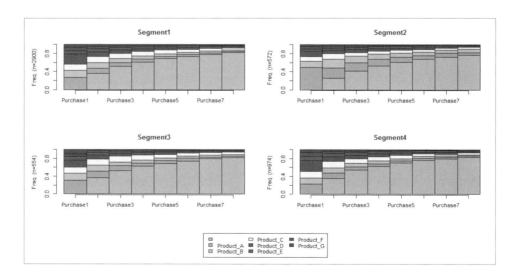

이 그림을 보면 Segment2의 Product A 구매가 더 높은 것을 분명히 알 수 있다. 데이터에 관한 이런 통찰을 얻는 다른 방법에는 최빈값 도표[modal plot]를 그려보는 것이다.

```
> seqmsplot(seq, group = df$Cust_Segment)
```

위 명령을 실행한 결과는 다음과 같다.

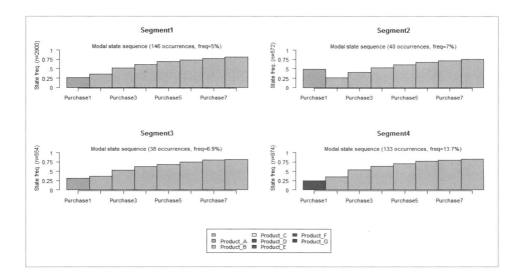

이 결과는 흥미롭다. Segment4에 해당하는 소비자들이 가장 먼저 산 물건은 Product D가 제일 많은 반면, 거의 50%의 Segment2 소비자들이 Product A를 먼저 샀다. 우리의 예제가 아닌 다른 경우에 살펴볼 만한 도표로는 평균 시간 도표[mean time plot]가 있다. 이 도표는 각 상태에서 머문 "시간"을 그려준다.[5] 우리가 다룬 데이터 세트가 시간 기반(시계열) 데이터가 아니므로 이 데이터 세트에 관한 평균 시간 도표는 큰 의미를 갖지 않겠지만, 나중에 다른 문제를 풀 때 고려할 수 있도록 도표를 그려본다.

---

5 Product A를 샀다면, Product A 상태에 있다고 볼 수 있다. 만약, 어떤 소비자가 Product A를 세 번 연속으로 구매했다면, 그 소비자가 Product A 상태에 머문 시간은 3이 될 것이다. – 옮긴이

```
> seqmtplot(seq, group = df$Cust_Segment)
```

위 코드를 보완하고 순서의 전이에 관해 더 알아보자. 이 코드는 구매 순서 오브젝트를 생성하고 5% 이상의 빈도를 보이는 구매 순서만 남도록 정리한 후, 가장 빈도가 높은 열 가지의 구매 순서를 보여준다.

```
> seqE <- seqecreate(seq)
> subSeq <- seqefsub(seqE, pMinSupport = 0.05)
> plot(subSeq[1:10], col = "dodgerblue")
```

위 명령을 실행한 결과는 다음과 같다.

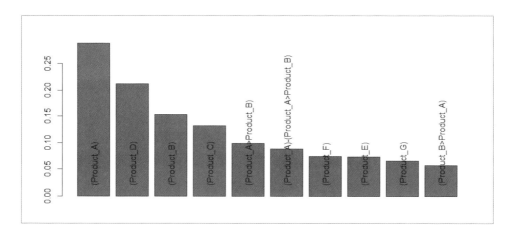

이 도표가 여덟 가지 상태에 관한 전이의 빈도를 %로 나타낸 것을 유의하라. 만약 처음 2개의 전이만을 보고 싶다면, seqcreate( ) 함수에 범위를 지정하라.

마지막으로, 이 데이터를 이용해 어떻게 전이 행렬을 만들 수 있는지 알아보자. 이 행렬은 한 상태에서 다른 상태로 넘어가는 확률을 나타낸다. 우리의 경우에는 다음 상품을 구매할 확률을 나타낸다. 이전에 이야기했던 것처럼, 이 행렬을 사용해 마르코프 연쇄 모의 실험을 해 예측에 사용할 수 있다. 이 내용은 이 장의 범위를 벗어나기 때문에 관심이 있다면 R의 markovchain 패키지를 살펴보고 튜토리얼을 통해 어떻게 구현하는지 알아보기 바란다. 전이 행렬에는 두 가지 종류가 있다.

모든 상태를 통해 전체적인 확률을 포함하는 것과 하나의 상태에서 다음 상태로 넘어가며 발전하는 전이 행렬 두 가지로 나뉜다. 두 번째 전이 행렬은 시간이 흐름에 따라 변하는 행렬이 된다. 이 코드는 전자의 전이 행렬을 구하는 방법이다. 후자의 전이 행렬을 얻기 위해서는 함수의 매개변수에 "time.varying = TRUE"를 지정해주면 된다.

```
> seqMat <- seqtrate(seq)
[>] computing transition rates for states
/Product_A/Product_B/Product_C/Product_D/Product_E/Product_F/Product_G ...
> options(digits = 2) # 결과를 읽기 쉽게 만든다
> seqMat[2:4, 1:3]
[-> ] [-> Product_A] [-> Product_B]
[Product_A ->] 0.19 0.417 0.166
[Product_B ->] 0.26 0.113 0.475
[Product_C ->] 0.19 0.058 0.041
```

결과는 행 2에서 4, 열 1에서 3을 보여준다. 이 행렬은 Product A를 구매한 후 Product B를 구매하는 확률은 16.6%고, 아무것도 구매하지 않을 확률은 19%지만, 또 Product A를 구매할 확률은 거의 41.7%인 것을 보여준다. 마지막으로 알아볼 결과는 첫 구매 이후 더 이상 물건을 구매하지 않을 확률이다.

```
> seqMat[, 1]
[ ->] [Product_A ->] [Product_B ->] [Product_C ->] [Product_D ->]
1.00 0.19 0.26 0.19 0.33
[Product_E ->] [Product_F ->] [Product_G ->]
0.18 0.25 0.41
```

당연하게도, 아무것도 사지 않은 사람이 그 다음 아무것도 사지 않을 확률은 100%다. 또 Product D를 구매한 후에 더 이상 구매하지 않을 확률이 33%인 것을 보라. Segment4에 속

한 소비자들의 영향일지도 모르겠다.

엑셀이나 다른 비싼 시각화 소프트웨어 없이 단 몇 줄의 코드만으로 이러한 분석을 할 수 있었다는 점이 환상적이다. 종적인 데이터가 있는가? 순차적으로 분석해보라.

▌ 요약

이 장의 목표는 R을 사용해 연관 규칙 마이닝 (장바구니 분석)과 추천 엔진을 만들고 검증하는 방법을 소개하는 것이었다. 장바구니 분석은 어떤 상품이 함께 팔리는지를 알기 위한 분석법이었다. 추천 엔진의 목표는 사용자가 상품에 관해 이전에 제공한 평점을 바탕으로 사용자가 즐길 만한 다른 상품을 추천하는 것이었다. 추천 엔진을 보여주기 위해 사용한 R 패키지(recommenderlab)는 알고리즘의 완전한 구현을 위한 패키지가 아니라 알고리즘을 개발하고 검증하기 위한 용도로 만들어진 패키지라는 것을 알아둬야 한다. 이 장에서 배운 또 다른 것은 종적 데이터longitudinal data라는 개념과 종적 데이터를 이용해 소비자가 물건을 구매하는 순서에 관한 통찰을 얻는 것이었다. 마케팅 행사부터 의료 서비스까지 많은 분야에 이러한 분석 기법이 사용된다.

이제 다시 지도학습supervised learning의 분야로 되돌아갈 것이다. 다음 장에서는 실제 사용되는 머신 러닝 이론 중 가장 흥미롭고 중요한 다중 클래스 분류와 앙상블 모형을 만드는 것에 관해 배울 것이다. 이러한 것은 최근에 배포된 패키지와 함께 R에서 해보기가 아주 쉽다.

11

앙상블 생성과
다중 클래스 분류

> "자, 이게 머신 러닝 대회에서 우승하는 비결이야, 다른 사람들의 작업물을 가져와
> 서 앙상블에 넣어버려."
>
> −Vitaly Kuznetsov, NIPS2014(신경 정보 처리 시스템에 관한 학회, 머신 러닝계의 유명 학회)

우리가 앞서 앙상블 학습에 관한 내용을 언급했던 것을 기억할 것이다. 앙상블 학습은
www.scholarpedia.org에 "특정 연산 지능 문제를 풀기 위해 분류기나 전문가 모형을 여
러 개를 전략적으로 만들어내고 모형을 합쳐 사용하는 것"으로 정의돼 있다. 랜덤 포레스
트나 그레이디언트 부스트의 경우에는 수백, 수천 개의 트리가 던지는 "표"를 합해 예측
했다. 그러므로 앙상블의 정의를 따르면, 랜덤 포레스트와 그레이디언트 부스트 모형도
앙상블의 일종이다. 이 방법론은 메타−앙상블meta-ensemble이나 메타−학습자meta-learner라
고도 부르는 학습 기법을 이용해 앙상블을 만드는 개념으로 확장할 수 있다. 여기서는 이

러한 기법들 중 '쌓기stacking'라 부르는 기법에 관해 알아볼 것이다. 쌓기 기법은 여러 개의 분류기를 만들어내고, 그 분류기의 범주에 속할 예측 확률을 입력값으로 사용해 또 다른 분류기를 학습시키는 기법이다. 이 방법을 이용하면 예측 정확도를 향상할 수도 있다. 이전 장에서는 이진 결과가 나오는 분류 문제에 집중했다. 이제는 실제로 많이 보게 될, 데이터가 2개 이상의 결과값으로 나오는 분류 문제에 관해 알아볼 것이다. 이러한 기법을 R에서 사용해보는 것이 내가 적용해본 알고리즘 중 가장 흥미롭고 즐거웠던 경험이었다.

▌ 앙상블

이 장의 도입부에서 사용한 인용문은 머신 러닝 대회에서 우승하기 위한 방법으로 앙상블을 언급했다. 하지만 앙상블은 실용적인 사용처 또한 갖고 있다. 앙상블의 정의가 무엇인지 알았지만, 동작 원리는 무엇일까? 앙상블의 동작 원리를 설명하기 위해 여러 앙상블 모형에 관해 깊이 있게 다룬 블로그 글을 바탕으로 예제를 만들어봤다.

http://mlwave.com/kaggle-ensembling-guide/

이 내용을 쓸 당시에는 애틀랜타 팰콘스Falcons 대 뉴 잉글랜드 패트리엇츠Patriots의 슈퍼볼 51 경기가 얼마 남지 않은 시점이다. 가족이나 친구끼리 친선으로 패트리엇츠(책을 쓸 당시에는 승자로 예측돼 −3점에 걸었다)와 팰콘스에 내기를 했을 때, 이길 확률을 살펴보자. 우리가 패트리엇츠의 승리를 60%의 확률로 예측하는 전문 예측가 3명을 지켜보고 있었다고 가정해보자. 이 예측가 중 한 명을 골라 그의 말을 따른다면, 성공적인 예측을 할 확률은 60%가 될 것이다. 그렇다면 앙상블을 만드는 것이 어떻게 우리가 이길 확률을 높이는데 더 도움을 줄지 알아보자.

패트리엇츠를 예측한 세 명 모두가 선택할 확률을 계산해보자. 세 명 모두 패트리엇츠를 고른다면, 세 명이 모두 맞을 확률은 0.60 x 0.6 x 0.6또는 21.6%가 될 것이다. 만약, 세 명 중 두 명만이 승자를 맞춘다면, 그 확률은 (0.6 x 0.6 x 0.4) x 3으로 43.2%가 될 것이다. 이 세 예측가 중 다수의 의견을 따른다면, 즉 세 명 중 적어도 두 명이 패트리엇츠를 선

택한다면, 승자를 맞출 확률이 65%에 이른다.[1]

이 예는 간단하지만 필요한 설명들은 모두 포함돼 있다. 머신 러닝에서는 평균적이거나 약한 성능을 보이는 학습자의 예측 결과를 모아 더욱 분명한 예측을 만들 수 있다. 아래의 그림이 이 과정이 어떻게 이뤄지는지 보여준다.

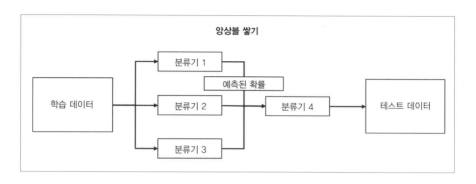

이 그림에서는 3개의 분류기를 만든 후 그것의 예측 결과를 네 번째 분류기의 입력값으로 넣은 앙상블을 만들고, 테스트 데이터에서 이 앙상블 모형을 이용해 예측하게 한다. R에서 이것을 어떻게 하는지 알아보자.

▌ 비즈니스와 데이터 이해하기

다시 우리의 숙적, Pima Diabetes 데이터 세트를 이용해 설명할 것이다. 대부분의 분류 모형에 관해 70% 중반의 예측률을 보여 어려운 데이터 세트라는 것을 증명했다. 5장, '다른 분류 기법 – K-최근접 이웃법과 서포트 벡터 머신'과 6장, '분류 트리와 회귀 트리'에서 이미 데이터를 살펴봤으므로 자세한 내용은 넘어간다. R을 이용해 앙상블을 만드는 데는 여러 패키지가 있고, 당신이 혼자 만들어보는 것도 그렇게 어렵지 않다. 이번 예제에서는 caret과 caretEnsemble 패키지를 이용해 문제를 풀어볼 것이다. 패키지들을 불러온 후,

---

1 앞에 나온 2개의 확률을 더하면 65%가 된다. – 옮긴이

caret 패키지에서 제공하는 createDataPartition( ) 함수를 이용해 학습 세트와 테스트 세트를 나누는 작업을 포함한 데이터 준비 작업을 하자.

```
> library(MASS)
> library(caretEnsemble)
> library(caTools)
> pima <- rbind(Pima.tr, Pima.te)
> set.seed(502)
> split <- createDataPartition(y = pima$type, p = 0.75, list = F)
> train <- pima[split, ]
> test <- pima[-split, ]
```

▌ 모형화와 평가 그리고 선택

이전 장에서 했던 것처럼, caret 패키지의 함수를 사용하기 전에, 모형 학습 방법을 지정할 오브젝트를 만들 것을 추천한다. 이 작업은 trainControl( ) 함수를 통해 할 수 있다. 이번 예제에서 5-겹 교차 검증을 하고 마지막 예측값(확률)을 저장할 것이다. 다시 샘플링된 데이터에 식별값을 줘 서로 다른 모형이 같은 데이터를 바탕으로 학습할 수 있게 하는 것을 추천한다. 그리고 함수에 업샘플링^{upsampling}을 지정해준 것을 보라. 왜 그랬을까? "Yes"를 가진 데이터와 "No"를 가진 데이터의 비율이 1대2라는 점을 보라.

```
> table(train$type)
No Yes
267 133
```

이 비율이 불균형이어야만 하는 것은 아니지만, 여기서 설명하고 넘어가고 싶은 것이 있다. 많은 데이터 세트에서 우리가 알고자 하는 결과값은 희소한 사건이다. 이러한 경우에 분류기의 정밀도는 높지만, 의미 있는 결과를 끔찍하게 예측하지 못해, 즉 참 양성^{true}

positive을 전혀 예측하지 못해 실제로는 의미 없는 분류기가 될 수 있다. 반응 변수의 균형을 맞추기 위해 희소 데이터 클래스의 데이터를 업샘플링^{upsampling}하고 풍부한 데이터 클래스의 데이터를 다운샘플링해 '합성된 데이터'를 만드는 방법이 있다. 다음 예제에서 합성된 데이터에 관해 자세히 다루겠지만, 이번 예제에서는 업샘플링만 먼저 해보자. 업샘플링을 하면, 만든 각 교차 검증 세트마다 희소 데이터 클래스의 데이터를 임의로 뽑고, 완성된 교차 검증 세트에 추가해 희소한 클래스의 데이터 수와 풍족한 클래스의 데이터 수를 맞춘다. 다음은 우리가 사용할 함수다.

```
> control <- trainControl(method = "cv",
number = 5,
savePredictions = "final",
classProbs = T,
index=createResample(train$type, 5),
sampling = "up",
summaryFunction = twoClassSummary)
```

이제 caretList( ) 함수를 이용해 모형을 학습시킬 수 있다. caret 패키지에서 지원하는 모형은 모두 사용할 수 있다. 사용 가능한 모형과 모형에 필요한 하이퍼파라미터의 리스트는 다음 주소에서 찾아볼 수 있다.

https://rdrr.io/cran/caret/man/models.html

이 예제에서는 세 가지 모형을 학습시킨다.

- 분류 트리 – "rpart"
- 다변량 회귀 스플라인 – "earth"
- K-최근접 이웃법 – "knn"

정리하면 다음과 같다.

```
> set.seed(2)
> models <- caretList(
type ~ ., data = train,
trControl = control,
metric = "ROC",
methodList = c("rpart", "earth", "knn")
)
```

모형을 생성함과 동시에 이 모형의 하이퍼파라미터들 또한 caret의 규칙에 따라 지정됐다. caretModelSpec() 함수를 이용해 각 모형에 관한 하이퍼파라미터 조정을 위한 표를 만들 수도 있지만, 이 예제의 목적을 위해서는 함수가 제공하는 것을 사용해보자. model 객체를 불러 결과를 확인해볼 수 있다. 다음은 model 객체를 부른 결과를 줄인 것이다.

```
> models
...
Resampling results across tuning parameters:
cp ROC Sens Spec
0.03007519 0.7882347 0.8190343 0.6781714
0.04010025 0.7814718 0.7935024 0.6888857
0.36090226 0.7360166 0.8646440 0.6073893
```

효과적인 앙상블을 위한 요령으로는 기반이 되는 모형끼리 상호 연관성을 높게 하지 말라는 것이다. 이건 주관적인 의견이고, 상관된 예측에 관한 절대적인 규칙이 있는 것도 아니다. 결과를 보며 실험하고 필요하다면 사용하는 모형을 바꿔야 한다. 우리의 결과를 살펴보자.

```
> modelCor(resamples(models))
rpart earth knn
rpart 1.0000000 0.9589931 0.7191618
```

```
earth 0.9589931 1.0000000 0.8834022
knn 0.7191618 0.8834022 1.0000000
```

분류 트리와 다변량 회귀 스플라인earth 모형은 높은 상관관계를 보이고 있다. 이것이 문제가 될 수도 있겠지만, 계속 쌓기 모형으로 네 번째 분류기를 만들고 결과를 보자. 이를 위해, 데이터 프레임 안의 테스트 세트에서 "Yes" 값에 관한 예측값을 얻어올 것이다.

```
> model_preds <- lapply(models, predict, newdata=test, type="prob")
> model_preds <- lapply(model_preds, function(x) x[,"Yes"])
> model_preds <- data.frame(model_preds)
```

이제 caretStack( ) 함수를 이용해 이 모형을 쌓는다. 이것은 5개의 부트스트랩된 표본에 관한 로지스틱 회귀가 될 것이다.

```
> stack <- caretStack(models, method = "glm",
metric = "ROC",
trControl = trainControl(
method = "boot",
number = 5,
savePredictions = "final",
classProbs = TRUE,
summaryFunction = twoClassSummary
))
```

최종 모형은 다음과 같이 확인할 수 있다.

```
> summary(stack)

Call:
NULL

Deviance Residuals:
Min 1Q Median 3Q Max
```

```
-2.1029 -0.6268 -0.3584 0.5926 2.3714

Coefficients:
Estimate Std. Error z value Pr(>|z|)
(Intercept) 2.2212 0.2120 10.476 < 2e-16 ***
rpart -0.8529 0.3947 -2.161 0.03071 *
earth -3.0984 0.4250 -7.290 3.1e-13 ***
knn -1.2626 0.3524 -3.583 0.00034 ***
```

rpart와 earth 모형이 높은 상관관계를 보였지만, 두 모형의 계수가 모두 유의미하므로
두 모형 모두 그대로 둘 수 있을 것 같다. 이제 앙상블에 사용된 학습자 각 예측 결과를 비
교해볼 수 있다.

```
> prob <- 1-predict(stack, newdata = test, type = "prob")
> model_preds$ensemble <- prob
> colAUC(model_preds, test$type)
rpart earth knn ensemble
No vs. Yes 0.7413481 0.7892562 0.7652376 0.8001033
```

colAUC( ) 함수를 이용해 확인하는 값은 각 모형의 곡선하 면적값과 앙상블로 쌓은 최종 모
형의 곡선하 면적값이다. 앙상블로 earth 패키지의 다변량 적응 회귀 스플라인만 사용한
것보다 좀 더 나은 성능이 나왔다. 그러므로 이 예제를 통해 우리는 앙상블을 만들어 쌓는
것이 실제로 성능 향상에 도움이 된다는 것을 알 수 있다. 이 데이터를 이용해 더 좋은 모
형을 만들 수 있는가? 사용할 수 있는 또 다른 분류 기법이나 표집sampling 기법은 어떤 것
이 있는가? 그런 생각들을 이용해 다중 클래스 문제로 넘어가보자.

다중 클래스 분류

다중 클래스 문제를 해결하는 데에는 많은 방법이 있다. 랜덤 포레스트나 판별 분석과 같은 기법은 다중 클래스를 다룰 수 있지만, R의 glm( ) 또는 일반화 선형 모형과 같은 기법은 다중 클래스를 지원하지 않는다. 불행하게도 이 책을 쓰는 시점에서 caretEnsemble 패키지는 다중 클래스를 지원하지 않는다. 하지만 Machine Learning in R(mlr) 패키지는 다중 클래스 문제와 앙상블 모형을 둘 다 지원한다. 당신이 파이썬의 sci-kit Learn을 잘 알고 있다면, mlr 패키지도 같은 기능을 제공하고자 한다고 말할 수도 있을 것이다. mlr, caret과 관련된 패키지는 거의 모든 비즈니스 문제에 관해 가장 선호하는 해결책이 되고 있다. 다중 클래스 문제에 있어 mlr 패키지가 얼마나 강력한지 먼저 보여준 후, Pima 데이터를 사용한 앙상블을 만드는 예제와 함께 마무리지을 것이다.

다중 클래스 문제에 관해서는 랜덤 포레스트를 이용한 방법을 살펴본 후, 일반화 선형 모형GLM으로 일-대-전부one vs rest 기법[2]을 활용해 다중 클래스를 학습하는 방법을 알아볼 것이다. 이 기법은 여러 개의 클래스를 분류하는 문제와 한 클래스와 그 클래스가 아닌 모든 클래스를 구분하는 분류기를 각 클래스별로 만들고, 이를 전부 앙상블해 최종 클래스를 예측하는 것이다. 이 기법을 사용하면 어떠한 분류 기법도 다중 클래스 분류 문제에 사용할 수 있게 해주고, 때로는 다중 클래스를 학습하기 위한 알고리즘을 능가하는 성능을 보여주기도 한다.

 다중 클래스와 다중 식별자(multilabel)를 헷갈리지 말라. 다중 클래스에서 하나의 관찰값은 하나의 클래스에 할당될 수 있지만, 다중 식별자는 하나의 관찰값이 여러 개의 클래스에 할당될 수 있다. 우리는 이 장에서 다중 식별자 문제를 다루지 않을 것이다.

---

2 'one vs all' 이라고도 함. - 옮긴이

비즈니스와 데이터 이해하기

우리는 다시 8장, '군집화 분석'에서 사용했던 와인 데이터 세트를 다룰 것이다. 기억하는 가? 이 데이터 세트는 13개의 피처와 세 가지 종류의 와인으로 이뤄져 있다. 이제 우리가 풀 문제는 와인의 종류를 분류하는 것이다. 문제를 살짝 바꿔 관찰값의 수를 인위적으로 늘려볼 것이다. 여기에는 두 가지 이유가 있다. 첫 째로는 mlr 패키지의 리샘플링 기능을 보여주고 싶고, 두 번째로는 합성 표집 기법synthetic sampling technique에 관해 다루기 위해서다. 이전 절에서 업샘플링을 다뤘으므로 이제 합성 표집을 다룰 차례다.

첫 번째로 할 일은 패키지와 데이터를 불러오는 것이다.

```
> library(mlr)
> library(ggplot2)
> library(HDclassif)
> library(DMwR)
> library(reshape2)
> library(corrplot)
> data(wine)
> table(wine$class)
1 2 3
59 71 48
```

우리는 178개의 관찰값이 있고, 반응 변수 식별값은 숫자로 돼 있다. 사용할 데이터를 두 배 이상 늘려보자. 이 예제에서 사용된 알고리즘은 **합성적 소수자 과표집 기법**Synthetic Minority Over-Sampling Technique, SMOTE이다. 이전 절에서는 소수 데이터 클래스를 표집하고 이 관찰값으로 다수자의 데이터를 대체하는 업샘플링을 이용해 소수자와 다수자의 수가 같아질 때까지 반복했다. SMOTE에서는 소수자 클래스의 랜덤 표본 관찰값을 얻은 후, 그 표본의 K-최근접 이웃을 구해 그 이웃의 관찰값을 바탕으로 소수자 클래스에 속한 데이터들을 랜덤 생성한다. DMwR 패키지에서 제공하는 SMOTE() 함수의 기본 최근접 이웃의 수는 5(k=5)다. 그리고 고려할 점은 소수자 과표집을 할 비율이다. 예를 들어, 소수자 클래스의 관찰값의 수가 두 배가 되게 하려면, 함수를 사용할 때 "perc.over = 100"을 지정해줘야 한다. 소수자 클래스의 각 관찰값 샘플마다 추가되는 새로운 표본들의 수는 perc.over/100이다. 따라서 관찰값마다 1개의 새로운 표본을 추가하는 것이다.

perc.under라는 또 다른 파라미터가 있는데, 새로운 데이터 세트에 랜덤하게 추가될 다수자 클래스의 관찰값 수를 조정한다.

이 기법을 적용하는 방법이다. 기법을 사용하기 전에 클래스 값들을 요인^{factor}으로 구조화해야 한다. 그렇지 않으면 함수가 동작하지 않는다.

```
wine$class <- as.factor(wine$class)
> set.seed(11)
> df <- SMOTE(class ~ ., wine, perc.over = 300, perc.under = 300)
> table(df$class)
1 2 3
195 237 192
```

624개의 관찰값이 있는 데이터 세트를 만들어냈다. 다음으로 할 일은 클래스별 피처의 숫자를 시각화하는 것이다. 난 박스플롯을 아주 좋아하므로 클래스별로 처음 4개의 피처에 관한 박스플롯을 그려보자. 이 입력값은 서로 다른 비율을 갖고 있으므로 이 입력값을 평균이 0, 표준편차가 1인 데이터 프레임에 맞추는 것이 비교에 도움을 줄 것이다.

```
> wine.scale <- data.frame(scale(wine[, 2:5]))
> wine.scale$class <- wine$class
> wine.melt <- melt(wine.scale, id.var="class")
> ggplot(data = wine.melt, aes( x = class, y = value)) +
geom_boxplot() +
facet_wrap( ~ variable, ncol = 2)
```

위 명령을 실행한 결과는 다음과 같다.

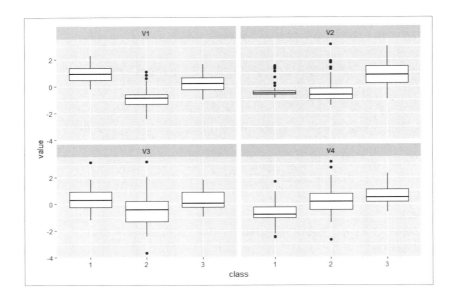

3장, '로지스틱 회귀와 판별 분석'에서 박스플롯의 점이 특이점을 표시한다는 말을 기억하는가? 이 특이점에 관해 무엇을 해야 할까? 다음과 같은 일들을 할 수 있다.

- 아무것도 하지 않는다.
- 특이점들을 제거한다.
- 피처 값의 범위 밖에 있는 특이점을 제외하거나 제외한 특이점으로 새 피처를 만든다.
- 피처마다 관찰값이 특이점인지를 알려주는 변수를 만든다.

나는 특이점들이 항상 흥미로웠고, 특이점들에 관해 무엇을 해야 할지, 왜 생겼는지 알아보기 위해 특이점들을 깊게 살펴봤다. 여기에선 자세히 다루지 않고, 특이점값을 일반적인 값으로 변경하는 코드를 사용하는 해결 방안만 제시한다. 큰 값들(> 99번째 백분위수)을 75번째 백분위수로 변경하고, 작은 값들(< 1번째 백분위수)을 25번째 백분위수로 바꿔주는 함수를 만들자. 중간값 같은 것들을 사용해도 되지만, 나는 이게 잘 맞았다.

이 코드 조각를 한 함수 안에 넣을 수도 있지만, 간략함을 유지하고 이해를 돕기 위해 이런 방식으로 나타냈다.

이것들이 특이점을 찾아내는 함수다.

```
> outHigh <- function(x) {
x[x > quantile(x, 0.99)] <- quantile(x, 0.75)
x
}
> outLow <- function(x) {
x[x < quantile(x, 0.01)] <- quantile(x, 0.25)
x
}
```

이제 이 함수를 원래의 데이터에 사용해 새로운 데이터 프레임을 만들자.

```
> wine.trunc <- data.frame(lapply(wine[, -1], outHigh))
> wine.trunc <- data.frame(lapply(wine.trunc, outLow))
> wine.trunc$class <- wine$class
```

이제 원본 데이터와 특이점을 일반적인 값으로 변경한 데이터를 비교할 차례다. V3 피처에 관해 비교해보자.

```
> boxplot(wine.trunc$V3 ~ wine.trunc$class)
```

위 명령을 실행한 결과는 다음과 같다.

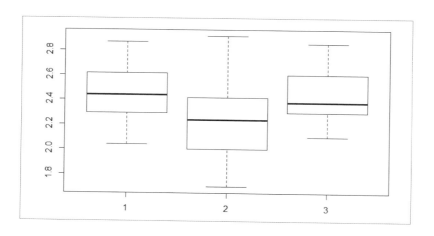

특이점 제거는 잘됐다. 이제 상관관계를 알아보자.

```
> c <- cor(wine.trunc[, -14])
> corrplot.mixed(c, upper = "ellipse")
```

위 명령을 실행한 결과는 다음과 같다.

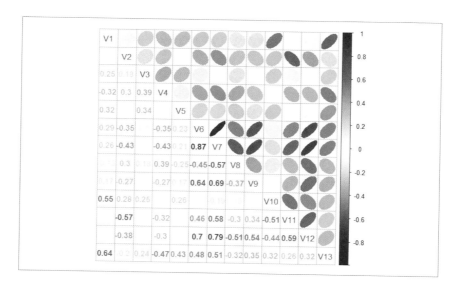

V6 피처와 V7 피처가 0.5 이상의 높은 상관관계를 갖고 있는 것을 볼 수 있다. 일반적으로 이것은 비선형 학습 방법에서는 문제가 되지 않지만, 후에 일반화 선형 모형GLM을 사용할 때 L2 페널티(능형 회귀 분석)를 적용하면서 설명한다.

▌ 모형 평가와 선택

학습 세트와 테스트 세트를 만드는 것에서 시작해 랜덤 포레스트 분류기를 기본 모형으로 만들어볼 것이다. 랜덤 포레스트 분류기의 성능을 평가해본 후 일─대─전부one vs rest 분류 기법을 적용해보고 성능을 평가할 것이다. 70/30 비율로 학습 세트와 테스트 세트를 분리한다. 여기서 mlr 패키지의 독특한 점은 학습 데이터를 "task" 구조 중 하나인 classification task로 만들어야 한다는 점이다.

테스트 세트를 task 구조로 만드는 것도 선택할 수 있다.

사용 가능한 모형의 목록은 다음에서 볼 수 있고, 물론 당신이 만들어 사용해도 된다.

https://mlr─org.github.io/mlr─tutorial/release/html/integrated_learners/index.html

```
> library(caret) # 이미 로드하지 않았다면
> set.seed(502)
> split <- createDataPartition(y = df$class, p = 0.7, list = F)
> train <- df[split, ]
> test <- df[-split, ]
> wine.task <- makeClassifTask(id = "wine", data = train, target = "class")
```

랜덤 포레스트

학습 데이터 task가 생성되면, 여러 함수를 이용해 탐색할 수 있다. 다음은 학습 데이터의 구조를 살펴보는 명령의 축약된 결과다.

```
> str(getTaskData(wine.task))
'data.frame': 438 obs. of 14 variables:
$ class: Factor w/ 3 levels "1","2","3": 1 2 1 2 2 1 2 1 1 2 ...
$ V1 : num 13.6 11.8 14.4 11.8 13.1 ...
```

여러 방법으로 mlr 패키지를 이용할 수 있지만, resample 객체를 만드는 것을 추천한다. 여기서는 3개의 부분 표본을 하는 resample 객체를 만들어 랜덤 포레스트의 트리 수를 조정한다.

```
> rdesc <- makeResampleDesc("Subsample", iters = 3)
```

다음 만들 객체는 트리의 수를 지정하는 격자grid로, 최소 750개의 트리와 최대 2,000개의 트리를 사용한다. caret 패키지를 사용할 때 했던 것처럼 여러 개의 파라미터를 지정할 수 있다. makeParamSet 함수의 help를 호출하면 사용 가능한 설정을 찾아볼 수 있다.

```
> param <- makeParamSet(
makeDiscreteParam("ntree", values = c(750, 1000, 1250, 1500, 1750, 2000))
)
```

다음으로 control 객체를 만들어 격자를 완성한다.

```
> ctrl <- makeTuneControlGrid()
```

이제 하이퍼파라미터를 조정해 최적의 트리의 수를 찾아내자. 그 후 최적의 트리의 수와 최적의 트리 수를 사용했을 때 생기는 외표본 오차out-of-sample error를 살펴보자.

```
> tuning <- tuneParams("classif.randomForest", task = wine.task,
resampling = rdesc, par.set = param,
control = ctrl)

> tuning$x
$ntree
[1] 1250

> tuning$y
mmce.test.mean
0.01141553
```

최적의 트리 숫자는 1,250개고, 분류 오차mmce는 1.1%다. 이제 이 파라미터로 학습하기 위해 makeLearner( ) 함수의 래퍼에 넣어주면 된다. 예측 유형predict type을 probability로 지정한 것(predict.type = "prob")을 눈여겨보라. 기본 설정은 예측된 클래스를 반환한다.

```
> rf <- setHyperPars(makeLearner("classif.randomForest",
predict.type = "prob"), par.vals = tuning$x)
```

이제 모형을 학습시키자.

```
> fitRF <- train(rf, wine.task)
```

학습 데이터 세트에 관한 혼동 행렬을 살펴보자.

```
> fitRF$learner.model
OOB estimate of  error rate: 0%
Confusion matrix:
1 2 3 class.error
1 72 0 0 0
2 0 97 0 0
3 0 0 101 0
```

그런 다음, 이 모형을 테스트 세트로 오차와 정밀도를 평가하자. 테스트 task가 있다면 test.task를 사용하면 되고, 없다면 newdata = test로 지정하면 된다.

```
> predRF <- predict(fitRF, newdata = test)
> getConfMatrix(predRF)
predicted
true 1 2 3 -SUM-
1 58 0 0 0
2 0 71 0 0
3 0 0 57 0
-SUM- 0 0 0 0
> performance(predRF, measures = list(mmce, acc))
mmce acc
0 1
```

너무 쉬웠던 것 같다. 모든 클래스에 관해 아무 오차 없이 분류가 성공했다.

능형 회귀 분석

설명을 위해, 능형 회귀 분석Ridge regression을 이용한 일−대−전부one vs rest 기법을 사용해보자. 이를 위해 이분 분류 기법을 위한 MulticlassWrapper를 만들자. classif.penalized.ridge 메서드는 penalized 패키지에 있으므로 이 패키지를 설치해야 한다.

```
> ovr <- makeMulticlassWrapper("classif.penalized.ridge", mcw.method =
"onevsrest")
```

이제 분류기를 위한 래퍼를 만들어보자. 이 래퍼는 자루담기bagging 재표집을 10번(기본값)해 기존 값을 대체하며, 관찰값의 70%와 입력 피처 모두를 표집sampling한다.

```
> bag.ovr = makeBaggingWrapper(ovr, bw.iters = 10, # 기본값 10
bw.replace = TRUE, # 기본값
```

```
bw.size = 0.7,
bw.feats = 1)
```

이것으로 이제 우리의 알고리즘을 학습시킬 수 있게 됐다. 아래 코드에서 `mlr::`을 `train()` 앞에 쓴 것을 눈여겨보라. 이유는 caret 또한 `train()` 함수를 갖고 있기에 caret의 함수가 아닌 mlr의 `train()` 함수를 사용하라고 지정해주는 것이다. 두 패키지를 모두 불렀을 때 이렇게 지정해주지 않으면 때때로 엄청난 버그를 만들게 된다.

```
> set.seed(317)
> fitOVR <- mlr::train(bag.ovr, wine.task)
> predOVR <- predict(fitOVR, newdata = test)
```

이제 성능을 살펴보자.

```
> head(data.frame(predOVR))
truth response
60 2 2
78 2 2
79 2 2
49 1 1
19 1 1
69 2 2
> getConfMatrix(predOVR)
predicted
true 1 2 3 -SUM-
1 58 0 0 0
2 0 71 0 0
3 0 0 57 0
-SUM- 0 0 0 0
```

역시 너무 쉬웠다. 하지만 정밀도에 너무 집중하지 말고 분류기를 만드는 방법과 파라미터를 조정하는 법 그리고 재표집resampling 전략을 구현하는 것에 초점을 두길 바란다.

MLR에서의 앙상블

우리가 쉽게 풀지 못했던 Pima Diabetes 분류 문제가 있긴 하다. caret처럼, mlr을 이용해도 앙상블 모형을 만들 수 있으므로 한번 시도해보자. 또한 SMOTE를 새로운 데이터 세트를 만드는 것이 아닌 학습 과정에서 사용하는 방법도 보여줄 것이다.

먼저, 이 장의 앞부분에서 했던 코드를 실행시켜 학습 세트와 테스트 세트를 만들어두자. 그런 다음, 전에 했던 것처럼 학습용 task를 만들자.

```
> pima.task <- makeClassifTask(id = "pima", data = train, target = "type")
```

여기에서 사용할 smote( ) 함수는 이전에 사용했던 것과 약간 다르다. 얼마나 소수자 과표집을 할지 결정하는 비율과 K-최근접 이웃의 수를 지정하면 된다. 소수자 클래스인 (Yes) 클래스를 3개의 최근접 이웃을 사용해 두 배로 늘릴 것이다.

```
> pima.smote <- smote(pima.task, rate = 2, nn = 3)
> str(getTaskData(pima.smote))
'data.frame': 533 obs. of 8 variables:
```

이제 학습 데이터 세트에 원래 있었던 400개의 관찰값 대신 533개의 관찰값이 있다. 앙상블을 쌓기 위해 랜덤 포레스트, 이항 판별 분석, L1 페널티를 사용하는 일반화 선형 모형 GLM으로 이뤄진 3개의 기본 모형을 만들 것이다. 이 코드는 3개의 기본 모형을 만들고 다음 분류기의 입력값으로 사용하기 위한 확률값을 반환하도록 해준다.

```
> base <- c("classif.randomForest", "classif.qda", classif.glmnet")
> learns <- lapply(base, makeLearner)
> learns <- lapply(learns, setPredictType, "prob")
```

이 모형의 위에 쌓일 모형은 단순한 일반화 선형 모형GLM이다. 이 모형은 패키지의 기본값인 5-겹 교차 검증으로 계수들을 조정한다.

```
> sl <- makeStackedLearner(base.learners = learns,
super.learner = "classif.logreg",
predict.type = "prob",
method = "stack.cv")
```

이제 기본 모형과 쌓은 모형들을 학습시킬 준비가 됐다. 이전 절에서 했던 것처럼 재표집과 래퍼를 이용해 조정해도 된다. 지금 예제에서는 기본값을 사용할 것이다. 학습과 테스트 또한 같은 방법을 사용해도 된다.

```
> slFit <- mlr::train(sl, pima.smote)
> predFit <- predict(slFit, newdata = test)
> getConfMatrix(predFit)
predicted
true No Yes -SUMNo
70 18 18
Yes 15 29 15
-SUM- 15 18 33
> performance(predFit, measures = list(mmce, acc, auc))
mmce acc auc
0.25 0.75 0.7874483
```

할 수 있는 노력을 다해 75%의 정밀도와 caretEnsemble을 이용해 만든 앙상블보다 조금 부족한 곡선하 면적값을 얻을 수 있었다. 다시 예전에 했던 질문을 다시 하게 됐다. 결과를 좀 더 낮게 발전시킬 수 있겠는가? 시도해보고 알려달라.

▋ 요약

이 장에서 우리는 머신 러닝에서 아주 중요한 학습 기법인 앙상블을 만들어 쌓고 다중 클래스 분류에 적용하는 법을 배웠다. 쌓기 기법을 통해서는 기본 모형을 많이 만들어 그 모형의 결과를 다른 분류자의 입력값으로 사용해 최종 예측을 만들어낸다. 실제로 쌓인 앙상블 모형은 기본 모형의 각 결과보다 더 좋은 성능을 보여줬다. 다중 클래스 분류 문제에 관해서는 다중 클래스 분류 기법과 함께 이진 클래스 분류 기법을 일―대―전부one vs rest 기법을 사용해 다중 클래스 분류 문제를 해결할 수 있게 하는 것을 봤다. 이와 더불어 업 샘플링과 합성적 소수자 과표집 기법을 이용해 클래스 간의 관찰값 수를 맞추는 것 또한 알아봤다. 또 중요한 것으로는 mlr과 caretEnsemble이라는 두 R 패키지 사용법을 알아본 것이 있다. R을 사용하는 머신 러닝 종사자에게 이러한 함수와 패키지들은 많은 도움이 될 것이다.

다음으로, 시계열과 인과 관계의 세계에 발을 담글 것이다. 내 의견으로 시계열 분석은 가장 잘못 이해되고 있고, 무시되고 있는 분야다. 다음 장이 당신이 그 차이를 줄이는 데 도움을 줄 것이다.

12

시계열 자료와 인과관계

"경제학자란, 자신이 어제 예측한 것이 왜 오늘 일어나지 않았는지를 내일에야 알게 되는 전문가다."

— 로렌스 피터Laurence Peter

단변량univariate 시계열 자료는 일정한 시간 간격(분, 시간, 일, 주, 월 등)을 두고 수집된 일련의 측정값을 말한다. 다른 데이터와 달리 시계열 자료는 관찰값의 순서가 의미가 있다는 점에서 문제가 될 수 있다. 이렇게 관찰값의 순서에 종속적인 데이터를 보통의 표준적인 분석 방법으로 분석하면 불필요하게 큰 편차나 분산이 나타난다.

시중에 머신 러닝과 시계열 분석을 다루는 서적이나 문서 자료는 그리 많지 않아 보인다. 우리가 접하는 수많은 현실 속의 데이터가 사실은 시간이라는 요소를 포함하고 있다는 것을 생각하면 이는 매우 애석한 일이다. 게다가 시계열 자료를 분석하는 일은 상당히 복잡하고 까다롭기까지 하다. 혹시 지금까지 틀린 시계열 분석을 한 번도 못 봤다면, 아마 자세히 들여다보지 않았기 때문일 것이다.

사람들이 종종 간과하는 시계열 자료의 또 다른 측면은 바로 인과관계다. 그렇다, 여러 번 들어봤겠지만, 우리는 단지 상관관계가 있을 뿐인 것을 인과관계가 있다고 착각하고 싶지는 않다. 하지만 시계열 분석에서는 통계학에서 말하는 인과관계가 있는지를 알아보기 위해서 그랜저 인과관계Granger causality라는 기법을 적용할 수 있다.

이번 장에서는 시계열 및 계량 경제학적 기법을 이용해 단변량 예측 모형, 벡터 자기회귀 모형 그리고 그랜저 인과관계를 다룬다. 이 장을 마치고 나면 시계열 분석의 전문가 수준까지는 아니더라도 효과적으로 분석을 시행할 수 있을 만큼 충분히 알게 될 것이며, 시계열 모형을 구축하고 예측 모형을 만들 때 고려해야 할 근본적인 문제점을 이해하게 될 것이다.

▌단변량 시계열 분석

여기서는 단변량 시계열의 분석과 예측에는 **지수 평활법**exponential smoothing과 **자기회귀 누적 이동 평균법**autoregressive integrated moving average, ARIMA이 있다. 먼저 지수 평활법에 관해 알아보자.[1]

이동 평균 모형과 마찬가지로, 지수 평활 모형 또한 과거의 관측값에 가중값을 두는 방법이다. 하지만 매 관측값에 똑같은 가중값을 두는 이동 평균 모형과 달리, 지수 평활 모형에서는 최근의 관측값일수록 더 큰 가중값이 매겨진다. 이 모형에서는 전반적overall 평활 모수, 추세 모수, 평활 모수라는 3개의 평활 모수parameters를 추정한다. 만일, 추세나 계절성이 나타나지 않는다면, 그에 해당하는 추세 모수와 평활 모수는 null 값을 갖게 된다.

---

1 '평활'이란, 개별적인 측정값을 선으로 연결하면 들쭉날쭉한 형태의 그래프로 보이므로 이를 '평평하고 완만한' 모양으로 만든다는 의미. 개별적인 측정값에서 노이즈를 제거하고 더 안정적이고 의미 있는 전체적인 경향을 만드는 것으로 볼 수 있다.
    – 옮긴이

평활 모수를 찾고 나면, 다음의 등식을 통해 예측값을 계산할 수 있다.

$$Y_{t+1}=\alpha Y_t+(1-\alpha)Y_{t-1}+(1-\alpha)^2 Y_{t-2}+\dots, where 0<\alpha\leq1$$

이 등식에서, Y_t는 시점 t에서의 측정값이고, α는 평활 모수다. 이 모형의 알고리즘은 오차가 작아지도록 α 값을 최적화하는데, 여기서 최소화할 오차로는 대개 **오차 제곱합**sum of squared error, SSE이나 **평균 제곱합**mean squared error, MSE 등을 쓴다.

만일, 추세와 계절성이 있는 경우라면, 추세 및 계절성 등식을 동반한 예측 등식은 다음과 같을 것이다.

- 현재 시점이 t, 선행한 평활식이 A 그리고 예측하고자 하는 시점이 그로부터 h 단위만큼의 시간이 지난 후라면 (즉 $t+h$ 시점), 예측은 $Y_{t+h}=A+hB_t+S_t$로 나타낼 수 있다.
- 여기서 B_t는 추세를 나타내며, 추세식은 $B_t=\beta(A_t-A_{t-1})+(1-\beta)B_{t-1}$이다.[2]
- S_t는 계절성을 나타내는 변수로, m을 계절성 구간의 숫자라 할 때 다음과 같은 식을 따른다.
  $S_t=\Omega(Y_{t-1}-A_{t-1}-B_{t-1})+(1-\Omega)S_{t-m}$ (예를 들어 t가 연 단위고, m이 분기를 나타낸다면, m은 4일 것이다. 또 t가 주 단위고, m이 요일을 나타낸다면 m은 7일 것이다. 앞의 추세식과 마찬가지로 계절성 등식 또한 두 항 사이에 보완적인 가중값을 두고 있다)

이 등식은 두 기법 개발자의 이름을 따서 Holt–Winters Method 기법이라고 부른다. Holt–Winters 예측식은 가산적이고(계절성이 존재할 경우에 계절성 항을 등식에 "더함") 선형적인 추세를 가정한다. 또한 이 기법으로 감소 추세dampened trend와 승법 계절성multiplicative seasonality, 즉 시간이 지남에 따라 계절성이 비례적으로 증가하거나 감소하는 경향도 나타낼 수 있다. 내 경험에 따르면 Holt–Winters 기법이 예측력이 가장 좋았는데, ARIMA 모형과 비교해

---

2 우변의 첫 번째 항은 현재 시점 t와 이전 시점 t−1에서의 평활값의 차이에 가중값 β를 준 것이고, 두 번째 항은 이를 보완하는 값으로 이전 시점 t−1에서의 추세에 상보적 가중값 (1−β)를 준 것이다. 예를 들어, β값을 0에 가깝게 준다면 두 번째 항이 지배적이게 되므로 이전의 추세가 거의 그대로 진행될 것이다. − 옮긴이

도 그보다 나았다. 이는 수백 개의 월별 시계열 데이터에 관해 장기 예측을 갱신했을 때 얻은 결론이다. 대략 90%의 케이스에서 Holt-Winters 기법이 예측 에러가 최소로 나왔다.

또 ARIMA에서는 정상성^{stationarity}을 가정하는 데 비해, Holt-Winters는 정상성 가정을 걱정할 필요가 없다. 여기서 정상성이란, 시계열 자료가 평균, 분산 그리고 모든 시점에서 상관관계가 상수의 값을 갖는 것을 말한다. 물론 이렇게 말했지만, ARIMA 모형이 최적의 성능을 보이는 상황이 있을 것이므로 ARIMA 모형을 잘 이해해두는 일도 중요하다.

자기회귀 모형$^{autoregressive \ model}$부터 시작해보자. 시점 T에서 변수 Y의 값은 이전 시점의 Y 값의 선형 함수로 나타낼 수 있다. lag-1의 자기회귀 모형을 $AR(1)$이라 표기하고, 공식은 $Y_t = constant + \Phi Y_{t-1} + E_t$이다. 이 모형에 결정적으로 중요한 가정은 다음과 같다.

- E_t는 독립적이며 같은 분포를 따르는 오차로, 평균은 0이고 상수의 분산을 갖는다.
- 오차들은 Y_t와 독립이다.
- Y_t, Y_{t-1}, Y_{t-n}…는 정상성을 띤다. 즉, Φ의 절댓값은 1보다 작다.

정상성 시계열은 **자기상관 함수**$^{Autocorrelation \ Function, \ ACF}$로 검사할 수 있다. 정상성 시계열의 경우, ACF는 $h=1,2,…,n$일 때의 각 Y_t와 Y_{t-h} 쌍의 상관관계 값을 출력한다. R을 이용해 $AR(1)$ 계열을 만들고 도표로 나타내보자. 여기서 ggplot2 패키지의 함수를 포장한 형태의 패키지인 ggfortify로 할 수 있는 일을 함께 살펴본다.

```
> library(ggfortify)
> set.seed(123)
> ar1 <- arima.sim(list(order = c(1, 0, 0), ar = 0.5), n= 200)
> autoplot(ar1, main= "AR1")
```

위 명령을 실행한 결과는 다음과 같다.

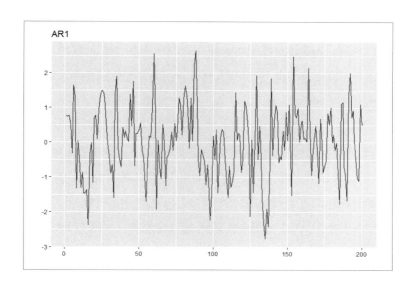

이제 ACF를 살펴보자.

```
> autoplot(acf(ar1, plot=F), main=  "AR1 - ACF")
```

위 명령을 실행하면 다음과 같은 그래프가 생성된다.

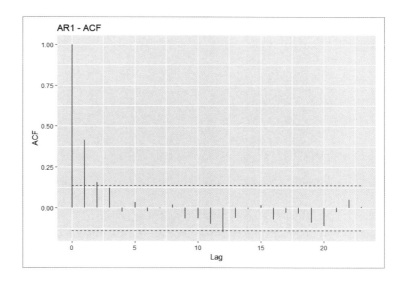

이 ACF 도표에 따르면 **시차**Lag가 증가할수록 상관관계 값이 지수적으로 감소하고 있다. 파란색 점선은 유의한 상관관계의 신뢰대역Confidence Bands을 나타낸다. 세로선 중에 이 신뢰대역 점선을 벗어나게 높거나 낮은 선은 유의한 상관관계를 나타낸다.[3] ACF에 추가로 **PACF**Partial Autocorrelation Function(편자기상관관계) 또한 검사해야 한다. PACF는 조건부 상관관계로, Y_t와 Y_{t-h} 사이의 상관관계이되, 그 둘 사이에 오는 관찰값에 관해 조건부인 상관관계라는 의미다. 선형 회귀 모형과 그 계수를 떠올려보면, 이를 직관적으로 이해하기 쉬울 것이다. 가령, $Y=B_0+B_1X_1$와 $Y=B_0+B_1X_1+B_2X_2$의 두 가지 모형이 있다고 가정해보자. 첫 번째 모형에서 Y에 관한 X_1의 관계는 하나의 계수(B_1)와 함께 선형인데, 두 번째 모형에서는 Y와 X_2의 관계가 추가됐으므로 이 계수(B_1)값이 달라질 것이다. 다음의 PACF 도표에서 주의해 볼 것은 lag−1에서의 PACF(편자기상관관계)는 lag−1에서의 자기상관관계autocorrelation와 같은 값을 나타낸다는 점인데, lag−1에서의 편자기상관관계는 사실 조건부 상관관계가 아니기 때문이다.[4]

```
> autoplot(pacf(ar1, plot=F), main=  "AR1 - PACF")
```

위 명령을 실행한 결과는 다음과 같다.

---

3 즉, 점선을 벗어나게 긴 선은 그 시차에서 유의미하게 상관관계가 있으므로 자기상관이 있다고 본다. − 옮긴이

4 lag−1의 경우, 예를 들어 Y_4와 Y_5처럼 인접한 시점이라면, 그 둘 사이 편자기상관관계를 계산하려고 해도 조건부로 계산할 사이값이 따로 없다. 한편, Y_4와 Y_7은 시차가 3인데, 그 사이에 오는 관찰값이 Y_5,Y_6이므로 Y_4와 Y_7의 편자기상관관계는 이 둘 사이의 관찰값 (Y_5,Y_6)에 '조건부'로, 즉 Y_5,Y_6의 영향을 제거하고 계산돼야 한다. 이 결과를 편자기상관관계라 부른다. − 옮긴이

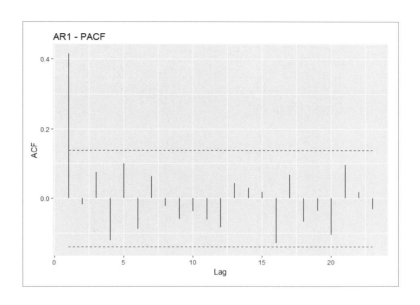

위의 도표를 보고 판단하면 이 시계열은 정상적stationary이라고 안전하게 가정할 수 있다. 실전 연습문제에서 추가로 몇 가지 통계적 테스트를 이용해 시계열의 정상성을 체크하겠지만, 대부분의 경우에는 이렇게 육안으로 도표를 검사하는 것만으로 충분하다. 만일, 데이타가 정상적이지 않다면 차분연산differencing을 통해 추세를 제거할 수 있다. 이 방법이 ARIMA(자기회귀 누적 이동 평균)의 누적(I, Integrated)에 해당한다. 차분연산 후 새로운 시계열은 $\Delta Y_t = Y_t - Y_{t-1}$이 된다. 대개 1차first-order 차분연산 후에는 시계열이 정상적이 되지만, 어떤 경우에는 2차second-order 차분연산이 필요할 수도 있다. AR(1), 즉 1차 자기회귀 및 I(1), 즉 1차 차분연산을 하는 ARIMA 모형은 (1,1,0)으로 나타낸다.[5]

MA는 이동 평균moving average의 약자다. 여기에서 말하는 이동 평균은, 예를 들어 주식 그래프에서 '50일 주가 이동 평균'과 같은 단순한 이동 평균이 아닌, 오차항에 적용된 계수라고 할 수 있다. 여기서 오차란, 물론 '독립적이며 같은 분포를 따르는independently and identically distributed'(통상 iid) 오차로, 평균은 0, 분산은 상수다. MA(1)의 공식은 $Y_t = constant + E_t + \Theta E_{t-1}$을 따른다. AR(1) 모형에서와 마찬가지로, R을 이용해 MA(1) 모형을 생성해보자.

---

5 즉, 첫 번째 숫자는 자기회귀 AR의 차수, 두 번째 숫자는 차분연산 I의 차수, 세 번째 연산은 이동 평균 MA의 차수 – 옮긴이

```
>set.seed(123)
> ma1 <- arima.sim(list(order = c(0, 0, 1), ma = -0.5), n = 200)
> autoplot(ma1, main = "MA1")
```

위 명령을 실행한 결과는 다음과 같다.

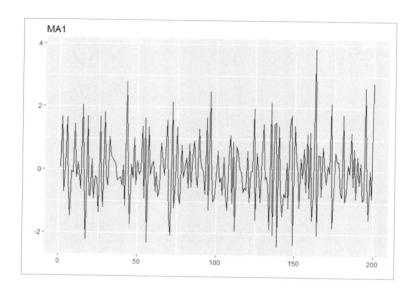

MA(1) 모형의 ACF와 PACF 도표는 *AR(1)* 모형과 조금 다르게 나타난다. 모형에 AR 항, MA 항 또는 둘 다 포함할지를 결정하는 대략적인 경험 법칙이 있는데, 이는 어느 정도 주관적일 수밖에 없다. 이러한 휴리스틱한 기법을 터득하는 일은 독자에게 맡기겠지만, 적합한 모형을 판별해내는 데는 R을 믿고 사용하기 바란다. 다음 도표를 살펴보면 lag−1에서 유의미한 상관관계가 있으며, lag−1과 lag−2에서 유의미한 편상관관계가 있음을 알 수 있다.

```
> autoplot(acf(ma1, plot = F), main = "MA1 - ACF")
```

위 명령을 실행하면 다음과 같은 ACF 도표가 나타난다.

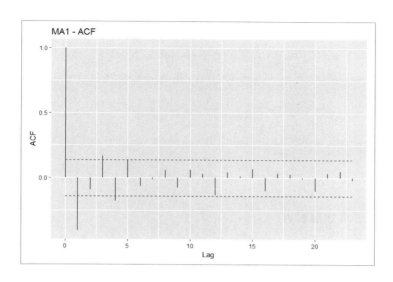

다음은 PACF 도표를 살펴보자.[6]

```
> autoplot(pacf(ma1, plot = F), main = "MA1 - PACF")
```

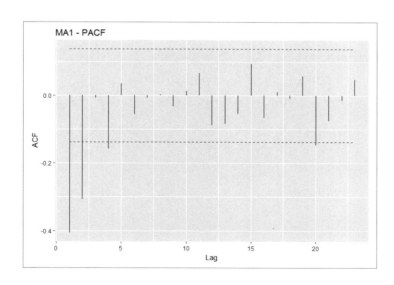

---

6   MA의 PACF 도표는 시간이 흐름에 따라 지수적으로 감소하는 형태로, 마치 AR 모형의 ACF 도표와 비슷한 형태를 띤다. – 옮긴이

ARIMA 모형에서는 자기회귀(AR), 누적(I), 이동 평균(MA)과 함께 계절성seasonality 또한 포함될 수 있다. 무계절성 ARIMA 모형은 흔히 (p,d,q)로 표시한다. 계절성 ARIMA의 경우에는, 예를 들어 매월 기록된 시계열 데이터라면, (p,d,q)×(P,D,Q)12라고 표시하며, 여기에서 숫자 '12'는 매 연도별 데이터의 월별 계절성을 나타낸다.[7] 우리가 사용할 R 패키지에서는 자동으로 계절성이 포함돼야 할지 확인하는데, 만일 계절성이 필요한 경우에는 최적화된 항이 등식에 포함된다.

그랜저 인과관계 이해하기

"X라는 약을 새로 처방받은 복용량과 전체 복욕량의 상관관계는 무엇인가?"라는 질문을 받았다고 가정해보자. 이 값은 매월 측정됐다는 사실을 알고 있다. 만일, 새 처방이 전체 복욕량을 증가시킬 것을 알고 있다고 가정하면, 그 상관관계를 이해하기 위해 어떤 작업을 할 수 있을까? 또는 원자재 가격, 특히 구리의 가격이 미국 주식시장의 주가를 좌우하는 주요 인자일 것이라는 가설은 어떻게 테스트할 수 있을까? 두 세트의 시계열 데이터, x와 y가 있다고 가정할 때, 그랜저 인과관계Granger causality라는 방법은 한 시계열이 다른 시계열에 변화를 초래할지 판단하는 기법이라 할 수 있다. 이는 한 시계열의 여러 다른 시차를 취하고, 이를 이용해 다른 시계열의 변화를 모형화하는 방식으로 구현된다. 이를 위해 y를 예측할 두 가지 모형을 만들어보자. 하나는 y의 과거 관측값만을 이용해 예측하고(Ω), 다른 하나는 y의 과거값과 함께 x의 과거값도 이용해 예측하기로 하자(Π). 이 모형들은 다음과 같은 등식으로 나타낼 수 있다. 여기에서 k는 시계열의 시차lag를 나타낸다.

$$\Omega = y_t = \beta_0 + \beta_1 y_{t-1} + \cdots + \beta_k y_{t-k} + \epsilon$$

$$\Pi = y_t = \{\beta_0 + \beta_1 y_{t-1} + \cdots + \beta_k y_{t-k}\} + \{\alpha_1 y_{t-1} + \cdots + \alpha_k y_{t-k}\} + \epsilon$$

---

7 만일, 일년에 4분기가 있고, 분기별 데이터를 기록해 계절성을 표현할 경우에는 (p,d,q)×(P,D,Q)4가 된다. - 옮긴이

두 모형의 잔차 제곱합Residual Sum of Squares, RSS을 비교한다.[8] 또한 F−검정(F-test)을 이용해, 내포 모형nested model인 Ω만으로 충분히 y의 미래 가치를 예측할 수 있는지 또는 더 큰 완전 모형full model인 Π를 이용하는 것이 나을지 판단할 수 있다. F−검정은 다음의 귀무가설(H_0)과 대립가설(H_1)을 검정한다.

- $H_0 : a_i = 0$, 모든 $i \in [1,k]$, 그랜저 인과관계 없음.
- $H_1 : a_i \neq 0$, 적어도 하나의 $i \in [1,k]$, 즉 그랜저 인과관계 있음.

근본적으로 우리가 하려는 것은, y의 미래값을 y의 과거값만으로 예측하는 것보다 x가 추가 정보를 제공해 y의 미래값을 더 잘 예측할 수 있게 하는 것인지, 통계적으로 유의성을 이용해 판단하고 싶은 것이다. 이 정의에 따르면, 우리가 하려는 것은 실제 '인과관계'를 증명하려는 것이 아니다. 우리가 하려는 것은 두 값이 어떤 현상에 의해 관계가 있다는 것을 보이려는 것뿐이다. 이러한 연장선상에서 우리는 이 모형을 역으로 적용해 y가 x의 미래값에 정보를 제공하지 않는다는 사실 또한 확인해야 한다. 만일, y가 x의 미래값에 정보를 제공하는 경우였다면, Z라는 어떤 외생변수exogenous variable가 존재할 가능성이 있고, 이 외생변수는 통제돼야 하거나 그랜저 인과관계를 제공하는 더 설명력 있는 변수일 가능성이 있다. 겉보기에는 그럴 듯하지만, 실제로는 허위인 결과를 피하기 위해서는 분석 방법을 정상적stationary인 시계열에 적용해야 한다. 비선형 모형에 쓰이는 기법을 논하는 연구 논문도 있지만, 이 책의 범위를 넘어선다. 그렇지만 비정상적non-stationary인 시계열의 관점에서 어쨌든 이 문제를 짚어보기는 할 것이다. 이에 관한 논문으로는 서먼Thurman(1998)의 논문이 훌륭한 입문서가 될 것이다.

적절한 시차 구조lag structure를 밝혀낼 몇 가지 방법이 있다. 물론, 억지로 그럴듯한 시차들을 모두 하나씩 테스트해볼 수 있다. 또는 그 분야의 전문적인 지식이나 선행됐던 연구에 기반을 두고 합리적인 직관으로 시차를 선택할 수도 있다. 그렇지 않은 경우라면, **벡터 자기회귀 모형**Vector Auto-Regression, VAR을 이용해 AICAikake's Information Criterion, FPEFinal Prediction Error

---

8 RSS가 작은 모형이 더 설명력 있다. – 옮긴이

등의 정보 기준Information Criterion이 가장 낮은 시차 구조를 선택할 수도 있다. 간결성을 위해 2개의 변수를 갖는 간단한 벡터 자기회귀 모형을 다음 식으로 표현해본다. 이 모형은 각 변수에 lag−1만 포함한다. 이러한 등식은 적절한 개수의 더 많은 변수와 시차로 얼마든지 확장할 수 있다.

- $Y = constant_1 + B_{11} \, Y_{t\text{-}1} + B_{12} \, Y_{t\text{-}1} + e_1$
- $X = constant_1 + B_{21} \, Y_{t\text{-}1} + B_{22} \, Y_{t\text{-}1} + e_2$

다음의 실전 문제에서 볼 수 있듯이, 이러한 과정은 R로 매우 간단히 실행할 수 있다.

▌ 비지니스 이해하기

> 지구는 아무 데도 가지 않는다. 가는 것은 우리지! 우리가 멀리 떠나는 게지.
>
> — 조지 칼린George Carlin(철학가, 코미디언)

기후는 계속 변하고 있다. 언제나 그래왔고 앞으로도 계속 변할 것이다. 그러나 적어도 정치적이고 경제적인 입지에서 큰 의문점은 바로 '기후 변화가 인간에 의한 것인가?' 하는 것이다. 나는 이 장에서 계량 경제학적 시계열 모형을 이용해 탄소 배출이 통계학적으로 유의미하게 기후 변화를 초래하는지, 특히 기온을 상승시키는지를 검증해보려고 한다. 칼린 씨가 이 주제에 관해 우리에게 남긴 가르침을 교리로 삼아 개인적으로 이러한 쟁점에 관해 중립적인 입지를 취하고자 한다.

비지니스의 첫 번째 순서는 데이터를 찾아 모으는 일이다. 기온 데이터로는 HadCRUT4 연간 중위median 온도 시계열 자료를 골랐는데, 아마도 이 데이터가 표준gold standard일 것이다. 이 온도 데이터는 이스트 앵글리아 대학교University of East Anglia 기후 연구 팀과 영국 기상청의 해들리 센터Hadley Centre가 협력해 만들어낸 것이다. 이 데이터를 취합하고 모형화하는 과정에 관한 자세한 이야기는 다음 링크에서 확인할 수 있다.

http://www.metoffice.gov.uk/hadobs/index.html

우리가 이용할 데이터는 연간 이상annual anomaly 수의 값을 계산하는 데 사용되는데, 특정 기간 동안의 연간 중위 표면 온도와 표준 연도(1961~1990)의 평균 온도의 차이로 계산된다. 연간 표면 기온은 전 세계적으로 수집된 온도와 CRUTEM4 표면 기온 및 HadSST3 해수면 데이터 세트들로 이뤄진 총체다. 이 온도 데이터는 편향되고 신뢰할 수 없는 데이터라는 공격을 받았다.

http://www.telegraph.co.uk/comment/11561629/Top-scientists-start-to-examine-fiddled-global-warming-figures.html

이의 사실 관계를 밝히는 일은 이 책의 범위를 너무 벗어나므로 여기서는 이 데이터를 있는 그대로 받아들여 사용해보자. CO_2 데이터와 맞추기 위해 1919년 3월부터 1958년을 지나 2013년까지의 온도 데이터를 추출해 사용했다.

전 지구적 CO_2 배출 추정값은 미국 에너지부 이산화탄소 정보 분석 센터Carbon Dioxide Information Analysis Center, CDIAC의 다음 웹 사이트에서 찾을 수 있다.

http://cdiac.ornl.gov/

위에서 구한 데이터는 .csv 파일 형식으로 climate.csv에 저장했으며, 독자는 다음 위치에서 찾을 수 있다.

https://github.com/datameister66/data/

위의 파일을 다운로드해 작업 디렉터리에 저장했다면, 이제 R에서 불러들여 데이터의 구조를 검사해보자.

```
> climate <- read.csv("climate.csv", stringsAsFactors = F)
> str(climate)
 'data.frame': 95 obs. of 3 variables:
 $ Year: int 1919 1920 1921 1922 1923 1924 1925 1926 1927 1928 ...
 $ CO2 : int 806 932 803 845 970 963 975 983 1062 1065 ...
```

```
$ Temp: num -0.272 -0.241 -0.187 -0.301 -0.272 -0.292 -0.214
    -0.105 -0.208  -0.206 ...
```

마지막으로, 이 데이터를 시계열 구조로 변환하고 시작과 끝 연도를 지정한다.

```
> climate <- ts(climate[, 2:3], start = 1919, end = 2013)
> head(climate)
      CO2   Temp
[1,] 806 -0.272
[2,] 932 -0.241
[3,] 803 -0.187
[4,] 845 -0.301
[5,] 970 -0.272
[6,] 963 -0.292
```

이렇게 시계열 구조로 데이터를 로딩했으므로 이제 이해와 분석을 위해 추가 준비를 해 보자.

데이터의 이해와 준비 과정

이를 위해서는 다음의 두 패키지가 필요하므로 시스템에 설치돼 있는지 반드시 확인하자.

```
> library(forecast)
> library(tseries)
```

두 시계열의 도표를 만드는 것으로부터 시작해보자.

```
> plot(climate)
```

다음과 같은 그래프가 출력될 것이다.

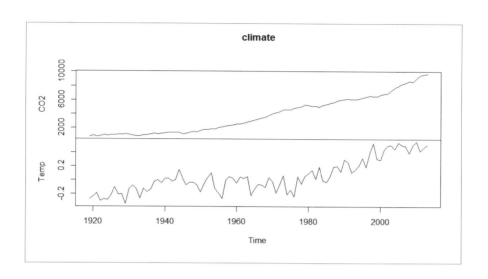

위 도표를 보면, CO_2 레벨은 실제로 제2차 세계대전 이후에 증가하기 시작했고, 온도 이상Temperature anomaly은 1970년대 중반경부터 급속하게 발생하고 있음을 알 수 있다. 뚜렷이 특이점이라 할 만한 것은 없어 보이고, 시간축을 따른 분산은 일정한 것으로 보인다. 표준적인 분석 절차를 이용해 다음과 같이 두 시계열이 높은 상관관계를 보임을 알 수 있다.

```
> cor(climate)
         CO2       Temp
CO2   1.0000000 0.8404215
Temp  0.8404215 1.0000000
```

앞에서 설명한 것처럼, 상관관계가 높게 나타났다는 결과만으로는 인과관계가 있다는 것을 증명하지 못하므로 아직 기뻐하기엔 이르다. 두 시계열의 ACF와 PACF의 도표를 출력해 구조를 살펴보자.

```
> autoplot(acf(climate[, 2], plot = F), main="Temp ACF")
```

위 명령을 실행한 결과는 다음과 같다.

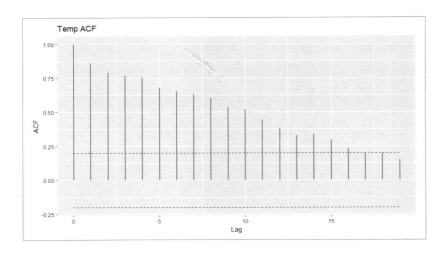

다음 코드는 Temp의 PACF 도표를 출력한다.

```
> autoplot(pacf(climate[, 2], plot = F), main = "Temp PACF")
```

위 명령을 실행한 결과는 다음과 같다.

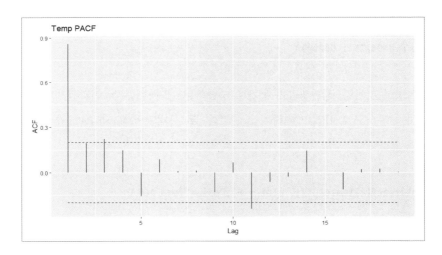

다음 코드는 CO_2의 ACF 도표를 출력한다.

```
> autoplot(acf(climate[, 1], plot = F), main = "CO2 ACF")
```

위 명령을 실행한 결과는 다음과 같다.

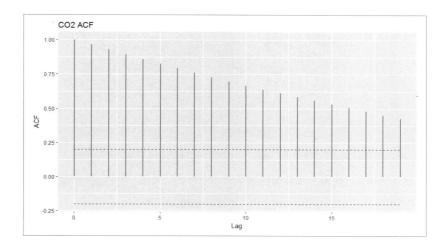

다음은 CO_2의 PACF 도표를 위한 코드다.

```
> autoplot(pacf(climate[, 1], plot = F), main = "CO2 PACF")
```

위 명령을 실행한 결과는 다음과 같다.

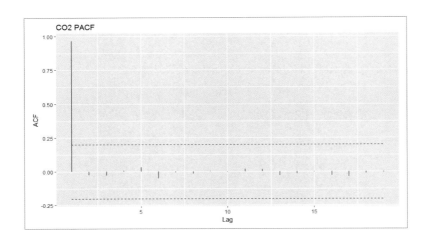

두 시계열이 서서히 감쇠하는 ACF 패턴과 급격히 감쇠하는 PACF 패턴을 나타내므로 두 시계열 모두 자기회기적autoregressive임을 알 수 있다. 온도 시계열은 약간의 이동 평균 패턴을 보이고 있긴 하다. 다음은 **교차 상관 함수**Cross Correlation Function, CCF에 관해 알아본다. 이 함수에서는 x 변수가 y 변수보다 앞에 오는 것에 주의하자.[9]

```
> ccf(climate[, 1], climate[, 2], main = "CCF")
```

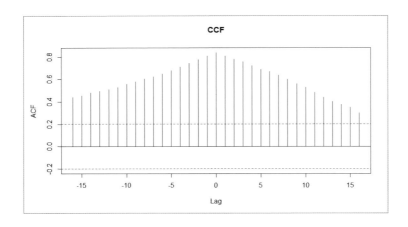

9   우리의 예에서 x 자리에 오는 climate[,1]이 CO_2고, y 자리에 오는 climate[,2]이 Temp – 옮긴이

위의 CCF는 온도 시계열과 CO_2의 시차 시계열 사이의 상관관계를 보여준다. x 시계열의 음의 시차 시계열이 높은 상관관계를 보일 때 우리는 'x가 y를 선행한다[leading]'라 하고, 반대의 경우에는 'x가 y에 후행한다[lagging]'라 한다. 위의 도표를 보면 CO_2는 선행과 후행을 모두 하고 있음을 알 수 있다.[10] 우리의 분석에서는 전자, 즉 선행하는 관계를 보는 것은 고무적이지만 후자, 즉 후행하는 관계는 부자연스러워 보인다.[11] 이것이 문제가 될지 아닐지는 벡터 자기회귀 모형과 그랜저 인과관계에서 살펴볼 것이다.

추가로 이 데이터가 정상적인지[stationary] 검사해야 한다. tseries 패키지에 있는 adf.test( ) 함수로 **확장 디키–풀러**[Augmented Dickey-Fuller, ADF] 검정을 통해 두 시계열의 정상성을 확인할 수 있다.

```
> adf.test(climate[, 1])

        Augmented Dickey-Fuller Test

data:  climate[, 1]
Dickey-Fuller = -1.1519, Lag order = 4, p-value = 0.9101
alternative hypothesis: stationary

> adf.test(climate[, 2])

        Augmented Dickey-Fuller Test

data:  climate[, 2]
Dickey-Fuller = -1.8106, Lag order = 4, p-value = 0.6546
alternative hypothesis: stationary
```

10 위 그래프에서, 예를 들어 −1 Lag의 세로 막대가 대략 0.8로 높은 상관관계를 보이고 있는데, 음의 시차에서 높은 상관관계를 보이므로 x가 y (Temp)를 '선행'하고 있다. – 옮긴이

11 CO_2 레벨 상승이 기온을 상승시킨다고 볼 때 CO_2가 Temp를 선행한다고 보는 것이 자연스러우므로 – 옮긴이

두 시계열 모두 통계적으로 유의하지 않은 p-value를 보이므로[12] 귀무가설을 기각할 수 없고, 따라서 둘 다 정상성을 띠지 않다는 결론을 내리게 된다.

시계열 자료의 구조를 살펴봤으므로 이제는 모형화 작업을 해본다. 우선 단변량 기법을 기온 이상[temperature anomalies]에 적용하는 것으로 시작하자.

▮ 모형화와 평가

모형화와 평가 단계를 위해서 다음의 세 가지 과제에 집중하려고 한다. 첫 번째는 표면 온도만 적용한 단변량 예측 모형을 만드는 것이다. 두 번째는 표면 온도와 CO_2에 기반한 표면 온도의 회귀 모형을 개발하는 것이다. 그리고 그 결과물을 이용해 CO_2 레벨이 표면 온도 이상에 그랜저 인과관계를 유발하는지를 알아볼 것이다.

단변량 시계열 예측

이 작업에서의 목표는 표면 온도의 단변량 예측값을 생성하는 것인데, 이때 주안점은 Holt 선형 추세 모형과 ARIMA 모형 중에 어느 것을 이용할 것인지 결정하는 데 있다. 지금까지 다른 학습 모형에서와 마찬가지로, 우리는 두 모형을 훈련[training]하고 시간 외 테스트 세트[13]에 관한 예측 정확도를 결정할 것이다. 다음 코드는 Climate의 서브 세트로 Temp 시계열을 만든 후, 이를 다시 제2차 세계대전을 기점으로 훈련 세트와 테스트 세트로 나눠 생성한다.

```
> temp <- climate[, 2]
> train <- window(temp, start = 1946, end = 2003)
> test <- window(temp, start = 2004)
```

---

12 예를 들어, 유의수준이 0.05라면, 이보다 훨씬 큰 값인 0.9101과 0.6546 – 옮긴이

13 out-of-time data set, 즉 모형 훈련에 쓰이지 않았던 시간대의 자료 – 옮긴이

그 다음은 평활 모형을 만들기 위해 forecast 패키지의 holt( ) 함수를 사용한다. 두 가지 모형을 만드는데, 하나는 감소 추세가 있는 모형, 다른 하나는 없는 모형이다. 이 함수에서 명시해야 할 인자는 시계열, $h=...$로 표현되는 예측할 기간의 수, 초기 상태값(optimal 또는 simple), 감소 추세를 이용 여부다. 'optimal'을 선택하면 알고리즘은 평활 모수와 더불어 초기 시작값을 최적화할 것이다. 한편, 'simple'을 선택하면 첫 몇 개의 관측값을 시작값으로 사용해 계산할 것이다. 이때 forecast 패키지에서 최적 모수를 찾아줄 ets( ) 함수를 사용할 수도 있다. 하지만 우리의 예에서는 두 방법을 비교할 수 있도록 holt( )를 고수한다. 자, 이제 다음과 같이 감소 추세가 없는 holt 모형을 만들어보자.

```
> fit.holt <- holt(train, h = 10, initial = "optimal")
```

다음 코드와 같이 forecast( ) 함수를 이용해 위의 적합 결과로 도표를 만들고, 테스트 세트를 이용해 얼마나 잘 예측했는지 성능을 알아보자.

```
> plot(forecast(fit.holt))
> lines(test, type = "o")
```

위 명령을 실행한 결과는 다음과 같다.

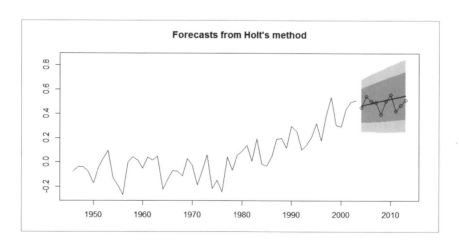

위 플롯에 따르면, 예측값이 약간 선형의 상승 추세인 것으로 보인다. 이번에는 damped=TRUE 인자를 추가해, 감소 추세를 포함한 예측을 시도해보자.

```
> fit.holtd <- holt(train, h = 10, initial="optimal", damped = TRUE)
> plot(forecast(fit.holtd),main = "Holt Damped")
> lines(test, type = "o")
```

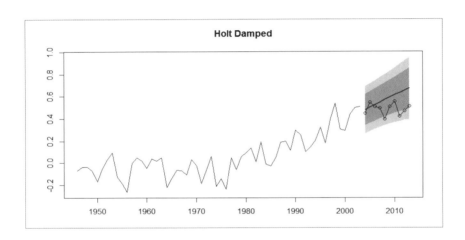

마지막으로, 단변량 분석에서 forecast 패키지의 auto.arima() 함수를 이용한 ARIMA 모형을 구축한다. 함수 내에 인자로서 명시할 수 있는 옵션이 많지만, 기본값을 이용하면 단순히 분석할 시계열 이름만 넣어도 알아서 ARIMA 적합을 찾아준다.

```
> fit.arima <- auto.arima(train)
> summary(fit.arima)
Series: train
ARIMA(0,1,1) with drift

Coefficients:
         ma1    drift
      -0.6949  0.0094
s.e.   0.1041  0.0047
```

위의 출력은 앞부분 일부만 보여준 것으로, 이에 따르면 표류항(drift, 절편에 해당하며 위의 출력에서 0.0094)이 있는 MA=1, I=1, 즉 표류항이 있는 ARIMA(0, 1, 1) 모형이 선택됐음을 알 수 있다. 앞에서 한 것과 마찬가지로, test 데이터를 이용해 예측 성능을 도표를 통해 확인해보자.

```
> plot(forecast(fit.arima, h = 10))
> lines(test, type="o")
```

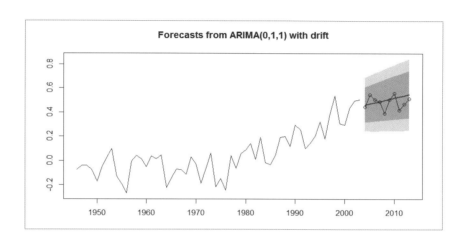

이 도표를 보면 감소 추세 없이 holt 기법을 이용한 경우와 매우 비슷하다. 다음과 같은 코드로 각 모형의 평균 절대 백분율 오차Mean Absolute Percentage Error, MAPE를 계산하고, 이 중 최소의 오차를 보이는 모형을 찾자.

```
> mapeHOLT <- sum(abs((test - fit.holt$mean)/test))/10
> mapeHOLT
[1] 0.105813
> mapeHOLTD <- sum(abs((test - fit.holtd$mean)/test))/10
> mapeHOLTD
[1] 0.2220256
> mapeARIMA <- sum(abs((test - forecast(fit.arima, h = 10)$mean)/test))/10
```

```
> mapeARIMA
[1] 0.1034813
```

예측 오차는 ARIMA(0, 1, 1)이 holt 기법보다 약간 더 작았으며, 감소 추세 모형이 제일 예측 성능이 떨어지는 것으로 나타났다.

이와 같은 통계적 증거와 도표를 이용한 육안 검사를 통해, 단변량 예측 모형으로서 ARIMA 모형이 가장 좋은 선택이라는 것을 알 수 있다.[14]

지금까지, 표면 온도 이상 예측을 위한 단변량 예측 모형을 구축했다. 이제 CO_2 레벨이 이러한 이상을 초래하는지 알아볼 것이다.

인과관계의 검사

이 장에서는 바로 이 부분이 가장 중요한 순간이라 하겠는데, 단순한 상관관계인지 인과관계인지를 구별하려고 한다. 즉, 적어도 그랜저 인과관계가 성립하는지 살펴본다. 물론 이러한 기법을 CO_2 레벨과 표면 온도 이상과의 인과관계를 밝히기 위해 사용한 것이 이번이 처음은 아니다. 트리아까Triacca(2005)에 따르면, 대기 중 CO_2가 지표면 온도 이상에 그랜저 인과관계를 초래하는지에 관해서는 아무런 증거가 없었다. 한편, 코드라Kodra(2010)는 인과관계가 있었다는 결론을 내렸지만, 주의할 점으로 자신의 데이터가 2차 차분 후에도 정상성을 보이지 않았다는 것을 지적했다. 이런 상충하는 연구가 논쟁을 잠재우지는 않겠지만, 적어도 독자들이 개인적으로 분석을 시도하는 데는 영감을 불어넣어주지 않겠는가?[15]

---

14 CO_2 농도는 seasonality를 보이는 데이터로 알려져 있고, 그래프를 보면 1년 중에도 지그재그로 상승 감소하는 패턴을 매년 보인다. 제대로 분석하면 연간 데이터가 아닌 월별 데이터를 사용해야 하며, decompose()를 사용해 seasonality를 제거하거나 HoltWinters() 모형에서 gamma 값을 줌으로써 계절성을 필터링해 예측해야 한다. ARIMA의 경우에도 Seasonal ARIMA 모형을 사용해야 한다. — 옮긴이

15 후속 연구에 의해 부정되고 있는 트리아까(2005)의 연구를 그랜저 인과관계를 보이는 많은 연구 중 하나인 코드라(2010)와 일대일로 제시하고 있다. 특히, 과거 연구에서 월별 자료가 아닌 연별 자료를 이용한 것과 CO_2 농도가 아닌 CO_2 복사 강제력을 데이터로 이용하고 있다는 점이 문제로 지적되고 있다. — 옮긴이

여기에서 우리의 계획은 먼저 허위^{spurious} 선형 회귀를 실례를 들어 보이는 것인데, 허위인 선형 회귀에서는 잔차가 자기상관^{autocorrelation} 또는 계열상관^{serial correlation}이라고도 하는 현상을 보인다. 그 다음에는 그랜저 인과관계를 검사하는 두 가지 접근방식을 점검해볼 것이다. 첫 번째 방식은 전통적인 기법으로, 두 시계열이 모두 정상성을 띠는 경우다. 그 다음 방식은 토다와 야마모토^{Toda and Yamamoto}(1995)가 보여준 기법으로, 이 방법은 '레벨 데이터'라 불리기도 하는 가공 이전의 데이터^{raw data}에 적용되는 것이다.[16]

선형 회귀

먼저 허위 선형 회귀^{spurious regression}부터 시작하자. 이런 허위 선형 회귀가 현실에서는 얼마나 흔하게 실행되는지 너무나 많이 봐왔다. 여기서 우리는 간단히 선형 모형을 만들어 그 결과를 검사해볼 것이다.

```
> fit.lm <- lm(Temp ~ CO2, data = climate)
> summary(fit.lm)

Call:
lm(formula = Temp ~ CO2, data = climate)

Residuals:
     Min      1Q   Median      3Q     Max
-0.36411 -0.08986  0.00011  0.09475  0.28763

Coefficients:
             Estimate Std. Error t value    Pr(>|t|)
(Intercept) -2.430e-01  2.357e-02  -10.31    <2e-16 ***
CO2          7.548e-05  5.047e-06   14.96    <2e-16 ***
---
Signif. codes:  0 '***' 0.001 '**' 0.01 '*' 0.05 '.' 0.1 ' ' 1

Residual standard error: 0.1299 on 93 degrees of freedom
```

---

16 즉, 차감(differencing)하지 않은 데이터를 흔히 '레벨 데이터'라고 함. – 옮긴이

```
Multiple R-squared:  0.7063, Adjusted R-squared:  0.7032
F-statistic: 223.7 on 1 and 93 DF, p-value: < 2.2e-16
```

얼마나 모든 것이 유의하게^{significant} 나타나는지 살펴보라. 수정 R제곱값$^{adjusted\ R-squared}$은 0.7이나 된다. 이에 따르면 상당이 높은 상관관계를 보이지만, 사실 이것은 그랜더와 뉴볼드$^{Grander\ and\ Newbold}$(1974)가 논했듯이 모두 아무런 의미도 없다.[17]

계열 상관(잔차들의 자기상관관계)을 플롯으로 나타내보면 뚜렷한 패턴이 드러날 것이다.

```
> plot.ts(fit.lm$residuals)
```

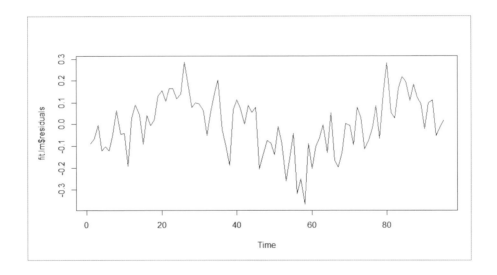

---

17 허위 선형 회귀는 과학적 메커니즘으로도 설명되지 않을, 인과관계가 전혀 있을 수 없는 수많은 시계열 데이터가 상관관계를 계산하면 높게 나오는 경우로, 지금 사용하고 있는 데이터는 그 카테고리에 해당하지 않는다. 허위 선형 회귀의 적합한 예로 는 한 도시의 아이스크림 판매량과 풀장에서의 익사 사고율을 들 수 있다. 두 데이터는 1년 중에 특정한 시기에 상승세를 보이 며 매우 밀접하게 상관관계가 있는 것처럼 나타나지만, 둘 사이는 전혀 인과관계가 성립하지 않는 데이터다. 이는 아마 무더위 (heat-wave)와 같은 관찰되지 않은 변수가 두 데이터에 영향을 미치고 있었기 때문일 가능성이 높다. 이러한 변수를 중첩 변수 (confounding variable)라고 부른다. 그러나 CO_2 농도와 기온 상승 간의 관계는 과학적 메커니즘이 증명된 인과관계를 갖고 있 으므로 허위 선형 회귀의 예로는 적절하지 않다. − 옮긴이

다음의 ACF 도표는 시차 10까지 유의미한 자기상관관계를 보여주고 있다.

```
> acf(fit.lm$residuals)
```

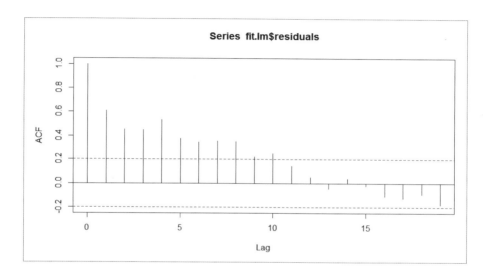

Durbin-Watson 테스트로 자기상관관계를 검정할 수 있다. 테스트에서 귀무가설은 "자기
상관관계가 없다"다.

```
> library(lmtest)
> dwtest(fit.lm)

Durbin-Watson test

data:  fit.lm
DW = 0.77425, p-value = 4.468e-12
alternative hypothesis: true autocorrelation is greater than 0
```

앞의 도표를 아무리 살펴봐도 귀무가설을 걱정 없이 기각할 수 있다는 사실이 별로 놀랍지 않음을 알수 있다.[18] 자기상관관계가 있는 시계열 자료를 다루는 간단한 방법은 종속적인 시계열의 시차 변수를 포함하거나 모든 데이터를 정상적stationary으로 만드는 것이다(또는 두 가지 방법을 모두 시행한다). 우리는 다음 단계의 벡터 자기회귀 모형VAR에서 이러한 방법을 적용해볼 것이다. 우리의 그랜저 인과관계를 보이려는 노력의 일환으로, VAR로써 적절한 시차 구조를 밝히는 과정을 밟게 된다.

벡터 자기회귀 모형(Vector autoregression)

이전 섹션에서 온도는 정상성을 띠며 CO_2는 1차 차분을 해야 함을 알게 됐다. 이러한 사실을 확인할 수 있는 또 다른 간단한 방법은 forecast 패키지의 ndiffs() 함수다. 이 함수는 시계열 자료를 정상적으로 만드는 데 필요한 최소한의 차분 횟수를 출력한다. 이 함수의 인자로서 kpssKwiatkowski, Philips, Schmidt & Shin, adfAugmented Dickey-Fuller 또는 ppPhilips-Peron 라는 세 가지 테스트 중에 어떤 방법을 쓸 것인지 명시할 수 있다. 다음 코드에서 쓸 ADF 테스트는 귀무가설이 '시계열 자료가 정상적이지 않다'다.

```
> ndiffs(climate[, 1], test = "adf")
[1] 1
> ndiffs(climate[, 2], test = "adf")
[1] 1
```

두 시계열 모두 정상적이 되려면 1차 차분을 해야 한다. 우선 차분을 하고, 두 시계열이 모두 정상이 된 후에 전통적인 방법으로 분석을 시행한다. 이 연습문제를 위해 필요한 패키지를 불러들이자.[19]

---

18 Durbin—Watson 테스트 결과에서 p-value가 0에 가까운 매우 작은 값이므로 귀무가설은 기각됨. 플롯에서 Lag 1부터 10까지 세로 막대가 점선을 지나 높은 값을 갖는데, 즉 그 시차에서 유의미한 자기상관관계를 보임. - 옮긴이

19 다음의 두 vars 와 aod 패키지는 R의 기본 패키지가 아니므로 독자가 따로 설치해야 한다. - 옮긴이

```
> library(vars)
> library(aod)
> climateDiff <- diff(climate)
> climateDiff <- window(climateDiff, start = 1946)
> head(climateDiff)
Time Series:
Start = 1946
End = 1951
Frequency = 1
     CO2   Temp
1946   78 -0.099
1947  154  0.034
1948   77  0.001
1949  -50 -0.035
1950  211 -0.100
1951  137  0.121
```

이제 VAR를 이용, 몇 가지 정보 기준에 기반을 두고 최적의 시차 구조를 정하는 일만 남았다. 이 작업은 var 패키지의 VARselect( ) 함수로 할 수 있는데, 함수의 인자로는 데이터와 최대로 실행할 시차 횟수를 log.max = n의 형태로 명시하면 된다. 최대 시차값(lag.max)을 12로 줘보자.

```
> lag.select <- VARselect(climateDiff, lag.max = 12)
> lag.select$selection
AIC(n)  HQ(n)  SC(n) FPE(n)
     5      1      1      5
```

위 코드에서 lag.select$selection으로 네 가지 정보 기준을 호출했다. 이들 정보 기준은 AIC[Akaike's], HQ[Hannan-Quinn], SC[Schwarz-Bayes], FPE[Final Prediction Error]다. AIC와 SC는 2장, '선형 회귀 – 머신 러닝의 기본 기술'에서 이미 다뤘으므로 여기서는 정보 기준 공식이나 둘의 차이점을 반복해 다루지는 않는다. 실제로 계산된 값이 궁금할 경우, lag.select$criteria 를 실행하면 각 시차별로 네 가지 정보 기준값이 모두 출력될 것이다. VAR 모형에서 최적의 시차 횟수가 AIC와 FPE에 따르면 5회, HQ와 SC 정보 기준으로는 1회인 것으로 나타났다. 여기서는 5년의 시차를 쓰는 것이 타당해 보인다. var( ) 함수를 이용해 시차가 5인 모형을 만들어보자. 시차가 1인 모형은 독자 스스로 만들어보기 바란다.

```
> fit1 <- VAR(climateDiff, p = 5)
```

요약을 위해 summary( ) 함수를 사용하면 CO_2와 Temp 각각에 관한 두 모형에 관한 결과를 보여주기 때문에 출력물이 사실은 두 페이지를 채울 정도로 꽤 길다. 그래서 다음 줄에는 그중에 Temp에 관한 예측 결과만 축약해 나타냈다.

```
> summary(fit1)
      Residual standard error: 0.1006 on 52 degrees of freedom
      Multiple R-Squared: 0.4509, Adjusted R-squared: 0.3453
      F-statistic: 4.27 on 10 and 52 DF, p-value: 0.0002326
```

이 모형은 유의한 것으로 나타났고(p-value: 0.0002326), 수정 R제곱값은 0.35다.

이전의 절에서 설명했던 것처럼, 계열 상관serial correlation을 검사해야 한다. VAR 패키지에 있는 serial.test( )는 다변량 자기상관관계multivariate autocorrelation를 위한 검사다. 이 함수는 몇 가지 테스트를 제공하는데, 여기서는 일단 Portmanteau Test라는 검사를 해보자. 한편, DWDurbin-Watson 테스트는 단변량 시계열에만 사용할 수 있다는 점에 주의하기 바란다. 귀무가설의 "자기상관관계는 0", 대립가설은 "자기상관관계가 0이 아니다"다.

```
> serial.test(fit1, type = "PT.asymptotic")
    Portmanteau Test (asymptotic)

data:  Residuals of VAR object fit1
Chi-squared = 35.912, df = 44, p-value = 0.8021
```

p-value가 0.8021로 크므로 귀무가설을 기각할 만큼의 증거는 없으며, 따라서 잔차들은 자기상관관계를 갖지 않는다고 할 수 있다. 독자들은 시차 1로 실행한 모형에서는 테스트 결과가 어떻게 다른지 비교해보기 바란다.

R에서 그랜저 인과관계 테스트를 하려면, lmtest 패키지의 Grangertest( )를 이용하거나 vars 패키지의 causality( ) 함수를 이용해야 한다. 여기에서는 causality( )로 설명하려고 한다. 사용법은 매우 간단한데, 앞에서 생성한 fit1 객체를 활용해 두 가지 객체를 만들기만 하면 된다. 하나는 x가 y를 초래하는 경우 그리고 다른 객체는 반대로 y가 x를 초래하는 경우를 위한 것이다.

```
> x2y <- causality(fit1, cause = "CO2")
> y2x <- causality(fit1, cause = "Temp")
```

이제 그랜저 테스트 결과를 다음과 같이 호출하기만 하면 된다.

```
> x2y$Granger

    Granger causality H0: CO2 do not Granger-cause Temp

data:  VAR object fit1
F-Test = 2.2069, df1 = 5, df2 = 104, p-value = 0.05908

> y2x$Granger

    Granger causality H0: Temp do not Granger-cause CO2

data:  VAR object fit1
F-Test = 0.66783, df1 = 5, df2 = 104, p-value = 0.6487
```

CO_2 차분이 Temp에 관해 그랜저 인과관계를 초래하는지에 관한 p-value는 0.05908이며, 상당히 작은 값이므로 귀무가설은 기각, 그 반대의 방향으로 Temp가 CO_2 차분에 그

랜저 인과관계를 초래하는지에 관한 p-value는 0.6487이므로 유의하지 않다. 이로부터 첫 번째로 할 수 있는 이야기는 Y가 X를 초래하지 않는다는 것이다.[20] 한편, X가 Y를 초래하는지에 관해서는 유의수준 0.05에서 귀무가설을 기각할 수 없고, 따라서 X가 Y에 관해 그랜저 인과관계를 초래하지 않는다는 결론을 내리게 된다. 하지만 여기서 이 결론이 타당한가? 독자에게 당부하건데, p-value는 귀무가설이 참이라고 가정했을 때 X가 Y에 미치는 영향이 얼마나 그럴 듯한지를 평가하는 수치임을 기억하기 바란다. 또한 이러한 p-value를 이용한 가설 검정 방법이 이분법적으로 유의수준 0.05보다 작으면 "예", 크면 "아니요" 하는 식으로 설계된 것이 아니란 점도 명심하기 바란다. 만약, 이것이 통제된 실험이었다면, 가령 미국식약청FDA에서 하는 3단계 임상 실험과 같은 경우라면, 아마도 우리는 망설이지 않고 "귀무가설을 기각하기에는 증거가 부족하다"라고 했을 것이다. 그러나 이 연구는 실험 연구가 아닌, 관찰 데이터를 바탕으로 한 관찰 연구이므로 'CO_2 배출이 표면 온도 이상에 관해 그랜저 인과관계를 초래'한다고 이야기할 가능성이 높다.

그러나 이 결론에 관해서는 비판의 여지가 많다. 시작 부분에서 데이터의 질적인 면을 두고 벌어진 논쟁에 관해 언급한 바 있다. 내가 1945년을 선택한 이유는 그 연도가 그럴듯해 보이기 때문이었는데, 아마도 독자는 내가 SAS의 용어로 치면 "proc eyeball한 것이 아니냐"라고 비판할 수 있다.[21] 어느 연도를 분기점으로 선택할지는 분석에 아주 드라마틱한 영향을 미칠 것이고, 시차 구조를 변화시킬 것이며, 유의하지 않은 p-value를 생성할 것이다.

어쨌든 아직도 원래의 차분differencing하지 않은 CO_2의 레벨 데이터를 이용해 Grander causality를 대체하는 다른 기법(즉, Toda-Yamamoto 기법)으로 모형화하는 일이 남았다. 이 분석 기법에서는 데이터를 정상적으로 만들 필요가 없다는 것을 빼면, 적합한 시차를 찾아내는 과정은 이전과 같다.

---

20 즉, Temp가 CO_2 차분에 그랜저 인과관계를 초래하지 않음. – 옮긴이

21 SAS는 유명한 통계 소프트웨어로, proc은 거기서 사용하는 procedure의 준말. proc eyeball은 저자가 농담으로 '눈으로 대충 훑어본 것 아니냐'라는 표현을 한 것 – 옮긴이

```
> climateLevels <- window(climate, start = 1946)
> level.select <- VARselect(climateLevels, lag.max = 12)
> level.select$selection
AIC(n) HQ(n) SC(n) FPE(n)
    10     1     1     6
```

이제 시차−6의 구조로 시도해 유의미한 결과가 있는지 살펴보자. 이때 누적^{Integrated} 시계열을 사용하므로 시차의 차수에 1을 더해야 한다는 것을 기억하라. 이에 관한 자세한 분석 기법에 관한 내용과 왜 이렇게 해야 하는지는 다음 링크에 설명돼 있다.

http://davegiles.blogspot.de/2011/04/testing−for−granger−causality.html

```
> fit2 <- VAR(climateLevels, p = 7)
> serial.test(fit2, type = "PT.asymptotic")


        Portmanteau Test (asymptotic)

data: Residuals of VAR object fit2
Chi-squared = 35.161, df = 36, p-value = 0.5083
```

이제 X가 Y에 관해 그랜저 인과관계를 초래하는지 판별하기 위해 Wald 검정을 시행하는데, 이 검정에서는 Y를 예측할 등식에서 X의 계수만이 모두 0의 값을 갖는다. 이때 기억해야 할 것은 누적^{integration}을 설명하는 추가 계수는 이에 포함되지 않는다는 사실이다.

Wald 검정은 R에서 우리가 이미 로드한 aod 패키지에 들어 있다. 완전 모형$^{full\ model}$의 계수들, 분산 공분산$^{variance-covariance}$ 행렬 그리고 인과 요인에 해당하는 변수를 명시해야 한다.

 VAR 오브젝트에서 테스트해야 할 Temp의 계수들은 2부터 12까지의 짝수로 이뤄져 있다. 한편, CO_2의 계수들은 1부터 11까지의 홀수다. 우리가 사용할 함수에서 c(2,4,6,···)로 직접 쓰는 대신, R의 seq() 함수를 이용해 해당 오브젝트를 따로 생성하자.

우선, CO_2가 어떻게 Temp에 그랜저 인과관계를 초래하는지 알아보자.

```
> CO2terms <- seq(1, 11, 2)
> Tempterms <- seq(2, 12, 2)
```

이제 다음과 같이 wald 검정을 시행할 준비가 됐다.

```
> wald.test(b = coef(fit2$varresult$Temp),
            Sigma = vcov(fit2$varresult$Temp),
            Terms = c(CO2terms))
  Wald test:
  ----------
Chi-squared test:
X2 = 11.5, df = 6, P(> X2) = 0.074
```

결과가 어떠한가? 마법의 숫자 p-value 0.05에 가깝게 나왔다. 이제 반대 방향으로 그랜저 인과관계를 살펴보자.

```
> wald.test(b = coef(fit2$varresult$CO2),
            Sigma = vcov(fit2$varresult$CO2),
            Terms = c(Tempterms))
  Wald test:
  ----------
Chi-squared test:
X2 = 3.9, df = 6, P(> X2) = 0.69
```

마지막으로, 예측을 위해 벡터 자기회귀 모형을 사용하는 방법이 남았다. 이를 위해 predict( ) 함수를 쓸 수 있고, 그 결과에 autoplot( )을 이용해 향후 25년 기간 동안의 예측값을 나타내보자.

```
> autoplot(predict(fit2, n.ahead = 25, ci = 0.95))
```

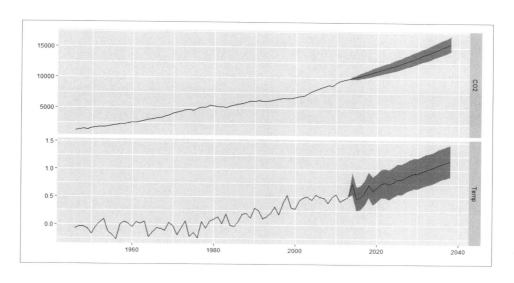

그래프의 예측값을 보니 앞날이 어두워 보인다. 인기 있는 TV 시리즈 '왕좌의 게임'에 나오는 말을 빌리면,

"겨울이 오고 있다."

다른 것은 모르겠고, 지금까지의 배운 내용이 독자들이 실제로 세상에서 맞닥뜨릴 문제에 분석 기법을 어떻게 적용할지 또는 심지어 기후 변화 데이터를 더 자세히 분석하는 데 어떻게 적용할지 독자의 사고를 자극했기 바란다. 인과관계를 입증하는 일은 매우 어려운 일이고, 그랜저 인과관계는 그러한 방향의 노력을 보조하는 데 매우 좋은 도구다.

요약

이 장의 목표는 머신 러닝과 분석 기법에서 시간이 얼마나 중요한 요소인지 논하고, 시계열 자료를 분석할 때 흔히 빠지는 함정과 이를 피해갈 수 있는 기법을 보였다. 전지구 온도 이상과 인간의 이산화탄소 배출량의 분석을 위해, 단변량 및 이변량 시계열 분석을 살펴봤다. 또한 통계적으로 대기 중 CO_2 레벨이 표면 온도 이상을 초래하는지 판별하기 위해 그랜저 인과관계를 알아봤다. CO_2가 온도에 작용하는 그랜저 인과관계는 p-value가 0.05보다 높았지만, 0.10보다 작았다는 것을 발견했다. 이는 그랜저 인과관계가 머신 러닝 문제에서 인과관계를 조사하는 효과적인 도구임을 보여주고 있다. 다음 장에서는 학습 방법을 문서 데이터에 어떻게 적용할지 살펴본다.

추가로, 시계열 분석에서 우리는 겨우 표면만 훑어본 셈이라는 것을 명심하기 바란다. 변화점 탐지changepoint detection, 시계열 분해 방법decomposition of time series, 비선형 예측 등 많은 기법을 독자가 더 찾아 공부하기 권한다. 통상 이러한 기법들이 머신 러닝의 분석 도구들로 간주되지는 않지만, 알아두면 독자에게 매우 소중한 자산이 될 것이다.

13

텍스트 마이닝

"틀릴지도 모르는 답을 이용해 사느니, 무지의 삶을 사는 것이 훨씬 더 흥미로울 것 같다."
('나는 의심과 불확실 속의 무지의 삶을 살 수 있다'의 다음 문장)

− 리차드 파인만Richard Feynman

세상에는 글text로 된 데이터가 넘쳐난다. 구글이나 빙, 야후에서 구조화되지 않은 텍스트로 된 형태의 데이터가 약 80~90% 정도로 추정된다. 정확한 수치는 중요하지 않다. 데이터의 대부분이 텍스트 형식으로 돼 있다는 점이 중요하다. 이는 데이터에서 무엇인가를 찾고자 한다면 텍스트를 처리하고 분석할 수 있는 능력을 키워야 한다는 것을 의미한다.

마켓 연구원으로 처음 일을 시작했을 때 일이다. "아!" 하고 깨닫는 순간인 '정량적인 통찰력'을 얻을 수 있을지도 모른다는 희망에 중재자 포커스 그룹moderator-led focus group과 한 인터뷰 내용을 한 페이지 한 페이지 수작업으로 일일이 살펴보곤 했다. 여러분도 언젠가는 팀 동료와 그런 문제에 관해 같은 통찰을 갖고 있는지 입씨름을 하게 될 날이 있을 것이다. 살다 보면 프로젝트에 갑자기 젓가락 들고 끼어들어 30~40개의 인터뷰 일정 중에 2개만 골라 듣는 사람이 있기 마련이다. 아쉽게도 그런 사람은 세상이 돌아가는 방식을 제 마음대로 정하고 만다. 분석가는 여러 기술을 사용해 데이터를 의미를 지닌 양적 결과로 빠르게 뽑아내고, 질적 이해를 돕고, 심지어 젓가락 들고 끼어든 사람의 마음도 바꿔 버린다. 분석가가 사용하는 기술을 잘 대조해보길 바란다.

이후로 나는 수년 동안 여기서 설명했던 기술들을 적용해 의사와 환자 간의 상호작용을 분석하거나 FDA가 처방 의약품 광고에 관한 두려움을 이해하고자 했으며, 희귀암에 관한 환자의 걱정이 무엇인지 파악했다. R과 이 장에서 사용한 기법을 사용하면 여러분도 텍스트 데이터에서 매우 유용한 정보를 추출할 수 있게 될 것이다.

▌ 텍스트 마이닝 프레임워크와 기법

텍스트 마이닝에 사용하는 기법은 매우 다양하다. 여기서는 데이터 마이닝에 사용할 기본 프레임워크를 제공한다. 이 프레임워크는 가능한 기법을 모두 포함하지 않지만, 작업할 대부분의 프로젝트에서 가장 중요하다고 할 만한 방법을 다루게 될 것이다. 또한 이 방법들이 매우 복잡하기 때문에 가능한 한 간결하고 명확한 방법으로 모형 기법을 설명한다. 텍스트 데이터를 모으고 변환하는 작업은 여러 장에 걸쳐 설명해야 할 정도의 주제다. 따라서 우리가 사용할 데이터가 트위터나 고객 콜센터의 데이터에서 제공됐거나 웹 사이트에서 긁어온 것일 수도 있지만, 이런 데이터들이 무엇이든 일종의 텍스트 파일 형태로 들어 있다고 가정할 것이다.

첫 번째로 할 작업은 텍스트 파일을 **말뭉치**corpus라는 구조화된 파일 하나에 저장하는 것이다. 문서의 수는 하나뿐일 수도, 수십, 수백 개 심지어 수천 개가 될 수도 있다. R은 RSS 피드, PDF 파일, MS 워드 문서뿐만 아니라 많은 수의 가공되지 않은 텍스트 파일을 처리할 수 있다. 말뭉치가 생성되면 텍스트 변환으로 데이터를 준비할 수 있다.

다음 목록은 텍스트 파일을 변환하는 방법 중에 가장 일반적이면서도 유용한 것들을 나열한 것이다.

- 대문자를 소문자로 변환
- 숫자 제거
- 마침표 제거
- 정지 단어[stop word] 제거
- 지나친 공백 문자 제거
- 형태소 분석
- 단어 치환

말뭉치로 변환하는 데 있어, 더 집약된 데이터 세트를 만들어내는 것뿐만 아니라 단어 간의 관계를 촉진하기 위해 구조를 단순화해 이해도를 높인다. 하지만 이러한 변환이 항상 필요한 것은 아니고 항상 적절한 판단을 해야 하며, 가장 의미 있는 변환 결과를 얻기 위해 이 과정을 반복할 수도 있다는 것을 명심해야 한다.

단어를 소문자로 변환하면 부정확한 단어 계산을 피할 수 있다. 문장 속에 hockey라는 단어가 세 번 나오고 Hockey라는 단어가 한 번 나타난다면, R에서는 hockey = 4라고 계산하지 않고 단어 수를 hockey = 3과 Hockey = 1이라고 계산한다.

마침표를 없앤 것도 같은 의도다. 비즈니스 사례에서 다루겠지만, 문서를 문장 단위로 나누고자 할 때는 마침표가 매우 중요한 역할을 한다는 것을 알게 될 것이다.

정지 단어[stop word](잡음 단어)를 제거하는 과정은 아무 의미 없는 일반적인 단어를 제거하는 것을 말한다. 이런 단어는 너무 많이 나타나기 때문에 중요한 단어가 묻히게 돼 빈도 분석에 방해가 되기 때문이다. 예를 들어, 영어의 and, is, the, not, to와 같은 것을 들 수 있다. 공백 문자에는 탭 문자, 단락 분리 기호, 이중 공백과 같은 것들이 있는데, 이를 제거

함으로써 좀 더 집약적인 말뭉치값을 만들 수 있다.[1]

형태소 분석은 까다롭고 혼란을 가중시킬 수 있다. 이 과정은 단어의 접두사를 제거하고 기본 단어나 어근^{radical}이라 부르는 단어를 생성하기 때문이다. 나는 개인적으로 형태소 분석을 별로 좋아하지 않으며, 함께 일했던 분석가들도 내 의견에 동의한다. 다행히도 여러분은 R 패키지, tm에 들어 있는 형태소 분석 알고리즘을 사용할 수 있다. 이 함수는 SnowballC 패키지 안의 **포터 형태소 알고리즘**^{porter stemming algorithm}을 호출한다. 형태소의 예를 들어보자. 여러분의 말뭉치에 family와 families가 있다고 가정할 때 R은 이것을 2개의 다른 단어로 취급할 것이다. 형태소 분석 알고리즘을 실행하면 2개의 단어 어근이 famili라고 나타난다. 이를 이용하면 같은 단어를 다른 단어로 취급해 잘못 세는 것을 막을 수 있다. 하지만 어떤 경우에는 해석하기에 어색할 수도 있고 프레젠테이션 목적으로 단어 구름^{wordcloud}을 만드는 경우 시각적으로 어색할 수도 있다(단어 구름에 표시된 단어가 어근 형태로 단어가 표시된다고 생각해보자). 경우에 따라서는 어느 단어가 더 의미 있는지 알기 위해 형태소 분석을 한 것과 하지 않은 단어 모두를 분석하는 것이 좋은 경우도 있다.

변형^{transformation}하는 방법 중에 선택할 만한 가장 좋은 방법은 단어를 대체하는 것이다. 대체를 통해 비슷한 의미를 가진 단어를 묶고자 한다. 예를 들어, management와 leadership은 비슷한 의미를 가진 단어라고 볼 수 있다. 이 방법을 형태소 분석 대신 사용할 수도 있다. 형태소 분석을 한 결과와 그렇지 않은 단어를 조사한 적이 있었는데, 형태소 분석 대신 10여 개의 단어를 대체하는 것이 더 의미 있는 결과를 얻을 수 있다는 결론을 내렸다.

말뭉치 변형 단계를 끝내고 나면 **DTM**^{document-term matrix}이나 **TDM**^{term-document matrix}을 만들어야 한다. 이 행렬 중 하나로 행렬 형태로 된 문서 각각에 관해 단어 수를 표시하는 행렬을 만든다. DTM은 문서를 행, 단어를 열로 구성하고 TDM에서는 이와 반대로 하면 된다. 두 행렬 어느 것이든 텍스트 마이닝을 수행할 수 있다.

---

1 한국어의 '정지'라는 단어가 궁금하면 http://www.ranks.nl/stopwords/korean를 참고하기 바란다. – 옮긴이

행렬을 이용해 텍스트의 단어 수를 조사하고, 단어 구름과 같은 시각화 결과물을 만들어 텍스트 분석을 할 수 있다. 또한 특정 단어에 대응하는 상관관계 목록을 만들어 연관된 단어를 찾을 수도 있다. 이것은 주제 모형을 만드는 데 필요한 자료 구조로도 사용한다.

▌ 주제(topic) 모형

주제 모형은 주요 주제별로 문서를 분류하는 데 효과적으로 사용하는 방법이다. 주제 모형으로 문서 내에서 특정 용어 출현 빈도에 관한 확률적 모형을 만들 수 있다. 적합 모형fitted model은 주제로 참조되는 잠재 변수latent variable의 추가 계층을 사용해 문서뿐만 아니라 특정 키워드 집합의 유사도를 추정하는 데 사용할 수 있다(Grun과 Hornik, 2011). 본질적으로 문서는 그 문서 내의 단어 분포를 기반으로 한 특정 주제로 지정되며, 해당 주제를 가진 다른 문서들은 대략적으로 비슷한 단어 빈도를 나타낸다.

우리가 중점적으로 다루고자 하는 깁스 샘플링Gibbs sampling을 사용한 LDALatent Dirichlet Allocation(잠재 디리슈레 할당) 알고리즘은 가장 일반적으로 사용되는 샘플링 알고리즘이다. 주제 모형을 만들 때는 알고리즘k-dimensions 실행 전에 주제의 수를 먼저 정해야 한다. 주제의 수가 필요한 선험적 근거apriori reason가 없다면 몇 개를 만들어 최종 선택 시 판단 근거로 적용할 수 있다. 깁스 샘플링을 사용하는 LDA 알고리즘은 수학적으로 매우 복잡하지만, 해당 알고리즘이 어떻게 문서를 주제에 맞게 배정하는지를 적어도 쉬운 말로 설명할 수 있을 정도로는 설명하고자 한다. 이 알고리즘을 수학적으로 이해하고자 한다면 일정표에 몇 시간 정도는 비워 놓고 풀 생각을 해야 할 것이다. 아주 좋은 보충 교재는 다음 링크에 있다.

http://www.cs.columbia.edu/~blei/papers/Blei2012.pdf

LDA 알고리즘은 생성 프로세스generative process이므로 정상 상태steady state에 다다를 때까지 다음 과정을 반복한다.

1. *1*부터 *j*까지의 문서가 있을 때 각각 문서(*j*)에 다항분포(디리슈레 분포)에 따라 임의로 주제(*k*)를 지정한다. 이때 주제는 *1*부터 *k*개가 있다. 예를 들어, 문서 *A*는 주제 1이 25%, 주제 2가 25%, 주제 3이 50%라고 할 수 있다.

2. 주제(*k*)에는 *1*부터 *i*까지의 단어가 확률적으로 존재한다. 이 각각을 단어(*i*)라 하자. 예를 들어, 단어 *mean*은 주제 통계에서 0.25의 확률을 가진다.

3. 문서(*j*) 및 주제(*k*)에 있는 각각 단어(*i*)에 관해 해당 주제에 지정된 문서의 단어의 비율을 계산한다. 문서(*j*)에서 주제(*k*)의 확률인 $p(k|j)$와 해당 단어를 포함하는 모든 문서의 주제(*k*)에서의 단어(*i*)의 비율에 주목한다. 주제(*k*)에서 단어(*i*)의 확률인 $p(i|k)$에 관해서도 주목하자.

4. 즉, *t*가 *w*를 포함하는 확률에 기초해 *w*에 새로운 *t* 값을 지정해 다시 샘플링을 한다. 이 확률은 $p(k|j) \times p(i|k)$로 표시할 수 있다.

5. 계산을 정리하고 반복한다. 여러 번 반복하면 알고리즘은 마침내 수렴하게 되며, 문서 속의 주제에 해당하는 단어의 비율에 근거해 해당 문서에 주제를 부여한다.

앞으로 다룰 LDA에서는 단어와 문서의 순서가 중요하지 않다고 가정한다. 하지만 언어 생성 및 시간의 흐름에 따른 시퀀스 모형의 모형을 만들기 위해 이런 가정을 완화하는 경우도 있다. 이런 방법을 동적 주제 모형화dynamic topic modelling라고 한다.

그 밖의 정량 분석 기법

이제 텍스트를 분석하는 것에 관해 이야기해보자. 명사, 동사, 대명사, 형용사, 부사, 전치사, 단수, 복수형과 같은 품사에 기반한 단어 표지tagging와 문장들을 이용해 의미론적으로 분석한다. 가끔은 텍스트의 단어 빈도와 잠재적인 주제를 검사하는 것만으로도 충분한 분석이 될 수 있다. 하지만 화자나 작자를 비교하기 위해 문체style를 깊게 이해해야 할 필요가 종종 생긴다.

이 작업을 수행하기 위해 여러 방법이 있지만, 여기서는 다음 다섯 가지 방법에 관해 집중한다.

- 극성 (정서 분석)
- 자동화된 가독성 지수 (복잡성)
- 형식성
- 다양성
- 분산성

극성polarity은 정서 분석sentiment analysis이라고도 부르는데, 텍스트가 긍정적인지 부정적인지 나타내는 정도다. R에서는 qdap 패키지를 이용해 극성을 분석하는데, 각 문장에 점수를 부여하고 서로 다른 작자나 텍스트, 주제와 같은 그룹별로 극성의 평균값이나 표준편차를 분석할 수 있다. 다른 극성 사전을 사용할 수 있으며, qdap에서는 Hu와 Liu가 2004년에 만든 사전을 기본으로 사용한다. 요구 사항에 따라 사전을 수정하거나 교체할 수 있다.

이 알고리즘은 먼저 사전을 이용해 해당 단어가 긍정적 정서, 부정적 정서, 중립적 정서로 표지tagging를 붙인다. 표지가 붙은 단어 앞의 네 단어와 이후 두 단어를 이용해 군집cluster을 만들고, 이렇게 만든 군집은 **결합가 변환기**valence shifter[2]라는 것을 이용해 중립, 부정, 증폭, 증폭 제거와 같은 표지를 붙인다. 수와 위치에 따라 일련의 가중값이 단어와 군집에 부여된다. 그리고 이 값의 총합을 문장의 단어 수의 제곱근으로 나눈다.

자동화된 가독성 지수automated readability index는 텍스트의 복잡도와 독자의 이해도를 측정하는 수치다. 이 지수를 계산하기 위해 다음과 같은 특별한 공식을 사용한다.

$$4.71 \times (문자의 수 / 단어의 수) + 0.5 \times (단어의 수 / 문장의 수) - 21.43$$

이 지수는 텍스트를 완전히 이해할 수 있는 학생의 학년 수준을 대략적으로 추정한 수의 값을 내놓는다. 숫자가 9가 나온 경우, 만 13~15세 정도(미국 학제로는 8학년)라면 텍스트의 의미를 이해할 수 있어야 한다.

---

2 결합가는 동사가 문장 내에서 결합하는 문장 구성 성분의 수를 말한다. - 옮긴이

형식성formality은 텍스트와 독자의 연관 방식이나 청취자와 연설과의 연관 방식을 이해할 수 있는 척도다. 이는 텍스트를 작성하는 사람이 청중을 얼마나 편안하게 느끼는지, 또 대화가 진행되는 장소에 관해 얼마나 파악하고 있는지를 이해하는 방식이다. 공식적인 문장 formal text을 접하고 싶다면 의학 컨퍼런스에 참가하거나 법률 문서를 읽어보기 바란다. 비공식적인 문장은 맥락적contextual이라고 한다.

형식성을 측정하는 방법은 **F-Measure**라고 하는데, 다음과 같은 계산을 거친다.[3]

- 공식적인 단어(f)는 명사, 형용사, 전치사, 관사로 이뤄진다.
- 맥락적인 단어(c)는 대명사, 동사, 부사, 감탄사로 이뤄진다.
- $N = (공식적인\ 단어(f) + 맥락적인\ 단어(c) + 접속사)$
- 형식성 지수 $= 50((f의\ 합 - c의\ 합)/N) + 1)$

전혀 관련 없는 내용이지만, 필자가 이름을 밝힐 수 없는 육군 지휘관으로 이라크에 있을 때다. 상황 보고서에 부사를 전혀 사용하지 않고 짧게 사용해 절대적으로 단호하게 보이거나 분노하고 있다는 것을 나타낼 필요가 있었다. 이는 '매우'나 '대부분'과 같은 부사로는 말을 정확히 계량할 수 없었기 때문이다. 같은 단어도 다른 사람들에게는 전혀 다른 것을 의미할 수 있다. 필자는 5년 후에도 여전히 업무 이메일이나 파워포인트 파일에서 필요 없는 부사를 찾고 있다. 이제 형식성이 무엇인지 잘 이해될 것이다.

텍스트 마이닝에서는 다양성diversity은 사용된 전체 단어의 수와 비교해 사용된 서로 다른 단어의 수를 말한다. 이는 문장 작성자의 어휘나 단어의 풍부함의 활용도를 의미하는 경우도 있다. R의 **qdap** 패키지는 Simpson, Shannon, Collision, Bergen Parker, Brillouin 이라는 다섯 가지 다양한 방식의 다양성 측정 방식을 제공한다. 이 알고리즘을 자세히 다루지는 않지만, 이 방법은 통신, 정보 과학 검색 분야 외에도 자연계의 생물 다양성에도 사용된다.

---

3 이 공식에 대해 알고 싶으면 다음 논문을 찾아보기 바란다. Heylighen, F. & Dewaele, J.-M. (1999). Formality of language: Definition, measurement and behavioral determinants. Center "Leo Apostel", Free University of Brussels. Retrieved from http://pespmc1.vub.ac.be/Papers/Formality.pdf - 옮긴이

끝으로 분산성^{dispersion} 또는 어휘 분산성^{lexical dispersion}은 단어가 문서 전체에 어떻게 흩어져 있는지 이해하며 텍스트를 탐색하거나 패턴을 식별하기에 좋은 방식으로 쓰기에 유용한 도구다. 특정 단어나 관심 있는 단어를 호출해 분석을 수행하며, 이 과정에서 단어나 문장이 시간 경과에 따라 사용된 시점을 보여주는 그림을 그린다. 앞으로 설명하겠지만 qdap 패키지에는 텍스트 분산성을 분석할 수 있는 그림을 그리는 함수가 내장돼 있다.

텍스트 마이닝에 관해서 텍스트를 준비하고, 단어 수를 측정하고, 주제 모형을 만드는 방법을 알기 위한 프레임워크를 설명했으며, 끝으로 다른 어휘 측정 방식도 자세히 살펴봤다. 이제 이 모든 것을 적용할 수 있는 실제 텍스트 마이닝을 해보자.

▌ 비즈니스 이해

이번에 살펴볼 케이스는 오바마 대통령의 신년 국정 연설^{State of the Union}이다. 특별히 무엇인가를 하고자 하는 것이 아니라 '세월이 흐르면서 대통령의 메시지가 변했는지, 변했다면 어떻게 변했는지 발견할 수 있을까?' 하는 호기심으로 시도하는 것이다. 정치인의 연설을 분석해 자신의 연설이나 토론에서 상대 후보를 반박을 준비하기 위한 밑그림 같은 것이 될 것이다. 그렇지 않다면 그렇게 해야 할 것이다.

두 가지 주요 분석 목표가 있는데 6개의 신년 국정연설을 이용해 주제 모형을 구성하고, 정서 분석과 분산성 같은 문장 기반의 텍스트 측정 방법을 사용해 2010년의 첫 번째 연설과 2016년 1월의 마지막 연설을 비교하는 것이다.

데이터의 이해와 준비

기본 패키지로 tm이라는 텍스트 마이닝 패키지를 사용할 것이다. 단어 형태소 분석을 위해 SnowballC, wordcloud의 색상 팔레트 용도로 RColorBrewer와 wordcloud 패키지가 필요하다. 패키지를 로드하기 전에 이 패키지들이 설치됐는지 확인하기 바란다.

```
> library(tm)
> library(wordcloud)
> library(RColorBrewer)
```

데이터 파일은 https://github.com/datameister66/data에서 다운로드할 수 있다. 분석할 때는 텍스트 파일을 모두 말뭉치에 넣기 때문에 별도의 디렉터리에 저장해두기 바란다.

sou2012.txt와 같은 7개의 .txt 텍스트 파일을 다운로드해 작업용 R 디렉터리에 넣어둔다. 현재 작업 디렉터리를 확인하고 설정하는 함수는 다음과 같다.

```
> getwd()
> setwd(".../data")
```

이제 말뭉치값을 만들 차례다. 연설 내용이 담긴 파일을 가리키는 패스를 갖고 있는 오브젝트를 생성하고, 패스가 가리키는 디렉터리의 파일의 수와 이름을 확인한다.

```
> name <- file.path(".../text")
> length(dir(name))
[1] 7
> dir(name)
[1] "sou2010.txt" "sou2011.txt" "sou2012.txt" "sou2013.txt"
[5] "sou2014.txt" "sou2015.txt" "sou2016.txt"
```

사용할 말뭉치값에 docs라는 이름을 붙이고, Corpus( ) 함수를 사용해 생성한다. 원본 파일 디렉터리 함수인 DirSource( )의 인자로 패스 객체를 넘겨 사용한다. 이 함수들은 모두 tm 패키지에 들어 있다.

```
> docs <- Corpus(DirSource(name))
> docs
<<VCorpus>>
Metadata: corpus specific: 0, document level (indexed): 0
Content: documents: 7
```

위의 출력에서 corpus와 document level의 메타데이터가 0으로 나온 것에 주목하자. tm 패키지에는 작성자의 이름이나 타임스탬프 정보 같은 것을 document level이나 corpus 모두에 적용할 수 있는 함수가 있다. 우리는 의도적으로 이것을 사용하지 않을 뿐이다.

이제 tm 패키지의 tm_map( ) 함수를 사용해 텍스트 변환을 하자. 이 과정에서 앞서 언급했던 변환 작업 – 대문자를 소문자로 변환, 숫자 제거, 마침표 제거, 정지 단어 제거, 공백 문자 제거, 형태소 분석 –을 수행할 것이다.

```
> docs <- tm_map(docs, tolower)
> docs <- tm_map(docs, removeNumbers)
> docs <- tm_map(docs, removePunctuation)
> docs <- tm_map(docs, removeWords, stopwords("english"))
> docs <- tm_map(docs, stripWhitespace)
```

이 시점에서 불필요한 단어를 제거하는 것이 좋다. 예를 들어, 연설 중에 의원들이 연설에 찬사를 보내며 박수를 치는 경우가 있다. 이 경우 텍스트에 (applause)라는 표시를 한다. 이것을 제거해야 한다.

```
> docs <- tm_map(docs, removeWords, c("applause", "can", "cant", "will",
"that", "weve", "dont", "wont", "youll", "youre"))
```

변환과 단어 제거 작업이 끝나면 문서가 일반 텍스트 형식으로 바꿔 문서–용어 행렬에 집어넣는다. 그리고 차원을 검사한다.

```
> docs = tm_map(docs, PlainTextDocument)
> dtm = DocumentTermMatrix(docs)
> dim(dtm)
[1] 7 4738
```

6개의 연설은 모두 4738개의 단어로 이뤄진 것을 알 수 있다. removeSparseTerms( ) 함수로 희소 용어sparse term를 제거할 수도 있다. 0부터 1 사이의 숫자를 지정할 수 있는데 숫자가 클수록 행렬에서 희박성sparsity을 나타내는 비율이 높아진다. 희박성은 문서에서 용어가 사용된 상대적인 빈도수다. 희박성의 임계값을 0.75로 지정하면 희박성이 0.75보다 큰 용어만 제거한다. 다루고 있는 예에서는 $(1-0.75) * 7$로 계산할 수 있고 1.75가 된다. 그러므로 2개 미만의 문서에 있는 용어는 제거된다는 것을 의미한다.[4]

```
> dtm <- removeSparseTerms(dtm, 0.75)
> dim(dtm)
[1] 7 2254
```

문서의 메타데이터를 갖고 있지 않기 때문에 어떤 문서가 어떤 것인지 알 수 있도록 행렬의 각 행마다 이름을 붙이는 것 중요하다.

```
> rownames(dtm) <- c("2010", "2011", "2012", "2013", "2014", "2015", "2016")
```

Inspect( ) 함수를 사용하면 행렬의 내용을 볼 수 있다. 여기서는 7개의 행과 5개의 열로 출력시킨 것을 볼 수 있다.

```
> inspect(dtm[1:7, 1:5])
     Terms
Docs  abandon ability able abroad absolutely
2010       0       1    1      2          2
2011       1       0    4      3          0
2012       0       0    3      1          1
2013       0       3    3      2          1
2014       0       0    1      4          0
```

---

4 자주 사용하지 않는 용어를 제거하기 위한 기능으로 희박성이 0에 가까우면 대부분의 용어가 제거되고 1에 가까우면 대부분의 용어가 남는다. 하지만 자주 자용하지 않는 용어가 중요한 의미를 갖는 단어일 수도 있다는 것을 이해하고 있어야 한다. - 옮긴이

| 2015 | 1 | 0 | 1 | 1 | 0 |
| 2016 | 0 | 0 | 1 | 0 | 0 |

이제 분석할 수 있는 데이터가 준비된 것으로 보인다. 단어 빈도수를 살펴보는 것부터 시작하자. 우선 내가 전체 형태소 처리를 선호하지 않도록 배운 것에 관해 설명하고자 한다. 아마도 'ability' 와 'able'을 형태소 분석을 통해 합칠 수도 있다고 생각할 것이다. 그래서 문서를 형태소 처리를 한다면 'abl'로 합쳐진 단어를 보게 될 것이다. 그게 어떻게 분석에 도움이 되겠는가? 분석 시작부터 컨텍스트를 잃어버린 것 같다. 다시 한 번 말하지만, 형태소 분석은 신중하고 주의 깊게 적용하기 권한다.

▌ 모형화와 평가

모형화는 두 가지 단계로 분명히 나눌 수 있다. 먼저 단어 빈도와 상관관계를 계산한 후에 끝으로 주제 모형을 생성한다. 그 다음 단계로는 서로 다른 두 연설을 비교하기 위해 qdap 패키지를 활용해 다양한 정량적인 분석 기법을 살펴본다.

단어 빈도와 주제 모형

이미 문서−용어 행렬에 필요한 모든 것을 넣어뒀기 때문에 내림차순으로 정렬시킨 열 column의 합계를 담은 객체를 만들어 단어 빈도를 파악해보자. 열의 합계를 구하기 위해 코드에서 as.matrix( )를 사용한다. 오름차순이 기본이므로 freq 앞에 마이너스(-)를 붙이면 내림차순으로 바뀐다.

```
> freq <- colSums(as.matrix(dtm))
> ord <- order(-freq)
```

다음 코드를 실행해 객체의 head와 tail을 확인한다.

```
> freq[head(ord)]
new     america    people    jobs    now    years
193     174        168       163     157    148
> freq[tail(ord)]
wright    written    yearold    youngest    youngstown    zero
2         2          2          2           2             2
```

예상했겠지만 대통령이 가장 많이 사용된 단어가 new와 america이다. 또한 고용 문제가 얼마나 중요한 것인지를 알 수 있는 단어로 jobs가 보인다. 대통령이 Youngstown(오하이오 주)을 단지 두 번만 언급한 것이 무척 흥미롭다.

단어 빈도를 잘 살펴보기 위해 다음과 같이 표로 만들었다.

```
> head(table(freq))
freq
2     3     4     5     6     7
596   354   230   141   137   89
> tail(table(freq))
freq
148   157   163   168   174   193
1     1     1     1     1     1
```

이 표는 특정 빈도로 표시된 단어의 수를 나타내고 있다. 예로 354 개의 단어가 3 번 사용됐다. 표의 다른 부분을 보면, 1개의 단어가(앞의 표를 보면 new라는 단어라는 것을 알 수 있다) 193번 사용된 것을 알 수 있다.

특정 횟수 이상 사용된 단어를 알 수 있는 함수가 findFreqTerms( )다. 이를 사용해 125번 이상 사용된 단어를 찾아보자.

```
> findFreqTerms(dtm, 125)
[1] "america" "american" "americans" "jobs" "make" "new"
[7] "now" "people" "work" "year" "years"
```

그러면 findAssocs( ) 함수의 상관관계를 이용해 단어와의 연관성을 찾아보자. 상관관계 하한선^{cutoff}으로 0.85를 지정한 후 jobs 단어와 관련된 두 가지 예를 살펴보자.

```
> findAssocs(dtm, "jobs", corlimit = 0.85)
$jobs
colleges  serve  market  shouldnt  defense  put  tax  came
0.97      0.91   0.89    0.88      0.87     0.87 0.87 0.86
```

결과를 시각적으로 표현하려면 단어 구름이나 막대그래프를 그릴 수 있다. 두 가지 방법을 이용해 서로 다른 단어 구름을 그려본다. 하나는 최소 빈도를 사용한 것이고, 또 하나는 포함할 최대 단어 수를 지정해 만든 것이다. 그릴 때 최소 빈도와 색상을 지정하는 코드도 같이 설정한다. 인자 중 scale은 빈도별 최소 및 최대 단어 크기를 지정한다. 다음 코드 예제에서 최소 빈도는 70으로 지정했다.

```
> wordcloud(names(freq), freq, min.freq = 70, scale = c(3, .5),
colors = brewer.pal(6, "Dark2"))
```

위 명령을 실행한 결과는 다음과 같다.

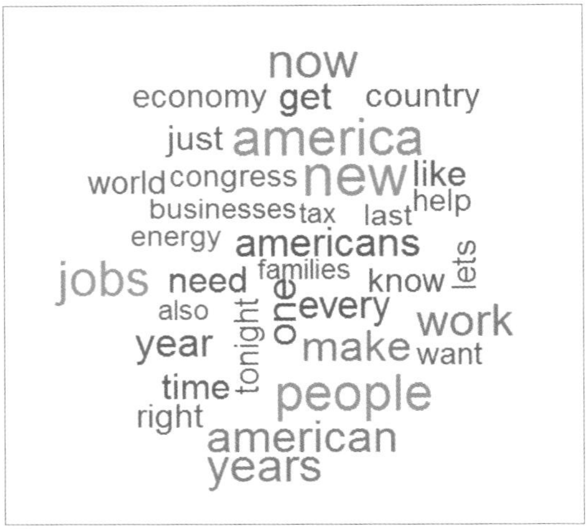

다음 그림처럼 화려한 그래픽은 생략한 채 가장 많이 사용된 단어 25개만 사용해 그릴 수
도 있다.

```
> wordcloud(names(freq), freq, max.words = 25)
```

위 명령을 실행한 결과는 다음과 같다.

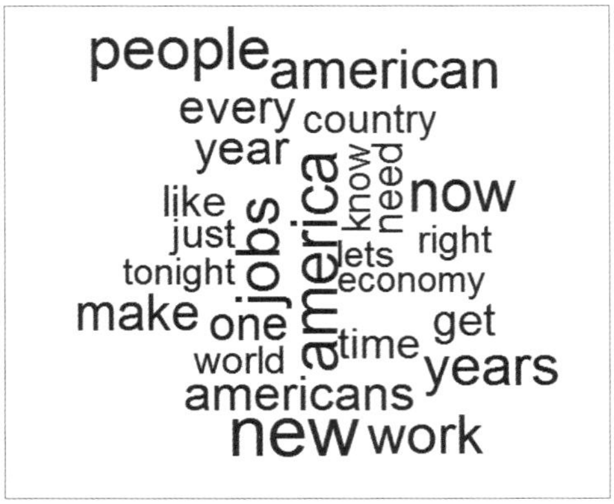

막대그래프를 그리려면 코드가 약간 복잡해진다. R 기반이나 ggplot2, lattice로 그려도 마찬가지다. 다음 코드는 가장 많이 사용된 단어 10개를 막대그래프로 그리는 법을 R 기반으로 구현한 것이다.

```
> freq <- sort(colSums(as.matrix(dtm)), decreasing = TRUE)
> wf <- data.frame(word = names(freq), freq = freq)
> wf <- wf[1:10, ]
> barplot(wf$freq, names = wf$word, main = "Word Frequency",
xlab = "Words", ylab = "Counts", ylim = c(0, 250))
```

위 코드를 실행하면 다음과 같은 결과가 나타난다.

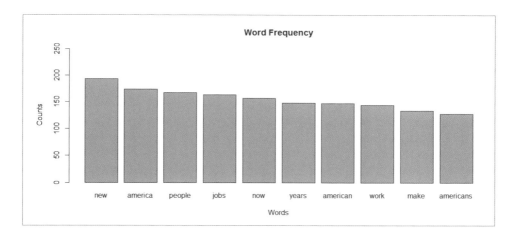

이제 주제 모형을 만들어볼 차례다. topicmodel 패키지 안의 LDA( ) 함수를 사용해 만든다. 문제는 얼마나 많은 주제를 만들어야 하는지다. 세 가지 주제(k=3)로 풀면 논리적인 것처럼 보인다. 당연히 주제의 수를 바꿔 시도해보길 바란다.

```
> library(topicmodels)
> set.seed(123)
> lda3 <- LDA(dtm, k = 3, method = "Gibbs")
> topics(lda3)
```

```
2010   2011   2012   2013   2014   2015   2016
  2      1      1      1      3      3      2
```

시간이 지남에 따라 연설 내용이 흥미롭게 변하는 것을 볼 수 있다. 첫 번째 연설과 마지막 연설은 같은 주제로 분류할 수 있다. 마치 재임 기간의 시작과 끝을 같은 주제로 이야기한 것 같다. 각 주제에 관해 정렬된 단어 빈도 목록을 생성하려면 terms( ) 함수를 사용한다. 단어 목록을 함수에 지정하고 주제별로 상위 20개의 단어를 살펴보자.

```
> terms(lda3, 25)
         Topic 1        Topic 2        Topic 3
 [1,]   "jobs"         "people"       "america"
 [2,]   "now"          "one"          "new"
 [3,]   "get"          "work"         "every"
 [4,]   "tonight"      "just"         "years"
 [5,]   "last"         "year"         "like"
 [6,]   "energy"       "know"         "make"
 [7,]   "tax"          "economy"      "time"
 [8,]   "right"        "americans"    "need"
 [9,]   "also"         "businesses"   "american"
[10,]   "government"   "even"         "world"
[11,]   "home"         "give"         "help"
[12,]   "well"         "many"         "lets"
[13,]   "american"     "security"     "want"
[14,]   "two"          "better"       "states"
[15,]   "congress"     "come"         "first"
[16,]   "country"      "still"        "country"
[17,]   "reform"       "workers"      "together"
[18,]   "must"         "change"       "keep"
[19,]   "deficit"      "take"         "back"
[20,]   "support"      "health"       "americans"
[21,]   "business"     "care"         "way"
[22,]   "education"    "families"     "hard"
[23,]   "companies"    "made"         "today"
[24,]   "million"      "future"       "working"
[25,]   "nation"       "small"        "good"
```

458

첫 번째와 마지막 연설이 Topic 2에 해당한다. '안보security'와 '의료'에 관해 언급하며 경제와 사업에 관한 이야기를 하고 있다. 주제 분석을 통해 연설 내용에 관한 통찰력을 얻는 과정을 살펴보는 것은 무척 재미있다.

Topic 1은 그런 다음 해부터 세 번의 연설에 해당한다. 여기서 연설의 메시지가 '직업(jobs)', '에너지(energy)', '개혁(reform)', '적자(deficit)'로 바뀌었다. '교육(education)'에 관한 언급도 했는데, '직업(jobs)'과 '대학(colleges)'의 상관관계는 이미 앞에서 설명했다.

Topic 3은 그런 다음 두 번의 연설에 해당한다. 특별히 주목을 끌 만한 내용이 없는 일반적인 연설이다.

다음 절에서는 첫 번째와 마지막 신년 국정연설을 비교하고 대조해 연설 내용을 정확하게 파헤쳐본다.

또 다른 양적 분석 기법

여기서 하는 분석은 qdap 패키지를 활용해 이뤄진다. 다양한 측정 방식을 이용해 여러 문서를 비교할 수 있다. 여기서는 2010년과 2016년 연설을 비교한다. 우선 텍스트 데이터를 데이터 프레임으로 변환하고 문장 분할을 수행한 후, 연설 연도를 지정해 만든 변수를 사용해 하나의 데이터 프레임으로 합친다. 나중에 분석할 때 이 변수를 그룹화 변수grouping variable로 사용한다. R에서도 텍스트 데이터를 처리하는 것은 까다롭다. 다음 코드는 데이터를 로드하고 분석 준비를 하도록 최선을 다했다. 먼저 qdap 패키지를 로드한다. R 기반에서 텍스트 파일에서 데이터를 가져오려면 readLines() 함수를 사용해야 한다. 이 함수를 사용하면 불필요한 화이트스페이스를 제거해 결과를 응축한다. 또한 텍스트 인코딩을 ASCII로 바꿀 것을 권한다. 그렇지 않으면 이상한 문자가 나타나 분석을 망칠 수 있다. 이 과정은 iconv() 함수를 사용해 처리한다.[5]

---

5 영문 텍스트가 아닌 한글 텍스트의 경우에는 인코딩을 ASCII로 하면 안 된다. - 옮긴이

```
> library(qdap)
> speech16 <- paste(readLines("sou2016.txt"), collapse=" ")
Warning message:
In readLines("sou2016.txt") : incomplete final line found on 'sou2016.txt'

> speech16 <- iconv(speech16, "latin1", "ASCII", "")
```

위의 과정 중에 나온 경고 메시지는 실제로 문제가 있는 것은 아니다. 텍스트 파일의 마지막 줄이 .txt 파일의 다른 줄과 길이가 같지 않다는 의미다. 이제 qdap 패키지의 qprep( ) 함수를 적용해보자.

이 함수는 다수의 대체 함수에 관한 래퍼wrapper로 전처리pre-processing를 빠르게 하는 데 사용한다. 하지만 자세한 분석이 필요하면 주의해서 사용해야 한다. 이 함수를 호출하는 기능들은 다음과 같다.[6]

- bracketX( ): 브래킷bracket 문자를 제거한다.
- replace_abbreviation( ): 축약어를 바꾼다.
- replace_number( ): 숫자를 단어로 바꾼다, 예를 들어, '100'을 'one hundred'로 변환한다.
- replace_symbol( ): 특수 기호를 단어로 바꾼다. 예를 들어, @ 기호는 'at'으로 변환한다.

```
> prep16 <- qprep(speech16)
```

반드시 해야 할 다른 전처리 작업은 단어 축약을 원래 단어로 바꾸고(예를 들면, can't를 cannot으로) 정지 단어stop word를 제거하는 것이다. 여기서는 정지 단어 상위 100와 마침표와 물음표를 제외한 필요 없는 문자들을 제거한다. 마침표와 물음표는 쓸모가 있다.

---

6 래퍼 함수는 서로 다른 기능을 하는 함수들을 동일한 인터페이스로 사용할 수 있도록 감싸는 역할을 하는 함수를 말한다. – 옮긴이

```
> prep16 <- replace_contraction(prep16)
> prep16 <- rm_stopwords(prep16, Top100Words, separate = F)
> prep16 <- strip(prep16, char.keep = c("?", "."))
```

이제 분석에서 중요한 부분은 연설을 문장으로 분리하고 연설 연도인 그룹화 변수를 추가하는 것이다. 이것은 또한 문장 순서의 지시자로 사용하는 tot 변수를 만든다. 여기서 tot는 'Turn of Talk'의 약자다. 이 변수는 논쟁을 하거나 Q&A 세션과 같은 대화를 분석하는 상황에 특히 쓸모가 있다.

```
> sent16 <- data.frame(speech = prep16)
> sent16 <- sentSplit(sent16, "speech")
> sent16$year <- "2016"
```

2010년 연설에 관해서도 같은 과정을 반복한다.

```
> speech10 <- paste(readLines("sou2010.txt"), collapse=" ")
> speech10 <- iconv(speech10, "latin1", "ASCII", "")
> speech10 <- gsub("(Applause)", "", speech10)
> prep10 <- qprep(speech10)
> prep10 <- replace_contraction(prep10)
> prep10 <- rm_stopwords(prep10, Top100Words, separate = F)
> prep10 <- strip(prep10, char.keep = c("?", "."))
> sent10 <- data.frame(speech = prep10)
> sent10 <- sentSplit(sent10, "speech")
> sent10$year <- "2010"
```

연도별로 분리된 데이터를 하나의 데이터 프레임으로 합친다.

```
> sentences <- data.frame(rbind(sent10, sent16))
```

qdap 패키지의 큰 장점 중 하나는 위에서 한 것처럼 기본 텍스트 탐색을 쉽게 할 수 있다는 것이다. 이제 자주 사용한 단어를 그림으로 그려보자.

```
> plot(freq_terms(sentences$speech))
```

위 명령을 실행한 결과는 다음과 같다.

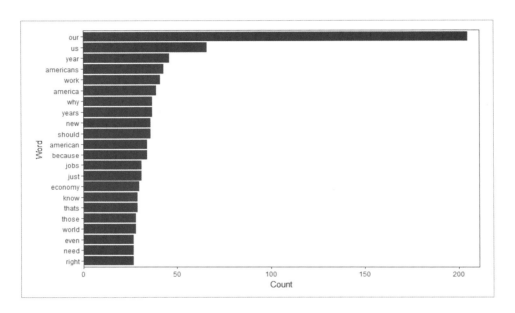

연설마다 사용한 단어의 수를 제공하는 단어 빈도 행렬을 만들어보자.

```
> wordMat <- wfm(sentences$speech, sentences$year)
> head(wordMat[order(wordMat[, 1], wordMat[, 2],decreasing = TRUE),])
          2010 2016
our        120  85
us          33  33
year        29  17
americans   28  15
why         27  10
jobs        23   8
```

원한다면 as.dtm( ) 함수를 이용해 문서—용어 행렬로 변환할 수 있다. 그러면 qdap의 함수를 이용해 단어 구름을 만들어보자.

```
> trans_cloud(sentences$speech, sentences$year, min.freq = 10)
```

위 명령을 실행한 결과는 다음과 같다.

그러면 종합적인 단어 통계를 사용해보자. 다음은 패키지에서 제공하는 통계 그래프다. 단지 2개의 연설만을 다뤘기 때문에 시각적으로 보기 좋지는 않지만, 그럼에도 차이가 드러난다. 통계 함수인 word_stats( )에 관한 자세한 설명은 다음에 한다.

```
> ws <- word_stats(sentences$speech, sentences$year, rm.incomplete = T)
> plot(ws, label = T, lab.digits = 2)
```

위 명령을 실행한 결과는 다음과 같다.

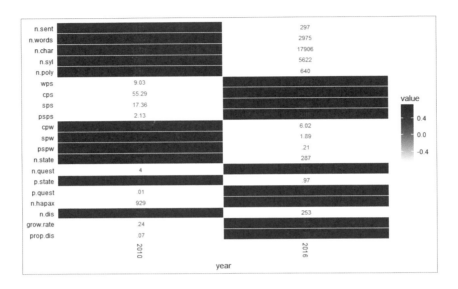

2016년 연설은 매우 짧아 2010년에 비해 100 문장 넘게 짧았고 단어도, 1,000단어 가까이 적게 사용됐다는 것에 주목해야 한다. 또한 2016년은 2010년에 비해 수사학적인 장치로 질문question을 사용한 것으로 보인다(n.quest 10 versus n.quest 4).

극성(정서 점수)을 비교하기 위해 polarity( ) 함수로 텍스트와 그룹화 변수를 지정했다.

```
> pol = polarity(sentences$speech, sentences$year)
> pol
   year  total.sentences  total.words  ave.polarity  sd.polarity  stan.mean.
polarity
1  2010  435              3900         0.052         0.432        0.121
2  2016  299              2982         0.105         0.395        0.267
```

여기서 stan.mean.polarity 값은 표준 평균 극성을 나타낸다. 이 값은 평균 극성을 표준 편차로 나눈 것이다. 2016년(0.267)이 2010년(0.121)보다 약간 높았다. 좀 더 긍정적인 연설로 끝나기를 원했던 것과 일치하는 결과다. 데이터를 그래프로 그릴 수 있으며, 2개의 도표로 출력된다. 첫 번째는 시간의 흐름에 따른 문장의 극성을 보여주는 도표다. 두 번째는 극성의 분포를 보여준다.

```
> plot(pol)
```

위 명령을 실행한 결과는 다음과 같다.

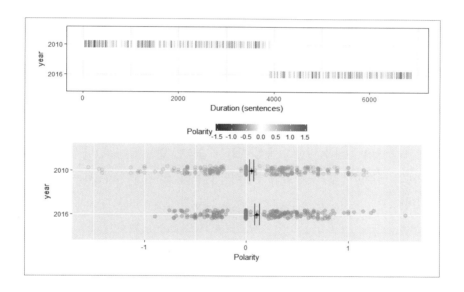

이 도표에서 텍스트 분석 내용을 읽기는 어렵겠지만, 최선을 다해 설명한다. 2010년 연설은 부정적인 정서가 강하게 시작하며, 2016년보다 약간 더 부정적이다. pol 객체의 데이터 프레임을 만들고 문장 번호를 찾아 출력함으로써 가장 부정적인 정서 문장을 찾을 수 있다.

```
> pol.df <- pol$all
> which.min(pol.df$polarity)
[1] 12
> pol.df$text.var[12]
[1] "One year ago, I took office amid two wars, an economy rocked
by a severe recession, a financial system on the verge of
collapse, and a government deeply in debt.
```

다음은 가독성 지표를 살펴본다.

```
> ari <- automated_readability_index(sentences$speech, sentences$year)
> ari$Readability
year word.count sentence.count character.count
1 2010 3900 435 23859
2 2016 2982 299 17957
Automated_Readability_Index
1 11.86709
2 11.91929
```

마지막 결과를 보면 거의 동일한 가독성 지표를 출력한 것을 알 수 있다. 그다지 놀라운 일은 아니라고 생각한다. 다음은 형식성 분석을 해보자. 이 과정은 R에서는 몇 분 정도 걸리는 작업이다.

```
> form <- formality(sentences$speech, sentences$year)
> form
year word.count formality
1 2016 2983 65.61
2 2010 3900 63.88
```

이것도 매우 비슷하게 보인다. 그러면 연설의 품사 비율을 비교해보자. 도표로 그릴 수도 있지만, 이 경우에는 분석에 아무런 도움이 되지 않는다.

```
> form$form.prop.by
year word.count noun adj prep articles pronoun
1 2010 3900 44.18 15.95 3.67 0 4.51
2 2016 2982 43.46 17.37 4.49 0 4.96
verb adverb interj other
1 23.49 7.77 0.05 0.38
2 21.73 7.41 0.00 0.57
```

이제 다양성 분석을 해보자. 마찬가지로 거의 동일한 결과가 나타난다. plot(div) 함수로
도표를 출력하는 것도 가능하지만, 비슷하게 나올 것이다. 아무런 가치를 만들어내지 못
한다. 중요한 것은 오바마 대통령의 연설 작성자가 2010년에는 존 파브로[Jon Favreau]였지만,
2016년에는 코디 키넌[Cody Keenan]이라는 것이다.

```
> div <- diversity(sentences$speech, sentences$year)
> div
year wc simpson shannon collision berger_parker brillouin
1 2010 3900 0.998 6.825 5.970 0.031 6.326
2 2015 2982 0.998 6.824 6.008 0.029 6.248
```

내가 가장 좋아하는 도표 중 하나가 분산성 도표다. 이 도표는 텍스트 전체에 걸쳐 단어
의 분산 정도를 보여준다. 그러면 'jobs'나 'families', 'economy'와 같은 단어의 분산 정도
를 살펴보자.

```
 > dispersion_plot(sentences$speech,
rm.vars = sentences$year,
c("security", "jobs", "economy"),
color = "black", bg.color = "white")
```

위 명령을 실행한 결과는 다음과 같다.

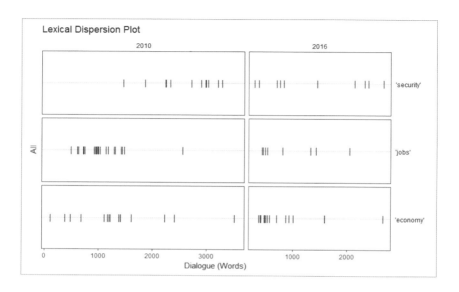

이것은 2010년 연설이 더 길다는 것을 시각화하기 때문에 무척 흥미롭다. 2010년 연설의 전반부는 일자리에 중점을 뒀지만, 2016년 연설에서는 전체 경제 상황에 관한 이야기를 한 것으로 보인다. 오바마 대통령이 재앙의 위기 상황에서 구하기 위해 얼마나 잘해왔는지는 의심의 여지가 없다. 2010년에는 연설 후반부에 가서야 안보 관련한 내용이 나왔지만, 2016년 연설에서는 전반적으로 언급된 것과 비교된다. 텍스트 분석을 통해 사람들이 무엇을 생각하고, 우선순위가 무엇인지, 사람들의 의사소통 방법에 관한 통찰력을 얻을 수 있는 방법을 확인하고 이해할 수 있다.

이것으로 2개의 연설에 관한 분석을 마쳤다. 솔직히 고백하면 이 연설들 중 어느 것도 들은 적이 없다. 사실 레이건 대통령의 신년 국정연설 이후로 2002년 연설을 제외하고는 대통령의 신년 국정연설을 본 적이 없다.[7] 두 연설은 정치적 필요성을 수용하기 위해 시간이 지남에 따라 주제와 연설 형식이 어떻게 변했는지 알 수 있었으며, 형식과 문장 구조의 전

---

7   조지 부시 대통령이 한 연설로 9.11 이후 첫 신년 국정연설이다. – 옮긴이

반적인 스타일은 일관되게 유지됐다는 것을 알 수 있었다. 여기서 사용한 코드는 수백 개의 문서뿐만 아니라 수십 개의 문서나 여러 명의 발표자(예를 들어 영화 대본, 법률 소송, 인터뷰, 소셜 미디어 등)의 텍스트에 적용할 수 있다. 정말로 텍스트 마이닝을 통해 정량적 조화를 질적인 혼란으로 바꿀 수도 있다.

▌ 요약

이 장에서는 텍스트 마이닝 기법을 통해 엄청나게 존재하는 텍스트 데이터를 다루는 방법을 살펴봤다. 텍스트 마이닝을 위해 준비 과정, 단어 빈도 측정 및 시각화, tm 패키지를 사용한 LDA 주제 모형을 살펴봤다. 이 프레임워크에는 극성과 형식성과 같은 서로 다른 정량적인 기법이 포함돼 있어, qdap 패키지를 사용해 보다 깊이 있는 어휘 분석을 제공하거나 스타일이라고 부르는 것을 제공한다. 이 프레임워크를 오바마 대통령의 7개의 신년 국정연설에 적용했는데 연설이 비슷한 스타일이지만, 시간에 따라 핵심적인 메시지는 정치적인 환경이 바뀌었기 때문에 함께 바뀌었다. 가능한 모든 텍스트 마이닝 기법을 다루는 것이 실용적이지 않지만, 이 장에서 다룬 기법들은 직면할 수 있는 대부분의 문제에 적절히 사용할 수 있어야 하는 것들이다. 다음 장에서는 모형을 만드는 것에서 벗어나 클라우드 환경에서 R을 사용할 수 있는 기술에 초점을 맞춰 해결하고자 하는 문제들에 머신 러닝을 확장해 적용할 수 있도록 할 것이다.

14

클라우드에서 R 사용하기

> "누군가가 클라우드 컴퓨팅이 무엇인지 묻는다면, 정의를 하려고 애쓰지 않으려 한다. 간단히 클라우드 컴퓨팅은 당신의 비즈니스를 수행하는 더 나은 방법이라고 말한다."
>
> — Marc Benioff(CEO, Salesforce.com)

필자는 클라우드를 통해 수익을 내고자 하는 회사의 CEO가 아니기 때문에 클라우드를 정의를 해본다. 필자는 마이크로소프트가 제시한 내용을 좋아한다.

https://azure.microsoft.com/en-us/overview/what-is-cloud-computing/

간단히 말해, 클라우드 컴퓨팅은 인터넷("클라우드")을 통해 서버, 저장소, 데이터베이스, 네트워킹, 소프트웨어, 분석 등의 컴퓨팅 서비스를 제공하는 것입니다. 이러한 컴퓨팅 서비스를 제공하는 회사를 클라우드 공급자라고 하며, 클라우드 공급자는 일반적으로 가정에서 수도나 전기에 관한 요금이 청구되는 방식과 유사하게 사용량에 따라 클라우드 컴퓨팅 서비스 요금을 청구합니다.

여러분이 만약 머신 러닝을 클라우드를 이용해서 하고 있지 않다면, 그리 멀지 않은 시점에 사용하게 될 것이라 확신한다. 아직도 데이터나 보안 처리와 같은 것의 통제권을 잃어버릴까 걱정하는 사람들이 있다는 것을 안다. 언젠가 어떤 스타트업 회사의 CEO가 내게 말했던 것처럼 여러분에게 묻고 싶다. 노트북에서 와이파이 WiFi로 안전할 것이라 생각하는 보안 데이터에 접근한 적이 있는지 말이다. 만약, 그런 적이 있다고 확실하게 답했다면, 이미 클라우드에 있는 것이라고 말한 것과 같다. 단지 데이터가 저장된 하드웨어가 있는 위치의 문제일 뿐이다.

그렇다. 서버들이 가득차 있는 미로 같은 사무실을 원하는가? 아니면 안전하면서도 중복 시스템을 갖추고 있고, 전 세계적으로 분산된 인프라를 이용해 누군가가 대신 문제를 해결해주길 원하는가?

R을 사용한 클라우드 기반의 컴퓨팅을 사용하면 여러 지역에서 멈춤 없이 작업할 수 있고, 필요에 따라 빠르게 확장하거나 축소할 수 있는 엄청난 계산 능력을 사용할 수도 있다. 또한 이런 방법으로 상당한 비용을 아낄 수 있다.

클라우드에서 R을 사용하는 방법은 여러 가지가 있지만, 우선 AWS Amazon Web Services의 EC2 Elastic Compute Cloud를 사용해 시연하고자 한다. 필자가 처음 배운 것이기도 하고 익숙하기도 하기 때문이다. 그렇다고 다른 제품들까지 좋다고 하는 것은 아니다. 좋다고 한 적도 없고 하지도 않을 것이다. 하지만 아마존의 CEO인 제프 베조스가 필자를 유인 우주 계획의 우주비행사로 선택한다면 태도가 바뀌겠지만 말이다.[1]

---

1 제프 베조스가 블루 오리진이라는 민간 우주 여행 사업을 하는 것에 관해 농담한 것 – 옮긴이

어쨌든 여기서의 목표는 Linux 코드를 한 줄도 작성하지 않고 R과 RStudio를 클라우드 상에서 빠르게 설치하고 실행하도록 하는 것이다. AWS와 엄청나게 많은 도구를 최대한 활용하기 위해 SSH^{Secure Shell}를 통해 리눅스 코드를 사용하는 법을 배울 수 있다. 이를 위해 인스턴스라 부르는 가상 컴퓨터를 생성하고 실행한다. 그리고는 웹 브라우저를 통해 RStudio에 로그인해 제공되는 기능을 다룬다. 이런 과정을 수행하는 법에 관한 웹상의 강좌가 많지만, 가능한 한 가장 간단하고 빠른 방법으로 시작해 바로 클라우드상에서 R을 사용할 수 있도록 하는 것이 목표다.

▮ 아마존 웹 서비스 계정 생성하기

첫 번째로 할 일은 AWS 계정을 만드는 것이다.

https://aws.amazon.com/

이것은 이 시연에서 필요한 유일한 전제 조건이다. 진행하려면 신용 카드가 필요하지만, 앞으로 하려는 일은 무료 인스턴스를 사용한 것처럼 1원도 들지 않는다. 나중에, 더 큰 계산 능력이 필요할 때 새 인스턴스를 빠르게 실행해 사용하고 작업이 완료되면 인스턴스를 멈추거나 종료할 수 있다. 계정을 만들고 로그인할 때 보안 그룹을 만들지를 선택할 수 있다. 인스턴스 생성 중에 새로운 보안 그룹을 만드는 것을 시연할 것이다. 보안 그룹을 통해 인스턴스에 접근할 수 있는 사람과 접근 방법을 컨트롤할 수 있다. 또 여기에서 Pair key를 만드는 것에 관해 걱정하지 말자. 나중에 만들 것이다.

이 과정을 한 번 거친 후 AWS 콘솔에 로그인해보자. 다음과 비슷한 웹 페이지가 나타날 것이다.

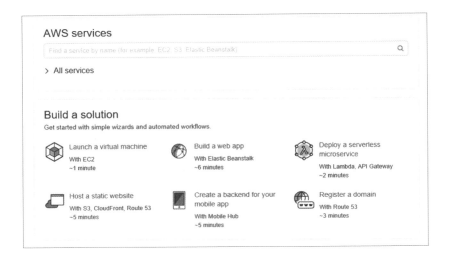

여기까지 왔다면 클릭 한 번으로 가상 머신을 만들고 실행할 수 있다. 화면에서 보듯이 영리하게 이름을 잘 지은 Launch a virtual machine이라는 하이퍼링크를 클릭해보자.

가상 머신 실행

Launch a virtual machine이라는 하이퍼링크를 클릭하면 다음과 같은 웹 페이지가 나타난다.

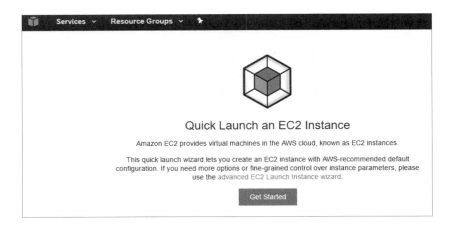

Get Started 버튼을 누르지 말고 버튼 위의 advanced EC2 Launch Instance wizard 링크를 클릭해보자. 그러면 다음과 같은 웹 페이지가 나타난다.

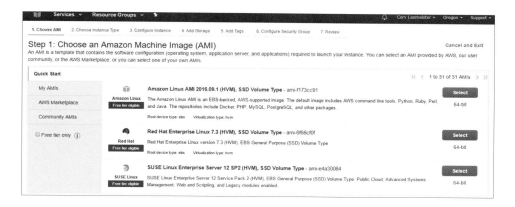

경험을 쌓으면 다양한 종류의 AMI^Amazon Machine Images를 사용할 수 있고, AWS상에서 R을 사용할 수 있도록 커스터마이징할 수 있다. 하지만 목표는 빠르고 간단하게 진행하는 것이다. AWS 사용자가 R과 RStudio를 미리 통합해 만든 여러 커뮤니티 AMI가 있다는 것을 잊지 말자. Quick Start 메뉴 아랫쪽의 Community AMIs를 클릭하자. 검색 상자가 나타날 것이다. 루이스 애슬렛(Louis Aslett, http://www.louisaslett.com/RStudio_AMI/)이 관리하는 AMI를 사용할 것을 권한다. 이 AMI는 rstudio aslett이라고 검색하면 나타날 것이다. 페이지가 표시되면 다음 그림에 나타난 것처럼 Select 버튼을 클릭한다.

이제 인스턴스의 타입을 선택하는 **두 번째 단계**로 들어섰다. 무료 등급^{free tier}의 **t2.micro**를 선택하자.

원하는 인스턴스 타입을 골랐으면 Review and Launch 버튼을 클릭하자. 이미 있던 AMI를 선택했기 때문에 Review **탭**인 Step 7로 바로 건너뛸 수도 있다. 바로 실행할 수도 있지만 Step 6, Configure Security Group을 클릭하자. 보안 그룹을 설정할 차례다.

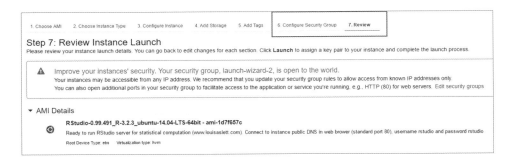

여기서 보안 그룹을 만들거나 이미 만들어둔 것을 사용하는 과정을 거친다. 다음은 **새 보안 그룹**을 만드는 것을 보여주는 화면이다.

이 과정의 설정 단계에 만족했으면(아무것도 변경하지 않아도 됨) '검토 및 실행'을 하기 위해 Review and Launch 버튼을 클릭하자. 그러면 다시 Step 7의 웹 페이지가 나타난다. 이 화면에서 Launch 버튼을 클릭하자. 그러면 새 Key pair나 기존의 Key pair를 선택하는 창이 나타난다.

이 과정을 끝내고 Launch Instance 버튼을 클릭하면 AWS 콘솔 화면으로 되돌아갈 것이다.

RStudio 시작하기

인스턴스가 실행된 후 AWS 콘솔로 되돌아가 실행 중인 인스턴스를 선택하면 다음과 비슷한 화면이 나타난다.

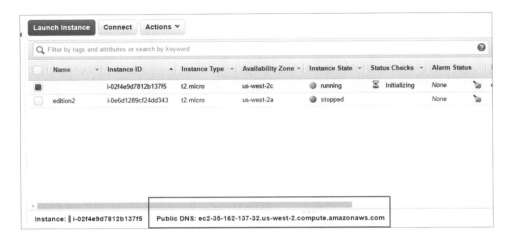

선택한 인스턴스의 공개 DNS^{Public DNS}를 적어두기 바란다. 그림 하단의 사각형 안에 표시되는 내용을 말한다. 웹 브라우저에서 RStudio를 시작할 때 필요한 것은 이 주소뿐이다. 브라우저에서 해당 주소로 접속하면 RStudio 로그인 페이지가 보일 것이다. 사용자 이름과 암호는 모두 rstudio로 동일하다.

이제 가상 머신에서 RStudio를 동작시킨 것이다. 웹 브라우저 안에 이와 비슷한 화면이
보일 것이다.

화면에서 좌상단 패널은 **소스 패널**Source Panel이라고 부르는 것으로, 암호를 바꾸는 방법과
드롭박스DropBox로 연결된 함수를 수정하는 방법을 표시하고 있다.

웹에서 데이터를 가져오는 방법을 설명하기 위해 앞 장에서 사용했던 방법을 다시 사용해
깃허브에서 .csv 파일 하나를 적재한다. 파일은 climate.csv가 좋을 것 같다. 우선 RCurl
패키지를 설치하고 로드하자.

```
> install.packages("RCurl")
> library(RCurl)
```

이제 깃허브에 있는 데이터를 가리키는 링크를 설정해보자.

```
> url <- "https://raw.githubusercontent.com/datameister66/data/master/climate.
csv"
```

그리고는 RStudio로 파일을 끌어온다.

```
> climate <-read.csv(text = getURL(url))
```

원하는 대로 동작했는지 확인해보자.

```
> head(climate)
Year CO2 Temp
1 1919 806 -0.272
2 1920 932 -0.241
3 1921 803 -0.187
4 1922 845 -0.301
5 1923 970 -0.272
6 1924 963 -0.292
```

제대로 됐다. 이제 여러분은 클라우드 기반의 머신 러닝을 할 수 있는 전사가 됐다. 자신의 PC에서 하던 작업과 거의 동일하게 가상 머신상에서 동작을 수행할 수 있게 된 것이다.

 꼭 명심해야 할 것은 사용을 마쳤으면 RStudio를 종료하고 콘솔로 되돌아가 인스턴스를 중지시켜야 한다는 것이다.[2]

▌ 요약

이 마지막 장에서는 R과 RStudio를 클라우드에서 동작시키는 과정을 빠르면서도 손쉽게 실행하는 법을 배웠다. AWS를 활용해 클라우드에서 가상 머신(인스턴스)을 생성, 설정, 실행하는 과정을 거쳐 웹 브라우저에서 RStudio를 사용할 수 있도록 하는 방법을 단계별로

---

2 인스턴스가 계속 동작하고 있으면 사용하지 않아도 비용이 청구될 수 있다. - 옮긴이

배웠다. 끝으로 깃허브에 올라와 있는 .csv 파일로 돼 있는 기후 데이터를 손쉽게 가져오는 방법을 살펴봤다. 클라우드 컴퓨팅에 관한 개괄적인 소개를 통해 인터넷이 연결된 곳이면 어디에서나 작업할 수 있으며, 필요에 맞게 인스턴스의 성능을 빠르게 확장할 수 있다. 이것으로 책의 주요 장을 마친다. 배우면서 즐겼기를 희망한다. 시간이 지남에 따라 여기서 배운 것뿐만 아니라 다른 방법들도 구현해보길 바란다.

R의 기본

"내가 가장 생산성이 높았을 때는 하루에 1,000줄 정도의 코드를 작성했다"

— 켄 톰슨Ken Thomson

이번 장에서는 R의 기본 프로그래밍 문법과 기능을 살펴본다. R을 처음 접하는 사람들이 R을 이해하고 공부하는 데 도움이 되길 바란다. 이 장의 목표는 다음과 같다.

- R과 RStudio 설치하기
- 벡터를 만들고 들여다보기
- 데이터 프레임과 행렬 만들기
- 수학 함수와 통계 함수 살펴보기
- 간단한 도표 만들기

- `dplyr` 패키지를 이용해 데이터를 다루기
- 패키지를 설치하고 로드하기

이 부록의 모든 예제는 이전 장에서 사용했던 내용을 대부분 다루고 있다. R을 처음 배운다면 이 부록부터 읽는 것이 좋다. 각 장의 내용을 이해하는 데 많은 도움이 될 것이다.

▌ R을 실행하기

여기서 두 가지 목표를 달성하고자 한다. 첫째, 최신 버전의 R을 설치한다. 둘째, R을 위한 **통합 개발 환경**Integrated Development Environment, IDE인 RStudio를 설치한다.

R의 홈페이지인 https://www.r−project.org/에 가보자. 다음과 비슷한 화면이 나타날 것이다.

The R Project for Statistical Computing

Getting Started

[Home]

Download

CRAN

R Project

About R
Logo
Contributors
What's New?
Reporting Bugs
Development Site
Conferences
Search

R Foundation

Foundation
Board
Members
Donors
Donate

R is a free software environment for statistical computing and graphics. It compiles and runs on a wide variety of UNIX platforms, Windows and MacOS. To **download R**, please choose your preferred CRAN mirror.

If you have questions about R like how to download and install the software, or what the license terms are, please read our answers to frequently asked questions before you send an email.

News

- R version 3.3.3 (Another Canoe) prerelease versions will appear starting Friday 2017-02-24. Final release is scheduled for Monday 2017-03-06.
- **useR! 2017** (July 4 - 7 in Brussels) has opened registration and more at http://user2017.brussels/
- Tomas Kalibera has joined the R core team.
- The R Foundation welcomes five new ordinary members: Jennifer Bryan, Dianne Cook, Julie Josse, Tomas Kalibera, and Balasubramanian Narasimhan.
- R version 3.3.2 (Sincere Pumpkin Patch) has been released on Monday 2016-10-31.
- The R Journal Volume 8/1 is available.
- The **useR! 2017** conference will take place in Brussels, July 4 - 7, 2017.
- R version 3.3.1 (Bug in Your Hair) has been released on Tuesday 2016-06-21.

"download R"이라 적힌 R을 다운로드할 수 있는 링크가 있고, News 섹션에 가장 최신 버전이 무엇인지, 언제 나왔는지가 나타난다. 왼쪽 Download 아래 CRAN 링크를 누르거나 Getting Started에 있는 download R 링크를 누르면 다음과 같이 CRAN 미러링 사이트의 목록이 나타난다.

알파벳순으로 나라들이 나오고 나라별로 다운로드할 수 있는 링크가 있다. 이를 누르면 다운로드 페이지로 이동한다. 아래쪽으로 내려가 미국을 찾아보면 USA 밑에 다운로드할 수 있는 링크가 많이 나타난다.

여러분이 사는 지역과 가까운 링크를 찾아 링크를 누르면 다음과 같은 페이지가 나타난다.

```
                The Comprehensive R Archive Network

Download and Install R

Precompiled binary distributions of the base system and contributed packages, Windows and Mac users most likely want one of
these versions of R:

    • Download R for Linux
    • Download R for (Mac) OS X
    • Download R for Windows

R is part of many Linux distributions, you should check with your Linux package management system in addition to the link
above.
```

여러분이 사용하는 환경에 맞는 운영 체제를 선택한다.

R을 처음으로 설치할 경우, "install R for the first time"을 누르면 다음과 같이 다운로드를 시작할 수 있는 링크가 나타난다.

```
                R-3.3.2 for Windows (32/64 bit)

Download R 3.3.2 for Windows (62 megabytes, 32/64 bit)
Installation and other instructions
New features in this version

If you want to double-check that the package you have downloaded exactly matches the package distributed by R, you can compare the md5sum of the .exe to the true
fingerprint. You will need a version of md5sum for windows: both graphical and command line versions are available.

                      Frequently asked questions

    • Does R run under my version of Windows?
    • How do I update packages in my previous version of R?
    • Should I run 32-bit or 64-bit R?

Please see the R FAQ for general information about R and the R Windows FAQ for Windows-specific information.
```

다운로드가 끝나면 여러분이 다른 프로그램 설치할 때와 비슷하게 프로그램을 설치한다. 설치가 끝나면 R을 실행해보자. 다음과 같은 기본 **그래픽 사용자 인터페이스**^{Graphical User Interface, GUI} 화면이 나타날 것이다.

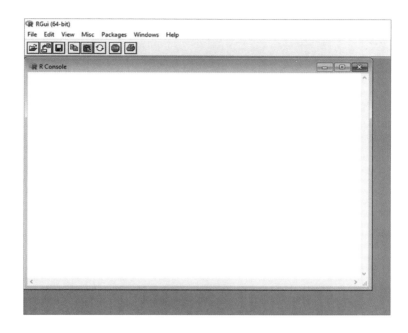

이것으로도 이 책에 나오는 코드를 모두 실행할 수 있다. 하지만 무료로 사용할 수 있는 RStudio라는 통합 개발 환경을 사용하면 R을 더 쉽게 사용할 수 있다. 다음은 Rstudio를 다운로드할 수 있는 페이지의 주소다.

https://www.rstudio.com/products/rstudio/

이 페이지에 가면 무료 버전과 상용 버전을 다운로드할 수 있다. 여기서는 무료 버전을 다운로드하고 설치한다. 설치를 마치고 처음 실행해보면 다음과 비슷한 화면이 나타날 것이다. 여러분이 어떤 운영 체제를 사용하는지 어떤 패키지를 로드했는지에 따라 화면이 조금 다를 수 있다.

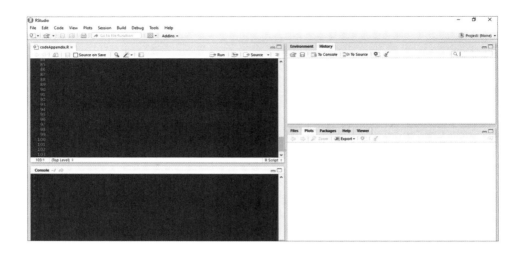

왼쪽에 보면 앞서 R을 실행했을 때 봤던 콘솔이 있고 명령을 내릴 수 있는 프롬프트가 보인다. 오른쪽 위에 Environment, History 탭이 있고, 오른쪽 아래에 Files, Plots, Packages, Help 탭이 보일 것이다.

RStudio가 할 수 있는 일은 아주 많지만, 그중 중요한 것만 몇 가지 살펴본다. R의 가장 큰 장점 중 하나는 다양한 분석을 하는 데 사용할 수 있는 고급 패키지가 있다는 것이다. RStudio가 이들을 어떻게 이어주는지 abc라는 패키지를 로드하면서 살펴보자. abc는 근사 베이지안 계산Approximate Bayesian Computation을 뜻한다. 명령 프롬프트에 가서 다음을 입력해보자.

```
> install.packages("abc")
```

오른쪽 아래에 있는 패널에서 Packages 탭을 누르면 abc 패키지와 함께 이것이 필요로 하는 abc.data 패키지가 같이 설치된 것을 볼 수 있다.

이제 오른쪽 위에 있는 History 탭을 눌러보자. 패키지를 로드할 때 사용했던 명령을 볼 수 있을 것이다.

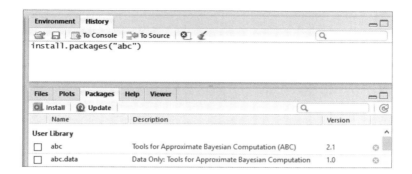

여기서 To Console 버튼을 누르면 그 명령이 명령 프롬프트로 들어간다. To Source 버튼을 누르면 새 창이 열리면서 프로젝트 스크립트를 작성할 수 있게 된다.

To Source 버튼을 눌러보자. install.packages() 명령이 이전 명령 목록에서 소스 파일로 이동했을 것이다. 여러분이 여러 가지 코드를 작성해가며 실험하다가 원하는 대로 동작하면 소스 파일로 옮겨 저장하자. 이 책에 나온 모든 코드 역시 소스 파일로 저장돼 있다.

▌ R 사용하기

시스템을 사용할 준비가 돼 있으므로 이제 첫 번째 명령을 내려보자. R은 따옴표 안에 있는 문장이나 간단한 숫자를 있는 그대로 받는다. 한 명령은 따옴표 안의 문장으로, 다른 명령은 숫자로 내려본다. 출력은 입력한 내용 그대로 나올 것이다.

```
> "Let's Go Sioux!"
[1] "Let's Go Sioux!"
> 15
[1] 15
```

R을 계산기로도 사용할 수 있다.

```
> ((22+5)/9)*2
[1] 6
```

벡터를 만들어보면 R이 얼마나 좋은지 느껴지기 시작할 것이다. 피보나치 수열^{Fibonacci} sequence의 처음 숫자 10개를 벡터에 넣어본다. 여기서 c() 함수를 사용하는데, 이는 여러 값들을 하나의 벡터나 리스트로 합쳐주는^{combine} 일을 한다.

```
> c(0, 1, 1, 2, 3, 5, 8, 13, 21, 34) # 피보나치 수열
[1] 0 1 1 2 3 5 8 13 21 34
```

위 명령에서 Fibonacci sequence라는 주석을 달아봤다. R에서는 # 기호 다음에 나오는 모든 명령은 무시된다.

이번에는 이 수열을 객체에 넣어보자. 어떤 벡터나 리스트든지 객체에 대입할 수 있다. R 코드에서 <- 기호를 많이 보게 될 것인데, 이는 대입 연산자다. 여기서는 x라는 이름의 객체를 만들어 피보나치 수열을 대입한다.

```
> x <- c(0, 1, 1, 2, 3, 5, 8, 13, 21, 34)
```

x라는 객체의 내용을 보고 싶으면 그냥 명령 프롬프트에 객체의 이름을 입력하면 된다.

```
> x
[1] 0 1 1 2 3 5 8 13 21 34
```

객체 이름 다음에 대괄호([ ], 꺾쇠부호)를 사용해 벡터의 부분 집합을 선택할 수 있다. 다음은 수열의 처음 세 숫자만을 가져오는 것이다.

```
> x[1:3]
[1] 0 1 1
```

대괄호 안에 음수를 사용하면 해당하는 위치에 있는 값을 제외하라는 것이다.

```
> x[-5:-6]
[1] 0 1 1 2 8 13 21 34
```

plot( ) 함수를 사용해 이 수열을 도표로 보자.

```
> plot(x)
```

결과는 다음과 같다.

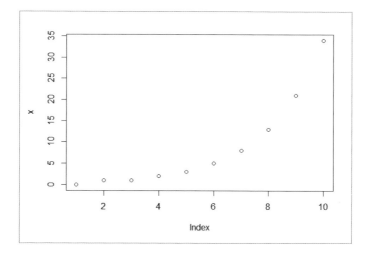

여기에 제목을 붙이고 (main=..), 각 축에 라벨을 붙여보자(xlab=..., ylab=..).

```
> plot(x, main = "Fibonacci Sequence", xlab = "Order", ylab = "Value")
```

결과는 다음과 같다.

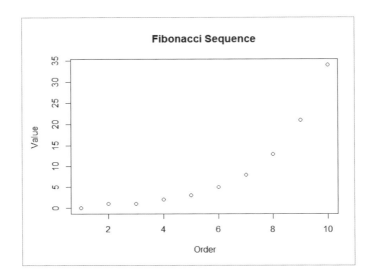

이 벡터를 변환할 수 있는 다양한 함수가 있다. x의 제곱근을 갖는 새로운 객체 y를 만들어본다.

```
> y <- sqrt(x)
> y
[1] 0.000000 1.000000 1.000000 1.414214 1.732051 2.236068 2.828427
[8] 3.605551 4.582576 5.830952
```

혹시 어떤 함수를 사용하는 방법이 궁금하면 함수 이름 앞에 물음표(?)를 붙여보라. 그 명령에 관한 도움말이 나타날 것이다.

```
> ?sqrt
```

x와 y를 만들었으므로 이 둘을 이용해 산점도^{scatter plot}를 만들 수 있다.

```
> plot(x, y)
```

결과는 다음과 같다.

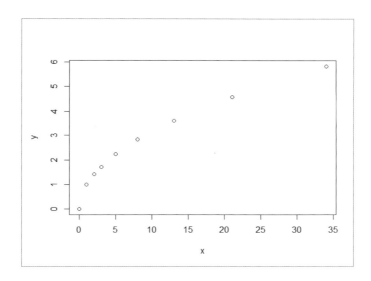

이번에는 상수 객체 z를 만들고, 이 객체를 스칼라로 사용해 벡터 x와 곱해 새로운 벡터 x2를 만들어본다.

```
> z <- 3
> x2 <- x * z
> x2
[1]   0   3   3   6   9  15  24  39  63 102
```

R에서 논리 연산도 할 수 있다. 예를 들어, 한 숫자가 다른 숫자보다 작은지 물어본다.

```
> 5 < 6
[1] TRUE
> 6 < 5
[1] FALSE
```

첫 번째는 참이므로 TRUE, 두 번째는 거짓이므로 FALSE가 나왔다. 어떤 두 값이 같은지 비교할 때는 등호 기호를 2개(==) 써야 한다. 등호 기호 하나는 비교가 아니라 값을 대입할 때 사용한다. 다음은 피보나치 수열값을 넣어둔 객체 x에 있는 값이 0인지 검사한다.

```
> x == 0
[1] TRUE FALSE FALSE FALSE FALSE FALSE FALSE FALSE FALSE FALSE
```

이 연산의 결과는 객체 x와 마찬가지로 리스트의 형태고, 이를 보면 첫 번째 있는 값이 0 인줄 알 수 있다. 정리하면 R에 있는 관계 연산자는 다음과 같다.

- <= : 작거나 같다.
- < : 작다.
- == : 같다.
- > : 크다.
- >= 크거나 같다.
- != 다르다.

여기서 꼭 알아둬야 하는 함수로 벡터를 만드는 데 유용한 rep( )와 seq( )가 있다. rep( ) 는 복제replicate를 하는 함수로 rep(5, 3)은 5라는 값을 3번 만들어낸다. 물론 문자열에도 사용할 수 있다.

494

```
> rep("North Dakota Hockey, 2016 NCAA Division 1 Champions", times=3)
[1] "North Dakota Hockey, 2016 NCAA Division 1 Champions"
[2] "North Dakota Hockey, 2016 NCAA Division 1 Champions"
[3] "North Dakota Hockey, 2016 NCAA Division 1 Champions"
```

seq( )는 수열sequence을 만드는 함수다. 이를 이용해 0부터 10까지 2씩 증가하는 수열을 만들어보자.

```
> seq(0, 10, by = 2)
[1] 0 2 4 6 8 10
```

▌ 데이터 프레임과 행렬

이제 변수들(벡터들)의 모음인 데이터 프레임을 만들어보자. 먼저 1, 2, 3을 가진 벡터 p와 1, 1.5, 2.0을 가진 벡터 q를 만들고, rbind( )를 함수를 사용해 두 행을 결합한다.

```
> p <- seq(1:3)
> p
[1] 1 2 3
> q = seq(1, 2, by = 0.5)
> q
[1] 1.0 1.5 2.0
> r <- rbind(p, q)
> r
  [,1] [,2] [,3]
p 1  2.0  3
q 1  1.5  2
```

이렇게 만들어진 r은 2개의 행을 가진 리스트고, 각 행마다 3개의 값이 있다. 사용하는 데이터의 구조가 궁금하면 언제든지 str( ) 함수를 사용해 살펴볼 수 있다.

```
> str(r)
num [1:2, 1:3] 1 1 2 1.5 3 2
- attr(*, "dimnames")=List of 2
..$ : chr [1:2] "p" "q"
..$ : NULL
```

이번에는 cbind( )를 사용해 열 방향으로 결합해보자.

```
> s <- cbind(p, q)
> s
p q
[1,] 1 1.0
[2,] 2 1.5
[3,] 3 2.0
```

이것을 data.frame( ) 함수를 사용해 데이터 프레임으로 변환할 수 있다. 그리고 나서 구조를 보자.

```
> s <- data.frame(s)
> str(s)
'data.frame':3 obs. of 2 variables:
$ p: num 1 2 3
$ q: num 1 1.5 2
```

이제 s라는 이름의 데이터 프레임이 만들어졌다. 여기에 2개의 변수가 있고, 각각 3개의 값을 갖고 있다. names( ) 함수를 사용하면 변수의 이름을 바꿀 수 있다.

```
> names(s) <- c("column 1", "column 2")
> s
column 1 column 2
1 1 1.0
2 2 1.5
3 3 2.0
```

이번에는 as.matrix( ) 함수를 사용해 행렬로 변환해본다. 패키지에 따라 원하는 데이터의 형태가 데이터 프레임과 행렬로 서로 달라 둘 사이에 변환이 필요한 경우가 있다.

```
> t <- as.matrix(s)
> t
column 1 column 2
[1,] 1 1.0
[2,] 2 1.5
[3,] 3 2.0
```

행렬이든, 데이터 프레임이든 특정 위치에 있는 값이 무엇인지 쉽게 확인할 수 있다. 예를 들어, 첫 번째 변수의 첫 번째 값을 보려면 대괄호 안에 첫 번째 행, 첫 번째 열이라고 지정하면 된다.

```
> t[1,1]
column 1
1
```

두 번째 변수(열)의 모든 값을 보고 싶다면 행을 지정하는 위치를 비워두고, 쉼표 뒤에 열번호를 적으면 된다.

```
> t[,2]
[1] 1.0 1.5 2.0
```

처음 두 행만 보려면 콜론(:)을 사용해 행의 범위를 지정한다.

```
> t[1:2,]
column 1 column 2
[1,] 1 1.0
[2,] 2 1.5
```

이번에는 좀 복잡한 것을 해보자. 각각 100개의 값을 가진 **10**개의 변수로 이뤄진 데이터 프레임(또는 행렬)이 있는데, 여기서 변수 **1, 3, 7, 8, 9, 10**에서 처음 **70**개의 값만 가져와 부분 집합을 만들려고 한다. 어떻게 할 수 있을까?

콜론, 쉼표, 연결 함수 c( ), 대괄호를 사용해 다음과 같이 할 수 있다.

```
> new <- old[1:70, c(1,3,7:10)]
```

특정 변수만을 뽑아내거나 특정 순번에 있는 값만 빼내는 게 참 쉽지 않은가? 더불어 특정 변수만을 제외하는 것도 간단하다. 예를 들어, 첫 번째 변수를 제외하고 싶다고 가정해보자. 그러면 다음과 같이 첫 번째 변수에 음수 표시를 하면 된다.

```
> new <- old[, -1]
```

이런 문법을 통해 R은 데이터를 다룰 수 있는 막강한 기능을 갖고 있다. 그리고 본문에서 데이터를 다루는 많은 기법을 볼 것이다.

█ 요약 통계 내기

이번에는 중심화 경향이나 산포를 측정하고 간단한 도표를 만드는 방법을 살펴보자. 이에 앞서 비어 있는 값이 있을 때 R이 계산을 어떻게 하는지 잠깐 언급한다. R에서 NA라는 키워드를 사용해 어떤 값이 비어 있다고 표시할 수 있고, 이를 포함해 벡터를 만들 수 있다. 이를 이용해 sum( )이라는 함수를 불러 합계를 내면 어떤 일이 일어나는지 알아보자.

```
> a <- c(1, 2, 3, NA)
> sum(a)
[1] NA
```

다른 통계 소프트웨어인 SAS는 이렇게 비어 있는 값이 있을 때 그것들을 제외하고 계산해 결과를 내준다. 하지만 R은 하나 이상의 빈 값이 있어서 계산할 수 없다며 그냥 NA라는 결과를 돌려준다. 꼭 계산을 하고 싶다면 이 빈 값을 뺀 새로운 벡터를 만들 수 있겠지만, sum( )을 부를 때 na.rm = TRUE라는 것을 추가해 빈 값을 빼고 계산을 하라고 지시할 수도 있다.

```
> sum(a, na.rm = TRUE)
[1] 6
```

다음으로 중심화 경향과 산포를 측정하는 함수들을 본다.

```
> data <- c(4, 3, 2, 5.5, 7.8, 9, 14, 20)
> mean(data)
[1] 8.1625
> median(data)
[1] 6.65
> sd(data)
[1] 6.142112
> max(data)
[1] 20
> min(data)
[1] 2
> range(data)
[1] 2 20
> quantile(data)
0% 25% 50% 75% 100%
2.00 3.75 6.65 10.25 20.00
```

summary( ) 함수를 사용하면 mean( ), median( ), quantile( )의 결과값을 모두 보여준다.

```
> summary(data)
Min. 1st Qu. Median Mean 3rd Qu. Max.
2.000 3.750 6.650 8.162 10.250 20.000
```

다음으로 도표를 이용해 데이터를 시각화하는 것을 해본다. 여기서는 barplot( )을 이용해 가장 기본적인 형태의 도표인 막대그래프를 만든다. 다음으로 abline( )을 불러 평균값과 중간값을 나타내는 선을 추가한다. abline( )은 기본적으로 실선을 그리기 때문에 두 선을 분간할 수 있도록 중간값을 그릴 때는 lty = 2라는 것을 추가해 점선으로 나타나게 만들겠다.

```
> barplot(data)
> abline(h = mean(data))
> abline(h = median(data), lty = 2)
```

결과는 다음과 같다.

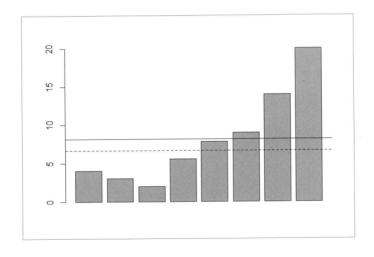

특정한 분포로 데이터를 생성할 수 있는 함수들이 여러 개 있다. 여기서는 rnorm( ) 함수를 이용해 평균이 0이고, 표준편차가 1이면서 정규분포를 따르는 100개의 값을 생성해본다. 다음으로 이를 이용해 도표와 히스토그램histogram을 만들어본다. rnorm( )은 난수 생성기를 이용해 무작위로 데이터를 만들게 되는데, 여러분이 실행했을 때 똑같은 결과가 나올 수 있도록 set.seed( )를 불러 난수 생성기의 시드 값을 지정한다.

```
> set.seed(1)
> norm = rnorm(100)
```

이렇게 100개의 데이터가 만들어졌는데, 이를 도표로 나타내보자.

```
> plot(norm)
```

결과는 다음과 같다.

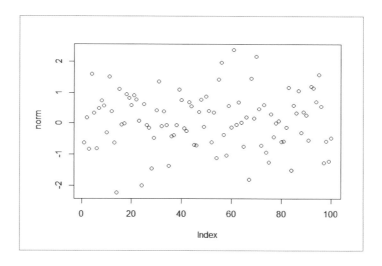

마지막으로 hist( ) 함수를 사용해 히스토그램을 만들어본다.

```
> hist(norm)
```

결과는 다음과 같다.

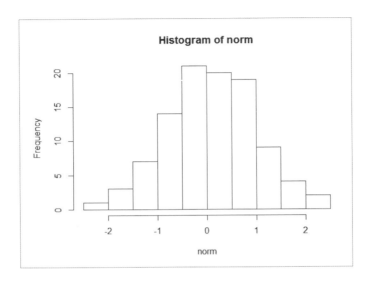

▌ 패키지를 설치하고 로드하기

앞서 install( ) 함수를 사용해 R 패키지를 설치하는 것을 봤다. 설치한 패키지를 사하할
려면 이를 로드하는 과정을 거쳐야 한다. RStudio를 사용해 패키지를 설치하는 것을 다
시 해보고, 이를 로드하는 것을 본다. **Packages** 탭을 찾아 눌러보자. 다음과 비슷한 화면
이 나타날 것이다.

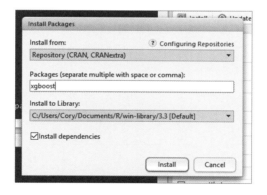

xgboost라는 패키지를 설치해본다. Install 아이콘을 누르면 나타나는 팝업 창에 있는
Packages란에 패키지 이름을 입력한다.

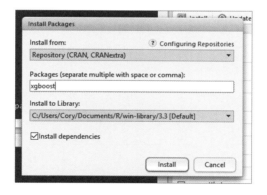

Install 버튼을 누르면 설치가 시작된다. 설치를 마치면 명령 프롬프트로 돌아간 후 library()
함수를 불러 패키지를 로드해보자.

```
> library(xgboost)
```

이제 이 패키지에 있는 함수들을 사용할 수 있게 됐다.

▌ dplyr 패키지를 이용해 데이터 다루기

개인적으로 지난 몇 년간 데이터를 다루고 요점을 뽑아내는데 dplyr 패키지를 사용하는 경우가 점점 늘어났다. R에 있는 기본 함수들보다 더 빠르고, 함수들을 서로 엮을 수 있으며, 일단 익숙해지면 더 쉽게 사용할 수 있다. 내 경험에 따르면 데이터를 다룰 때 필요한 대부분의 일은 몇 가지 함수만으로 할 수 있다. 앞서 설명한 것처럼 패키지를 설치하고 R 환경으로 로드하자.

```
> library(dplyr)
```

R에 기본으로 들어 있는 iris 데이터 세트를 분석해본다. 가장 유용한 함수 2개는 summarize( )와 group_by( )다. 다음 코드는 Species에 따라 그룹을 나눈 후에 Sepal.Length의 평균값을 구해 average라는 객체에 넣고, 결과를 표로 만든다.

```
> summarize(group_by(iris, Species), average = mean(Sepal.Length))
# A tibble: 3 X 2
Species average
<fctr> <dbl>
1 setosa 5.006
2 versicolor 5.936
3 virginica 6.588
```

요약할 때 사용할 수 있는 함수가 많다.

- n( ): 개수
- n_distinct( ): 중복된 것을 제외한 개수
- IQR( ): 사분위 간 범위interquantile range
- min( ): 최솟값
- max( ): 최댓값

504

- mean( ): 평균값

- median( ): 중간값

파이프 연산자 %>%를 알아두면 앞으로 여러분이 코드를 이해하는 데 도움이 될 것이다. 함수를 다른 함수 안에서 쓰는 것을 봤을텐데, 이와 다르게 파이프 연산자는 함수들을 서로 연결하는 일을 한다. 사용하려는 데이터 프레임부터 시작해, 하나의 결과가 다른 것의 입력값이 되도록 함수들을 고리처럼 연결할 수 있다. 조금 전에 한 것과 똑같은 것을 파이프 연산자를 사용해 구현해본다.

```
> iris %>% group_by(Species) %>% summarize(average = mean(Sepal.Length))
# A tibble: 3 X 2
Species average
<fctr> <dbl>
1 setosa 5.006
2 versicolor 5.936
3 virginica 6.588
```

distinct( )라는 함수는 한 변수에서 중복된 값을 빼고 보여준다. iris 데이터 세트에 있는 Species 변수에 서로 다른 값이 무엇인지 살펴본다.

```
> distinct(iris, Species)
Species
1 setosa
2 versicolor
3 virginica
```

count( )는 변수에 있는 각 값의 개수를 센다.

```
> count(iris, Species)
# A tibble: 3 X 2
Species n
```

```
       <fctr> <int>
1 setosa 50
2 versicolor 50
3 virginica 50
```

이번에는 특정한 조건에 맞는 행을 골라내는 일을 해본다. filter( ) 함수를 사용해 Sepal. Width가 3.5보다 큰 행들을 골라 새로운 데이터 프레임을 만들어보자.

```
> df <- filter(iris, Sepal.Width > 3.5)
```

Petal.Length 값에 따라 내림차순으로 정렬하고 난 후, 이 데이터 프레임을 들여다본다.

```
> df <- arrange(iris, desc(Petal.Length))
> head(df)
Sepal.Length Sepal.Width Petal.Length Petal.Width Species
1 7.7 2.6 6.9 2.3 virginica
2 7.7 3.8 6.7 2.2 virginica
3 7.7 2.8 6.7 2.0 virginica
4 7.6 3.0 6.6 2.1 virginica
5 7.9 3.8 6.4 2.0 virginica
6 7.3 2.9 6.3 1.8 virginica
```

이제 select( ) 함수를 사용해 필요한 변수만을 선택하는 방법을 보자. 이제 2개의 데이터 프레임을 만들 것인데, 하나는 Sepal로 시작하는 이름을 가진 열을 모은다. 다른 것에는 Petal과 Species로 시작하는 열들을 모을 것인데, 이는 Se로 시작하지 않는 열들을 모으는 것과 같은 것이다. 다음과 같이 starts_with( )에 이름을 지정해 원하는 결과를 얻을 수 있다.

```
> iris2 <- select(iris, starts_with("Se"))
> iris3 <- select(iris, -starts_with("Se"))
```

자, 이제 원래대로 되돌려보자. 예전에 cbind( ) 함수를 사용했던 것을 기억할 것이다. dply 패키지에서는 bind_cols( ) 함수를 사용해 데이터 프레임을 만든다. cbind( )와 마찬가지로 있는 그대로 열들을 맞춰 나간다. 혹시 열에 이름을 붙여 놓았거나 고객명 같은 다른 키가 있는 경우라면 left_join( )이나 inner_join( ) 같은 함수를 이용해 데이터를 합칠 수 있다. 여기서는 두 데이터의 열의 개수가 같기 때문에 다음과 같이 bind_cols( )를 사용해 데이터를 합칠 수 있다.

```
> theIris <- bind_cols(iris2, iris3)
head(theIris)
head(iris)
```

head( ) 함수를 사용해 iris와 theIris의 처음 여섯 열을 직접 비교해보기 바란다. 2개가 서로 일치하는 것을 볼 것이다. 예전에 rbind( ) 함수를 사용해 데이터를 결합한 적이 있는데, 같은 일을 하고 싶다면 bind_rows( )를 사용할 수 있다. Sepal.Width의 값이 서로 다른 것이 몇 개나 있는지 알고 싶으면 어떻게 할까? iris 데이터 세트에는 150개의 관찰값이 있고, 앞서 비슷한 목적으로 distinct( )와 count( ) 함수를 사용한 적이 있다. 다음 코드는 서로 다른 값이 몇 개가 있는지 찾아준다.

```
> summarize(iris, n_distinct(Sepal.Width))
n_distinct(Sepal.Width)
1 23
```

대량의 데이터의 경우, 상당수가 중복된 관찰값을 갖고 있다. dplyr 패키지를 사용해 중복된 값들을 제거하는 것은 매우 간단하다. 예를 들어, 고유한 Sepal.Width 값을 가지면서 다른 열들을 그대로 갖고 있는 데이터 프레임을 만들어보자.

```
> dedupe <- iris %>% distinct(Sepal.Width, .keep_all = T)
> str(dedupe)
'data.frame': 23 obs. of 5 variables:
```

```
$ Sepal.Length: num 5.1 4.9 4.7 4.6 5 5.4 4.6 4.4 5.4 5.8 ...
$ Sepal.Width : num 3.5 3 3.2 3.1 3.6 3.9 3.4 2.9 3.7 4 ...
$ Petal.Length: num 1.4 1.4 1.3 1.5 1.4 1.7 1.4 1.4 1.5 1.2 ...
$ Petal.Width : num 0.2 0.2 0.2 0.2 0.2 0.4 0.3 0.2 0.2 0.2 ...
$ Species : Factor w/ 3 levels "setosa","versicolor",..: 1 1 1 1 1
1 1 1 1 1
```

위에서 파이프 연산자를 사용해 iris 데이터 세트와 distinct() 함수를 연결했다. .keep_all = T는 새 데이터 프레임에 다른 열을 갖고 있도록 한다. 이게 없다면 Sepal.Width에 해당하는 값만 들어가게 된다.

이만 정리한다. R을 사용해 데이터를 더 효율적으로 다루고 싶다면 dplyr 패키지를 한번 써보길 바란다.

▮ 요약

이번 부록을 통해 R을 처음 접하는 사람들이 이 프로그래밍 언어의 기본을 이해하고, 이 책에 나오는 코드를 이해하는 데 도움이 되길 바란다. 처음에 R과 RStudio를 설치하고, 객체와 벡터, 행렬을 만드는 것을 살펴봤다. 몇 가지 수학 함수와 통계 함수를 살펴봤고, 패키지를 설치하고 로드하는 방법과 도표를 만드는 법을 예를 통해 살펴봤다. 마지막으로 dplyr 패키지를 사용해 데이터를 다루고 요약하는 것을 살펴봤다. 이 부록을 통해 여러분이 R의 전문가가 되지는 않겠지만, 이 책에 있는 예제들을 빨리 따라잡을 수 있게 하는 데 도움이 됐을 것이다.

B

자료 출처

Granger, G.W.J., Newbold, P., (1974), Spurious Regressions in Econometrics, Journal of Econometrics, 1974 (2), 111−120

Hechenbichler, K., Schliep, K.P., (2004), Weighted k−Nearest−Neighbors and Ordinal Classification, Institute for Statistics, Sonderforschungsbereich 386, Paper 399. https://epub.ub.uni−muenchen.de/

Hinton, G.E., Salakhutdinov, R.R., (2006), Reducing the Dimensionality of Data with Neural Networks, Science, August 2006, 313(5786):504−7

James, G., Witten, D., Hastie, T., Tisbshirani, R. (2013), An Introduction to Statistical Learning, 1st ed. New York: Springer

Kodra, E., (2011), Exploring Granger Causality Between Global Average Observed Time Series of Carbon Dioxide and Temperature, Theoretical and Applied Climatology, Vol. 104 (3), 325–335

Natekin, A., Knoll, A., (2013), Gradient Boosting Machines, a Tutorial, Frontiers in Neurorobotics, 2013; 7–21.

https://www.ncbi.nlm.nih.gov/pmc/articles/PMC3885826/

Tibshirani, R., (1996), Regression Shrinkage and Selection via the LASSO, Journal of the Royal Statistical Society, Series B., 58(1), 267–288

Triacca, U., (2005), Is Granger causality analysis appropriate to investigate the relationship between atmospheric concentration of carbon dioxide and global surface air temperature?, Theoretical and Applied Climatology, 81 (3), 133–135

Toda, H., Yamamoto, T., (1995), Statistical Inference in Vector Autoregressions with Possibly Integrated Processes, Journal of Econometrics, 1995, (66), issue 1–2, 225–250

찾아보기

2장

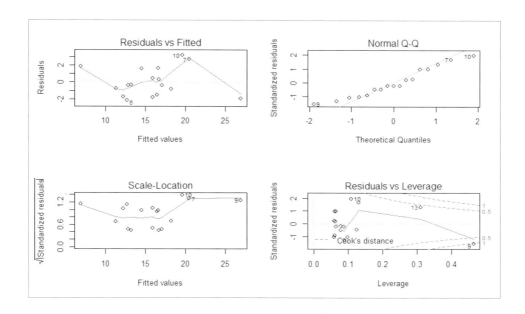

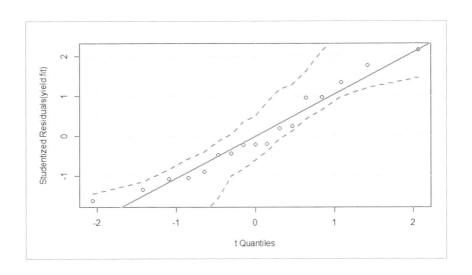

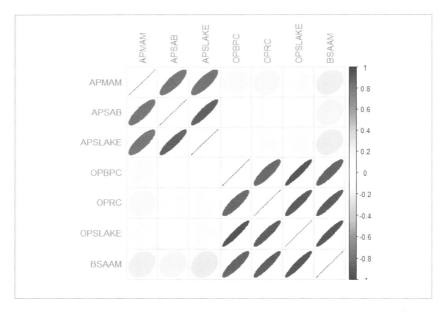

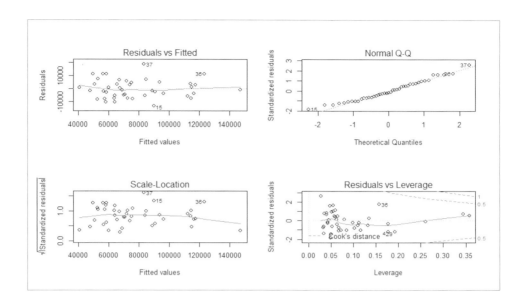

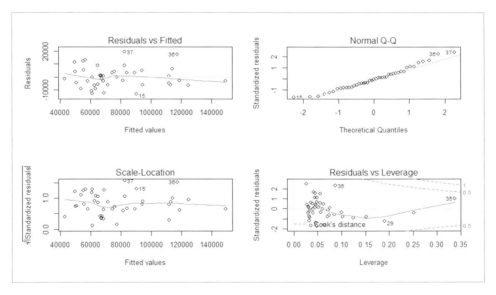

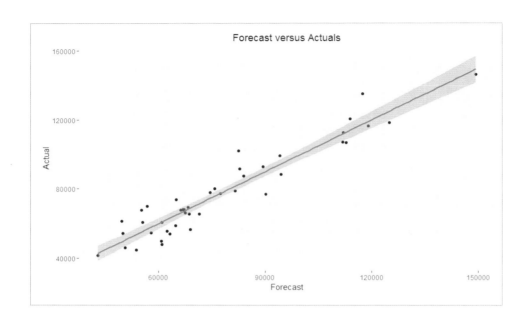

3장

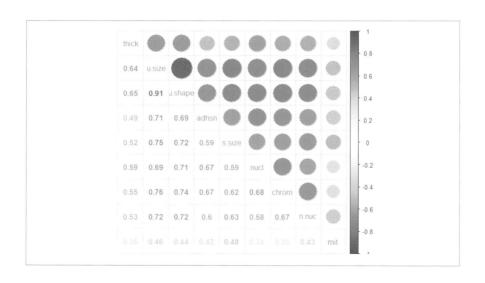

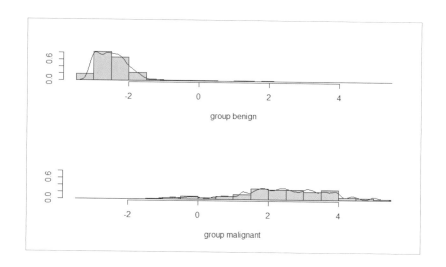

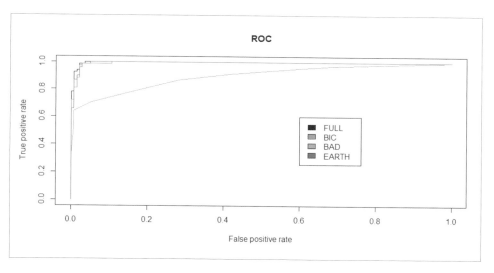

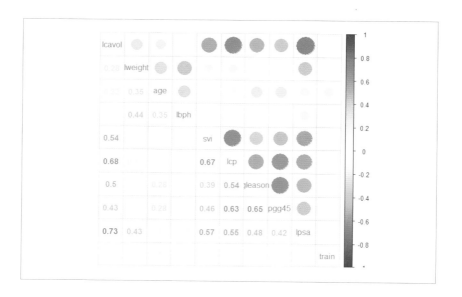

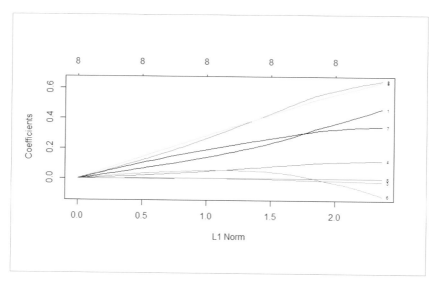

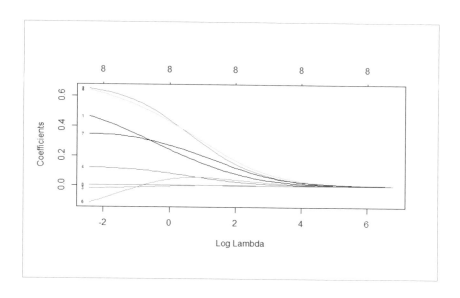

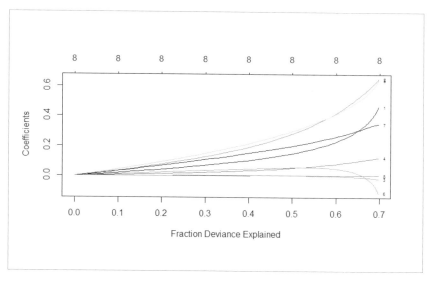

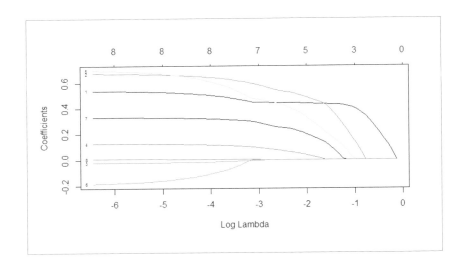

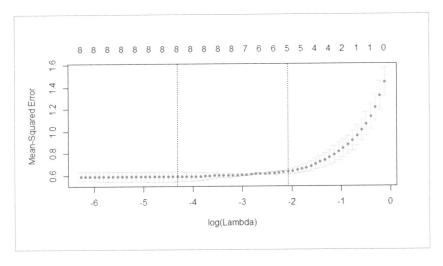

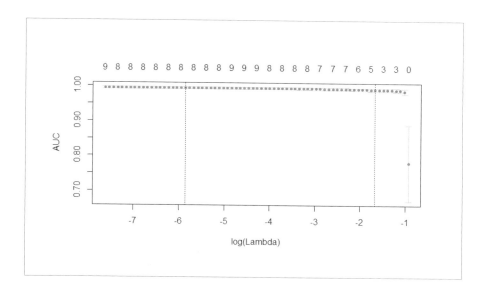

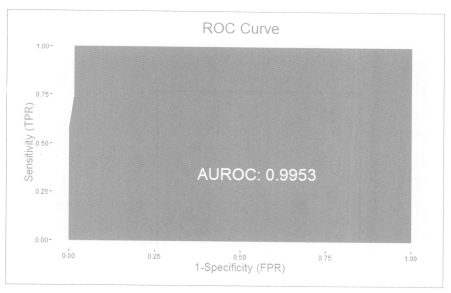

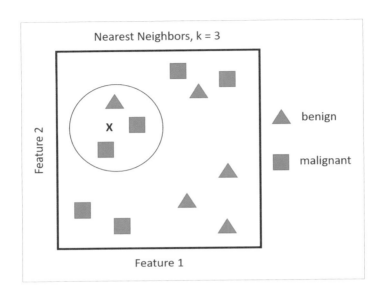

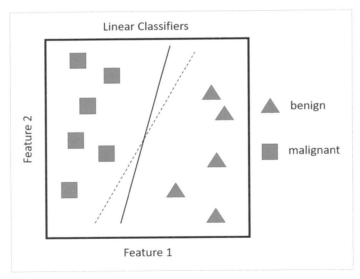

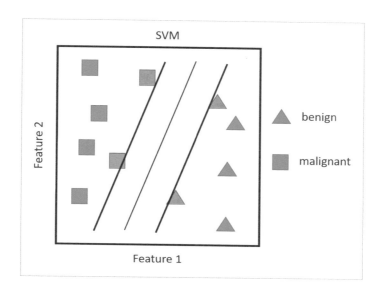

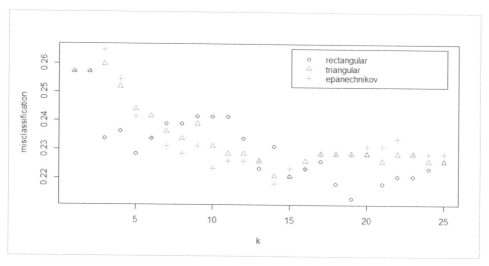

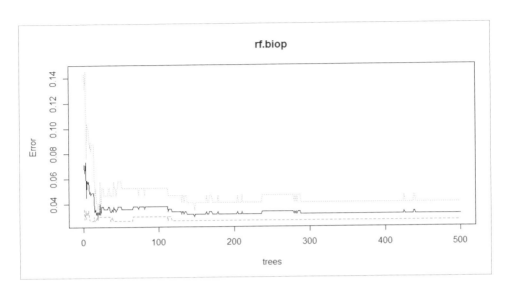

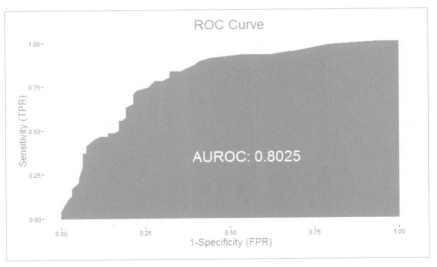

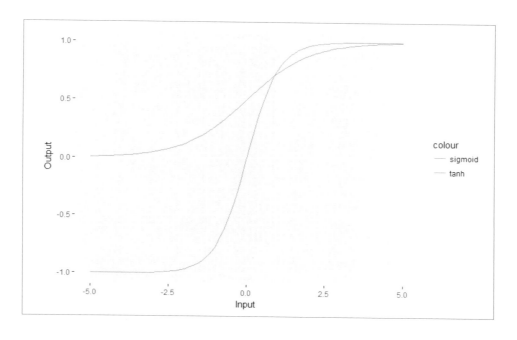

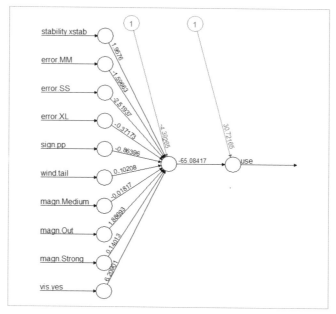

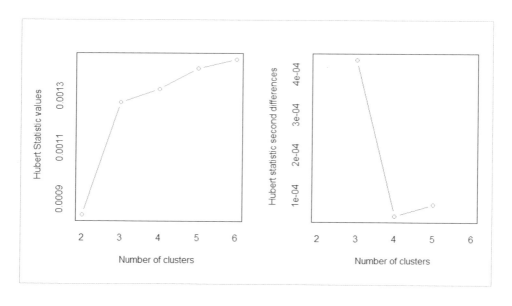

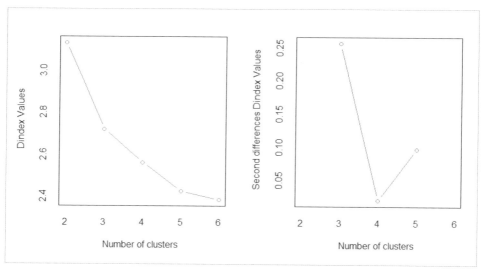

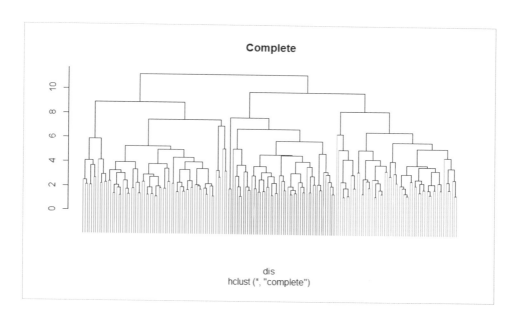

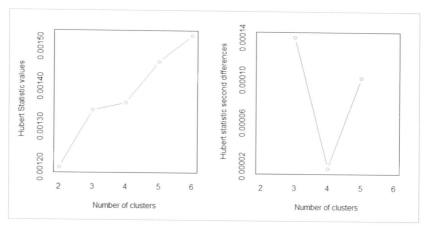

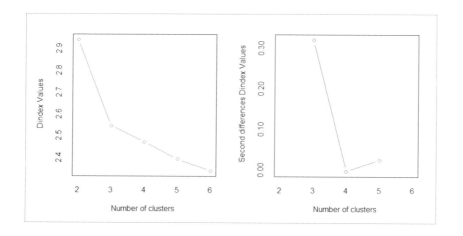

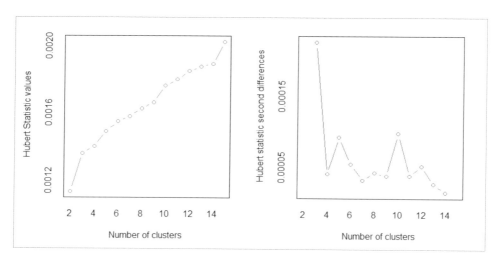

540

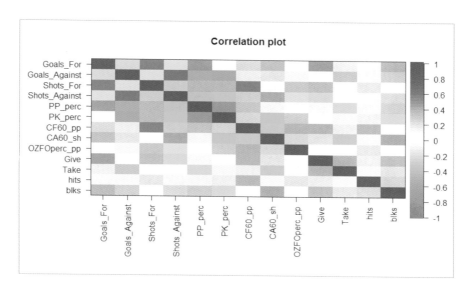

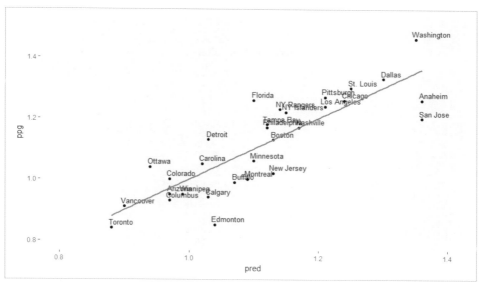

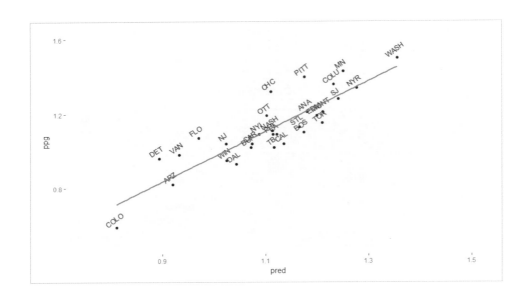

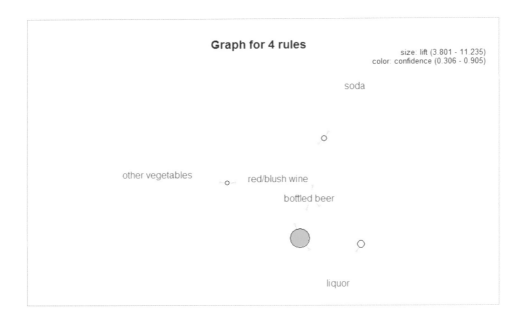

Graph for 4 rules

size: lift (3.801 - 11.235)
color: confidence (0.306 - 0.905)

soda

other vegetables   red/blush wine

bottled beer

liquor

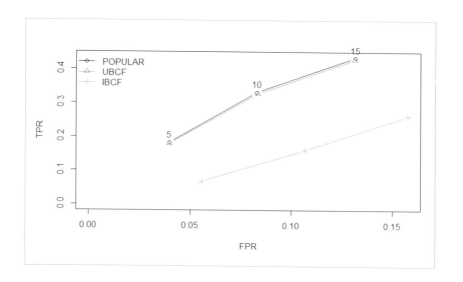

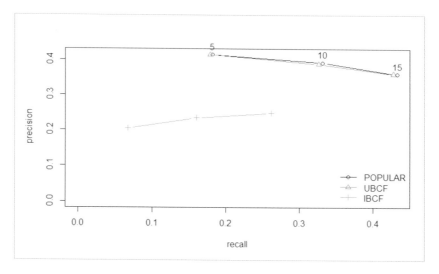

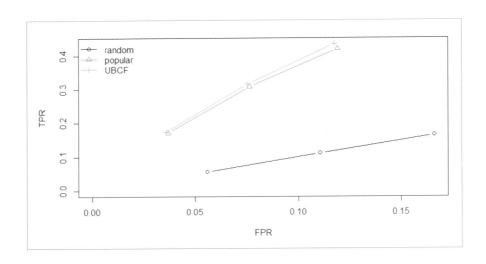

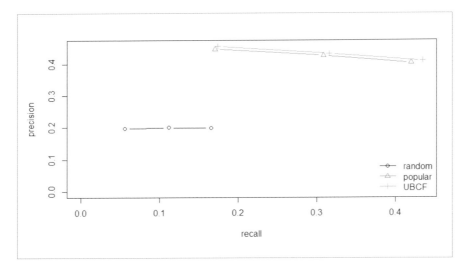

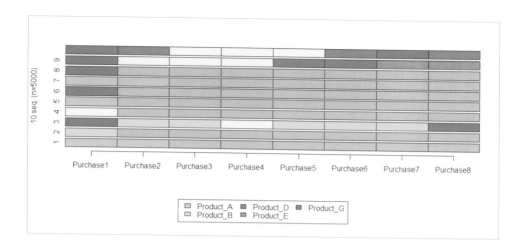

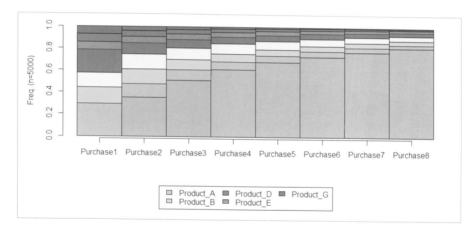

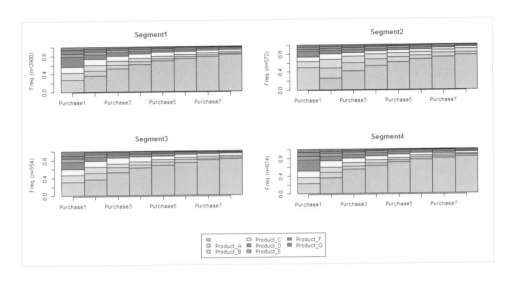

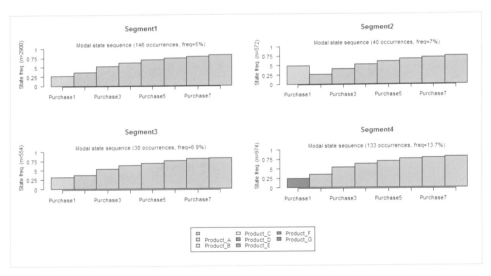

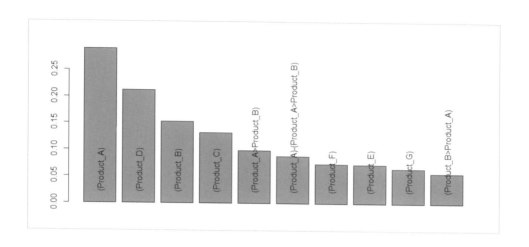

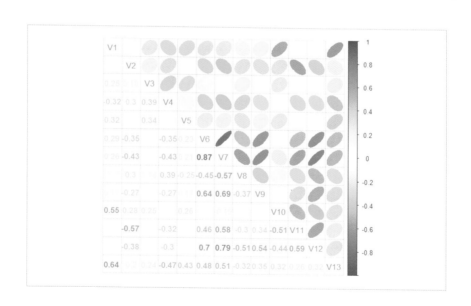

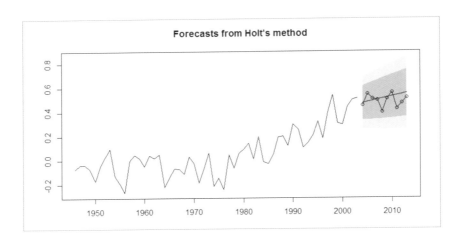

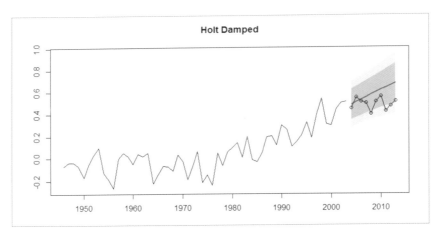

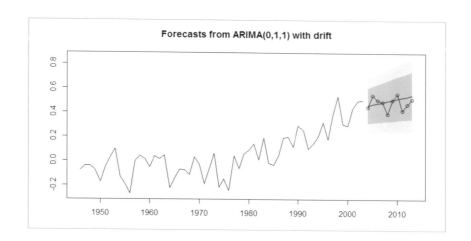

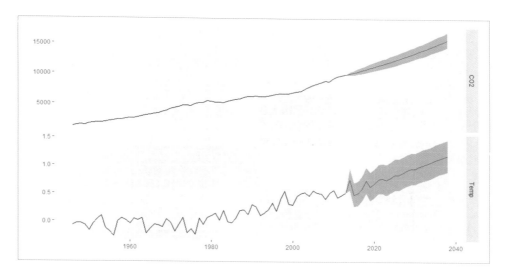

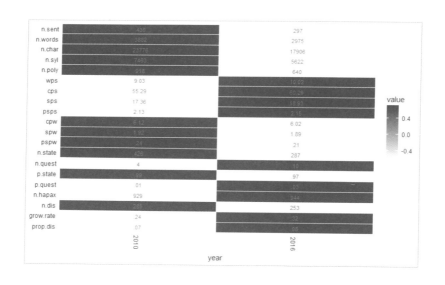

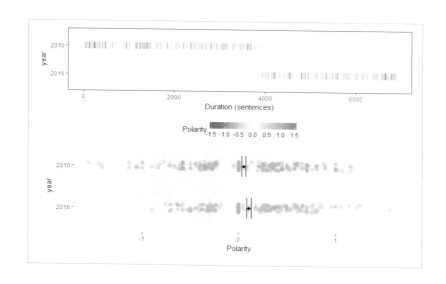

R로 마스터하는 머신 러닝 2/e

업무에 활용할 수 있는 선형모델에서 딥러닝까지

발　행 | 2018년 3월 9일

지은이 | 코리 레즈마이스터
옮긴이 | 김 종 원 · 김 태 영 · 류 성 희 · 이 호

펴낸이 | 권 성 준
편집장 | 황 영 주
편　집 | 이 지 은
디자인 | 박 주 란

에이콘출판주식회사
서울특별시 양천구 국회대로 287 (목동)
전화 02-2653-7600, 팩스 02-2653-0433
www.acornpub.co.kr / editor@acornpub.co.kr

한국어판 ⓒ 에이콘출판주식회사, 2018, Printed in Korea.
ISBN 979-11-6175-127-6
ISBN 978-89-6077-210-6 (세트)
http://www.acornpub.co.kr/book/machine-learning-r-2e

이 도서의 국립중앙도서관 출판시도서목록(CIP)은 서지정보유통지원시스템 홈페이지(http://seoji.nl.go.kr)와
국가자료공동목록시스템(http://www.nl.go.kr/kolisnet)에서 이용하실 수 있습니다.(CIP제어번호: CIP2018006791)

책값은 뒤표지에 있습니다.